宁夏改革开放史研究丛书

2015年度宁夏回族自治区社科规划委托项目

宁夏财税改革与发展史研究

中共宁夏回族自治区委员会党史研究室
宁夏回族自治区财政厅
宁夏回族自治区国税局 编著
宁夏回族自治区地税局
宁夏中共党史学会

黄河出版传媒集团
宁夏人民出版社

图书在版编目（CIP）数据

宁夏财税改革与发展史研究 / 中共宁夏回族自治区委员会党史研究室等编著. —银川：宁夏人民出版社，2016.10

（宁夏改革开放史研究丛书）

ISBN 978-7-227-06456-5

Ⅰ.①宁… Ⅱ.①中… Ⅲ.①财税—财政改革—研究—宁夏Ⅳ.①F812.743

中国版本图书馆CIP数据核字（2016）第247369号

宁夏财税改革与发展史研究
（宁夏改革开放史研究丛书）

中共宁夏回族自治区委员会党史研究室
宁夏回族自治区财政厅
宁夏回族自治区国税局
宁夏回族自治区地税局
宁夏中共党史学会
编著

责任编辑 周淑芸
封面设计 陈 燕
责任印制 肖 艳

黄河出版传媒集团
宁夏人民出版社 出版发行

出 版 人 王杨宝
地　　址 银川市北京东路139号出版大厦（750001）
网　　址 http://www.nxpph.com　http://www.yrpubm.com
网上书店 http://shop126547358.taobao.com　http://www.hh-book.com
电子信箱 nxrmcbs@126.com　renminshe@yrpubm.com
邮购电话 0951-5019391　5052104
经　　销 全国新华书店
印刷装订 宁夏捷诚彩色印务有限公司
印刷委托书号 （宁）0003174

开　　本 787 mm×1092 mm　1/16
印　　张 33　　字数 400千字
版　　次 2016年11月第1版
印　　次 2016年11月第1次印刷
书　　号 ISBN 978-7-227-06456-5/F·458
定　　价 88.00元

总 序

改革开放，是决定当代中国命运的关键一招，也是实现“两个一百年”奋斗目标和中华民族伟大复兴的中国梦的关键一招。实践发展永无止境，改革开放永无止境。改革开放只有进行时，没有完成时。回顾三十多年改革开放的历程，在中国共产党的领导下，中国社会的面貌、中国人民的面貌和社会主义中国的面貌都发生了翻天覆地的历史巨变，取得了社会主义现代化建设事业的伟大成就，谱写了中华民族自强不息、顽强奋进、光辉灿烂的新的壮丽史诗。

改革开放以来，地处西北内陆的宁夏，在党中央、国务院的亲切关怀和全国人民的大力支持下，在自治区党委、政府的坚强领导下，全区上下高举中国特色社会主义伟大旗帜，解放思想，实事求是，与时俱进，求真务实，坚持以经济建设为中心，坚持把发展作为第一要务，坚持改革开放，全区经济、政治、文化、社会、生态文明五大建设和党的建设扎实推进、跨越发展，社会主义现代化建设取得了辉煌成就。一个开放、富裕、和谐、美丽的新宁夏正全面展现在世人面前。

习近平总书记指出：历史是最好的教科书和“营养剂”。真实记录、客观总结、深入研究党领导人民进行改革开放的历史，是党和国家赋予党史工作者的神圣使命。鉴于中国三十多年来在改革开放方面所取得的巨大成功和辉煌成就，同时，也鉴于党的十八大以来，以习近平为总书记的党中央做出了全面深化改革的战略部署。2014 年，党中央就全国党史工作特别是党史研究工作明确提出了“一突出”（突出开创和发展中国特色社会主义时间段历史研究）、“两跟进”（即时跟进十八大以来党中央的决策部署，即时跟进以习近平为总书记的党中央的理论发展）的战略要求，中央党史研究室下发了《关于开展〈改革开放实录〉课题研究编写工作的通知》，要求各省、区、市党史部门要将党史研究的重心向改革开放时间段历史研究转变，全面加强改革开放时间段的党史研究工作。自治区党委书记李建华，自治区党委副书记崔波，自治区党委常委、组织部部长傅兴国也先后做出明确批示，要求全区党史部门要加大对宁夏改革开放史的研究力度。为了积极贯彻落实党中央的要求、中央党史研究室的决策部署和自治区党委领导的批示精神，自治区党委党史研究室从 2014 年开始，正式启动了宁夏改革开放史系列专题和专著的研究与编写工作，并取得了阶段性的成果，于当年出版了《宁夏农业产业化发展史研究》《宁夏扶贫开发史研究》《宁夏城镇化建设与发展史研究》《宁夏生态文明建设与发展史研究》四本专著。自治区党委主要领导和分管领导对此给予了高度评价，充分肯定了党史研究工作对服务党委中心工作、推动宁夏改革发展稳定所发挥的积极作用。

2015 年，自治区党委党史研究室选取宁夏财税改革与发展、宁夏医疗卫生和计生改革与发展、宁夏工业经济改革与发展、宁夏交通运输业改革与发展、宁夏教育改革与发展五个事关宁夏改革发展大局的专题作为研究重点，继续开展宁夏改革开放史系列专题的研究和编写，以更好地展现自治区党委带领全区各族人民进行改革开放的创造性实践，总结宁夏党和人民所创造的宝贵的历史经验和鲜活经验，不断探索和把握宁夏经济社会发展的规律，不断探索和把握宁夏改革开放的规律，为协调推进“四个全面”提供资政服务，为加快推进“四个宁夏”建设、全面建成小康社会提供历史借鉴和经验启示。一年来，自治区党委党史研究室采取横向与自治区相关厅局委办联合、纵向与全区各市党史部门联动的方式，在时间紧、任务重的情况下，集中力量深入研究，认真编写完成了《宁夏财税改革与发展史研究》《宁夏医疗卫生和计生改革与发展史研究》《宁夏工业经济改革与发展史研究》《宁夏交通运输业改革与发展史研究》《宁夏教育改革与发展史研究》五部专著。

“宁夏改革开放史研究丛书”均分为综述篇、专题篇、地方篇和文献篇四部分，对相关领域改革开放进程以图文并茂的形式进行了历史性梳理和全景式展现，并总结了重要的经验启示，形成了进一步全面推进深化改革、加快发展的思路和措施。在研究编写过程中，自治区党委党史研究室始终坚持党性原则与科学精神相统一的指导思想，坚持正确的世界观和方法论，力求全方位、多层次、广视角地反映、展示和总结改革开放新时期，全区各地，各级党委、政府贯彻执行党的理论路线方针政策和中央重大决策部署，在推进这些领域改革开放与发展进程中所形成的重要发展历程、重要决策和举措、重要事件和活动、重要成就、重要经验与启示、重要文献史料以及今后进一步推动其改革与发展的对策建议。

本丛书的出版，凸显了存史与修史、资政与服务、育人与引领的作用，是党史部门更好地服务于协调推进“四个全面”战略布局、着力深入践行“五大发展理念”、加快推动“四个宁夏”建设的重要行动和举措，是进行爱国主义教育、改革开放教育、理想信念教育、区情教育和着力强化“四个自信”的一本好教材，更填补了宁夏改革开放史相关研究的空白。全区广大干部群众应以此书为鉴，以更加开放的思想观念、更加执着的奋斗精神、更加扎实的工作作风，团结一心、开拓创新，负重拼搏、务实苦干，深入贯彻落实党的十八大，十八届三中、四中、五中全会精神，深入贯彻落实自治区党委十一届三次至八次全会精神，大力践行和弘扬“不到长城非好汉”的宁夏精神，全面执行“十三五”规划，为协调推进“四个全面”战略布局、加快推动“四个宁夏”建设、全面建成小康社会而努力奋斗！

目　录

综 述 篇

专 题 篇

地 方 篇

文 献 篇

中央及国家部委文献

综 述 篇

全力推进财税改革与发展
不断实现宁夏经济社会发展的新进步

改革开放以来，宁夏财税工作始终遵循建设中国特色社会主义的指导方针，坚持以改革总揽全局，以经济建设为中心，以保障和改善民生为目标，正确处理振兴财税与发展经济的关系，认真履行财税职能，并随着经济社会发展和国家治理要求的变化，不断探索调整和改革发展，有力地促进了全区国民经济和各项社会事业的发展，保障了民族地区的和谐与稳定。在新的历史起点上，我们要以党的十八大，十八届三中、四中、五中全会和习近平总书记系列重要讲话精神为指导，积极贯彻落实自治区党委十一届三次至七次全会精神，牢牢把握推进现代财税制度改革与建设的方向和重点，努力提升财税科学发展水平，为建设“四个宁夏”与全国同步建成小康社会提供有力的财税支撑。

一、改革发展历程

（一）实行“统收统支”财政体制（1978~1980年）

从新中国成立初期到改革开放前，我国实行统收统支、高度集中的财政管理体制。正是凭借高度集中的体制，我国在短时间内建立了社会主义政治经济制度，在一穷二白的基础上建立起了比较完备的国民经济体系。

1979年4月和6月，中共中央召开的工作会议和五届全国人大二次会议，决定在全国开始国民经济的调整工作，并提出以扩大地方和企业财权为起点，对经济体制逐步进行全面改革，要求以财政管理体制为突破口，改革先行一步。

根据中央的精神，宁夏财税工作进行了重大变革，逐步打破统收统支的财政体制。1979 年中央决定，在广西、内蒙古、新疆、宁夏、西藏 5 个少数民族自治区和云南、青海两省，实行核定基数、超收全部留用的财政体制，如出现短收，确有困难者，另行商量处理。到 1980 年年末，宁夏财政收入达 58163 万元，较 1975 年的 36237 万元增长 60.5%（其中，地方财政收入 20353 万元，国家财政补助 37810 万元，分别较 1975 年减少 8.8%和猛增 171.8%）。

同时，宁夏从 1979 年 7 月起，开始了以调整为中心的对国民经济“调整、改革、整顿、提高”的工作。在调整国民经济的过程中，一个重要任务就是通过有效的财政工作，积极促进国民经济合理调整。为此，宁夏加强财政监督，整顿财政纪律，推动了增产节约，实现了财政纪律的整顿和财政财务工作的加强。

（二）实行“划分收支、分级包干”的“分灶吃饭”财税体制改革（1980~1984 年）

1980 年 2 月，国务院颁发了《关于实行“划分收支、分级包干”的财政管理体制的暂行规定》，决定从 1980 年起实行财政管理体制改革。从 1980 年年初起，宁夏与内蒙古、新疆、西藏、广西 5 个少数民族自治区和云南、青海、贵州 3 个少数民族较多的省，实行民族自治地方财政体制。改革中，国家保留原来对民族自治地区的特殊照顾。

按照中央的要求，宁夏从 1980 年开始，全面实行“划分收支，分级包干，一定五年不变”的财政体制，初步克服了原有统收统支旧框框的弊端，使全区各市县通过定额补贴、分灶吃饭，在扩大地方财权中发挥了主动性和积极性。收大于支的银川、石嘴山两市在“总额分成”中获得了更多的财权。为进一步简政放权，调动企业积极性，并解决“分灶吃饭”体制暴露出来的问题，1983~1984 年，对国家和企业的分配关系进行了改革，企业实行两步“利改税”，税收成为国家财政收入的主要形式。在实行两步“利改税”方面，1983 年宁夏在 557 家地方国营盈利企业中推行“以税代利，税利并存”的第一步利改税，即以 1982 年企业决算为依据并考虑新的因素，由企业按核定的所得税率、缴利比例向国家上缴税利，从而把国家同企业的分配关系用税收形式固定下来，保证了国家财政收入的稳定增长，同时提高了企业留利水平。这一年，实行利改税办法的国营企业，上缴国家的税利占其利润总额的 65%（其中税后上缴利润占利润总额的 14%），同时企业留利达 35%，大大增强了企业发展的后劲。从 1984 年 10 月开始，宁夏又在工业、交通、物资和城市公用等 238 家国营企业中实行了第二步利改税，即以企业 1983 年利润总额为基数，通过加减价格调整等因素后，合理调整产品税率，增设资源税、增值税和几种地方税，对国营企业征收所得税和调节税，对小型企业征收八级累进税，在确保企业合理留利的前提下，确定对 23 家大中型企业开征调节税，并对微利企业核定了减征所得税率。通过第二步利改税，基本上确立了国家同企业的合理分配关系，并通过税收杠杆，缓解了企业因产品价格不合理、资源条件和技术装备水平不同所产生的苦乐不均的矛盾，使企业留利有所增加，由此调动了企业职工的积极性。这一时期，宁夏财政收入结构变化明显，工商税收大幅增加，成为地方财政收入的重要组成部分。1984 年，地方财政收入达到 2.31 亿元，比 1980 年增长 13.2%，年均增长 3.4%。

（三）实行“划分税种，核定收支，分级包干”的财政管理体制改革（1985~1987 年）

从 1985 年起，中央决定实行“划分税种，核定收支，分级包干”的财政管理体制。为了配合 1984 年 10 月开始的企业第二步利改税的实施，1985 年初，宁夏财政工作会议部署了财政管理体制改革。决定从

1985年起实行“划分税种，核定收支，分级包干，一定五年不变”的新的财政管理体制。新体制在明确市县级财政收支范围的基础上，规定市县固定收入大于支出的，实行“收支挂钩，总额分成，一定五年”的办法；市县固定收入小于支出的，不足部分由自治区定额补助，一定五年且每年递增10%；银川、石嘴山两市实行“总额分成”办法，其分成比例分别为49.1%和66.3%。同时，针对几年来预算外资金增长速度快、存在问题多以及管理分散、使用不当的现状，1985年还建立了综合财政计划管理机构，从管理预算外资金入手，逐步扩展到对社会总财力的调查研究和流向引导，加强了对社会资金的宏观控制与调节，收到了初步成效。此外，在税收政策上，在执行国家统一税法规定的前提下，从民族自治地方的实际出发，制定了一些关于税收减免等实施国家税法的补充规定及地方性法规，并支持企业技术改造、促进横向联合、发展乡镇企业、开发南部山区，在税种税率上采取了一些变通及优惠办法。1986年，吴忠、灵武、平罗、青铜峡、贺兰五县（市）提前实现收大于支，改变了财政补贴面貌，有力地保证了宁夏经济和社会的发展。1985年，宁夏地方财政收入为2.91亿元，到1987年达到4.11亿元，比1985年增长41.2%，年均增长18.9%。

（四）实行多种形式的财政包干体制改革（1988~1993年）

从1988年起，中央为了解决暂时的财政困难，进行全国经济领域的治理整顿，取消了每年对宁夏的定额补助递增10%的照顾，实行“定额补助”办法。这种办法是按原来核定的收支基数，支大于收的部分，实行固定数额补助，宁夏补助数额为5.33亿元。当年，宁夏地方财政收入为5.09亿元，由于“定额补助”财政管理体制的实行，宁夏地方财政收支矛盾变得突出起来，地方财政连续出现赤字。1991年开始，在中央补助变化不大的情况下，中央加大了对宁夏重点项目的资金投入。1993年3月，国务院正式将宝中铁路、沙坡头水利枢纽工程、大坝电厂扩建、银川河东机场等列入重点开发建设项目，这也成为这一时期宁夏经济建设的重要资金来源。宁夏的地方财政收入实现了连续增长，1991 年达到 6.81 亿元，1992 年达到 7.73 亿元，特别是 1993 年增长较快，达到了 10.85 亿元。

（五）实行中央和地方分税制财税体制改革（1994~2012 年）

党的十四大确立了社会主义市场经济体制的改革目标后，各项改革按照社会主义市场经济的要求迅速提上日程。1994 年，中央财政陷入了严重危机，财政收入占 GDP 比重和中央财政收入占整个财政收入的比重迅速下降，中央政府面临前所未有的“弱中央”的财政状态。这场财政危机，让党中央、国务院痛下决心，一场具有深远影响的分税制改革在中国拉开了序幕。分税制的实行，使中国的财政秩序为之大改，中央财政重获活力。

1. 全面部署财税体制改革（1994~2003 年）

一是推行分税制改革。1994 年，中央决定进行税制改革和分税制改革。税制改革后，中央与地方的财力对比发生了明显变化，主要的税种收入由中央财政掌握，作为宁夏地方财政主要收入来源的营业税税基也较过去大为缩小，地方收入比例比改革前大幅下降，自有财力相对减少。统计资料显示，1986~1993 年，各项税收 8 年间财政预算级次平均比重：中央收入为 12.4%，宁夏地方收入为 87.6%。而从 1994 年到 1996 年 3 年的统计来看，中央收入比重占到 51.5%，比税制改革前提高了 39.1 个百分点；宁夏地方税收收入比重占 48.5%，比税制改革前下降了 39.1 个百分点，1993 年，宁夏地方一般预算收入为 10.85 亿元，到 1994 年剧降为 7.17 亿元。改革后，中央基本达到了提高中央收入比重的目的，但却使宁夏地方财政陷入困境，由于宁夏无法完成“两税”增长目标，致使中央对宁夏的税收返还少，造成宁夏地方自有财力大幅减少。

2000 年以后，中央实施西部大开发战略，增加了对宁夏的财政投入，并且放宽了税收优惠政策。主要包括：第一，加大建设资金投入力度，提高中央财政性建设资金用于西部地区的比例。第二，加大财政转移支付力度，逐步加大中央对西部地区一般性转移支付的规模。在农业、社会保障、教育、科技、卫生、计划生育、文化、环保等专项补助资金的分配方面，向西部地区倾斜。第三，实行税收优惠政策。对设在西部地区国家鼓励类产业的内资企业和外商投资企业，在一定期限内，减按15%的税率征收企业所得税。在国家政策的扶持下，2000年、2001年、2002年宁夏地方财政收入分别达到20.82亿元、27.57亿元、26.47亿元。至此，宁夏地方财政的收入压力才相对减少。

二是推行部门预算改革。自2000年财政改革开始，财政部开始推行中央部门预算改革，即一个部门一本预算。2001年底，国务院办公厅转发《财政部关于深化收支两条线改革，进一步加强财政管理意见的通知》，以综合预算编制为出发点，以预算外资金管理为重点，以强调收支脱钩为中心，以国库管理制度改革为保障，明确提出进一步深化"收支两条线"改革的步骤与相关措施，成为新时期加强财政资金管理方面的纲领性文件。

从2000年开始，宁夏被财政部确定为部门预算编制改革的5个试点省份之一，到2002年已有60个自治区级预算单位进入试点，使预算编制工作进一步规范、科学、细化。

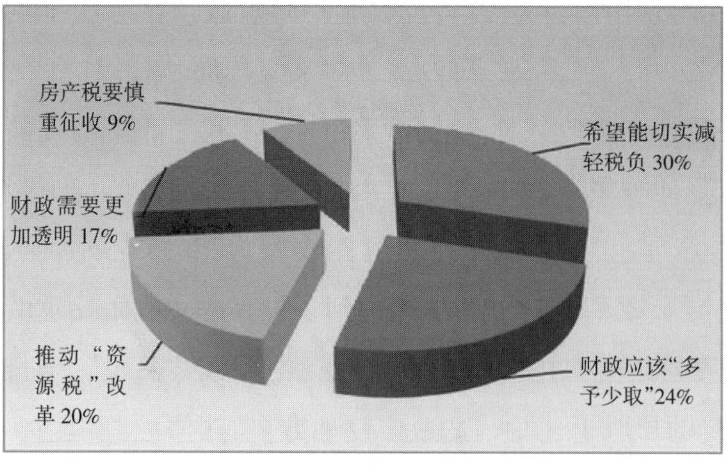

"财税改革"问卷调查

三是推行政府采购制度。宁夏政府采购始于1996

年，到 1999 年正式启动政府采购，当年的采购规模仅有 2542 万元。2003 年《采购法》实施后，宁夏政府采购中心正式成立，各地市县也相继建立起了政府采购部门。之后，逐步扩大了政府采购规模和范围，加大预算改革力度，实行了自治区级政府采购资金纳入国库集中支付制度，建立健全了政府采购的监督机制，提高了政府采购工作的透明度，加大对政府采购的监管力度，制定了专家评审委员会暂行规定、政府采购综合评标办法和项目公告标准范本，在全区推行公务机动车辆定点保险、定点加油，在政府采购领域、注册会计师行业和注册评估机构开展商业贿赂专项治理工作。

四是推行国库管理制度的配套改革。2001 年 2 月 28 日，国务院第九十五次总理办公会议原则同意了财政部会同中国人民银行报送的《财政国库管理制度改革方案》。改革方案提出,我国财政国库管理制度改革的目标是建立以国库单一账户体系为基础、资金缴拨以国库集中收付为主要形式的财政国库管理制度。

从 2003 年起，宁夏选择了水利厅、科技厅、司法厅、建设厅、社会保障局以及石嘴山市、平罗县、吴忠利通区、中卫市进行财政国库制度改革试点，后又进一步扩大了试点范围，到年底，有 19 个自治区级部门和 8 个二级预算单位纳入国库集中收付改革试点，有 328 个行政、事业单位纳入工资统发。

2. 提出“两步改革”新部署（2004~2012 年）

一是全面取消“三提五统”和各种涉农收费。从 2000 年开始，宁夏成为全国首批开展农村税费改革试点省区，逐步取消“三提五统”和各种涉农收费。2002 年，全面推行税费改革，取消乡统筹费、农村教育集资等专门面向农民征收的行政事业性收费和政府性基金、集资；取消屠宰税；取消统一规定的劳动积累工和义务工；调整农业税和农业特产税政策；改革村提留征收使用办法。减轻农民负担 24227 万元，与改革前同比减少 64%；2004 年，自治区农业税税率平均降低了 1.2 个百分点，农业税收入由 2003 年的 7438 万元减至 5400 万元，减轻农民负担 2000 多万元，到 2005 年，共减轻农民负担 3.6 亿元；2005 年，全面免征农业税及附加，减少农民负担 10500 万元。至此，宁夏农民全部免除了“三提五统”和农业各税，农民基本上无任何不合理负担，宁夏农村税费改革的成就显著。

二是全面完成乡镇债务化解任务。2003 年，宁夏全面开展乡镇区划调整，大规模进行撤并乡镇的工作。到 2004 年底，裁减乡镇 124 个，原有的 312 个乡镇保留了乡 95 个、镇 93 个，裁撤的比例高达 40%。撤并乡镇改革为农村税费改革成功提供了制度上的保证。但撤乡并镇没有解决历史欠账问题。据统计，截至 2005 年 7 月，宁夏 188 个乡镇普遍负债，债务总额达 9.9 亿元。债务形成的主要原因，是普及义务教育、修建乡村道路、开展农田水利基本建设、整治绿化村容村貌和基层政权建设等公益性支出。从 2006 年开始，着手化解乡镇债务问题，最终确认全部乡镇债务为 7.38 亿元。2007 年，宁夏 10 个市县完成了乡镇债务化解；到 2008 年 6 月，宁夏全面完成乡镇债务化解任务。

三是全面进行财政国库集中收付制度改革。从 2006 年开始，自治区一级预算单位全面进行财政国库集中收付制度改革。截至 2007 年底，已有 335 家区级预算单位纳入国库集中支付，14 个市、县、区建立了国库集中支付网络系统。2008 年 5 月，又在包括财政厅在内的 6 家区直单位开始实施公务卡试点工作。2008 年底以前，自治区级所有基层预算单位全部纳入国库收付制度改革的范围。

四是全面推行乡财县管工作。2002 年起，中央加大了对宁夏的转移支付额度，一方面缓解自治区本级财政的紧张状况，另一方面意在重点解决县乡财政困难局面。随后，宁夏推行“乡财县管”，建立了科学规范的转移支付制度。2004 年 11 月起，在吴忠、平罗、贺兰、中宁、彭阳5个试点市县实行乡财县管乡用的财政制度改革。改革主要在预算管理权、资金所用权和使用权、财务审批权不变的基础上，实行“预算共编、账户统设、集中收付、采购统办、票据统管”的财政管理方式，由县（市、区）财政主管部门直接管理并监督乡镇财政收支。2005年9月开始，宁夏全面推行“乡财县管”工作，公共财政体系进一步健全。宁夏对市县的财力性转移支付由2002年的13亿元增加到2007年的51亿元，年均增长31.4%。

五是全面推行收支两条线改革。2000年10月1日开始，自治区本级和银川市率先开始推行收、罚缴分离制度，继续推行“收支两条线”改革，实现预算内、外资金的统筹使用，提高财政资金的利用效率。首先，严格审批收费项目、收费标准，控制收费规模。其次，建立收费公示制度，增加收费透明度，严格支出，提高综合预算管理水平。后来，又探索建立非税收入管理机制，编制了自治区行政事业性、政府性基金目录，在自治区实施交警罚没收入罚缴分离，实行国有资产有偿使用收入收缴财政统一管理。2008年纳入预算管理的非税收入达到了23亿元以上。

六是全面加强基本建设支出。基本建设资金也由财政预算内拨款的单一形式，演变成财政拨款、拨改贷、国内外贷款、利用外资和各种形式的自筹资金互为补充、相互为用的新局面。经过多年的建设，彻底改变了宁夏长期以来以农业为主的单一经济结构，依托水利和煤炭优势，优先发展电力工业和煤炭工业，初步形成了以煤炭、电力、冶金、化工、食品、纺织为主的工业体系。同时，交通运输、商品流通、文教卫生及城市建设也得到了不同程度的发展。至2008年，宁夏共完成固定资产投资858.65亿元。在投资规模迅速扩大的同时，投资增长方式也逐步实现了由“粗放型”向“集约型”的转变，进一步加大了结构调整力度，促进了产业结构的合理化和高级化发展。

七是2000年10月1日开始，自治区本级和银川市率先开始推行收、罚缴分离制度。全面支持农业农村经济发展。把加大支农资金投入和完善支农资金管理放在重要位置，调整和优化投入结构，保证重点，较好地发挥了支农资金的作用。推行项目管理，提高财政支持农业的投资效益，大力支持农田水利设施建设，改善农业基本生产条件；支持农副产品生产基地建设，保证市场有效供给；大力支持农业科技的推广应用和农业社会化服务体系建设；积极支持县乡两级发展农技推广服务体系，改善服务设施和工作条件，增强服务功能。支持农业服务部门开展产前、产中、产后系列化配套服务；支持乡镇企业发展，提高农村产业化发展水平；支持山区扶贫开发，投资建设了一批扶贫到村到户开发项目，使贫困面大幅减少，保持了社会稳定。截至2008年，宁夏一步步建立健全了财政支农资金稳定增长机制，整合资金推进特色优势产业、农产品龙头企业、宁南山区草畜产业发展三大政策的实施，认真落实“五补一免”政策，千方百计夯实了农业发展基础。

八是全面促进国有企业改革发展。各级财政部门为了搞活国有企业，增强企业自我发展能力，进行了大量卓有成效的工作。1998~2006年，财政拨付企业挖潜改造资金由1.36亿元增加到4.09亿元，增长2倍；科技三项费用支出由1998年的3882万元增加到2006年的1.08亿元，增长1.78倍。“十五”以来，对宁夏煤业集团、宁夏东方钽业股份公司、宁夏美利纸业股份公司、宁夏有色金属集团、青铜峡铝业股份公司等重点企业实施的技术改造项目给予支持。先后安排拨付企业技术创新资金、新产品开发资金、科技三项费用等各

全面深化改革中的宁夏银川综合保税区

类财政资金，专项用于企业的技术研发和技术创新。安排拨付产业技术成果转化资金、科技型中小企业创新资金和中小企业发展资金等专项资金，对新材料、机电、冶金、医药等行业企业实施的技术成果转化给予大力支持，有力地推进了企业技术进步工作。

九是全面推进教科文卫事业的发展。在中央的大力支持下，逐年增加对教育、科技、卫生、文化、体育、广播、电视等事业的投入，有力地支持了宁夏社会事业的发展和全面进步。1958~2006 年，宁夏财政预算支出中用于教科文卫事业方面的支出累计 257.41 亿元，从 1958 年的 888 万元增加到 2006 年的 31 亿元，增长了 348 倍，年均递增 13.1%；占财政支出的比重由 1958 年的 10.8%提高到了 2006 年的 19.1%。2005 年，宁夏投入 6000 万元用于“两免一补”，近 54 万贫困家庭学生从中受益。

十是全面支持社会保障体系改革。各级财政部门努力保证社会保障支出，资金规模逐年增加。社会保障财政支出由 1998 年的 0.89 亿元增加到 2008 年的 37.05 亿元，增长近 40.6 倍；占财政一般预算总支出的比重由 2%上升到 11.4%。社会保障支出的逐年增加，确保了企业离退休人员基本养老金和国有企业下岗职工生活费按时足额发放，确保了城镇低保、救灾救济、就业再就业、卫生医疗等工作资金所需，为保证各项社会保障制度的建立和政策的落实提供了有力支持。

（六）实行中央和地方财力与事权相匹配的财税体制改革（2012~2015 年）

1. 建立“五位一体”公共财税体制基本框架（2012~2013 年）

2012 年，党的十八大报告明确指出：“加快改革财税体制，健全中央和地方财力与事权相匹配的体制，完善促进基本公共服务均等化和主体功能区建设的公共财政体系，构建地方税体系，形成有利于结构优化、社会公平的税收制度。建立公共资源出让收益合理共享机制。”这是一个“五位一体”财税体制改革的基本框架。

从2013年起，宁夏围绕中央加快财税改革的要求，结合推进“两区”建设等内容，不断深化财税体制改革。主要包括：积极发挥市场配置资源的决定性作用和财政政策的导向作用，促进创新型企业发展，助推中小企业发展壮大；实行差别化财政政策，促进产业转型升级，以整合支农资金为抓手，促进现代农业发展；发挥财政引导金融资金功能，完善投融资担保体系，稳妥推进农民住房财产权、土地承包经营权抵押、担保，激活农村金融市场；完善以城镇居民收入、就业率、物价水平、环境保护、财政收入、提高扶贫对象生活水平等为主要指标的发展成果考核评价体系；实行有偿使用资源和污染环境、破坏生态者付费，加快资源税改革，不断完善重点生态功能区生态补偿机制，加大环境治理和生态保护投资力度等。2012年，宁夏公共财政总收入完成450亿元，增长21%以上；公共财政总支出达到850亿元，增长20.4%，其中用于民生领域的财政支出占73%。

2. 确定财税体制改革新思路（2013~2015年）

2013年，党的十八届三中全会《决定》指出，“财政是国家治理的基础和重要支柱”，这是对财政职能作用的重要论断。围绕深化财税体制改革，《决定》明确指出，科学的财税体制是优化资源配置、维护市场统一、促进社会公平、实现国家长治久安的制度保障。2014年6月30日，中共中央政治局召开会议，审议通过了《深化财税体制改革总体方案》。会议认为，要重点推进3个方面的改革：一是改进预算管理缺席，强化预算约束、规范政府行为、实现有效监督，加快建立全面规范、公开透明的现代预算制度；二是深化税收制度改革，优化税制结构、完善税收功能、稳定宏观税负、推进依法治税，建立有利于科学发展、社会公平、市场统一的税收制度体系，充分发挥税收筹集财政收入、调节分配、促进结构优化的职能作用；三是调整中央和地方政府间财政关系，在保持中央和地方收入格局大体稳定的前提下，进一步理顺中央和地方收入划分，合理划分政府间事权和支出责任，促进权力和责任、办事和花钱相统一，建立事权和支出责任相适应的制度。中央明确指出，新一轮财税体制改革2016年基本完成重点工作和任务，2020年基本建立现代财政制度。2015年10月，党的十八届五中全会审议通过了《中共中央关于制定国民经济和社会发展第十三个五年规划的建议》，提出了全面建成小康社会的新目标，首次提出创新、协调、绿色、开放、共享“五大发展理念”，为中国“十三五”乃至更长时期的发展描绘出新蓝图。为了实现这个新蓝图，创新发展成为“十三五”时期经济结构实现战略性调整的关键驱动因素，是实现“五位一体”总体布局下全面科学发展的基本保障、根本支撑和关键动力。全会明确提出了“十三五”推进创新发展的三条路径，其中一条是：构建发展新体制，深化行政管理体制改革，完善各类国有资产管理体制，建立健全现代财政制度、税收制度，改革并完善适应现代金融市场发展的金融监管框架。党的十八届五中全会为深化财税体制改革进一步指明了方向。会议对进一步深化财税体制改革进行了顶层设计，提出要建立健全有利于转变经济发展方式、形成全国统一市场、促进社会公平正义的现代财政制度，建立税种科学、结构优化、法律健全、规范公平、征管高效的税收制度。建立事权和支出责任相适应的制度，适度加强中央事权和支出责任。要调动各方面积极性，考虑税种属性，进一步理顺中央和地方收入划分。要建立全面规范、公开透明预算制度，完善政府预算体系，实施跨年度预算平衡机制和中期财政规划管理。要建立规范的地方政府举债融资体制。要健全优先使用创新产品、绿色产品的政府采购政策。

宁夏认真贯彻落实党的十八届三中、四中、五中全会精神，牢牢把握推进现代财政制度改革与建设的方向和重点，不断加大财税体制改革的力度。2013年12月25日，宁夏回族自治区党委十一届三次会议通过的《中共宁夏回族自治区委员会关于深化改革推动经济社会发展若干问题的决定》，对深化财政管理体制改革做出了全面部署。2015 年 12 月，自治区党委十一届七次全会审议通过了《中共宁夏回族自治区委员会关于制定国民经济和社会发展第十三个五年规划的建议》，并且传达学习了中央经济工作会议精神，明确提出了坚持把创新摆在发展全局的核心位置，以创新增强发展动力，以改革释放发展活力，发掘新资源，开辟新路径，培育新优势，全力打造宁夏经济升级版，为全面建成小康社会提供坚实的物质基础。为此，提出了建立推动创新的体制机制，正确处理政府、市场之间的关系，大力推进各项改革任务落地，激发创新活力，拓展创新空间。重点推进国有企业改革、投融资体制改革、产权制度改革、财税体制改革、商事制度改革、农村综合改革、价格改革等。宁夏财政工作按照中央的要求，全面贯彻落实党的十八大和十八届三中、四中、五中全会精神，以及中央、自治区经济、财政工作会议精神，把思想和行动统一到中央的总体要求和决策部署上来，坚持稳中求进工作总基调，围绕全面建设开放、富裕、和谐、美丽宁夏，进一步解放思想，始终坚持把改革创新贯穿于财政发展各领域各环节，加强和改善财政宏观调控、加快转变经济发展方式、深化财税体制改革、加快促进基本公共服务均等化，进一步提高财政管理水平，促进经济持续健康发展，为实现与全国同步进入全面小康社会目标做出新的更大贡献。

二、辉煌成就

改革开放 30 多年来，宁夏回族自治区党委、政府认真贯彻执行中央的各项方针政策，以经济建设为中心，坚持改革开放，坚持发展生产力，经济建设、社会发展都取得了辉煌成就。

（一）国民经济持续快速发展

改革开放以来，特别是进入 21 世纪，随着经济的高速发展和各方面改革不断深化，宁夏财税也步入快速发展的轨道，财政收入连上台阶。尤其是中央实施第二轮西部大开发和全国主体功能区建设以来，宁夏以沿黄城市区建设为带动，积极争取中央财政支持，从“保吃饭”的窘境中走出来，实现了从“想干事”到“能干事”再到“干大事”的历史性转变。更以“开放宁夏、富裕宁夏、和谐宁夏、美丽宁夏”建设为目标，在工业、农业、科教文卫等领域加大投入，拉动经济增长，夯实发展根基。1978 年，宁夏地区生产总值为 13 亿元，2014 年为 2752 亿元，增长了 210.70 倍；1978 年，宁夏人均地区生产总值为 370 元，2014 年为 41843 元，增长了 112.09 倍；1978 年，宁夏财政收入为 3.2 亿元，2014 年为 339.81 亿元，增长了 105.20 倍；1978 年，宁夏财政支出为 5.8 亿元，2014 年为 1000.49 亿元，增长了 171.50 倍；1978 年，宁夏全社会固定资产投资额为 4.30 亿元，2014 年为 3201.00 亿元，增长了 743.42 倍；1978 年，宁夏城镇居民人均可支配收入为 346 元，2014 年为 23285 元，增长了 66.30 倍；1978 年，宁夏农村居民人均纯收入为 116 元，2014 年为 8401 元，增长了 71.42 倍。

1. 发展壮大经济规模

财税部门牢牢把握稳中求进、改革创新的核心要求，加快转变发展方式、推动产业转型升级，注重财源建设，强化税收征管，提升收入质量，确保财政平稳运行。2014 年，实现地区生产总值 2752 亿元，增长 8%，比全国高 0.6 个百分点，其中一、二、三产业分别增长 5.6%、9.2%和 6.9%。公共财政总收入 565 亿元，增长 7%，其中中央级公共财政收入 225.2 亿元，增长 2.3%；地方公共财政收入 339.8 亿元，增长 10.2%。在地方公共财政收入中，税收收入 250.3 亿元，增长 5.5%。

2. 鼓励企业自主创新

通过税收优惠、财政补贴等方式鼓励企业进行科技开发，提升产品档次，延长产业链，增强竞争力。特别是近年来，对企业自筹资金开展应用研究、试验发展、成果转化等技术创新活动，经自治区科技厅、经济和信息化委员会、财政厅等部门联合审核、评估、认定后，按企业R&D投入给予后补助。这些措施充分调动了企业大力开展科技创新活动的积极性和主动性，有力撬动了企业加大科技研发投入，逐步解决了科技与经济相结合的问题，推动企业成为技术创新主体，增强企业创新能力。2014年，宁夏企业更新改造步伐稳步加快，更新改造投资增长20.1%，比全社会固定资产投资增速高0.7个百分点。其中，工业技术改造投资增长19.1%，高于同期工业投资4个百分点，全年申请专利量增长17.6%。

3. 促进产业结构优化升级

积极创新财政投入模式，综合运用税收、补助、贴息等方式，从政策资金导向上促进产业结构优化升级。经济逐渐向第三产业主导转变，仅2014年，安排10亿元，积极扶持清真、生态纺织、羊绒等产业做大做强，支持科技成果转化，提升企业创新能力，有效促进经济企稳回升。促进现代农业健康发展，安排42亿元，大力扶持葡萄、枸杞、草畜、蔬菜等特色优势产业发展，建设高标准农田22.4万亩，实施银北地区百万亩盐碱地改造工程，积极推广高效节水灌溉项目。在全国率先实现了种植业、养殖业和林果业的保险全覆盖。2014年，宁夏优势特色农业产值380.9亿元，占农林牧渔业总产值的85.7%。力促现代服务业加快发展，安排17亿元，重点支持“智慧宁夏”、西部云基地、特色旅游、航空运输、商品储备、三方物流、社区商业生活圈、现代市场体系建设，推进外向型经济发展，努力扩大消费需求。

4. 推动解决“三农”问题

不断加大资金投入，推进现代农业建设，加快农业科技进步，加强农业设施建设，优化农业产业结构。加强生态农业建设，坚持实施退耕还林、退牧还草工程，充分发挥宁夏的农业资源优势，发展特色农业，延长农产品产业链，提高产品附加值，转变农业增长方式，提高农业综合生产能力。1978 年，宁夏农林牧渔业总产值为 4.8 亿元，2014 年为 444.49 亿元，增长了 92.41 倍。

5. 做强做大优势产业

综合运用支出、税收、国债、财政补贴、转移支付等财政政策工具和手段，发挥财政资金的引导、激励作用，加强和改善财政宏观调控，积极支持转变经济发展等方式，加大扶持煤炭产业、冶金产业等优势产业，围绕优势发展区域经济，促进国民经济结构持续健康稳定发展。宁夏经济发展呈现速度加快、规模扩大、效益提高、实力增强的趋势。1978 年，宁夏工业增加值为 5.59 亿元，2014 年为 973.50 亿元，增长了 173.2 倍。

（二）支持各项改革顺利进行

1. 国有企业改革

对分布在煤炭、电力、化工、机械、冶金、建材等领域的国有企业实施改革措施。一是实施支柱产业优先战略，加大资金投入力度，加快支柱产业的企业技术改造和技术革新，特别是延长煤炭产品产业链条，走清洁化建设加工高增长的路子。二是实施传统产业改造战略，促进工业布局调整，形成以高新技术为主导、现代制造业为主体、大企业为支柱、现代化物流

银川滨河新区规划格局内的宁东能源化工基地正在成为宁夏经济发展的重要引擎

业相配套的合理布局，实现工业经济跨越式、可持续发展。三是实施规模发展战略，大力发展能源产业等税源贡献大的规模经济，创造规模效应。四是实施结构调整战略，加快经济结构的战略性调整，大力加强国有资本的控制力，大力发展个体私营经济，鼓励企业联合重组、低成本扩张，鼓励企业国外抢滩、境外投资做强做大。五是实施有效引资战略，有针对性地吸引科技含量高、产业链长、市场前景好的企业和项目，特别是引进有规模、有影响、能带动一批配套企业，并对地区经济发展影响大的企业和项目，对于形成更有活力的区域经济起到了举足轻重的作用。

2. 对外开放逐步深入

不断加大对内、对外的开放力度，全方位对外开放。近年来，依托宁夏内陆开放经济试验区和银川综合保税区，立足资源优势，进一步优化了出口商品结构。初步形成了以煤炭为主的煤加工产品，以硅铁、金属镁、碳化硅为主的高耗能产品，以羊毛、羊绒、无毛绒为主的毛纺织产品，以枸杞、大米、清真食品为主的深加工、精加工农副产品，以钽铌铍、子午线轮胎、活性炭、生物医药为主的高新科技产品，以机床铸件、机械设备、金属制品、轴承为主的机电产品等出口商品体系。1978年，宁夏进口总额为 0.07 亿美元，2014 年为 11.33 亿美元，增长了160.86 倍；1978 年，宁夏出口总额为 0.23 亿美元，2014 年为 43.03 亿美元，增长了 186.09 倍。

3. 要素市场全面发展

证券市场发展迅速，人才、劳动力、房地产、科技、信息等要素市场也有了一定的发展。人流、物流、资金流流动机制加强，在全区范围内形成了经济、社会及各种生产要素的良性循环。人才市场、劳务市场、科技市场等各类市场日益完善，适应市场经济发展的各类市场体系已基本形成，对国民经济发展和人民生活水平提高产生了积极而深刻的影响。目前拥有南京证券、华泰证券、西部证券、平安证券、国泰君安证券、申银万国证券、中信建投、招商证券、国信证券、长江证券、宏源证券、天相投资顾问等13家证券经营机构。2014年年末，上市公司总股本58.5亿股，总市值489.88亿元，比上年增长34.3%。全年证券交易额2373.58亿元，比上年增长53.2%。

（三）促进社会事业的发展进步

改革开放以来，宁夏财政加大了对市县专项转移支付力度，重点保障新农合、新农保、城乡低保等民生支出。同时，根据区情加大对生态移民、城乡基础建设等民生项目的投入，努力提高人民群众的幸福指数。

1. 让贫困地区群众努力拔掉穷根

生态移民工程，是宁夏回族自治区党委、政府下决心、花巨资实施的战略决策。为了做好这项民生工程、德政工程，从2010年以来，中央每年补助宁夏资金3亿元，5年累计补助15亿元，专项用于宁夏中南部地区35万生态移民搬迁工作。自治区财政全力落实中南部地区35万贫困人口生态移民攻坚计划，每年预算安排和统筹各类专项资金10亿元，集中用于生态移民工作。经过不懈努力，生态移民工程显示了巨大成就，让从大山深处搬迁出来的群众拔掉了穷根，过上了幸福生活。

2. 让群众得到就近、便捷的服务

建立乡镇民生服务中心，是宁夏财政“保民生、促发展”的又一创举。到2009年底，宁夏乡镇普遍成立了民生服务中心，初步建立了工作和服务制度。2010年，宁夏将乡镇民生服务中心规范化建设试点列入当年十项民生计划，在全区建设50个规范、统一的民生服务中心，把党和政府的关怀直接体现出来，让老百姓得到实惠。

3. 坚持教育优先发展

加大教育投入，构建终身教育体系，形成了以基础教育、职业技术教育、普通和成人高等教育、中等教育等学历教育为主体的比较完整的教育体系。2007~2012年，宁夏约有92万义务教育阶段学生免除了学杂费，80万学生领到了免费教科书，7.6万名家庭经济困难寄宿生获得了生活费补助，6.44万农民工子女被纳入“三免一补”政策范围。安排6.6亿元启动实施“营养改善计划”，使32万名学生受益；安排38亿元支持“校安工程”建设，完成了323万平方米的校舍改造。目前，宁夏拥有各级各类学校3093所，教职工93156人，在校学生144.19万人。2014年教育投入一般预算支出为1142789万元。

4. 大力发展广播文化事业

在财政的大力支持下，2005年7月22日，宁夏广播电视总台挂牌仪式在银川举行。截至2014年末，宁夏有线电视用户达到96.37万户，广播节目综合人口覆盖率96.15%，电视节目综合人口覆盖率达到99.11%。2014年，出版图书1987种，出版报纸19种，出版期刊37种。拥有国家级文化产业试验园区1个、国家级文化产业示范基地6个、自治区级文化产业示范园4个、自治区级文化产业示范基地36个、自治区级文化产业特色村镇5个。

5. 实现民生工程亮点纷呈

改革开放以来，宁夏民生工程亮点纷呈，许多工作走在了全国前列。先后实施生态移民攻坚计划，继续加大黄河金岸建设力度，发挥转移支付的政策导向和布局调整作用。2012年，在全国率先合并实施了新农保和城镇居民社会养老保险，实现了统筹城乡居民基本医疗保险新制度全覆盖。在农村，财政资金用于落实“四免一救助”“少生快富”等扶助政策，支持村级卫生室进行标准化建设，增添医疗设备，培训乡村医生，提升基层卫生机构服务能力，缓解了群众看病难题。借力民生财政支出，累计开工建设保障性住房28.3万套，建设“塞上农民新居”新村327个，改造危房危窑20.57万户；通过发放廉租住房租赁补贴、实物配租、租金核减等，有效解决了120多万城乡群众的住房难题。创造了许多全国第一：“一卡通”写入财政部五年规划；支持实施彭阳县小虎洼小流域综合治理项目，创造了引起全国关注的“小虎洼模式”；在全国率先解决了粮食购销企业“三老”（老人、老粮、老账）问题；在全国率先推行政府统一组织的药品“统一招标、统一配送、统一价格”活动；在全国率先化解乡镇债务和义务教育“普九”债务，率先给高龄老人发放高龄津贴；重点风沙生态环境综合治理项目成效明显，在全国实现人进沙退，时任国务院总理温家宝批示：“要宣传推广宁夏的经验”。

（四）初步建成适应社会主义市场经济的财税制度

1. 完善财政管理体制改革

1998年以来，先后进行了部门预算改革、政府采购制度改革、国库集中支付制度改革、“收支两条线”改革、税费改革等，基本实现了公共财政的核心理念——公共资金资源的配置。经过10多年的努力，这一公共财政框架在运行中不断丰富、改进和完善。一是积极争取中央给予宁夏民族区域自治地区的税收制定权和宁夏内陆开放型经济试验区的税收优惠权。二是根据事权与财力相匹配的原则，合理调整自治区与市县的税种划分和分成比例，完善省以下财税体制。三是稳步推进“营改增”改革，适当简化税率，规范征收管理，将铁路运输业、邮电通信业纳入改革试点。四是加强税收优惠政策清理，对执行到期的要停止执行，对未明确期限的要规定政策终结的时间节点，做到公平税负。五是加大预算信息公开透明力度，进一步扩大部门预决算公开范围，细化公开内容，特别是将“三公”经费公开作为重点。

2. 推进预算管理制度改革

2000年以来，改革预算管理制度，加强专项资金管理，完善专项设立、退出的顺畅机制；规范预算追加和财政资金审批程序，强化预算执行管理；全面推行预算绩效管理，初步建立了完备的预算绩效管理制度机制和指标体系；完善预决算信息公开制度，区本级 91 家一级预算单位公开了部门预算，27 个市县（区）公开了总预算和民生预算。2014 年，区级部门二级以上预算单位全部公开“三公”经费预决算，所有县级以上政府公开“三公”经费预决算。

3. 推进政府性债务管理改革

对政府债务实行分类管理和规模控制，将市县政府性债务管理情况纳入效能目标管理考核和日常监测预警范围。完善国有资本经营收益统收制度，2014 年，出台了《宁夏回族自治区属国有资本收益收取暂行管理办法》，明确规定将所有企业国有资本收益全部纳入预算管理。强化国有资本管理，启动实施了全区行政事业单位经营性资产核查登记工作，摸清单位经营性资产实际家底。切实盘活财政存量资金，建立健全清理存量资金的激励约束机制，开展了财政存量资金专项检查，盘活资金约 10 亿元。加大专项转移支付整合归并力度，对资金使用目标接近、投入方向类同、管理方式相近的专项转移支付进行了归并整合，同时规范专项转移支付项目设立，严格控制新增项目和资金规模，将市县专项转移支付数量由 245 项减少到 161 项，压减了 34%。

4. 深化税收制度改革

一是农村税费改革。从 2000 年开始，首先在中卫、彭阳两地开展农村税费改革试点，2002 年全面推行。2002 年，减轻农民负担 24227 万元，与改革前同比减少 64%；2004 年，全区农业税税率平均降低了 1.2 个百分点，减轻农民负担 2100 万元；2005 年，全面免征农业税及附加，减少农民负担 10500 万元。在此基础上，农村税费制度得以规范，干群关系得到改善，村民自治和农村集体事务也得到了规范化管理。

二是增值税、企业所得税和个人所得税改革。新一轮税制改革，有力地支持了产业发展，也促进了产业结构的优化和企业竞争力的提升。

2014年，扩大“营改增”试点范围，为全区1.3万户纳税人累计减税3.8亿元；与全国同步实施煤炭资源税改革；配合完成了《自治区非税收入管理条例》的立法工作。

三是非税收入改革。2000年10月，自治区本级非税收入推行“收（罚）缴分离”改革以来，区本级非税收入持续增长，连创新高，2008年达38.6亿元。2009年，在国家实行燃油消费税改革、节能减排力度加大，取消工商部门“两费”、在全国范围内取消100个收费项目以及自治区取消138个收费项目等政策性减收因素的影响下，完成区本级非税收入33.8亿元，平均每年以24%的幅度递增。

5. 深化公务员工资改革

2006年1月1日《公务员法》正式实施，标志着我国公务员管理走上了法制化轨道。公务员工资制度改革，是实施《公务员法》的一项重要内容。宁夏于2006年开始对各部门、单位的津贴项目进行了清理，清理中坚持公开透明、有效激励、统筹兼顾和严格监督的原则，将工资改革落到了实处。

（五）财政保障能力不断提高

1994年，分税制改革之初，宁夏地方财政收入比改革前有所下降，经济建设支出被大幅压缩。随着西部大开发政策和积极财政政策的实施，宁夏经济状况和政府财力相对好转，逐步增加了经济建设方面的支出。2009年，宁夏提出民生财政理念，优化财政支出结构，建立保障和改善民生的长效机制，推动市县财政由“保工资、保运转”向“保工资、保运转、保民生”转变。重点加大教育、就业和社会保障、医疗卫生、科技文化体育、保障性安居工程、生态环境等方面的投入，解决好困难群众生产生活中突出困难，每年新增财力的2/3以上用于解决民生问题。这一民生财政理念及保障机制与自治区政府叫响全国的民生计划配套，实实在在为老百姓解难题、办好事。

(六) 财政保障重点在公共财政导向下发生重大变化

以公共财政为导向，重点解决财政“越位”和“缺位”问题，在三个方面取得了突破。一是规范了财政资金供给范围，增强对经济社会发展的服务保障能力。合理界定了政府和市场的作用边界，财政逐步退出对一般竞争性领域的直接投入，增加公共服务领域的投入，逐步解决财政供养人口过多、对一些经营性事业单位包揽过多、不合理补贴和投资过多等问题。二是成功推行了政府采购、部门预算和国库集中收付制度改革，规范了预算编制，剔除了许多不合理开支项目，做到了对国库资金的集约化管理，减少了分散在各单位的沉淀资金，提高了财政资金利用率。三是以“保重点、保改革、保稳定”为中心，在政权建设、科技教育、社会保障、农业、生态保护、高新技术产业化等重点领域加大了财政投入，保证了改革的顺利进行和社会稳定。优先保障和改善民生，重点向农村建设倾斜，向经济社会发展的薄弱环节倾斜，向中南部地区、城乡困难群众和基层倾斜。

三、经验启示

改革开放 30 多年来，宁夏财税通过资金投入和制定实施相应的财税政策，有力地促进了经济社会的发展，有力地支持了各项重大改革措施的出台和重要方针政策的实施，有力地促进了民族地区人民生活水平的提高。

(一) 坚持党的基本路线，坚定不移地推进财税改革

宁夏财税改革与发展 30 多年的实践证明，财税与国家的本质、职能，与人民的根本利益相联系，财税工作是贯彻党的基本路线。实现国家的基本职能、服务人民基本生活的重要工具。高举中国特色社会主义伟大旗帜，是事关财税部门坚持党的十一届三中全会以来的路线、方针、政策，以及全面推进改革开放和现代化建设事业的根本政治问题。

在经济体制深化改革的进程中，宁夏正确处理了财政问题的基础在于坚持党的基本路线，严格执行党中央和国务院的既定决策，把握财税体制改革与通盘改革的内在联系及改革与发展的不可分割性，按照党的基本路线和国家现代化的战略目标，坚定不移地探索、推进和深化财税体制改革。体制的改革在中国现代化转轨过程中具有统领全局的重要性，坚持财税体制改革与整体配套更要坚定不移，停滞和倒退没有出路，只有深化改革，才能完成财税服务全局的历史使命。

（二）坚持正确处理改革、发展和稳定的关系，着力协调各方面的利益

改革开放30多年的实践证明，同其他各项经济体制改革一样，财税改革没有现成的方案，必须在实践的过程中逐步厘清思路和步骤，正确处理改革、发展和稳定的关系。推动宁夏经济社会发展，从根本上说要靠推进改革，不断协调各方面的利益关系。财税改革作为重要的调节手段，发挥了重要作用。一是通过改革，为企业经营创造一个良好的外部环境，并引导企业转换经营机制，提高经济效益，夯实了经济发展与财税体制改革的根基。二是通过改革，强化征收管理，堵塞收入漏洞，努力增加财政收入。三是通过改革，调整和优化了财政支出结构，压缩了行政经费开支，使财政资金逐步退出一般竞争性领域，保证了自治区重点建设支出，支持农业生产支出、科教文卫支出等事关地区发展大局和发展重点的开支和保证公共服务。四是通过改革，拓宽了理财领域，合理调度了资金流向，使之运用到国家政策急需支持的项目和自治区急需发展的产业上来，缓解了预算紧张的状况。

（三）坚持财税体制改革与其他改革、发展协调配套，着力提高改革的综合效应

改革开放30多年来，一方面，宁夏财税改革涉及方方面面的利益，没有其他方面的改革配套，财税体制改革就无法到位或者达不到预期效

果。另一方面，各项体制改革也都会涉及财力和财权的分配问题，改革的步伐要看财力的大小和财政的承受能力。可以说，财力在很大程度上制约着其他方面的改革，超越财力的改革是很难取得成功的。各项体制改革要求财政要与之相配套，这些改革的效益最终要反映到财政上来。宁夏财税在积极推进自身改革的同时，主动搞好与其他各项体制改革的配套，形成合力，提高了改革的总和效应。宁夏财税改革较好地处理了改革过程中利益协调和相互配合问题，财税体制改革也是随着国有企业改革、价格体制改革、金融体制改革、政府职能转变等稳步推进，保证了国民经济的平稳运行。并且通过公共财政的合理收支安排，区别轻重缓急，做好事项的排序，实现了科学发展观指导下的统筹兼顾、可持续发展，为宁夏经济社会全面发展做出了突出贡献。

（四）坚持在改革中不断提高财政的宏观调控水平，着力实现国民经济健康持续发展

财税部门作为地区宏观调控和政府经济调节的重要部门，随着经济体制改革的深化，其宏观调控方式逐步由直接调控为主向间接调控为主转变。宁夏运用财政政策和经济手段，如税收、投资、国债、补贴等，通过改变物质利益关系来引导被调节者的行为，实现宏观调控目标。根据国家宏观调控和财政政策的取向，宁夏积极探索实施财政政策的最优方式，增强财政政策宏观调控能力，创造宽松的财税环境，优化经济结构，增强区内经济主体造血机能，促进经济增长方式发生根本转变，形成经济自主增长和自我发展的机制，实现了国民经济的健康、持续发展。

（五）坚持实现财政制度的法治化、民主化和制度化，着力巩固改革的成果

按照党的十八届三中全会关于国家治理体系和治理能力现代化的总目标，财政改革的发展方向必然是法治化、民主化和制度化。财政作为参与国民收入分配和再分配的重要工具，作为宏观调控的重要手段，处

于各种利益分配关系的焦点上，涉及面广、政策性强。财政法治化是社会主义法治的一个重要组成部分，各项改革措施要通过法治加以规范，以巩固改革成果。在30多年的实践中，宁夏按照法治建设的总体要求，建设公共财政，并根据发展的需要，及时对各项财政法规进行清理，保障了改革的顺利进行。在广泛借鉴国外财税法治理论和实践的有益成果和立法经验、结合宁夏区情的基础上，加快财政税收法律的制定和改进工作，形成了一批具有规范性、约束性和前瞻性的条例和规定。这些条例和规定，定位科学、配套合理，并与其他法律相协调，适应社会主义市场经济需要，发挥了财政税收职能，保证了各项改革的顺利实施。

（六）坚持解放思想、开拓创新和积极争取中央、兄弟省市的支持与帮助，着力形成资金合力助推宁夏经济社会全面发展

改革开放以来，宁夏经历了从“吃饭财政”到“建设财政”再到“民生财政”的发展历程。过去，由于管理方式比较单一，就事论事，就项目论项目，就资金论资金，把主要精力放在了对自治区党委、政府确定的重大项目和重点工作的资金保障上，综合运用各种财政管理手段的能力不强，发挥财税政策、财政资金的导向和杠杆作用不太明显。近年来，各级财政部门解放思想、开拓创新，以小省区敢为人先的勇气和魄力，注重研究和建立民生财政体制机制，不断提升科学理财和保障民生的能力。

积极争取中央对宁夏的财政支持，保证重点工程建设的资金需要，同时争取周边省区和对口援建省区的支持，保证经济持续增长。宁夏2/3的财力依靠中央的转移支付。2008~2012年，中央财政持续加大对宁夏的转移支付力度，各项转移支付累计1932亿元，占5年公共财政支出67%，由2008年的244亿元增加到2012年的534亿元，年均增长11.6 %。其中：财力性转移支付由149亿元增加到2012年的313亿元，增长了1.1倍；专项转移支付由95亿元增加到221亿元，增长了1.3

倍，有力增强了宁夏财政在经济发展和社会事业方面的宏观调控能力。充分利用国际金融组织和外国政府贷款，弥补资金不足，2011 年达到 11.2 亿元；建立政府信用平台，2008~2010 年，利用国家开发银行贷款 150 亿元。

2011 年，国家将六盘山区等区域的连片特困地区列为扶贫攻坚主战场。六盘山片区覆盖陕、甘、宁、青部分区域共 61 个县区，其中陕西、青海、宁夏分别有 7 个县（区）列入。国务院要求，集中连片特困地区要建立跨省协调机制，打破行政分割，推进区域一体化发展。但由于没有省区间的协调机制，国家有关部委在制定实施扶贫措施时，缺少相关省区的协商机制和联动抓手。宁夏财税相关部门通过广泛协商，寻求最大公约数，形成四省合力推进六盘山地区振兴发展的工作格局，按照区域一体化的思路研讨共性问题，共同促进六盘山片区经济社会发展，使六盘山片区成为“一带一路”上的重要节点。

四、对策建议

改革开放 30 多年来，宁夏财税体制改革取得的重大成就有目共睹，但在改革与发展中还存在以下问题：财政收支结构、转移支付结构不合理；存量资金过大，存在浪费现象；涉及民生财政补助标准偏低；财政调控与市场调控的界限不清；自治区与市县事权划分不清晰，导致支出责任不明确；宏观税负过重，分税制需要进一步完善；公共财政体系的全面建立，预算管理体制的进一步改革需要深化；财政的法制化、信息化建设和绩效管理考核等等，这些都是今后财税体制改革需要重点关注的方面。因此，必须要按照党的十八届三中、四中、五中全会和自治区党委十一届三次至七次全会精神的要求，自觉树立和贯彻落实“五大发展理念”，牢牢把握推进现代财税制度建设的方向和重点，努力提升财税科学发展水平，为建设“四个宁夏”，与全国同步建成小康社会提供有力的财政支撑。

（一）着力深化财税体制改革，优化资源配置，促进社会公平，实现地区长治久安

1. 进一步明确自治区与市县政府的事权划分，自觉调整、优化各级政府的支出结构

要按照中央的要求，全区性公共产品和服务，以及具有在统一市场中调节收入分配、实施基本社会保障和“反周期”经济稳定性质的支出责任，主要由自治区财政承担，自治区政府应负责提供本级行政、自治区基础科研、重大基础设施等；同时，对市县负责的社会保障事项和农村义务教育等给予引导和补助。市县性公共产品和服务的支出责任应主要由地方财政承担，市县政府以提供区域内社会公共服务为主要目标，做好本地区行政、教育、基本医疗卫生服务、社会治安、公共事业发展的支出管理。对自治区与市县共同承担的事务，要明确各自负担的比例。

要充分发挥市场机制的作用，凡是市场能够解决的资源配置问题，政府相应退出；凡属于社会公共领域事务、市场无法解决或解决不好的资源配置问题，政府必须承担责任；对于准公共物品的提供，财政要积极引导社会资金投入和参与。财政支出的优化结构方面，应以增加“三农”支出为重点，促进城乡协调发展；以增加教育、卫生、科技支出为重点，促进经济社会协调发展；以增加节能减排支出为重点，促进人与自然的可持续发展；以增加社会保障支出为重点，促进经济与社会生活的稳定和谐；以增加对少数民族聚居区的财力支持为重点，促进区域协调和各民族和谐团结。

2. 进一步深化县以下财税体制改革，健全和完善转移支付制度

加快县乡财政管理体制改革，积极推进“自治区直管县”和“乡财县管”的改革，在先不触动行政级别的前提下，尽可能先在财政层级上

“扁平化”为三级预算，划分三级税基。在条件成熟后，可考虑借鉴国外市场经济国家的经验，减少国家层级，成为三级政府架构，并精简行政机构和人员编制。同时，发展和完善中央、自治区两级自上而下的转移支付制度，促使自治区以下的财政体制真正落实分税制。

完善政府间转移支付制度要突出三项内容：一是继续扩大一般性转移支付资金规模，对一些名不副实的专项资金进行撤并。二是清理整合合并专项转移支付项目，尽可能减少项目支出的交叉、重复，严格控制新设项目，设定的项目要做到资金安排和制度建设同步进行。同时，进一步完善“三奖一补”政策，调动地方克服县乡财政困难的潜力，强化基层政府服务“三农”的能力。三是完善现行的因素法转移支付，尽量采用客观的量化公式，将能够反映各地客观实际的因素，针对各地区不同的主体功能，把对于农业区域、生态区域的转移支付支持，进一步制度化、规范化。

3. 进一步加强地方财源建设，优化地方政府行为模式

建立健全地方税体系，特别是改进房地产税制，合理设计房产建设、占有、转让和收益各环节的税收负担，把纳税义务人限定为房屋所有人，以不动产评估价值为计税依据按累进制征税，并把内、外资企业双轨的不动产税调整归并为统一的物业税。同时，进一步改进资源税，将财产税和资源税培育成为地方财政的税源支柱，解决地方财政“无税可收”的问题。此外，要加强地方政府非税收入管理，把全部政府收入纳入预算管理，为分税制财政体制的高效运行提供制度环境和条件。

4. 进一步精打细算，创新政府花钱机制

进一步对财政收入和支出加强征管，并盘活存量资金，试点推出由财政、工业园区管委会、合作银行三家融资模式，整合财政专项资金，撬动银行贷款，惠及企业，稳定就业人员，通过盘活存量，化零为整，创新模式，提高资金使用效率，对中小微企业实现精确帮扶。要创新机

制，用公共财政资金设立各种创投、产业引导基金，大力推进政府和社会资本合作模式，继续鼓励设立各类投资引导基金，创新运作方式，引导民间资本投入经济社会发展的关键领域和薄弱环节。

5. 进一步简化公平税制，注重调节和立法

要出台一系列税收优惠政策，为小微企业发展增添更多底气。要稳步推进“营改增”、卷烟消费税、资源税、环保税，力争将“营改增”范围扩大到建筑业、房地产业、金融业和生活服务业等领域。调整消费税征收范围、环节、税率，把高耗能、高污染产品及部分高档消费品纳入征收范围；组织实施煤炭资源税费改革，争取在全区范围内实施除原油、天然气、煤炭外其他品目资源税费改革，开展扩大资源税征收范围。同时，完善非税收管理制度，积极推动现行税收暂行条例上升为法律，加快制定非税收入征收管理办法。

进一步采取减税降费措施，支持小微企业发展和创业创新。坚持创新宏观调控思路和方式，围绕以大众创业、万众创新打造新引擎，以扩大公共产品和服务供给改造传统引擎，加强定向调控，加大财税政策支持力度，用减税降费鼓励创业创新，带动社会就业和调节收入分配。

（二）着力推进预算规范、透明、民主化和法治化，主动用法律约束政府花钱

要通过科学、规范、透明的预算编制和审议批准程序，形成便于管理和具有制约机制的预算，从法律层面全面规范政府花钱，强化依法理财观念，将财政运行全面纳入法制化轨道。

在预算管理中引入公共决策和选择机制，进一步发挥人大在预算工作方面的作用；在预算编制过程中，建立广泛征求意见的机制；通过听证会、“参与式预算”等形式，增加预算的透明度，扩大预算编制和执行的社会监督，构建纳税人的意见反馈机制等。通过《预算法》的实施，为防范政府性债务风险筑厚“防火墙”。认真落实2014年10月国

务院发布规范政府性债务管理改革意见，和 2015 年 3 月、6 月，财政部先后下达第一批和第二批 1 万亿地方政府债券置换存量债务额度，积极清理化解地方政府性债务风险的管理改革。积极推进中期财政规划管理，在编制完善 2016~2018 年自治区财政规划的基础上，启动部门预算中期规划工作。在编制 2016 年部门预算时，同步编制 2016~2018 年部门预算滚动规划，对目标比较明确的项目，编制三年滚动财政规划，特别要在扶贫、水利投资与运营、义务教育、卫生、社保就业、环保等重点领域开展 3 年滚动财政规划试点。

（三）着力简政放权，落实创新发展战略，全力推动区域经济协调发展

1. 积极推进简政放权，不断加强约束机制

对现有审批事项，加强制度建设，规范管理、优化审批流程，加大信息公开力度。优化转移支付结构，提高一般性转移支付规模和比例，进一步清理、整合、规范专项转移支付。积极盘活财政存量资金，加强地方政府性债务管理，健全债务扎口管理机制，加强公益性项目举债管理。规范市县政府性融资行为，严格执行债务预算（计划）管理等。推进综合与分类相结合的个人所得税改革等有关工作。大力推进政府购买服务，推广运用 PPP 模式要有新突破，积极推进国企国资改革等。

2. 落实创新发展战略，积极促进经济结构调整和发展方式转变

做好加减乘除法，向结构调整要增长、要质量、要效率。优化整合各类科技计划（专项、基金等），加强科研项目和资金管理，增加国家科技成果转化引导基金规模，支持加快推进科技重大专项工作等。紧紧围绕自治区“五百三千”产业发展计划，安排农业发展资金，推动农业优势特色产业发展壮大，加快现代农业发展步伐。切实加大工业发展资金整合力度，调整资金支持重点和方向，逐步减少对企业的直接补贴，探索市场化运转新方式，发挥财政杠杆引导作用，力促工业结构转型升

级。统筹税收增量、电力价格调节基金、政府债券等渠道，统筹安排宁东基地等大型企业建设资金，加快建设国家级现代煤化工基地。

3. 积极推进新型城镇化建设和农业现代化发展，支持健全城乡发展一体化体制机制

处理好城镇化和农业现代化的关系，以新型城镇化综合试点为抓手，实施以人为核心的新型城镇化，建立财政转移支付同农业转移人口市民化挂钩机制，建立健全以居住证为载体的基本公共服务提供机制，保障农业转移人口享有城镇基本公共服务。拓宽资金渠道，地方发债资金要更多用于城市基础设施建设、公共租赁住房、棚户区改造、土地储备等领域。加快转变农业发展方式，支持提高农业综合生产能力，完善农业生产激励机制，继续做好农业可持续发展相关试点工作，深入推进扶贫开发，进一步深化农村综合改革。重点支持宁南区域中心城市建设、清水河城镇产业带建设，继续推进主干道路大整治大绿化，提升小城镇及重点集镇服务功能。通过以奖代补，支持老旧小区改造。支持环

新型城镇化推动宁夏区域经济全面发展

境保护治理。引导重点企业实施节能技术改造、淘汰落后产能，推动既有居住建筑节能改造，实施污染防治行动计划，促进污染物减排。重点抓好产业扶贫、金融扶贫和社会扶贫，加大整村推进，实现精准扶贫。

4. 积极融入“一带一路”战略，进一步扩大对内对外开放

抢抓中央实施“一带一路”战略新机遇，扩大对内对外开放，培育经济合作竞争新优势。推动内陆开放进程，全力打造丝绸之路经济带战略支点。构筑中阿经济合作新平台，打造中阿合作示范区。促进外经贸可持续发展，培育新的出口增长点，引导外向型产业提升竞争优势。构筑完善交通通道，推进“三纵九横”路网建设，促进提高公路交通安全保障能力。支持航空运输发展，提高航空网络密度，完善航空客货运服务功能，打造向西开放的空中门户。

（四）着力把保障基本民生作为财政保障的核心，继续推进公共财政体系建设

1. 优化财政支出结构，提升保障基本民生的支出比重

今后，财政支出的重点仍要放在社会保障、教育支出、卫生事业上。财政对经济建设的支持，主要是为微观经济主体创造一个公平、宽松、具有企业自主发展能力的财税环境。

一是“三农”。主要用于安排粮食、枸杞、清真牛羊肉、奶牛、马铃薯、瓜菜、淡水鱼、葡萄、红枣、农作物制造、优质牧草、苹果、中药材等的补贴，支持这些人民群众基本生活必需的农副产品的生产和供应。增加农业、水利基本建设支出，支持农业生产和农村基础设施建设。

二是教育。主要是加强和完善农村义务教育经费保障机制，全面落实寄宿生生活费政策，巩固和完善城乡义务教育阶段学生全免费制度，提高农村中小学公用经费标准，提高校舍维修改造补助标准。

三是医疗卫生。主要用于医疗卫生体制改革、建立健全基本医疗保障制度和增加农村合作医疗制度改革补助支出。

四是社会保障。主要用于补充全区社保基金、确保企业退休人员养老金支出及时足额发放，进一步推进社保体系改革，并对部分困难地区政策性关闭破产企业拖欠职工工资适当给予补助等。

五是环境保护。主要用于支持清洁生产、节能降耗减排的技术改造、污水处理设施建设、江河等流域水污染治理、节能工程及建筑节能、淘汰落后产能、加强环境监管能力建设等方面。延长退耕还林补助，并安排一定规模的巩固退耕还林成果专项资金，加强口粮田建设、农村能源建设、生态移民等方面。

六是公共安全。主要用于增加产品质量和食品安全监管经费，检验检疫仪器设备购置、出口产品质量安全监管、质量抽查打假和专项整治等方面。增加对市县法院诉讼费补助和公检法部门装备经费补助等维护社会治安与公平正义相关的经费。

2. 促进基本公共服务均等化，完善财政转移支付制度

一是围绕民所依，壮大政府财力，让百姓靠得贴心。根据中央和自治区的决策部署，落实好积极的财政政策，保持政策的连续性和稳定性，把握形势适时预调微调，增强财政调控的前瞻性和针对性。推进“营改增”、消费税、资源税等税制改革，着力完善地方税体系，大力培育新税源，持续壮大地方财政实力，使政府施政有财力保障。

二是围绕民所食，提升农业质量，让百姓吃得放心。以贺兰山东麓百万亩葡萄文化长廊为主，配套旅游设施，培育文化元素，力争实现“三个一百”工程，即100万亩葡萄种植基地、100公里旅游文化长廊、100个星级酒庄。以清真牛羊肉、优质奶为主，扩大标准化规模养殖。以枸杞、果菜为主，建设国家级标准化蔬菜育苗中心和蔬菜基地。突出灵武长枣、平罗制种、西吉马铃薯、隆德中药材、青铜峡优质大米等产业特色。落实强农惠农政策，严守耕地红线，抓好土地整理项目，确保粮食播种面积稳定。同时，发展节水、循环农业，改良盐碱地20万亩，

总面积达1500亩的百瑞源贺兰山东麓有机枸杞示范基地

新增高效节水灌溉30万亩，创建高标准基本农田50万亩，以确保谷物自给、口粮绝对安全。

三是围绕民所用，突出兴工强区，让百姓用得称心。支持打造一批产值过千亿元的产业集群和产业园区，促进主导产业高端化、特色产业品牌化、新兴产业规模化。首先，做强三大主导产业。以宁东基地为龙头，全面推进煤电产业；支持神华宁煤煤制油等项目，建设国家级现代煤化工产业基地；积极与央企合作，支持宝塔石化等大型炼化项目，力促石油化工产业。其次，做精三大特色产业。支持银川经济技术开发区数控机床等名优产品、吴忠清真食品及穆斯林用品、国家级生态纺织示范园和灵武羊绒产业。第三，做优三大新兴产业。支持石嘴山高新技术产业开发区发展以有色金属、碳基材料为主的新材料产业带；在风能、光能富集地区建设国家新能源综合示范区；依托中卫中关村科技产业园和银川IBI育成中心等建设西部信息技术产业基地。第四，加快产业结构调整。支持提升化工、冶金、建材等传统产业，限制电解铝、水泥、钢铁等行业，淘汰焦炭、铁合金、电石、化肥等行业落后产能，同时大力发展循环经济。

四是围绕民所行，改善基础建设，让百姓行得安心。支持骨干公路建设，连接省际、市际、县际断头路。完善连接城乡快速通道，实现城市重要节点直达畅通。支持智能交通系统建设。支持河东机场三期扩建。启动太中银铁路银川至定边增建二线和银川至宁东轻轨的前期工作。支持美丽乡村建设八大工程，加快生产要素和人口向沿路沿河聚集、城市基础设施向农村延伸、公共服务向农村覆盖。支持主干道路大整治大绿化工程，开展城乡环境脏乱差治理活动，逐步推行农村垃圾“村收集、乡运输、县处理”的村容村貌管理新模式。

五是围绕民所居，优化美化环境，让百姓生活欢心。支持移民迁出区生态修复、荒漠化治理、封山禁牧和退耕还林还草等生态工程。支持自治区环保行动计划，严格环保准入和污染物排放标准，抓好农村面源污染治理，争取在全国率先实现农村环境综合整治全覆盖。把沿黄城市带及黄河金岸、宁南区域中心城市和大县城作为新型城镇化的主战场，建设银川、吴忠、宁东组成的大银川都市区，发展石嘴山、固原、中卫等副中心城市，带动全区大中小城镇协调发展。

六是围绕民所忧，均衡资源配置，让百姓生活温心。支持普惠性学前教育，每个乡镇办好一所中心幼儿园，并扩大覆盖范围。支持普惠性基础教育，缩小城乡、校际差距，促进教育公平发展。支持职业教育，建设现代职业技能公共实训中心、人力资源发展促进中心，统筹全区职业教育、技能培训资源，深化产教融合、校企合作，建设面向市场的西部现代职业教育基地。支持高等教育，推进内涵式发展，培养各类高层次人才，提升高等教育服务发展的能力。健全基层医疗卫生机构，建立乡村医生准入和退出机制，扩大优质医疗资源，最大限度方便群众看病。完善疾病应急救助机制，防止群众因病致贫返贫。支持妇幼卫生“七免一救助”。实施白内障患者复明工程。完善社会保障体系，继续扩大社保覆盖面，推进“五险合一”，实现城乡居民医保区级统筹和大病保险全覆盖。继续提高企业养老金标准，关心老年人、残疾人基本生活，加大社会救助力度，让群众的心更加温暖。

七是围绕民所困，精准扶贫就业，让百姓生活暖心。建立精准扶贫机制，用足政策、用好资金，对六盘山集中连片特困地区实施扶贫攻坚，以产业扶贫为重点。继续支持黄河善谷建设，发挥慈善事业扶贫济困的作用。支持基层科普行动，培训和引导群众勤劳致富，加快自治区百万贫困人口脱贫致富步伐。实施更加积极的创业就业政策，强化培训，创造岗位，支持自主创业，主要做好高校毕业生、城镇困难人员、农村转移劳动力就业。完善城乡低保政策，实施精准化低保管理，完善准入退出机制。

八是围绕民所乐，提高服务效能，让百姓生活舒心。培育和践行社会主义核心价值观，以中国梦、宁夏精神凝聚正能量。完善公共文化服务体系，实施文化惠民工程，免费开放公共文化设施，加强文物和非物质文化遗产保护，不断提高公共文化的供给和服务能力。大力发展文化产业，拓展投融资渠道，做大一批骨干文化企业和产业园区，培育创意、动漫等文化新业态，推出更多文艺精品，满足群众精神需求。开展全民健身活动。继续推动哲学社会科学、新闻出版、广播影视和文学艺术繁荣发展，为群众提供健康丰富的文化生活。

（五）着力加快财政法治化进程，确保财税健康可持续发展

1. 遵法守法，着力建设法治财政

首先，依法清规。根据现行的法律法规，逐个清理自改革开放以来财政出台的一系列制度及规范性文件，对一些有违法违规的、滞后于发展的、存在缺陷的制度进行一次全面梳理，能废则废，能善则善，坚决清除财政体制机制上的障碍。其次，依法并规。在法律框架内，主动与有关部门协商，对同一制度应通过优化与整合提高统一性；对不同制度之间应通过统筹规划实现制度协同推进，避免制度之间打架或背靠背。再次，依法立规。依法推进财政改革，要确立“定好规则再抓牌”的法治思维，研究制定新的制度，以制度推进改革，以改革完善制度，使财政改革与制度建设齐头并进，加快法治财政建设进程，确保财政改革在法治的“钢轨”上稳步前进。

2. 多予少取，着力建设民生财政

首先，围绕“民负”建制。推行行政审批目录制，减少审批事项，压缩审批时限，最大限度简政放权，最大限度方便群众。推进“营改增”、资源税等税制改革，落实小微企业税收优惠政策，继续清理规范行政事业性收费，减轻企业和群众的负担。其次，围绕“民富”建制。发挥财税调控作用，深化收入分配制度改革，建立中低收入者收入稳定增长机制。推进财政社保制度优化与整合，继续扩大社保覆盖面，推进“五险合一”，完善社会救助、城乡低保等制度，建立更加公平的社保体制机制。完善扶贫制度，建立精准扶贫机制，重点加快百万贫困人口脱贫致富。实施更加积极的就业政策，完善就业创业制度，促进城镇困难人员、高校毕业生、农村转移劳动力就业创业。再次，围绕“民望”建制。以完善支持学前教育和职业教育制度为重点，扩大农村学前教育、义务教育资源均衡分布，建立以改革和绩效为导向的高职院校财政支持机制。深化医疗卫生体制机制改革，扩大优质医疗资源。完善疾病应急救助机制，逐步建立城乡居民普惠性健康档案和体检制度，完善大病统筹机制。完善促进文化事业繁荣制度，建立图书馆、体育馆等公益性开放馆所财政支持长效机制。探索建立财政支持新型城镇化建设、生态环境保护、农村环境整治等机制，加速城乡一体化进程，让改革合民望，使制度惠民生。

3. 开源节流，着力建设稳固财政

首先，壮大财源。按照财政部统一部署，在推进税制改革的同时，着力完善地方税体系，培植新兴财源，清理规范各项税收优惠政策，依法治税征税。完成非税收入管理立法工作，健全征管机制，将非税收入全部纳入预算管理。研究完善国有资产、资本和资源管理制度，确保国有资产保值增值，将所有国有资本全部纳入预算管理，建立国有资源有偿使用和生态补偿机制。把财政所有收入全部纳入预算管理，做到收入一个“笼子”、预算一个“盘子”。二是强化管理。认真执行“八项规定”和“约法三章”，坚决停止新建和改扩建政府性楼堂馆所，财政供养人员总量只减不增，“三公”经费只减不增。完善财政支出标准制度，建立相对稳定、又可根据实际动态调整的长效机制，从源头上严控行政成本。建立政府综合财务报告制度，全面核算财政投入与产出情况。完善绩效评价制度，建立贯穿支出全程的绩效评价机制，完善绩效评价结果与财政预算安排挂钩的长效机制。结合政府职能转变改革，健全政府购买服务预算管理制度，强化预算执行监控，实现“费随事转”。规范政府性债务管理，完善制度，建立风险预警机制，将政府性债务纳入预算管理，做到支出一个“口子”。

4. 规范透明，着力建设阳光财政

在公开部分预算安排情况的基础上，继续扩大公开内容，部门预算要逐步公开到基本支出和项目支出，公开所有财政拨款的“三公”经费，同时要重点公开支出政策。健全重点领域监管制度，加强政府采购监管，将大宗物资等采购纳入公共资源交易体系。加强公共资金管理和监督，加强专项资金监管，加大公共资金、国有资产和资源财政监督力度。完善财政转移支付制度，明确支持对象、投入重点、开支范围、补助标准及监管办法等，对资金使用效果进行检查验收，并向社会公开，让群众看明白、能监督。

5. 提质增效，着力建设效率财政

首先，坚持科学理财。进一步完善财政重大事项集体决策、公众参与、专家论证、风险评估、合法性审查等制度，完善科学民主决策机制。其次，贯穿依法理财。财政工作必须在法律框架内推进，推行政务公开，推行权力清单制度，提高工作透明度，自觉接受各方监督。再次，贯穿为民务实。改进理财思路，改进服务方式，把服务向基层和群众延伸。第四，贯穿勤政廉洁。认真执行党政机关厉行节约反对浪费条例，“三公”经费再压缩5%。财政干部要坚持“三严三实”，坚决执行领导干部工作生活“六不准”，把权力关进制度的“笼子”，着力培养一支为民务实清廉的财政干部队伍。

（六）着力加强和改进财政监督工作，不断提高理财的能力和水平

1. 加强预算监督

各级财政部门要从维护《预算法》权威的角度，重视预算监督工作，切实将监督的重心转移到加强预算编制和执行的监督检查上来，转移到财政资金的安全性、合规性和有效性监督检查上来，不断健全覆盖所有政府性资金和财政运行全过程的监督机制。

2. 严肃财经纪律，保障重大财税政策落到实处

要继续严肃财经纪律，选择财政改革发展的目标任务、税收政策执行情况和重点民生领域专项资金开展调研和检查，保障中央、自治区重大财税政策的贯彻执行。当前尤其要注重盘活资金存量，切实把闲置、沉淀资金用活用好，把有限的钱用在刀刃上。

3. 切实履行会计监督职责，整顿规范市场经济秩序

要坚持以服务财政中心工作为核心，以保障财务会计法规准则制度有效执行为重点，以会计信息真实性和透明度为切入点，及时反映宏观经济运行和财税管理方面的新动向、新问题，有效发挥会计监督对财政管理改革的促进保障作用。要重点研究如何充分发挥注册会计师社会监督的辐射作用。要按照国际公认准则和国际通行的程序开展监管，为国家“走出去”战略实施创造良好条件。

4. 全面实施内部控制，构建财政内部权力制约机制

要根据实际情况建立内控管理架构。管理架构要体现分事行权、分岗设权、分级授权的内控要求，使决策、执行、监督既相互协调又相互制约。要建立完善不同层级的内部控制制度，突出节点控制，体现制衡理念，防范各种风险。

5. 有效开展内部监督，促进完善内部管理

要进一步加强对内部各职能机构履行财政业务管理情况的监督检查，积极开展领导干部经济责任审计工作，加强对领导干部行使权力的制约和监督。

（七）着力寻求财政信息化和绩效管理突破性发展，为财税体制改革提供技术支撑

1. 实现财税部门信息化

财税部门要负责统一组织实施政府财政管理信息系统，利用先进的信息处理技术，以预算编制、国库集中支付和宏观经济预测为核心，覆盖各级政府管理部门和财政资金使用部门，全面支撑部门预算管理、国库单一账户集中收付、政府采购、宏观经济预测和办公自动化等方面的财政管理综合系统。

要建成覆盖自治区各级财税和相关部门的“三纵两横”信息网络系统。纵向网络包括财政部到自治区的一级骨干网、区级到市级的二级骨干网、市级到县级的三级骨干网，开通区、市、县数据传输和 IP 内部电话等多项业务；横向网络分级建设，建成覆盖各级财政管理层次的全域网，连接财政、税务、人行国库、商业银行和全部预算单位。

建立和完善各级财政数据管理中心。要在网络基础建设、财政业务应用、办公自动化等方面搞好统筹规划，为财税体制改革提供技术支撑。

2. 构建财政绩效评价工作系统和指标体系

要加快财政绩效管理的立法，为财政绩效评价体系提供法律和制度保证。当前和下一阶段，制订切实可行的方案，通过试行条例来发挥对财政绩效管理的法律约束，在试行过程中不断完善和调整，最终形成符合实际的财政绩效评价法律。

要构建财政绩效评价工作系统和指标体系。在财政项目绩效评价

中，项目立项时通过方案比较法，选择最佳方案；项目执行过程中，选择动态指标进行监控和管理；项目验收时，选择综合评价法和公众评判法对项目结果进行评估和反馈。通过对项目不同阶段的不同方法评价，形成一个开放的评价系统，以力求促使资金效率提高。

专 题 篇

“小财政”托起大民生

1978年，党的十一届三中全会开启了我国改革开放的辉煌时代。30多年来，宁夏改革开放成果丰硕，地方财政收入快速增长，地方经济全面平稳发展。随着财政势力的增长，自治区党委、政府逐步加大对民生的投入，千方百计构建民生保障体系。全区各级财政部门也不断健全和完善公共财政体系，把改善和保障民生放在首要位置，以“小省区能办大事情”的气魄和“小财政办好大民生”的胆识，探索“民生财政”发展之路，形成了较为完善的民生财政保障体制和机制，稳步推进了社会事业发展，推动了开放、富裕、和谐、美丽新宁夏建设的步伐。

一、改革发展历程

（一）从“吃饭财政”到“建设财政”（1978~1998年）

1978 ~1998年这20年，特别是实行市场经济体制和1994年实行分税制财政体制后，中国经济社会得到了快速发展。这一时期，宁夏地方财政收入保持了较快增长的势头，地方财政收入机制逐步规范，收入一年上一个台阶。全区地方财政收入由1978年的3.16亿元，增加到了1998年的17.76亿元，年均增长9.01%。全区财政收入累计达126.11亿元，较自治区成立后的前20年增加了4.7倍。

民生财政是以丰厚财力为前提和保障的。虽然改革开放20多年来，宁夏经济社会得到了一定的发展，但是由于历史欠账太多，宁夏地方财政总量很小，自给率低，全区财政一直处于赤字，地方各级财政部门的财力主要还是用于保运转、保工资，属于典型的“吃饭财政”，财政的支撑保障作用较弱。在市场经济体制改革形势下，全区财政工作也只能紧紧围绕自治区经济建设中心，本着“保稳定、促改革、促发展”的方针，将有限的财力投入到经济建设中，保证重点支出。因此，拿不出更多的资金投入到民生建设中。但是，从 1978 ~1998 年财政支出结构来看，科教文卫支出由 13.11%上升到 21.56%，支出比重有大幅度上升，表明财政支出逐步在向民生倾斜。

这一阶段，自治区财政按照自治区党委、政府的要求，在财力有限的条件下，积极争取中央的支持，启动了旨在改变宁夏南部山区干旱贫困面貌的“1236”工程，即宁夏的扶贫扬黄灌溉工程。1994 年 9 月，时任全国政协副主席钱正英同志到宁夏南部山区视察时，经与自治区党委、政府商量，提出了“1236”工程。“1236”这组数字概括了这样的含义：解决 100 万人脱贫、开发 200 万亩土地、用 30 亿元投资（其中国家投资 20 亿元）、花 6 年时间建成。“1236”工程启动以来，自治区财政积极作为，全力以赴支持工程建设。2001 年 10 月，“1236”工程黄河泵

宁夏扶贫扬黄灌溉工程

站正式通水运行，开始发挥效能。这充分体现了党中央和国务院对宁夏的关心和关怀，也体现了自治区党委、政府执政为民的精神境界。

（二）从“建设财政”到“民生财政”（1999~2006 年）

1999~2006 年，自治区党委、政府紧紧抓住西部大开发的历史机遇，推动自治区财政步入了快速发展期。全区各级财政部门以高度的责任感、使命感和担当精神，积极组织收入，主动争取中央资金，使全区财政收入实现了历史性的大突破。8 年间，全区地方财政收入迅速增长，连上 4 个大台阶。在 1998 年 17.76 亿元的基础上，2000 年达到 20.82 亿元，2003 年达到 30.03 亿元，2004 年达到 47.71 亿元，2006 年突破 60 亿元大关，达到 61.34 亿元，较 1998 年净增 2.45 倍，年均增长 16.65%。其中，2004~2006 年的增速达到 26.19%，创历史最高水平。财政年均收入达 33.62 亿元，分别是 1978~1998 年和 1958~1978 年的 5.3 倍和 29.6 倍。同时，自治区财政积极争取中央财政支持。中央各项转移支付由 1998 年的 27.36 亿元增加到了 2006 年的 131.42 亿元，年均增长 21.67%，比同期地方财政收入增速高出 5.02 个百分点。财政支出增幅加快，重点支出得到保障。

地方财政收入和中央转移补助的双快增长，使财政供给能力明显增强，实现了由“吃饭型”向“促发展型”的战略转移，使财政基本实现了“谋发展”“办大事”的夙愿。自治区财政不失时机地加大了支持全区经济建设的力度，有力地促进了工业化、农业化、城市化及各项事业发展。但是，与全国相比， 宁夏仍然属于欠发达地区，财力还是非常薄弱的，全区各级财政对很多事情只能“被动埋单”。虽然各地需要支持的项目堆积如山，可就是拿不出钱来，即便是自治区重大工程，财政部门也力不从心。因此，未能对民生予以高度重视，积淀下许多民生问题。

这一阶段，国家财政收入持续快速增长。但是，过度的市场化改革，使得老百姓在医疗卫生、养老就业、教育、住房等基本生计方面的保障越来越弱，随之带来上学难、生活难、看病难、住房难等一系列社会问题。同时，由于过分强调GDP的增长，使得环境恶化、资源适应浪费的现象也越发严重。这些问题受到党中央和国务院的高度重视。2003年12月30日，时任中共中央总书记胡锦涛签署了《中共中央、国务院关于促进农民增加收入若干政策的意见》，这是时隔18年后中央一号文件再次回归农业，再次关注农民生活。2005年，中央政府工作报告中首次提出“要让全体人民共享改革和发展的成果”。自此以后，“关注民生”“以民为本”“保障民生”“改善民生”成为全国上下高度关注的问题，并且将目标定位为：学有所教、劳有所得、病有所医、老有所养、住有所居。同时，中央财政用于“三农”的资金投入也逐年增长，财政支出中各项攸关人民福祉的支出数额不断增多，相关的政策也不断出台。

宁夏回族自治区党委、政府深入贯彻落实中央关于加强民生工作的指示精神，逐渐把解决民生问题与加快经济发展统一起来，把民生问题作为重中之重，不断推进和谐社会构建。全区各级财政部门按照科学发展观的要求，坚持以人为本，不断优化支出结构，不断加大对公共服务领域的投入，重点向社会主义新农村建设倾斜，向社会事业发展的薄弱环节倾斜，向困难地区、基层和群众倾斜，在就业、教育、医疗卫生、社会保障方面做出了很大的努力，建立了保障和改善民生的长效机制。

（三）亮点纷呈的民生财政（2007~2012年10月）

2007年4月11~14日，时任中共中央总书记、国家主席、中央军委主席胡锦涛到宁夏考察工作时强调，要着力推动科学发展促进社会和谐，帮助贫困群众尽快过上小康生活。胡锦涛总书记指出，要继续实施开发式扶贫，把更多资金用在支持农村经济社会发展上，用在改善民生上，尽最大努力加快贫困地区发展，让农村贫困群众早日过上小康生活。

2007年5月，为深入贯彻胡锦涛总书记来宁考察时重要讲话精神，落实自治区党委关于高度关注民生、切实解决民生问题的重要部署，自治区政府决定，本着“量力而行、尽力而为”和“关系群众切身利益，年内能办得到、能够具体量化”的原则，在全国省级政府中率先实施人饮解困、教育均衡、卫生惠民、促进就业、城乡安居、支农惠农、健康安全、扶弱助困、完善保障、文体下乡等十项民生计划，为民办30件实事，解决老百姓特别是贫困群众最关心、最直接、最现实的生计问题。

实施扶弱助困计划，加大社会救助力度，切实帮扶弱势群体改善生活条件，提高生活质量

全区各级财政部门全力以赴贯彻落实中央和自治区党委、政府关于民生工作的安排部署，开始认真思考“民生财政”建设问题，在思想上打牢“民生财政”理念，提出了“注重实际，普惠为先；注重效果，以人为先；注重机制，便民为先；注重发展，保障为先”的民生财政发展思路。2007年，宁夏实施的十项民生计划，为民办30件实事全部完成，在社会上产生了强烈反响，也受到了群众的普遍欢迎。

2007年底，全区地方财政收入完成80.3亿元，当年也全部消化了财政系统历年积累的赤字，初步形成了类型全面、结构合理、兼容互补、稳定增长的资金构成体系，基本实现了从“保吃饭”到“促发展”的历史转变。正是基于这一转变，自治区党委、政府在加快发展经济的同时，始终把千方百计惠民生作为一切工作的出发点和落脚点，对民生的重视程度之高前所未有。全区各级财政部门主动履责、积极服务，不再“等米下锅”，而是千方百计筹措资金，积极调整支出结构，逐年加大对民生领域的投入力度，进一步加强了对民生等重点支出的保障，自治区可用和新增财力主要用于农业、教育、卫生、就业、社会保障、环境保护等民生事业。

2008 年，自治区财政用于民生事业的支出占到整个财政支出的 70%，全区各族人民真切感受到了党和政府执政为民的浓浓情怀，普遍享受到了民生财政政策的温暖阳光。

随着全区经济社会的发展，宁夏财政支持的民生事项越来越多，不但要保障十项民生计划的落实，而且其他民生事项也得积极支持，因此，民生财政必须纳入预算管理。从 2009 年起，自治区财政开始编制民生项目预算，这成为了“民生财政”建设的一个重要标志。自治区财政要求用于民生的支出必须占到全年支出的 70%以上，对预算安排的民生事项资金细化到科目，确保了各项民生资金的有效落实。自治区财政每年都把预算安排的用于民生的各项支出，汇编成民生项目预算，提交自治区人代会审议。宁夏成为全国第一个编制民生项目预算，并提请人代会审议的省区。同时，自治区财政厅要求各市县也编制民生项目预算，促进了民生项目资金的规范化管理。

2009 年，自治区财政对民生的投入增加到 71%，2010 年达到 72%，2012 年达到 73%，比 2010 年增加投入 33.2 亿元，增长 28.4%。2008 年以来，自治区财政对民生领域的投入每年以一个百分点递增，由“量力而行”逐步转变为“尽力而为”，真正实现了从“吃饭财政”到“民生财政”的历史跨越，发挥了“小财政托起大民生”的支撑作用，人民群众普得实惠，开创了宁夏财政保障和改善民生的全新局面。

同时，自治区财政在全力保障落实 30 件民生实事的基础上，将现有国家规定的各项民生政策全部纳入公共财政保障范围，对国家尚未出台的惠民政策，大胆尝试、勇于创新，提出了实施“民生财政八大行动”，一批民生亮点工作走在了全国前列。比如，在全国率先实施义务教育“三免一补”政策，宁夏城乡义务教育公办学校的学生全部享受；在全国率先推行城乡公办中小学学校标准化操场建设，所有公办学校配置健身器材、修建塑胶跑道、铺设草坪操场；在全国率先提前一年全部化解 7.38 亿元乡镇债务和 9.01 亿元义务教育债务；在全国率先推行药品“三统一”，有效降低了药品价格，让老百姓买到了价优质好的放心药品；在全国率先解决粮食购销企业“三老”问题，帮助企业减轻负担转向市场；在全国率先实现农村养老保障全覆盖，比国家远景目标提前了整整 10 年；在全国率先建立高龄老人津贴制度，80 岁以上老人每月均可享受生活补贴；在全国率先推行农村“三财”管理，有效杜绝了“白条”现象；在全国率先建立乡镇民生服务中心，提供了更加优质高效快捷的便民服务。2011 年，宁夏乡镇民生服务规范化建设试点达到 110 个；2012 年，实现乡镇民生服务中心全覆盖。还实施了中小学生营养计划，每天早上给中小学生配发一个鸡蛋，对南部山区学生提供 4 元标准的营养午餐，解决贫困学生营养不良的问题。启动实施了南部山区生态移民工程，投资 105 亿元，力争 5 年搬迁 35 万人，实现“搬得出、稳得住、逐步能致富”，等等。宁夏民生财政紧紧围绕十项民生计划，为民办 30 件实事，逐步丰富和拓展支持社会事业发展的领域范围，让公共财政的阳光普照，充分体现了“民生财政”的普惠性。

这一时期，自治区财政还不断创新民生项目资金管理模式，采取了以奖代补、贴息补贴、先建后补、政府采购、统一配送、购买服务、单一专户、平台建设等多种管理手段，增强了民生资金使用的有效性和安全性。建立了“一卡通”支付系统，最大限度地确保了惠农资金兑付到农民手中，让农民群众充分享受到各项惠农政策。绩效考评制度逐步推行，建立了民生项目支出绩效考评制度体系，以“项目管理年”活动为抓手，加大对农业、教育、医疗卫生、就业、社会保障、生态移民工程、保障性住房等方面资金使用情况的监督检查，选择了部分重点民生项目开展绩效考评，推进了各项民生项目的有效落实。

（四）党的十八大以来民生财政跨越发展（2012 年 11 月至今）

党的十八大要求把保障和改善民生放在更加突出的位置。宁夏回族自治区党委、政府深入贯彻落实党的十八大精神，坚持以细之又细的作风，进一步加强民生建设。自治区财政全力以赴支持民生建设，民生投入的力度越来越大。

2013 年，自治区财政把新增财力的 70%和压缩区直部门单位公用经费 5%的资金全部用于民生事业。全年安排各项民生支出 690 亿元，占公共财政支出的 70%以上，全力推进教育、健康、社保、住房四大民生质量提升工程。2013 年 11 月，为进一步加强民生计划的制订、实施、管理和监督考核工作，确保民生计划顺利实施，切实保障和改善民生，根据有关规定，结合宁夏实际，自治区政府办公厅印发了《宁夏回族自治区民生计划实施办法》，全区各级财政部门全力贯彻执行。

2014 年，自治区财政全年预算安排资金 184.3 亿元，千方百计支持和保障教育、公共服务、社会保障等民生工程。

2015 年，为着力保障和改善民生，加快推进全区学有所教、劳有所得、病有所医、老有所养、住有所居目标的实现，全面构建开放、富裕、美丽、和谐宁夏，自治区财政预算安排资金 220.4 亿元，比 2014 年预算增加了 36.1 亿元，增长 19.6%，确保各项民生计划得到全面落实。全区各级财政部门按照自治区十一届人大四次会议预算决议要求，严格执行新预算法，深化财税体制改革，强化预算执行管理，优化财政支出结构，补短兜底保民生。截至 2015 年 8 月底，全区民生支出 490 亿元，增长 12.4%，增幅是同期财政收入的 2 倍多。

2015 年 10 月，党的十八届五中全会通过的《中共中央关于制定国民经济和社会发展第十三个五年规划的建议》中，关于“十三五”时期经济社会发展的主要目标中，提出了要把“人民生活水平和质量普遍提高”的目标，具体要实现“就业比较充分，就业、教育、文化、社保、医疗、住房等公共服务体系更加健全，基本公共服务均等化水平稳步提高。教育现代化取得重要进展，劳动年龄人口受教育年限明显增加。收入差距缩小，中等收入人口比重上升。我国现行标准下农村贫困人口实现脱贫，贫困县全部摘帽，解决区域性整体贫困”。全区各级财政部门积极作为，按照中央和自治区“十三五”规划的目标，全面深化财税改革，以公共化为取向，以均等化为主线，更加关注人民的生活质量和幸福指数，继续把推动发展与改善民生结合起来，使公共财政的阳光真正普照到城乡居民，进一步彰显民生财政的理念。

二、主要成就

改革开放以来，特别是党的十七大以来，宁夏回族自治区党委、政府高度重视民生工作。自治区财政在财力有限的情况下，无论支出矛盾如何尖锐，都始终树立“小财政办大民生”的气魄，努力做到民生投入与经济增长同步，千方百计把更多财政资金投向民生领域，知民之诉求，解群众之疾苦，增百姓之福祉，把民生财政愿望变成全区各级财政部门实实在在的行动，使全区民生总体水平得到大幅提升。

（一）全力保障和支持教育事业优先发展

在支持和保障学前教育发展方面，投入大量资金，实施学前教育行动计划，扩大普惠性学前教育资源。支持新建和改扩建公办幼儿园；采取政府购买服务的办法，进一步创新办园模式和办园机制，推进公建民办、民建民办和民办公助，提高学前教育普及水平；启动了学前教育三年行动计划，建立了从学前教育到高等教育的家庭困难学生生活资助体系。在支持和保障义务教育发展方面，建立了农村义务教育经费保障机制，多次调增农村中小学生人均公用经费标准，小学由 168 元提高到 575 元，初中由 220 元提高到 775 元；完善了“三免一补”政策，扩大了免费教科书发放范围，实现了真正意义上的免费义务教育。在推进教育质量提升方面，投入资金支持特殊教育、民族教育、生态移民区教育、职业教育、远程教育发展。在支持和保障高等教育发展方面，全力化解高校债务，支持宁夏大学“211 工程”、宁夏医科大学“创博申大”，落实了高校国家奖助学金政策，大大加快了自治区高等教育事业的发展。另外，截至 2012 年，共安排 6.6 亿元专项资金启动实施“营养改善计划”，安排 38 亿元支持“校安工程”建设，完成了 323 万平方米校舍改造任务，每县建成 1 所标准化高级中学，200 余所中小学校建成标准化操场。仅 2013 年，全区财政教育支出完成 115.7 亿元。

（二）全力保障和支持医疗卫生事业全面发展

深化医药卫生体制改革，在促进公共卫生服务均等化方面，建立基层医疗卫生机构补偿机制，全区基本公共卫生服务内容不断扩展，逐年提高了新农合和城镇居民基本医疗保险财政补助标准。支持全区基层医疗卫生机构实施国家基本药物制度，实行基本药物零差率销售，进一步解决了百姓用药负担过重问题；全面落实“四免一救助”“少生快富”、农村计划生育家庭奖励扶助政策。在支持公共卫生体系建设方面，全区各级财政投入资金，极大完善了全区疾病信息网络体系、疾病防控体系、医疗救助体

财政支持健全村镇医疗保障

系，在全区开通了200多个远程会诊系统网点；支持实施了重大公共卫生服务项目、中回医重点特色专科建设和县级公立医院综合改革，全面完成了全区一千多个村级卫生室标准化建设，建成第一批医学优势专科，自治区野外医院建成投入使用，食品药品安全、疾病预防、卫生监督能力不断提升。在处理突发公共卫生事件方面，积极拨付财政补助资金，应对突发事件，及时拨付手足口病、麻疹疫苗接种等经费，确保了突发公共卫生事件得到及时妥善处置。仅2013年，医疗卫生支出完成53.3亿元，增长15.7%。

（三）全力保障和支持社会保障体系不断完善

全区财政全力支持城乡一体化社会保障网络建设和社会保障全覆盖，支持实施社会保障“一卡通”工程，缓解了就业难、养老难、求助难的民生问题。在养老保障方面，自治区区级财政投入基本养老保险补助资金，先后将关闭破产集体企业及其他国有困难企业退休人员等纳入城镇职工基本养老保险统筹范围，同时连续多年提高企业退休人员基础养老金。在医疗保障方面，积极争取国家以奖代补资金，将关闭破产集体企业和其他国有困难企业退休人员纳入城镇职工基本医疗保险；拨付补助资金，城镇居民医疗保险财政补助标准得以每年提高，参保人数及参保率有了大幅度的提高；2012年，在全国率先合并实施新农保和城镇居民社会养老保险。在社会救助方面，大幅提高城乡低保标准和财政补助水平，自治区区级财政保障城乡低保资金，低保标准和财政补助水平得以提高；安排城乡医疗救助资金，每人每年医疗救助标准提高；建立了重度残疾人津贴制度；加快6个慈善园区基础设施和老年福利中心、陶乐养老城建设，着力打造宁夏“慈善高地”。在推进创业带动就业方面，全面落实国家促进公平就业政策，以创业带动就业，加大对农民工的就业技能培训，实行大学生“三支一扶”和“4050”人员等困难群众就业政策。仅2013年，就业和社会保障支出完成101.5亿元，增长 13.3%。

（四）全力保障和支持群众就业创业

全区各级财政保障了就业创业各项政策措施的有效落实，推进群众就业创业工作。在稳定就业方面，针对金融危机不利影响和企业生存压力加大现实情况，主动为企业降压减负，为企业发放社保补贴、岗位补贴，稳定就业岗位。在困难群体援助方面，加大对城镇零就业家庭和农村低保对象就业援助力度。建立零就业家庭动态消除机制，采取免费培训、免费职业介绍、落实社保补贴等办法，帮助困难群众实现就业。城乡社区劳动保障和社会救助站实现全覆盖。在推进全民创业方面，支持开展创业培训，帮助建立项目资源库，积极提供创业资金，让群众走上自主创业道路。仅 2014 年，发放小额担保贷款 11.9 亿元，创造新岗位 3.89 万个；开展创业能力培训 1.05 万人，发放妇女创业小额担保贷款 9.47 亿元，帮扶 2.16 万名城乡妇女创业。在优惠政策落实方面，通过发放公益性岗位补贴资金、安置“4050”人员就业、发放社会保险补贴资金、发放培训补贴资金，为下岗失业人员自谋职业、自主创业减免税费。在大力促进就业方面，自治区财政每年安排专项资金，用于支持高校毕业生就业。实施“三支一扶”项目，鼓励应届大学生参加支教、支医、支农和扶贫工作，自治区财政按当地事业单位本科生转正定级工资标准发放工资以及按规定代缴养老保险、医疗保险、工伤保险。实施高校毕业生到事业单位实习项目，鼓励企业吸纳大学生就业，鼓励大学生自主创业，积极促进大学生就业计划。到 2014 年，高校毕业生总体就业率达 93.8%。

（五）全力保障和支持城乡居民住房条件改善

在城市保障性安居工程建设和农村危房改造方面，2007~2012 年，累计安排 86 亿元支持实施保障性安居工程，累计开工建设保障性住房 28.3 万套。投入 40 多亿元，建设“塞上农民新居”新村 327 个，改造

2013 年，宁夏保障性住房建设超额完成任务

危房危窑 20.57 万户。通过发放廉租住房租赁补贴、实物配租、租金核减、配售经济适用住房等方式，有效解决了 120 多万城乡群众的住房困难问题。2013 年，自治区财政安排住房保障支出 57.2 亿元，支持全区 5.2 万套保障性安居工程建设；建立“租售并举、共有产权”管理制度，提高了土地出让收益用于保障性住房建设资金比例，切实解决了建设资金缺口问题。2014 年，为困难群众建成保障性住房 6.8 万套。2015 年 1~9 月，全区共实施保障性安居工程 9.1519 万套，年度计划投资 75 亿元，基本建成 7.5 万套，对公共租赁住房累计实物配租 12.32 万套。截至 2015 年 9 月，全区美丽小城镇开工 19 个，完成投资 73942.6 万元。美丽村庄开工 120 个，涉及开工户数 16875 户，硬化道路 248.31 千米，绿化面积 667823 平方米，给水管道长度 65.7 千米，排水管道长度 90.54 千米，清理垃圾 29682 吨等，完成投入资金 95532.5 万元。农村危房改造已开工建设 51033 户，竣工 41048 户，完成投资 368324 万元。

（六）全力保障和支持文化产业与事业改革发展繁荣

在支持文化惠民工程方面，投入专项资金，建立乡镇综合文化站，实现文化信息资源共享工程基层服务点全覆盖。在支持文化基础设施建

宁夏大剧院

设方面，自治区财政投入专项资金，支持自治区“四馆三中心”项目等重大标志性文化设施建设，推进县（区）级图书馆、文化馆维修达标建设，支持改善县级以上公益性文化单位设施条件。在支持群众文化活动开展方面，自治区财政投入专项资金，扶持“广场文化”等文化活动品牌，有力推动了群众文化健康良性发展，提升了公共文化服务水平。加快构建覆盖城乡、惠及全民的公共文化服务体系，实施农村数字电影放映、数字农家书屋工程、基层公共文化设施免费开放、送戏下乡、广播电视“户户通”等惠民文化工程，社会效应明显。实施农民健身工程，发展群众体育运动。在支持文化产业发展方面，自治区财政投入专项资金，支持组建了宁夏文化产业投融资有限公司，促进宁夏演艺集团有限公司健康发展，扶持宁夏文化改制企业做大做强；支持举办了书博会、文博会、国际马拉松大赛等大型文体赛事活动。全区财政有力保障了文化体制改革的顺利进行和文化事业产业的快速发展。

（七）全力保障和支持生态文明建设

在支持节能减排方面，自治区级财政筹集资金，实施重点节能工程建设，下大决心关停落后产能项目。在支持植树造林方面，投入资金完成退耕还林和造林绿化项目。2013年，安排专项资金11.2亿元，支持生态移民村后续生态修复、六盘山区域花卉种植、退耕还林、天然林保护、重点风沙区治理工作，推进全国防沙治沙综合示范区建设。健全草原生态保护奖补机制，支持禁牧后续产业发展，探索开展禁牧草原的品质改良。在支持污染防治方面，各级财政引导社会资金，建成多座污水处理厂，城镇污水处理率达标，区辖市饮用水源地水质达标。安排节能减排资金5.5亿元，将资金投入与能源消耗和主要污染物排放量下降程度相挂钩，大力支持资源循环利用、重点高耗能领域节能降耗、公共机构节能减排。大力实施“六到农家”工程。整合资金7.5亿元，推进高速公路沿线大绿化大整治和贺兰山东麓环境综合整治。支持了中南部城乡饮水安全水源工程和林业产业带、生态公益林建设，巩固退耕还林、草原生态保护、天然林管护成果。2015年，自治区政府决定率先在全国实现农村环境综合整治全覆盖，自治区财政全力保障。

（八）全力保障和支持“三农”工作

保障了现代化农业的蓬勃发展、新农村建设的全面兴起和农民收入的持续增加。在落实涉农政策方面，积极兑付粮食补贴、农资综合直补资金，积极实施家电下乡政策。在支持加快推进城镇化建设方面，自治区级财政投入专项资金，推动城镇化质量提升，引导生产要素和农村人口向城镇聚集，提高城镇综合承载能力；安排专项资金，推进沿黄市县完善基础设施功能；安排专项资金支持固原区域中心城市及大县城建设，解决山区县城供暖、供排水和环境整治等突出问题；每年投入专项资金，加快小城镇发展，提升其功能和发展水平；积极推进新农村建设试点，整合“塞上农民新居”与危窑危房改造资金，实行整村推进，在重点示范村和重点示范户开展以自来水入户、垃圾污水处理、巷道硬化、房屋改造、亮化绿化和文化场所建设等主要内容的建设试点，试点

实施家电下乡工程、农机补贴政策为全区农民带来了实惠

村呈现出主导产业清晰、环境改善、社会事业发展、村风文明进步的良好局面。在支持农业生产方面，自治区财政积极筹集资金，支持农业水利化建设，重点用于改造建设农田水利基础设施，大幅提高灌溉效率；采取财政投入、银行贷款、农民自筹等方式投入资金，支持组建大型农机合作社，购置大型农机具。在深化农村综合改革方面，安排专项资金，实施村级公益事业建设“一事一议”财政奖补，积极化解村级债务，探索乡镇财政管理新模式，完善村级组织运转经费保障制度，增强农村发展活力。2013 年，宁夏被列为全国 3 个开展农村综合改革试点省区之一、8 个开展国有农场办社会职能改革示范试点省区之一。

三、经验启示

如何在财力有限的情况下实施民生财政、办好民生之事，是党和政府及财政部门面临的重大课题。宁夏实施民生财政的生动实践，为深入研究和解决这一重大课题，提供了深刻启示和有益借鉴。

（一）坚持以财行政，始终把自治区党委、政府决策部署作为实施民生财政的行动指南

2007 年以来，自治区党委、政府就率先在全国各省区，对民生工作做出了一系列重大决策部署，特别是坚持把保障和改善民生工程纳入全

区重点项目加以推进，每年都确定一批事关群众切身利益的重点民生工程，自治区财政资金给予大力支持，确保每一项民生工程都能够顺利完成，向人民群众交上一份满意答卷。面对经济下行压力加大、减收增支因素叠加、财政收支矛盾突出的严峻形势，全区各级财政部门坚定落实好中央和自治区党委、政府的民生政策，坚持调整优化支出结构，切实把保障和改善民生作为财政工作的出发点和落脚点，循序渐进、量力而行，不断加大民生投入力度，努力建设民生财政，开创了财政保障和支持民生工作的崭新局面。从 2009 年起，全区各级财政部门坚决落实民生预算，不论困难有多大，都千方百计保证民生支出只能增加不能减少，集中有限财力解决就业、收入、社保、住房、医疗、教育等民生问题，把自治区党委、政府关于民生工作的各项决策部署落到实处。

（二）坚持统筹安排，始终把优化支出结构作为实施民生财政的有效途径

全区各级财政部门在财力十分有限的情况下，坚持积极稳妥、有保有压、量入为出的原则，积极调整财政支出结构，把财政支出的重点向民生领域倾斜。坚持财力向基本保障倾斜，优先支持就业、社保、住房、饮水、教育、医疗等基本保障工作，加快建立数量适当、覆盖广泛、分布合理、功能完善、方便可及的基本公共服务体系，初步解决了群众就业难、看病难、上学难、住房难、行路难、吃水难等突出问题。坚持财力向基层地区倾斜，完善自治区对市县转移支付政策体系，提高财力性转移支付比重，建立县级基本财力保障机制，缩小区域间基本公共服务均等化差距，解决地区发展不平衡问题。坚持财力向困难群众倾斜，以农民、城镇贫困职工和离退休人员为重点，不断加大投入力度，建立健全城乡最低生活保障体系，积极落实各类贫困居民补贴政策，扎实推进扶贫开发工作，困难群众生产生活条件得到大幅改善。

（三）坚持科学理财，始终把健全长效机制作为实施民生财政的制度保障

全区各级财政部门为了让有限的财政资金发挥出最大使用效益，深入推进部门预算、国库集中支付、政府采购、投资评审、非税收入管理等一系列财政改革，不断提升财政财务管理的制度化、科学化和精细化水平，形成了保障和支持民生工作的长效机制。完善绩效管理机制，把财政支出绩效管理与财政资金日常管理紧密结合，初步建立起以绩效目标为导向、预算部门和项目单位为主体的全过程绩效目标管理体系。深化同步监督机制，建立财政专职监督机构与财政部门内设业务机构之间的工作协调机制和信息共享制度，健全覆盖所有政府性资金和财政运行全过程的监督体系，基本形成共同参与、统一协调、全程监督、规范管理的财政同步监督格局。

（四）坚持向上争取，始终把赢得中央支持作为实施民生财政的重要支撑

全区各级财政部门坚持把对上争取作为缓解财政压力的重要支撑，紧紧抓住国家政策机遇和投资导向，认真做好与上级政策、资金和项目对接工作，得到中央财政资金的大力支持。密切关注国家民生政策制定情况，积极研究资金争取的目标、思路和途径，努力找准中央投资导向与宁夏民生工作的最佳结合点，不断提高对上争取的成功率。抓住国家支持西部地区的机遇，坚持把项目作为向上争取的重要载体，针对国家重点投资的社会民生领域，积极协调相关单位做好项目搜集整理、包装储备、规划编制、启动实施等工作，不断提高项目申报质量，力争项目早落实、资金早到位。采取“跑上去、请进来，勤沟通、多汇报”的工作办法，多渠道、多层面、多角度向财政部汇报宁夏民生情况，努力获得上级领导的支持。

（五）坚持内部挖潜，始终把压缩一般性支出作为实施民生财政的有效补充

全区各级财政部门牢固树立过紧日子的思想，不断创新管理方式，严格控制一般支出，努力降低行政成本，为实施民生财政提供了大量资金补充。落实关于进一步严格控制一般性财政支出等规章制度，认真实施差旅费、会议费、出国经费、公务用车经费等具体管理办法，制定出台专项资金管理制度，为科学分配资金、规范支出行为、控制不合理支出、降低行政成本提供制度保障。按照一般性财政支出和接待费用分别比上年减少的要求，对办公费、差旅费等实行定额管理；对会议费、培训费等按序列分别安排到职能管理部门，实行包干使用，严格总量控制。积极完善定点管理方式和扩大适用范围，在对公车保险、维修、加油实行定点管理的基础上，又对出差、会议、接待等公务活动实行定点管理。自治区本级压缩的一般性支出经费，全部用于民生。

（六）坚持多元投入，始终把引导社会参与作为实施民生财政的现实举措

全区各级财政部门注重发挥市场机制作用，不断创新财政支持方法，积极引导社会力量参与民生建设，有效拓宽了民生投入渠道。认真落实政府向社会购买服务、自治区政府鼓励民间投资政策，综合运用财政贴息、股权投资、资本金注入和设立引导基金等方式，鼓励更多企业进入基础设施建设、公用事业、社会事业等民生领域，不断提升财政资金使用绩效，切实解决财政资金不足问题。制定出台鼓励金融机构参与的相关政策，进一步密切政府、企业与银行的相互合作关系，积极寻求银行支持民生项目建设。按照自愿互利、民主决策、注重实效、严格管理的原则，通过优惠政策、以奖代投等方式，激发各地群众采取筹资筹劳等方式参与民生建设，有力推动民生事业顺利开展、有效进行。

（七）坚持转变作风，始终把加强队伍建设作为实施民生财政的关键所在

全区各级财政部门深入开展先进性教育、科学发展观、创先争优、党的群众路线教育实践活动、“三严三实”专题教育等，积极推进新时期财政干部队伍建设，努力打造一支思想坚定、业务过硬、作风优良、清正廉洁的财政干部队伍，为实施民生财政提供了坚强保证。牢固树立大局意识和责任意识，在民生工作的政策制定、项目实施上，加强与民政、教育、卫生、文化、建设、人力资源和社会保障等部门的沟通协调，做到相互配合、相互协作、相互支持。始终把部门满意、基层满意、群众满意作为工作的最高目标，不断提升服务意识、优化服务流程、创新服务举措，切实提高办事质量和效率。认真落实党风廉政建设责任制，扎实推进惩治和预防腐败体系建设，以廉政风险防控机制建设为载体，加强对财政权力运行的监督制约，以保障公共财政改革发展为目标，着力解决人民群众反映强烈的突出问题，不断增强财政干部职工的先进性和纯洁性，确保财政系统政令畅通、财政干部廉洁从政。

改革开放30多年来，特别是党的十八大以来，宁夏民生财政取得了显著成绩，为今后的工作提供了重要的启示。

第一，汇民众之财就要办民生之事。财政不是简单的财务管理，而是一种行政行为，其核心就是取民众之财、办民生之事。汇民众之财，最根本的目的是办民生之事。只汇民众之财，不办民生之事，就背离了党执政为民的宗旨，就不能做到执政责任，人民群众也不会答应。做好民生工作，必须站在执政为民、以财行政的高度来深刻理解财政工作的本质属性，切实增强为人民汇好财、管好财、用好财的责任感和使命感，通过积极打造和大力实施民生财政，千方百计保障和支持民生工作，努力让全区人民过上更加幸福美好生活。

第二，“小财政”也能托起“大民生”。不论从全国来看，还是从

宁夏各地市县来看，由于经济发展不平衡，财政状况总是有强弱之分，但强有强的统筹，弱有弱的安排，决不能因为财政困难或财政紧张就不去加大民生投入，甚至削弱民生投入。当前宁夏各级财政状况普遍存在实力不强、捉襟见肘的问题，但一些财政实力相对较弱的市县（区），民生工作却做得扎实细致、卓有成效。这充分说明，只要各级财政千方百计尽力而为，把工作统筹得当、做实做细，让有限的财力发挥出最大的使用效益，“小财政”同样能够托起“大民生”。做好当前和今后一个时期的民生工作，必须克服畏难情绪和等靠要思想，要进一步解放思想、开拓创新，奋发有为、攻坚克难，下力破解民生工作的资金瓶颈，把民生工作做得更扎实、更细致、更有效。

第三，“雪中送炭”胜于“锦上添花”。改善民生必须倾听民声，多做“雪中送炭”，少做“锦上添花”，真正把有限的财力用在解决人民群众最关心、最直接、最现实的利益问题上。做好民生工作，必须分清轻重缓急，突出工作重点，认真解决好群众反映强烈的突出问题，切实增强民生财政的针对性和有效性，做到既着眼长远解除群众的后顾之忧，又立足当前解决群众的燃眉之急。

第四，既要“尽力而为”又要“量力而行”。改善民生是受经济发展水平和财力制约的，必须量力而行，充分考虑现实条件和承受能力，不可提过高目标，不可急功近利，不可超越发展阶段去做那些当下难以办到的事情。宁夏作为欠发达地区，基础差，底子薄，欠账多，发展不平衡，目前经济发展水平总体还不高，受现有条件的制约和影响，许多民生问题短时期内还很难一下子解决。做好民生工作，必须坚持从实际出发，本着对人民当前利益和长远利益负责的态度，既要尽最大努力保障民生、支持民生、改善民生，又要多干打基础、利长远的事情，使各项民生目标任务能够符合现实条件，切实做到改善民生与现阶段经济发展水平相同步、相适应、相协调。

第五，财政投入重在四两拨千斤。在社会主义市场经济条件下，在财力还不富裕的情况下，宁夏财政资金应发挥四两拨千斤作用，以有限资金投入来撬动更多社会资金，从而减轻政府财政负担，扩大公共服务供给，收到少花钱多办事、花小钱办大事的效果。做好民生工作，必须探索建立公共服务供给社会参与机制，不断打破区域界限、行政壁垒、所有制属性，进一步鼓励、引导、规范社会力量增加对民生领域投入，把那些适合或可以通过市场、社会提供的公共服务，以适当的方式交给社会力量参与，不断扩大公共服务供给，努力做到在共建中共享、在共享中共建。

第六，“做大蛋糕”是“分好蛋糕”的前提。只有尽快把经济建设搞上去，把财富的“蛋糕”做大，才有足够的“蛋糕”可供分享，民生问题才能解决得更好，这是一个最基本的前提。近年来，宁夏之所以能够在民生工作上取得显著成效，主要是因为我们聚精会神搞建设、一心一意谋发展，实现了经济总量和财政收入大幅增长。做好民生工作，必须坚持发展是硬道理不动摇，坚持以经济建设为中心不动摇，全面贯彻落实党的十八大以及十八届四中、五中全会精神和自治区第十一次党代会精神，坚定不移地走符合宁夏实际的科学发展道路，扎实推动经济社会更好更快更大发展，不断提高发展速度，不断扩大经济总量，不断壮大财政实力，为保障和改善人民生活打下雄厚的物质基础。

四、对策建议

改革开放以来，经过30多年的改革和发展，宁夏已迈入厚积薄发、加速崛起的发展新阶段，民生财政建设也取得了显著进展。但沧海百年，民生不息，民生问题的解决不可能一蹴而就，尤其对宁夏来讲，经济总量居中、人均水平靠后的区情还未改变，特别是由于发展不平衡、改革不配套、制度不健全等原因，人民群众日益增长的民生需求和民生财政供给之间仍存在着较大的矛盾，其主要表现为：

第一，民生支出需求增大与财力有限的矛盾突出。虽然近年来宁夏财政收入增幅较大，但由于基数较少，剔除上划收入后，宁夏实际可用财力并不多。在有限的财力中，还需要安排大部分资金用于发展经济等，面对复杂的国际国内经济形势和全区财政增收的各种不确定因素，真正可用于改善民生的财政资金严重不足。另一方面未来民生性支出刚性需求不断增长，也将加大财政支出压力。

第二，推进民生财政建设的体制机制还不够完善。一是财政管理体制还不够健全。事权和财权不匹配，在民生保障上常常存在“上级决策、下级埋单”的现象，即民生政策由上级决定，实际支出需由下级承担，从而导致地方政府的支出压力过大，造成有些民生政策无法落到实处。二是民生决策机制有待进一步完善。民生项目的科学决策机制还没有完全建立起来，一些民生项目缺乏科学严谨的论证，对项目的可行性和效益缺乏深入细致的考证，项目决策的主观性、随意性较强，一些项目甚至是拍脑袋的政绩工程、面子工程。

第三，民生资金管理的科学化、精细化水平还不够高。一是筹资渠道比较单一，民生支出基本上靠财政投入的局面还没有从根本上改变。二是民生资金使用存在“越位”与“缺位”现象。由于民生领域的管理改革相对滞后，政府职能转变不到位，一些原本可以由市场提供的公共服务依然由政府承担，而随着经济社会的发展，需要由政府提供的公共服务也在不断变化，一些需要由政府承担的或者要增强的民生领域却得不到应有的加强。

第四，民生资金的使用效益有待进一步加强。一是民生资金投入的效果和作用缺乏清晰量化的评价机制，缺乏明确的支出绩效目标和指标，导致民生支出效益不高。二是民生支出项目内容上存在着交叉重复，协调成本大，难以形成资金政策合力，一些项目存在多头拿补贴的状况和各部门各自开展的帮扶救助等。三是在打造“民生财政”的口号下，还存在一些用款部门与单位经常借“民生”之口，争项目、争预算，但对实际资金使用效果却不关心，存在着“重投入、轻结果”“重分配、轻管理”等问题。

推进民生财政建设，既要增加财政投入，更要加强制度建设。要在加大财政投入力度、提高民生资金使用效益的同时，着力支持改革创新，完善体制机制，建立健全民生保障的长效机制，更好地促进民生事业发展。

（一）深化财政体制改革，为民生保障和改善提供完善的体制支撑

一是进一步完善财政体制。在确保各级政府既得财力的基础上，理顺政府间投入分配关系，从财政体制上释放基层财政发展的活力。

二是进一步完善转移支付机制。优化转移支付结构，加大一般性转移支付等财力性转移支付规模，控制专项转移支付的项目和规模，积极建立以均等化转移支付补助为主、以激励性转移支付补助为辅的转移支付机制；加大对贫困地区的转移支付力度，促进全区 5 个市及 22 个县（市、区）平衡发展，解决同等公共服务存在的“苦乐不均”现象。

三是进一步建立健全民生支出与财政收入的动态平衡机制、民生投入与民生政策的协调机制，既要谨防福利陷阱，提高民生财政的抗风险能力，形成保障和改善民生的长效机制，又要按照财力的实际情况，分清轻重缓急，突出保障重点，积极稳妥地出台各项民生政策。

（二）优化财政支出结构，进一步提升民生支出的比重和质量

一是调整优化财政支出结构。规范财政供给范围，退出一般竞争性领域“越位”投入，逐步降低生产性支出的比例，严格控制行政成本过快增长，大力压缩一般性开支，集中财力支持民生项目建设，进一步提升民生保障支出在财政支出中的比重。二是完善促进财政资源有效整合机制。把分散在各部门、各行业的财政专项资金有效集中起来，重点用

于民生保障和公共服务，提高资金投入使用效益。三是优化财政资源配置。注重向民生事业发展的薄弱环节方面倾斜，加大基础教育、公共卫生、社会保障和就业、环境保护、公共安全等方面的投入，并在体制机制建设上下工夫，努力构建民生保障投入的长效供给机制。创新财政投入方式，积极构建民生保障多方投入机制。

（三）加大体制机制创新，使民生资金使用达到预期目标

加快发展民生事业，既要靠增加投入，又要靠深化改革。一是进一步研究各项民生事业发展规律，针对各项民生事业管理体制和运行机制存在的问题，加大体制改革创新力度，推进各项民生事业的体制机制创新，使民生资金使用达到预期效果。二是进一步引入市场竞争机制，进一步转变政府职能，引入市场竞争机制，打破以往政府不计成本包揽公共服务的局面，全力推行向社会购买公共服务，引入社会资本，形成公共服务提供方式多元化的局面，切实提升民生资金使用效能。

（四）强化监督管理，确保民生资金真正惠及民生

一是进一步优化民生投入项目决策。坚持以民众需要作为民生财政投入的基本导向，建立健全并切实执行专家论证、项目听证制度。杜绝各种“政绩工程、面子工程、豆腐渣工程”等不良或无效民生支出。

二是进一步建立健全有关民生保障的法规制度。完善相关配套政策，对民生保障的目标要求、内容范围、标准、运行机制、法律责任等做出明确的规定，为加强监督管理提供政策依据。

三是进一步创新财政监督机制和方式。把民生保障资金使用情况作为财政监督重点，从资金安排拨付之时起，实行全程跟踪监督，确保资金按政策要求落到实处。

四是进一步完善财政支出绩效评价机制，建立对民生投入的追踪问效机制。进一步完善民生资金绩效考评指标体系，对民生资金的预算执行反馈等关键环节进行全程监督和考评，形成“科学预算—高效执行—

问责监督—结果反馈—影响预算”的循环监督互动模式，促进财政资金发挥更高效益。

五是充分运用现代科学手段，努力构建覆盖财政预算、拨付、使用、效益评价全过程的管理、监督体系，避免交叉重复的民生支出，不断提高财政的科学化、精细化管理水平。

规范预算管理　优化财政保障

预算是经法定程序审核批准的国家年度集中性财政收支计划，它规定国家财政收入的来源和数量、财政支出的各项用途和数量，反映着整个国家政策、政府活动的范围和方向。它将各种经济活动用货币的形式表现出来，每一个责任中心都有一个预算，它是为执行本中心的任务和完成财务目标所需各种资财的财务计划。

在30年多年改革与发展的进程中，宁夏财税体制几经变革，初步建立起适应社会主义市场经济体制要求并符合公共财政运行规律的财政税收体制，基本规范了政府财政关系和财政资金分配管理，调动了政府生财理财的积极性，促进了宁夏经济健康快速发展。面对新的形势和新的任务，在自治区党委、政府的正确领导下，财政预算管理和改革以公共化为取向，以均等化为主线，以规范化为原则，推动公共财政体制建设不断取得重大进展，为宁夏财政实现跨越式发展提供了体制机制保障。

一、改革发展历程

改革开放以来，财政作为国家宏观调控的重要手段之一，针对各个时期国民经济发展的起伏变化，相继选择了不同的财政政策，在保障国民经济平稳持续发展中功不可没。而且，财政政策的调控手段和方式也发生了显著变化，逐渐放弃了以行政手段为主的直接调控，形成了适应市场经济体制的、以经济手段为主的间接调控体系。

（一）计划经济财政预算阶段（1978~1979 年）

1978 年，宁夏实行统收统支的财政体制，全年预算收入为 3.16 亿元，具有较为浓重的集权色彩、行政主导色彩。1979 年，全国经济出现过热现象及引发的财政赤字严重、投资需求和消费需求双膨胀、物价持续上涨、外贸逆差增加等问题。宁夏全年预算收入为 3.05 亿元，财政收入也下降了 3.5%。究其原因是“预算”功能不健全，主要体现在三个方面。

一是财政预算收入制度是一种行政权力为主导的收入制度，收入的主要来源是国有企业利税。这一时期，宁夏经济结构单一，由国有经济包打天下，再加上商品价格都由计划控制，工农业产品之间形成巨大“剪刀差”，几乎所有的生产剩余都体现为国有企业利税，而国有企业的全部生产剩余几乎又纳入财政预算，成为财政预算收入的主要来源。

二是财政预算公共事务与企业事务不分，公共性特点不突出。在财政收入制度方面，宁夏由于指令性计划对商品价格的控制和税收手段的缺乏，财政预算既调节生产领域之外的分配关系，又调节生产领域之内的分配关系。在财政支出制度方面，财政预算包揽一切，不仅要负责公共物品的提供，还要负责为国有企业进行直接的资金投入和弥补亏损，代行了一部分需要由市场承担的功能。

三是财政预算附属于指令性计划，预算功能严重缺失。由于在计划经济下，指令性计划无所不在、无所不包，宁夏财政预算制度基本上是指令性计划的附属工具，预算跟着计划走，对经济社会运行的调节作用非常有限。由于预算编制简单粗放，所谓的预算，充其量是一个简单、粗放的财政收支计划，根本谈不上预算的法律性、权威性、严肃性。

1979 年，中央提出对国民经济进行“调整、改革、整顿、提高”的八字方针。一是改革财政体制，实行“分灶吃饭”，促进各级财政实现收支平衡；二是压缩基建规模，控制投资需求。

因此，宁夏财政改革势在必行，相应的预算改革也势在必行。

（二）市场经济条件下财政预算初现端倪阶段（1980~1992 年）

1980 年起，宁夏实行了划分收支、分级包干的新财政体制，打破了统收统支的局面，调动了增加财政收入的积极性，事权和财权的统一、权利和责任的统一，促使自治区合理地安排财政收支和自求平衡。这种体制对减少财政赤字，加强宏观调控具有一定的作用，并规定文教、科学、卫生、体育等事业单位和行政机关实行“预算包干，结余留用，征收归己”的办法，防止扩大支出和年终突击花钱。另外，严肃财经纪律，控制奖金总额和超额津贴，不仅开展了财政纪律大检查，还增加了农业、轻工业投资，提高消费品供给能力；提高农副产品价格和增加补贴；除较多地安排轻工业基本建设投资外，财政还增加了轻纺工业挖潜改造和专项贷款。通过增加供给，缩小消费品供应量与购买力之间的差距，平衡总供给与总需求。

1980~1984 年，宁夏在实行划分收支、分级包干的财政体制下，一是按照经济管理体制规定的隶属关系，明确划分中央和宁夏的收支范围。中央和宁夏所属企业的收入分别作为中央和宁夏财政的固定收入，工商税收作为中央和宁夏的调剂收入。二是合理确定宁夏财政的收支基数和上解、补助额。收入大于支出的地区，多余部分按一定比例上缴中央；支出大于收入的地区，财力不足部分，从工商税收中按一定比例留给地方。原则上五年不变，地方多收可以多支，少收则要相应压缩支出，自求平衡。三是对老少边穷地区，中央设立不发达地区发展资金给予专款补助。

1985~1987 年，宁夏实行“划分税种、核定收支、分级包干”的财政体制。根据第二步“利改税”以后的税种设置，中央重新调整了财政收入关系，从 1985 年 1 月 1 日起，在全国 29 个省区推行。这一体制向以税种划分为主的彻底“分灶吃饭”的财政体制迈出了第一步。其基本内容是：按税种把国家财政收入划分为中央固定收入、地方固定收入、中央和地方共享收入三大类。中央和地方支出划分基本维持原体制格局。同时，国务院考虑经济改革中变化因素较多的情况，决定 1985~1986 年仍然实行“总额分成”办法作为过渡，即地方预算固定收入和中央、地方共享收入同地方预算收支挂钩确定分成比例，实行总额分成。1986 年以后，受多种因素影响，财政收入占国民收入比重大幅度下降，成为总额分成的财政体制运行中较为突出的问题。按照经济体制改革总体进程，如何调动地方组织收入积极性问题，从 1988~1990 年实行大包干财政体制，对原有体制进行调整。一是将税额零星、税源分散、时效性强、征收难度大的十三种“小税”划给地方做固定收入，抵顶支出。二是改进部分上解地区财政体制，实行多种形式的财政包干体制。将全国 37 个省、市、自治区和“计划单列市”都纳入“包干”体系，分别实行 6 种不同的包干办法。

在对中央与地方的财政关系进行调整的同时，宁夏按照“放权让利”的改革思路，对政府和企业之间的财务关系也做了调整。从 1978 年底开始，宁夏对国有企业先后试行企业基金办法、各种形式的利润留成办法和盈亏包干办法。从 1980 年开始，在一些国有企业进行了将上缴利润改为征税的试点。1984~1986 年，宁夏分两步全面推行了“利改税”改革。当时的“利改税”改革对不同所有制企业采取了不同的征税办法，比如，小型国有企业所得税按 7%~55%的八级累进税率征收，大中型国有企业的企业所得税按 55%的固定统一税率征收，外资企业法定税率为 33%，经济特区减为 15%，外加“两免三减”的优惠政策。虽然从利到税是一个实质性的进步，但这种不同对象不同待遇的税收政策，违背了税负平等的原则，干扰了市场机制的作用。1987 年以后，在国有企业普遍推广了“包死基数、确保上缴、超收多留、欠收自补”的企业承包制。在这种强激励、弱约束的制度之下，企业负盈不负亏，造成国家税收被挤占的严重现象。

以上两方面财政预算制度的改革，打破了过去统得过死的局面，通过责、权、利相挂钩，调动了宁夏各级政府增收节支的积极性和企业扩大生产的积极性，规范了政府间以及政府与企业间的分配关系，从而使计划经济的财政预算制度开始被打破，向着市场经济的财政预算制度迈出第一步。不仅如此，当时的财政预算制度改革，作为经济体制改革的重要举措，还保证了其他各项改革措施的出台，为形成放开搞活的改革局面做出了贡献。

（三）市场经济条件下财政预算管理改革取得初步成效阶段（1992~1998年）

这一阶段之所以说取得了初步成效，主要是1994年宁夏开始实行分税制改革，使宁夏财政收入制度向市场经济方向迈出了实质性一步。

1993年11月，党的十四届三中全会做出了《关于建立社会主义市场经济体制若干问题的决定》。按照《关于建立社会主义市场经济体制若干问题的决定》的精神，从1994年1月1日起，宁夏开始实行分税制。通过分税制改革，基本上构建了与市场经济体制相适应的财政预算收入制度框架。与以往历次改革相比，其深远意义在于，这次改革从改革的初衷到制度的设计，从改革开放以来放权让利的改革思路转变到依靠制度创新，从过去的只是着眼于解决眼前面对的现实困难和问题转变到长远机制的构建，从过去在计划经济制度框架下的小动、小改转变到向市场经济制度框架过渡。因此，可以称之为向市场经济财政预算制度迈出的实质性第一步。

一是逐步走向预算法制化道路。1994年3月，全国人大审议通过了《中华人民共和国预算法》，1995年11月，国务院通过了《〈中华人民共和国预算法〉实施条例》，这两项法律的颁布实施标志着预算法由行政法规层面上升到法律层面。宁夏预算的编制开始按照复试方法进行编制，包括公共预算、国有资产经营预算和社会保障预算等，涵盖范围更广，与市场经济切合度更高。宁夏的预算草案和执行报告由人大审批，自治区人民代表大会被赋予监督预算外资金使用的权力。

二是加强了预算制度规范化。1997 年，财政部颁布了一系列政府预算会计制度和准则，使行政单位和事业单位预算会计工作日益严谨科学。1996~1998 年，中央先后颁布《关于加强预算外资金管理的决定》《预算外资金管理实施办法》等文件，将部分预算外资金纳入财政预算管理，包括车辆购置附加费、铁路建设基金和养路费等 13 项政府性基金。

（四）公共财政预算改革破题和推进阶段（1998 年至今）

1998 年年底，全国财政工作会议上正式提出要建立公共财政制度框架的改革目标，标志着我国公共财政预算制度改革正式破题。2015 年 10 月 29 日，党的十八届五中全会通过《中共中央关于制定国民经济和社会发展第十三个五年规划的建议》，对预算改革提出新的目标，建立全面规范、公开透明的预算制度，完善政府预算体系，实施跨年度预算平衡机制和中期财政规划管理。

这一时期宁夏的财政预算主要表现在以下几个方面。

一是推行部门预算改革。2000 年，印发《关于〈宁夏回族自治区财政预算编制改革实施意见〉的通知》，开始进行部门预算，2001 年，财政厅《关于印发〈自治区本级基本支出预算管理试行办法〉的通知》《关于印发〈自治区本级项目支出预算管理试行办法〉的通知》出台，保障了部门预算的推进。长期以来，宁夏财政预算主要按照支出性质进行编制，一个部门的预算按支出性质被割裂，层层分配，预算的随意性大。推行部门预算，要求各部门将本部门所属各基层单位的不同性质的资金进行汇总（包括预算内收支、预算外收支和基金性预算收支等），综合为同一平衡的部门总预算，而财政厅在拨付资金时以部门为口径，统一审核和划拨。在编制方法上，采用零基预算的方法。部门预算编制改革大大改善了财政资金分配不透明的问题，使预算精确到部门和项目，更加有利于人大依法履行监督职责，避免了预算分配的随意性。

二是施行“二上二下”的预算编制审核程序。按照预算法的要求，宁夏逐步形成了“二上二下”的预算编制审核程序。“一上”指各行政事业部门根据实际情况向自治区财政厅上报下一年度预算建议数；“一下”指财政厅综合考虑宁夏财政整体收入情况和各部门资金需求的情况下，向各部门下达预算控制数。“二上”指各部门按照财政厅下达的预算控制数，编制出下一年度的部门预算，再次上报财政厅；“二下”指财政厅汇总各部门预算数编制预算草案，报自治区人大审议，审议通过后下达各部门执行。在“二上二下”的过程中，各部门与财政厅随时可就预算问题进行协商、讨论，及时、充分地交流有关预算信息。充分发挥民主机制和制衡机制。

三是施行国库集中支付制度。2001 年，《关于转发〈宁夏回族自治区财政国库管理制度改革试行方案〉的通知》出台，开始施行国库集中支付。国库集中支付制度解决了财政资金多环节拨付、多头管理、多户头存放的弊端，提高了财政资金使用效益。降低了财政资金运行成本。强化了财政预算的执行，推进了部门预算改革步伐。真实反映了财政资金的实际支出数，使财政部门对财经形势做出及时、准确的判断。有效防止了对财政资金的挤占、挪用和截留，从源头上预防和遏制了腐败，提高了资金到位速度。

四是实行政府采购制度。1999 年，《关于印发〈宁夏回族自治区政府采购管理办法实施意见〉〈宁夏回族自治区政府采购供应商资格认定管理暂行办法〉〈宁夏回族自治区政府采购招标投标管理暂行办法〉的通知》出台，宁夏开始施行政府采购。2001 年，财政厅下发《关于发布〈宁夏回族自治区政府采购资金财政直接拨付管理实施细则〉的通知》，规范了政府采购资金监督管理。

2004年召开的全区政府采购工作会议

五是逐步取消预算外资金，纳入预算统一核算和管理。1998年，宁夏下发了《自治区财政厅转发财政部〈关于规范政府性基金会计核算问题的通知〉的通知》《自治区财政厅关于事业行政单位预算外资金会计核算问题有关规定的通知》，宁夏逐步取消预算外资金，将所有政府收支全部纳入预算管理，这是宁夏预算管理制度改革乃至财政制度改革进程中的一个重要里程碑，成效显著，意义重大。2001年，自治区财政厅下发《关于我区罚没收入有关预算管理问题的通知》，推进了预算外资金纳入预算统一核算和管理。其重大意义在于：首先，规范了政府资金的分配秩序，保证了预算的完整，推动了由公共财政预算、政府性基金预算、国有资本经营预算和社会保险基金预算组成的有机衔接的政府预算体系建设；其次，规范了市场经济秩序，有利于减少乱收费、乱罚款和乱摊派等不良现象，从源头上治理了腐败；再次强化了财政资金管理，有利于加强人大和社会各界对财政资金的监督，提高了财政管理透明度和依法理财水平。

六是推行政府收支分类制度改革。对政府收入进行统一分类，全面、规范、细致地反映政府各项收入。建立支出功能分类体系，更加清晰地反映政府各项职能活动。建立支出经济分类体系，全面、规范、明细地反映政府各项支出的具体用途。

七是预算更加公开透明化。通过改革，宁夏逐步完善了预算公开制度，扩大了预算公开的范围，明确了预算公开的渠道。预算的公开保障了人民群众民主权利，深入推进了反腐倡廉建设，加强了对行政权力的监督。

二、主要成就

(一) 促进了资金分配合理化

财政分配是指财政参与国民收入的分配和再分配，集中必要的资金，用以满足社会的公共需要。财政分配职能需要由财政部门运用政府预算、税收、财政投资、财政补贴、国有企业上缴利润等一系列分配手段来实现。财政预算直接集中了相当数量、以货币表现的社会资源，通过税收、上缴利润、公债等手段把分散在各地区、各部门、各企业单位和个人手中的一部分国民收入集中上来，形成财政预算收入，占国民收入的份额大，是宁夏收入分配的主要形式。

经过30多年的预算体制改革，宁夏预算分配逐步规范合理化。通过预算管理，保证了中心工作的完成，保障了自治区各项事业、行政任务的完成。随着财政保障能力的增强，各级财政部门进一步加大了民生投入力度，2014年，教育、医疗、社保、城镇居民收入及保障性住房等民生支出744.8亿元，占一般公共预算支出的74.4%，并重点向农村、基层和财力薄弱地区倾斜，基本公共服务均等化水平得到提升。

(二) 成为合理配置资源的有效手段

改革开放以来，宁夏财政部门把加大支农资金投入和完善支农资金管理放在重要位置，通过预算管理，调整和优化投入结构，保证了重点，较好地发挥了支农资金的作用，巩固了农业的基础地位。2014年，支持农业生产支出达42亿元。

2003年，面对突如其来的“非典”疫情，在自治区党委、政府的统一领导下，全区各级财政部门以高度的责任感和使命感，快捷、高效地开展工作，筹措并拨付了防治“非典”资金6474万元，及时制定了各项政策措施，建立了“文件即到即发，资金即批即拨，设备即定即购”

的联动工作机制，同时组织广大财政和农税干部深入乡村开展宣传教育，减免了受疫情影响行业的 20 多项税、费、基金，减免额达 4600 多万元。这些措施有力地保障了防治“非典”工作的顺利进行，在保持社会稳定、严防疫情扩散、减轻企业负担、促进经济增长等方面发挥了积极作用。

（三）使预算编制逐步科学化、规范化、合理化

通过部门预算改革，宁夏推进了“收支两条线”管理，逐步将预算外资金、政府性基金等纳入预算管理或实行收支脱钩管理，将部门所有的收入和支出，包括预算内资金、预算外资金和政府性基金汇总在一本账中，统一向自治区财政厅申报。自治区财政厅批复预算时，也将部门的所有收支批复在一本账中。通过改革，扩大了公共资源统筹范围。自治区部门预算不仅包括预算内资金收支，还包括各项预算外资金收支、政府性基金收支、经营性收支以及其他收支，实现了“一个部门、一本预算”，提高了预算的完整统一性。

宁夏通过部门预算改变了传统的“基数+增长”的预算编制方法，将部门所有支出划分为基本支出和项目支出，分别采取定员定额和项目库管理的方式进行编制，初步实现了预算资金管理的标准化、规范化和科学化。一方面，建立完善以定员定额为核心的基本支出标准体系，推进基本支出管理的规范化；另一方面，制定和完善项目支出管理办法，推动项目预算滚动管理，并探索研究建立项目支出标准体系，同时细化项目预算

2015 年自治区本级部门预算编制布置会

编制，延伸预算层次，不断提高预算管理的精细化水平。

宁夏从加强财政拨款结余资金管理、推进绩效考评试点入手，努力提高财政资金使用效益。一是加强财政拨款结余资金管理，减少财政资金沉淀。从制度上规范了部门结余资金管理的基本原则和工作程序，建立了结余资金消化的正、负激励机制。同时，加大了结余资金的审核、确认力度，督促部门消化结余资金，提高财政资金使用效益。二是推进绩效考评试点，提高公共服务质量。积极研究将企业绩效管理理念引入政府预算管理中，制定了统一的预算支出绩效考评管理办法，规范了绩效考评试点的程序，制定了具体操作程序；大力推进预算支出绩效考评工作；积极研究建立绩效考评结果公示制度，切实保证绩效考评结果的真实性和公众的参与权。三是规范预算执行调整，严格预算约束。加强了对调整预算的规范管理，同时针对预算执行进度较慢的问题，切实采取措施，督促各部门加快预算执行进度。

（四）使财政预算逐步实现公开透明

经过 30 多年的改革，宁夏财政逐步实现了预算公开，由没有公开到公开，公开部分内容到全面公开，预算改革走向了一条公开透明的道路。经过不断改革，逐步实现了宁夏财政预算公开、部门预决算公开、“三公”经费公开，并且要求公开的内容全面，时间及时，说明详细。自治区财政厅对没有按时预算公开、内容不全的单位进行通报批评，督促预算公开。强化预算公开透明化，加强了自治区人大对政府预算审查监督，有利于社会公众监督，促进了依法理财、科学决策；通过预算公开把自治区政府的政策意图和激励方向告知社会，有益于引导经济社会主体的预期和行为。

（五）完善了政府预算体系

经过 30 多年的预算改革，宁夏基本完善了预算体系，实现了预算体系的完整统一。2010 年，财政部印发《关于将按预算外资金管理的

中央驻宁基层预算单位综合财政监管工作会议

收入纳入预算管理的通知》，明确从 2011 年 1 月 1 日起施行，由此，财政收支全部纳入预算管理。宁夏通过执行《通知》，逐步实现全口径预算，政府收支全部纳入预算管理，全面反映政府收支总量、结构和管理活动。2014 年，宁夏地方一般公共预算收入 339.8 亿元，地方政府性基金收入完成 201.4 亿元，社会保险基金收入达 209.2 亿元，国有资本经营预算收入完成 9848 万元。一般公共预算、政府性基金预算、国有资本经营预算、社会保障预算等"四本预算"的收入保障，加强了自治区财政的统筹能力。

（六）完善了转移支付制度

30 多年的改革发展，宁夏经济发展取得了一定的成果，但相对其他地区，财力还是不足，转移支付制度的发展弥补了宁夏财力缺口。2014 年，中央财政安排宁夏的均衡性转移支付增量资金 16.88 亿元，全部通过对市县均衡性支付列作当年支出。转移支付的执行，有效地抑制日趋扩大的区域经济发展差距，缓解"公平与效率"之间的矛盾。强化了中央财政对宁夏财政、宁夏财政对市县财政的宏观调控能力，调动了各级政府增收节支的积极性，促使经济走向良性循环。

三、经验启示

（一）党委、政府的坚强领导对预算管理改革起到至关重要的引领作用

纵观 30 多年来预算管理体制改革历程，贯穿其中的根本线索与基

本经验是：预算管理制度必须着眼于特定历史时期的自治区发展战略需要，密切关注相应的宏观政策效果，通过自身领域与时俱进的制度机制创新，推动各项宏观调控目标的实现。

改革开放30多年来，在自治区党委、政府的正确领导下，政府预算改革不断取得突破。在预算改革中，党委、政府的领导是前提，财政部门的积极配合是基础。改革的每一步都是在党委、政府领导下进行的，党委、政府和人大事先都要进行充分地协商和沟通，征求方方面面的意见，形成共识，达成一致，才往前推动，从而保证了改革的顺利进行。

自治区党委、政府根据宁夏的实际情况，提出了财政预算工作的指导思想，坚持以经济建设为中心，转变经济增长方式，促进经济上新台阶；进一步深化财税体制及其配套改革，理顺财政分配关系；坚持市场取向，强化财政职能；拓宽理财思路，精心培育财源；坚持着眼长远，致力于总量增加；优化支出结构，增加建设投入；坚持收支平衡，硬化预算节约。为实现这一目标，自治区党委和政府联合下发了《关于加强财政工作的决定》，要求各级党委、高度重视财政工作。之后，自治区政府又连续下发了《促进财政税收，保持预算平衡奖励办法》《扶持市县财政收入上台阶办法》《困难地县确保工资正常发放管理办法》《关于推进企业技术进步加强财源建设有关政策的通知》和《关于加快小型企业改革与发展的若干政策措施》等一系列有关财政工作的重要文件，对财政预算工作给予明确、具体、适时的指导。

（二）政府强有力的执行力是预算管理改革的根本保障

自治区在实行绩效预算中，翻开财政部门预算，首先看到的不是枯燥的会计报表，而是一个个鲜活的政策目标。这些政策目标来自于预算编制前通过的“预算指南”，它们是预算编制的灵魂，最终量化为具体的会计数字。绩效预算与之前所有预算类型的最本质区别恰好是：将政策目标化身评估目标，让政治过程主导预算运行。自治区政府通过财政预算的编制和执行，掌握了自治区国民经济的发展趋势，发现国民经济发展中存在的问题，及时采取对策措施，促进国民经济稳定、快速、健康地发展。预算部门运用消息灵通的特点，通过对比分析，从宏观方面反映国民经济发展的情况和存在的问题，为决策部门提供经济信息，不断提高宏观经济效益。自治区政府本身是一个公共预算过程当中的被监督者，实际上也是预算过程当中的监督者、组织者和行动者。自治区政府向自治区人大负责，向自治区党委负责，同时自治区政府是预算编制的组织者，对于预算部门和预算单位负责。

自治区财政高度重视预算执行的均衡性和时效性，采取多种措施大力压缩结余结转规模，激活存量财政资金。2014 年，在继续细化预算编制的基础上，又进一步完善了对支出预算执行的考核方式，建立支出进度与资金增量挂钩机制，同时加大了通报、督导力度，切实提高了预算执行到位率。同时，积极加强国库资金管理，收回结余结转指标，强化财政暂付款、暂存款管理，建立健全清理存量资金的激励约束机制，有效压缩了结余结转规模。

（三）各级预算部门细致入微的工作是预算管理改革的成功基础

只有将综合预算的思想贯彻到部门预算编制中，才能做到统筹兼顾，优化支出结构，集中力量办大事，提高预算安排的科学性。财政部门在编制预算过程，一是增强预算统筹能力。清理规范重点支出挂钩事项，对重点支出不再采取先确定支出总额再安排具体项目的办法，而是加强对相关支出政策和内容的审核，据实安排重点支出。建立一般公共预算与政府性基金预算、国有资本经营预算之间的统筹协调和资金调配机制，加大政府性基金预算、国有资本经营预算调入一般公共预算的力度。加强对相关支出的审核，避免多头申请经费和重复安排预算。

二是全面实施综合预算管理。按照编制综合预算的原则和新预算法的要求，将部门的各项收支全部纳入预算管理，加大对各项资金的管理和统筹力度，结合部门占有的公共资源统筹安排财政拨款预算。继续提高转移支付资金提前下达比例，使地方尽早统筹安排资金，提高地方部门预算的完整性。

三是优化部门预算支出结构。结合政府职能转变，合理界定部门预算支出范围，区分公共产品的公共性层次，做到有保有压、有进有退、有增有减。要积极主动适应“新常态”，健全厉行节约长效机制，严格控制一般性支出，减少财政供养人员，压缩行政经费。对适合采取市场化方式提供、社会力量能够承担的公共服务，可通过政府购买服务、政府与社会资本合作等方式交给市场和社会力量承担。

（四）正确的改革方向和目标是预算管理改革取得成功的重要前提

宁夏部门预算改革的初衷来自于理财的压力，来自于对理财机制的破旧立新，其目的是要从源头上打破传统的财政分配机制，按照法制、科学、规范的原则，公平、公开、透明理财，最大限度地提高财政资源配置效率传统预算管理方式。这一目标符合市场经济对经济制度各个方面的根本要求，符合公共财政根本方向，顺应了财政管理制度演进的内在规律，顺应了市场经济改革的内在要求。这种实践与客观规律的吻合，决定了部门预算改革的成功内因，也证明了自治区党委、政府在战略决策上的正确。

（五）改革方案契合实际是预算管理改革取得成功的关键环节

宁夏的部门预算改革，一方面在改革之初就考虑到了改革方案政治上的允许、经济上的可能、方案上的可行、技术上的可操作，另一方面在改革的推进过程中，又根据遇到的问题及时完善改革方案和措施。针对部门预算改革和国库集中收付改革的不同特点，分别制定了自上而下和自下而上的改革方略；针对一些部门和单位对改革不理解、有抵触，注意把握改革节奏，注意把改革的方向性和力度与人们的思想观念水平相适应，注意把推进改革与宣传改革，以及让部门在改革中体会到改革好处结合起来。这些举措使部门预算编制在改革的过渡期，既与现行的制度政策相衔接，又坚持了改革的正确方向，成为一种可行的制度创新。

四、对策建议

改革开放以来，宁夏财政预算改革，立足自身特点，在改革中发展，在发展中不断完善，不断取得成绩，但还存在一些问题。

一是部门预算改革不够深入。改革开放以来，财政预算制度的多次改革、调整，并未伤及计划经济财政预算制度筋骨，特别是财政预算支出制度，这些体制和制度的弊端，随着市场经济改革的推进日益显现。

二是预算的透明度不高。预算透明度不高，财政部门及政府的各专业部门习惯以会议的方式决定下一年的预算策略和政府开支的优先次序，公众对预算编制过程的参与空间极其有限，无法对预算编制施加影响，更无从知晓政府如何执行预算，这些都有碍预算制度的科学化、民主化发展。

三是缺乏预算编制的监督和绩效考核机制。受传统预算管理方式的影响，宁夏预算管理中“重投入、轻管理，重使用、轻绩效”的问题在很大程度上存在，不仅挤占了宝贵的财政资源，也形成了一定的资金损失和浪费。

四是人大对部门预算的监督力度不够强。人大审议部门预算的时间短，由于时间仓促，要想认真、逐项地审议部门预算很难做到，只能对预算进行总体性、一般性审查。

党的十八届五中全会指出，要建立健全现代财政制度、税收制度，改革并完善适应现代金融市场发展的金融监管框架。面对经济发展的新形势，面对中央及自治区对财税体制改革的新要求，要进一步深化预算管理制度改革，就必须从以下几个方面努力。

（一）深化部门预算改革

通过推进综合预算管理、改革预算编制方法、优化预算编制流程、加强预算执行管理、实施预算绩效评价、推进部门预算公开等一系列改革，发挥财政职能作用，提高预算管理的完整性、规范性、科学性、有效性和透明性。继续按照科学化、精细化管理的要求，着力健全预算决算机制，不断提高预算安排的科学性；着力完善预算支出标准体系，不断提高预算分配的公正性；着力推动项目支出预算滚动管理，不断提高项目支出预算管理的规范性；着力推进综合预算管理，不断提高预算编制的完整性；着力强化预算执行管理，不断提高预算执行的有效性。

（二）推进预算公开

一是进一步细化预算编制，增强预算编制的准确性、科学性，严格预算执行，完善预算支出标准体系，大力推进绩效考评，为预算公开奠定坚实基础。二是按照部门预算公开的主体原则，积极推动部门预算公开。凡是《政府信息公开条例》规定应该公开、能够公开的事项，都应及时、主动公开。三是督促自治区、市、县级财政部门进一步做好预算信息主动公开工作，全面完整公开本级财政预算信息，并加强对下级财政部门预算公开工作的指导。四是密切跟踪各地财政和部门预算公开工作进展，积极研究预算公开中的新问题新情况，注意收集社会反应，做好舆论引导工作，进一步改进预算公开工作。

（三）加强预算绩效管理

一是建立预算绩效管理机制。树立“用钱需问效，无效要问责”的绩效理念，建立“预算编制有目标、预算执行有监控、预算完成有评价、评价结果有反馈、反馈结果有应用”的全过程预算绩效管理机制。

二是完善预算绩效管理制度。加强预算绩效管理法律法规建设，建立涵盖绩效目标、绩效监控、绩效评价、结果应用各环节的管理制度，完善预算单位决算报表、资产配置标准、部门项目支出标准等体系建

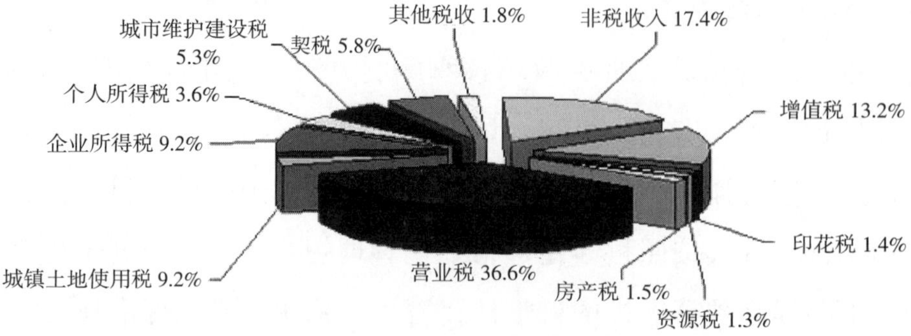

2010 年宁夏预算执行情况

设，健全绩效管理工作流程和操作细则，明确绩效管理工作职责和质量要求，规范预算绩效管理工作开展。

三是推进预算绩效管理试点。强化绩效目标管理，加大绩效监控管理，加强绩效信息的采集和分析，推进绩效评价管理，完善评价结果应用管理，建立完善绩效报告机制、反馈整改机制以及与预算安排有机结合机制，推进绩效信息公开，逐步建立绩效问责机制。

四是强化预算绩效管理基础。加强绩效评价指标体系研究，进一步提高指标设置的科学性、合理性，加快预算绩效管理信息系统研究，健全专家库、中介库以及指标库、标准库等各类数据库的建设，加大培训力度，提高综合素质。

（四）建立健全人大预算审查制度

向人大报告的预算安排内容要详细，范围涵盖全面，应当包括每一个部门的预算安排情况，介绍各部门的基础信息，各部门主要的职能、任务以及下一年度各个项目的预算安排，报告的时间提前，使人大有充分的时间看预算报告，论证可行性。加强预算委员会的建设，吸收具有专业素质的人员加入预算委员会。

充分发挥公共财政职能
努力为社会保障提供强力支撑

建立健全社会保障制度是政府社会政策的重要组成部分，它直接涉及社会成员的生、老、病、死、残等，是社会成员基本权益的“保护伞”、社会稳定的“安全网”，也是经济列车高速运行的“减震器”。充足的社会保障资金是社会保障制度赖以存在和运行的物质基础。改革开放30多年来，在自治区党委、政府的坚强领导下，宁夏各级财政充分发挥在健全社会保障体系、构建和谐社会中的引领作用，按照“广覆盖、保基本、多层次、可持续”的原则，不断加大社会保障资金投入力度，始终把保障基本民生作为全部工作的出发点和落脚点。各项民生保障措施在继承中创造了特色，在改革创新中凸现了亮点，很好地发挥了财政职能在社会保障中的作用。

一、改革发展历程

（一）财政配合劳动保险制度改革探索时期（1978~1992年）

党的十一届三中全会以来，我国社会保障体制改革稳步推进，社会保障制度框架基本形成，社会保障事业迅速发展。在财政领域推行以财政包干为特征的分级财政制度，中央和地方各自拥有自己的财政收入，地方财政由原来被动安排财政收支转变为主动参与经济管理，地方财政初步成为责、权、利相结合的相对独立的一级预算主体，而且支持社会保障已经成为财政的重要职能之一。党的十二届三中全会后，改革的核心是增强企业特别是全民所有制大中型企业的活力。为配合国营企业转变经营机制和实行劳动合同制，落实企业在劳动、人事、分配等方面的自主权，社保改革试点主要是通过退休、待业等费用的社会统筹来解决企业负担畸轻畸重问题。1984 年，国家开始在全民和集体所有制企业实行退休费用社会统筹试点。1986 年，国务院颁布《国营企业职工待业保险暂行规定》，首次提出建立企业职工待业保险制度，为企业实行劳动合同制度改革、搞活用工机制提供了制度保障。同年，宁夏根据有关精神，制定了《宁夏回族自治区国有企业职工待业保险和退休养老金财务管理暂行办法》和《宁夏回族自治区国有企业职工待业保险和退休养老保险预算管理暂行办法》，开始实施自治区企业和离退休人员基本养老保险。

1991 年 6 月，国务院发布《关于企业职工养老保险制度改革的决定》，提出逐步建立基本养老保险、企业补充养老保险和职工个人储蓄性养老保险相结合的养老保险制度，改变退休养老完全由国家、企业包下来的办法，养老保险费实行由国家、企业和个人共同负担的社会统筹，并明确规定先由市、县级统筹再逐步过渡到省级统筹。1992 年 6 月，宁夏发布了《宁夏回族自治区全民所有制企业职工退休费用全区统筹的规定》，凡全民所有制企业，包括中央驻宁企业（经国务院批准实行系统统筹的除外）以及非财政拨款、经费完全自收自支并实行企业化管理的事业单位，从 7 月 1 日起实行。至此，宁夏养老保险制度改革迈上了一个新台阶，成为全国 11 个实行省级统筹的地区之一。

（二）财政配合社会保障体系全面改革和创新时期（1992~2002 年）

1993 年，党的十四届三中全会做出关于建立社会主义市场经济体制的决定，并把社会保障制度列为社会主义市场经济体制基本框架的五大支柱之一，提出了建立社会保障制度的基本原则、主要任务和总体目标，确立了实行社会统筹与个人账户相结合的基本养老保险和医疗保险制度模式，要求进一步健全失业保险制度，普遍建立企业工伤保险制度，建立政事分开、统一管理的社会保障管理体制，标志社会保障制度改革进入新阶段。

1993 年颁布的《劳动法》，专章规定了社会保险。1994 年和 1996 年，劳动部先后颁布了《企业职工生育保险试行办法》和《企业职工工伤保险试行办法》，规范建立了社会化的职工工伤、生育保险制度。1994 年 10 月，宁夏下发了《关于改革企业职工基本养老金计发办法的试行意见》，决定从 1994 年 1 月 1 日起实施新的养老金计发办法。改革后的职工养老金由基础性养老金、缴费性养老金及暂时保留的各项津贴组成。停止了沿用近 40 年一直采取的以退休前国家统一安排的等级标准工资作为基数计发养老金的办法。1995 年 12 月，自治区政府印发了《自治区深化城镇职工养老保险制度改革实施方案的通知》，要求各级财政部门要积极参与、协同配合，共同搞好这项工作，使宁夏职工养老保险制度改革能够积极稳妥推进，在实践中不断完善。

1996 年，按照国务院《关于职工医疗保障制度改革扩大试点意见》的要求，宁夏将银川市、青铜峡市列为国务院医疗保险扩大试点城市。4 月，镇江全国医疗保险扩大试点城市工作会议之后，宁夏召开了全区职工医疗保险试点工作会议，部署全区医疗保险试点工作。1997 年 7 月，国务院颁布《关于建立统一的企业职工基本养老保险制度的决定》，规定了统一的缴费比例、个人账户规模、基本养老金计发办法和基金管理办法。宁夏下发了《关于贯彻国务院批转财政部对企业职工养老保险基金、失业保险基金开展专项财务检查情况报告的通知》。自治区财政厅举办了全区社保人员两项基金三项财务会计制度和事业单位财务规则培训班。

1998 年，国务院做出关于建立城镇职工基本医疗保险制度的决定，开始对原公费、劳保医疗制度进行改革，明确要求在全国范围内建立社会统筹和个人账户相结合的城镇职工基本医疗保险制度，覆盖城镇所有用人单位及其职工。1999 年 1 月 1 日，宁夏发布《宁夏回族自治区城镇职工基本医疗保险制度改革实施意见》，并陆续制定了各项配套政策文件。同年，国务院发布《失业保险条例》，以法规形式规范完善了失业保险制度，将原来只适用于国有企业的“待业保险制度”扩展到所有城镇企事业单位及其职工，将只由企业缴费改为由用人单位和职工个人共同缴费。颁布《城市居民最低生活保障条例》，明确了社会保险费征缴和基金实行收支两条线管理等政策，建立了社会保险基金监管制度。宁夏执行了新的社会保障基金财务、会计制度。自治区财政厅会同自治区人劳厅等部门下发了《宁夏企业职工基本养老保险基金实行收支两条线管理办法》，并转发了财政部《财政专户会计核算办法》，结合宁夏社会保障工作实际，提出了具体的指导意见和要求，在全区组织实施了财政专户新的核算办法。

为了做好社会保障工作，2000 年，自治区财政部门 17 次深入企业调查了解国有企业下岗职工基本保障情况，严格审核下岗再就业保障人员的条件、标准，协调督促企业自筹和社会调剂的下岗再就业保障资金及时到位，对应由财政负担的部分，每月初及时足额将保障金直接拨付到企业再就业中心。对困难企业支付保障金确有困难的，财政及时实施了兜底，共筹集下岗职工基本生活费 12146 万元，保障下岗职工 4 万人基本生活，自治区财政支出保障金 9300 万元，保证了国有企业下岗职工的基本生活，促进了企业深化改革。

2001 年，自治区财政积极配合劳动保障部门制定下发了《关于实行公务员医疗补助的指导意见》《关于城镇职工大额医疗费用补助的指导意见》等政策规定和配套措施。基本形成了以基本医疗保险，公务员医疗补助、大额医疗费用补助、离休人员医疗保障为主要内容的多层次的医疗保障政策体系。

2002年，自治区财政在对区级单位参加首府所在地银川市医疗改革总结经验的基础上，积极参与吴忠、中宁、中卫、贺兰等9个市县的医保制度改革政策指导，解决医改中出现的问题，拨付启动经费20万元，用于微机联网、软件开发等。在自治区财政的帮助支持下，宁夏27个市县（区）中有16个市县（区）启动了医疗保险制度。为切实加强城市居民最低生活保障资金的使用和管理，自治区财政按照国家有关精神，专门开设了“财政社会保障补助资金专户”，下设“城市居民最低生活保障资金分户”，将中央和自治区财政安排的城市居民低保资金，及时转入自治区“财政社会保障补助资金专户”，将补助各市县的资金，由自治区财政专户直接划拨到各市县财政开设的“财政社会保障补助资金专户”，从源头上保证了资金的专款专用，杜绝了截留挪用等现象的发生，有力地促进了宁夏城市居民最低生活保障工作顺利开展。截至2002年年底，宁夏累计发放社会保障资金约1.9亿元，共有275万人次享受了最低生活保障待遇，妥善地保障了低保对象的基本生活，为维护社会稳定、促进经济发展发挥了积极作用。

（三）财政配合社会保障体系建设进入城乡统筹、全民覆盖、全面发展时期（2003年至今）

党的十六大提出了全面建设小康社会的奋斗目标，将社会保障体系比较健全作为一项重要指标，对城乡社会保障制度改革提出了新要求。党的十六届三中全会和党的十七大，把社会保障制度改革作为统筹城乡发展、构建和谐社会、保障和改善民生的重点任务做出部署。

2003年，国务院决定开展建立新型农村合作医疗制度试点，并提出加快建立和完善适合我国国情的住房保障制度。自治区财政按照建立公共财政框架的要求，积极调整支出结构，增加资金投入，抓好农村合作医疗试点工作，认真研究制定建立农村养老保险制度、农村最低生活保障制度及其实施方案。自治区政府根据全区各级财政实际情况，要求有关部门做好农村合作医疗制度试点市县的筛选、合作医疗制度设计等工作，合理确定区财政、市县财政的资助水平。针对平罗县和隆德县两个新型农村合作医疗试点县运行过程中存在的问题，及时下发了《关于加强新型农村合作医疗基金财务管理的通知》，使其逐步完善，进而推进宁夏新型农村合作医疗基金工作进程，将试点范围扩大到永宁县、中宁县和青铜峡市；积极推进工伤保险制度改革，配合劳动保障部门制定下发了《工伤保险实施条例》及工伤保险基金财务管理制度，为维护职工利益提供了法律保障。

2005年，按照财政部、卫生部《关于完善中央财政新型农村合作医疗制度补助资金拨付办法有关问题的通知》精神，根据试点县工作进展情况以及已参加新型农村合作医疗农民人数，及时拨付补助资金413万元。制定下发了《宁夏回族自治区新型农村合作医疗风险基金财政专户管理暂行办法》，规范新型农村合作医疗风险基金的收支行为和管理程序，提高了风险基金财政专户管理水平，确保新型农村合作医疗试点工作稳步有序地进行。根据国务院发布《关于完善企业职工基本养老保险制度的决定》，自治区财政厅在石嘴山市开展“五险合一”试点工作，将原来在各个社会保险险种的参保手续中重复的部分进行整合，整合“五险”参保职工基础数据和申报核定流程，从而节省了不必要的社会资源浪费，加强社会保险基金管理工作，提高政府工作效率。并制定下发《宁夏回族自治区国有困难企业下岗职工基本生活保障制度向失业保险制度并轨财政补助资金管理办法》；与民政厅联合印发了《宁夏回族自治区城市居民最低生活保障资金管理暂行办法》《宁夏回族自治区农村社会救助、优抚资金实行一卡通形式发放实施方案》，进一步规范和加强城市低保资金的管理使用，切实保证困难群众和重点优抚对象直接受益的“民心工程”落到实处。

2006年，自治区财政厅与自治区劳动保障厅、人民银行银川中心支行联合下发了《关于我区小额担保贷款政策延伸扩展有关问题的通知》，《通知》中扩大了享受小额担保贷款人员范围，并对尚未建立小额担保贷款基金的市县给予更加优惠的政策。积极实施国家八部委“三支一扶”政策，配合人事、教育部门落实相关政策，自治区财政积极筹集专项资金解决大学生到基层参加支教、支农、支医和扶贫。

2007年，党的十七大再次提出加快建立覆盖城乡居民的社会保障体系，并提出开展城镇居民基本医疗保险试点。9月，宁夏下发了《自治区人民政府关于开展城镇居民基本医疗保险试点工作的实施意见》，对全区开展城镇居民基本医疗保险试点，建立城镇居民基本医疗保险制度进行了安排部署。10月，银川市、石嘴山市、中卫市启动城镇居民基本医疗保险试点工作。2008年，吴忠和固原两市被列为国家扩大试点城市，并于6月启动试点，标志着宁夏城镇居民基本医疗保险制度的全覆盖。

2010年10月，第十一届全国人民代表大会通过的《中华人民共和国社会保险法》，明确了我国社会保险制度的基本框架，对社会保险的覆盖范围、社会保险费征收、社会保险待遇的享受、社会保险基金的管理和运营、社会保险经办机构的职责、社会保险监督以及法律责任等方面做了规定。

2011年8月，宁夏下发了《关于统筹城乡居民社会养老保险试点的实施意见》，将新型农村社会养老保险与城镇居民社会养老保险制度统一、合并实施。2012年，党的十八大提出，要坚持全覆盖、保基本、多层次、可持续方针，以增强公平性、适应流动性、保证可持续性为重点，全面建成覆盖城乡居民的社会保障体系。宁夏在全国率先合并实施新农保和城镇居民社会养老保险。2013年，自治区财政部门统筹推进宁夏城乡社会保障体系建设，提高基本医疗保险筹资水平，对生态移

2010 年 10 月 26 日，宁夏新型农村社会养老保险国家试点县（区）启动大会在固原市召开

民、低保人群、重点优抚对象和重度残疾人等给予重点保障。进一步落实企业退休人员基本养老金发放政策，做好养老基金征缴、支付工作，确保企业退休人员基本养老金按时足额发放；落实各项财政帮扶政策，进一步创新和完善鼓励自主创业的各项政策，积极推动全民创业和充分就业。

党的十八届五中全会提出，促进就业创业，坚持就业优先战略，实施更加积极的就业政策，完善创业扶持政策，加强对灵活就业、新就业形态的支持，提高技术工人待遇。缩小收入差距，坚持居民收入增长和经济增长同步、劳动报酬提高和劳动生产率提高同步，健全科学的工资水平决定机制、正常增长机制、支付保障机制，完善最低工资增长机制，完善市场评价要素贡献并按贡献分配的机制。建立更加公平更可持续的社会保障制度，实施全民参保计划，实现职工基础养老金全国统筹，划转部分国有资本充实社保基金，全面实施城乡居民大病保险制度。

根据中央精神，宁夏在“十三五”规划中明确指出，实施就业优先战略，实现更加公平和更高质量的就业，使更多劳动者通过参与经济活动获得收入，并有更加稳定的收入来源。一是千方百计扩大就业。实施更加积极的就业政策，着力解决就业结构性矛盾。加快中小微企业创业创新基地示范城市建设，大力拓展就业渠道。建立面向人人的创业服务平台，以创业带动就业。二是健全公共就业服务体系。把高校毕业生就业摆在就业工作首位，妥善解决中低收入家庭就业困难。完善人力资源市场，促进人力资源自由、有序流动。完善创业扶持政策，保障劳动者平等就业权利。三是推行终身职业技能培训制度。实施新生代农民工职业技能提升计划，对贫困家庭子女、失学青少年、失业人员、退役军人等进行免费职业培训。推行企业新型学徒制，完善技术工人职称评定制度。

为了建立更加公平更可持续的社会保障制度，宁夏着眼增进福利、兜住底线，以公正高效、多元和谐为目标导向，以增强公平性、适应流动性、保证可持续性为重点，全面建成覆盖城乡居民的社会保障制度。

一是完善社会保障体系。完善城乡居民基本养老保险制度，全面实施机关事业单位养老保险制度。完善基本医疗保险制度。提高失业保险待遇。健全预防、补偿、康复相结合的工伤保险制度。推进工伤保险参保扩面。创新和加强社会保障管理和服务。进一步完善住房公积金制度，加快保障性安居工程建设和棚户区改造，继续实施农村危房危窑改造工程。

二是健全城乡社会救助体系。规范城乡低保管理，完善救助申请家庭经济状况核对机制，提高认定准确率，实现对生活困难家庭的分类救助。统筹城乡“三无”特困人员供养制度和医疗救助制度。健全临时救助制度。

三是完善社会福利服务体系。健全儿童福利保障制度，加强基层儿童福利设施建设。完善残疾人福利补贴制度，保障残疾人享有基本公共服务。创新发展慈善事业，鼓励社会各界参与公益慈善，加强慈善监管。

二、主要成就

（一）发挥财政职能，积极参与社会保险制度改革发展

1. 养老保险的社会统筹面不断扩大

宁夏城镇企业职工养老保险制度改革始于 1986 年，经过多年的发展，到 1996 年参加社会统筹的职工达到 29.2 万。截至 2001 年底，宁夏参加基本养老保险的职工 44.61 万人，参保人数中扣除因企业破产、改制、解除劳动合同关系、停缴和转办退休手续的人员后，实际缴费职工为 37.96 万人，占参保职工总数的 85.1%。宁夏参加基本养老保险的离退休人员 13.21 万人，其中：已有 12.28 万名离退休人员养老金由社会保险经办机构直接委托银行、邮局实行社会化发放，社会化发放率为 93%。已经为 57.24 万名在职职工和离退休人员建立了基本情况信息库或基本养老保险个人账户，基本养老保险收支运行情况良好。到 2014 年末，宁夏参加基本养老保险人数为 151.4 万人，比上年增长 5.3%，其中参保职工 107.2 万人，参保离退休人员 44.2 万人。

2. 失业保险发挥积极作用

从 1997 年开始，自治区财政部门积极贯彻执行财政部颁布的《企业职工失业保险基金财务、会计制度》和《失业保险条例》，扩大失业保险覆盖面，提高缴费率，采取多种措施，加大失业保险扩面和征缴工作力度。2000 年，共收缴失业保障金 3613 万元，当年应征缴 3500 万元，实际征缴 2806 万元，征缴率 77.7%，比 1999 年的 800 万元增加了 2.5 倍多，清欠 807 万元。大大提高了失业保险基金的承受能力，保证了失业救济金调剂下岗职工社会筹集 1/3 的部分足额到位，减少了财政支出，为实现国有企业下岗职工基本生活保障和再就业工程与失业保险制度平稳并轨创造了有利的条件。2004 年底，失业保险参保人数下达指标 36.2 万人，实际参保人数 35.49 万人，完成任务指标 98%；失业保

险基金征收任务下达指标 6500 万元，实际征缴 6031.49 万元，完成任务 93%；清欠回收任务指标 1108 万元，实际清欠 869.18 万元，完成任务 78%；失业保险基金总支出 3411.62 万元，保证 17592 人领取到失业保险金。到 2014 年，参加失业保险人数 73.2 万人，增长 4.72%。

3. 医疗保险工作实现全覆盖

在医疗保险改革中，宁夏财政不断加大资金投入力度，保障医疗保险改革工作顺利推进。截至 2001 年末，银川市、惠农县、永宁县、石嘴山市、平罗县、青铜峡市、盐池县、海原县、中卫县、中宁县、贺兰县、陶乐县基本医疗保险制度改革全面启动，占宁夏市县的 60%。参保单位 1896 个，参保人员 28 万人，占计划参保总人数（51 万人）的 54.9%；应征缴基本医疗保险费 5258.76 万元，实际征缴 5181.04 万元，征缴率为 98.53%。其中个人账户划转 2837.11 万元，统筹基金配置 2343.93 万元。基金支出 3238.76 万元，占基金总额的 62.5%，结余基金 1942.28 万元。自治区本级与 12 个市县启动了基本医疗保险制度改革，参保职工 28 万人，参保率达到 41%。2007 年，宁夏全面开展新型农村合作医疗工作，为做好此项工作，自治区财政积极筹措资金，认真测算各市县补助金额，努力争取中央财政支持，确保新型农村合作医疗制度在全区范围内顺利实施。到2014 年，宁夏参加基本医疗保险人数 578.6 万，其中，参加城镇职工基本医疗保险

2010 年 2 月 9 日，召开宁夏回族自治区新型农村合作医疗制度管理职能划转工作电视电话会议

116.12 万人，参加居民基本医疗保险 462.48 万人。宁夏养老保险、失业保险、医疗保险、工伤保险和生育保险五项保险基金收入 201.26 亿元。2014 年末，五项社保基金累计结余 272.75 亿元，较上年末增加 14.03 亿元，增长 5.42%。

（二）实施积极的就业财政补贴政策，推动全民创业和充分就业再上新台阶

1. 就业资金的投入稳步增长

自治区各级财政部门认真履行公共财政职能，积极完善筹资机制，先后出台了《宁夏回族自治区再就业补贴及奖励资金管理暂行办法》《关于进一步做好下岗失业人员再就业工作的通知》《宁夏回族自治区小额担保贷款担保基金管理办法》《宁夏回族自治区劳务输出补贴及奖励资金管理暂行办法》等文件，从资金列支渠道、补贴对象、补贴标准、优惠政策等多方面做出规定，从制度上保证了再就业资金的安全顺畅。2004 年，自治区财政共筹集再就业资金 10500 万元，为再就业工作提供了有力的资金保障。按照自治区政府的决定在全区一次性购买公益性岗位，筹措专项资金 1910 万元，统一解决 3000 个公益性岗位人员工资补贴和社会保险费。制定了《宁夏回族自治区劳务输出人员培训财政补助资金管理办法（试行）》，加强和规范了劳务输出人员培训财政补助资金的管理。筹集 1360 万元解决 3000 名大学生的就业问题。2009 年，安排落实就业专项资金，共筹集就业资金 3.7 亿元，围绕全民创业和就业工作，以及中央和自治区关于面对金融危机、减轻企业负担，做好下岗再就业和转岗人员、大学生就业等工作；推进全区就业和再就业工作。2013 年，统筹安排资金 4.68 亿元，支持部门和市县实施更加积极的就业政策，优化创业就业环境，积极推动全民创业和充分就业。

2. 大力支持城乡劳动力培训和创业培训工作

2005 年，自治区财政部门根据 2002 年中央 12 号文件及 8 个配套文

件，以及自治区相关规定，及时审批、核拨再就业补贴资金 2185 万元，专门用于下岗失业人员职业培训、职业介绍、社会保险补贴和公益性岗位补贴，有力地促进了宁夏再就业工作的进展。2006 年，启动实施城乡特困家庭培训就业援助工程，按照自治区的总体部署，5 年内每年安排 5000 名特困家庭人员进行就业培训。2007 年，自治区财政继续按照每人补助 1800 元的标准，筹集资金 900 万元，专项用于特困家庭人员的技能培训和技能鉴定。同时，安排专项资金 207 万元，对城镇失业人员职业培训、职业介绍和社会保险给予补助。到 2009 年，已拨付农村劳动力中长期培训人员鉴定补助经费 61.2 万元。截至 2012 年，农村劳动力转移就业 70.3 万人，实现工资收入 46 亿元；购买 5041 个公益性岗位（主要安排社会福利机构服务人员），帮助 6143 名城镇长期失业人员实现就业。

2015 年 6 月 2 日，宁夏首届网络创业大赛新闻发布会现场

3. 积极扶持就业困难群体再就业

2003 年，为全面贯彻中共中央、国务院和自治区党委、政府《关于进一步做好下岗失业人员再就业工作的通知》精神，积极落实再就业优惠政策。自治区财政认真执行购买公益性岗位相关补助政策，筹措专项资金，解决公益性岗位人员工资补贴和社会保险费，突出做好“4050”人员的再就业工作。2008~2012 年，自治区财政累计购买公益岗位 15100 个，并按照当地最低工资标准发放工资和代缴养老保险、医疗保险、工伤保险，解决 1.5 万名困难就业人员就业问题；安排资金 2.15

亿元，为全区约13万“4050”灵活就业人员发放了社会保险补贴。

4. 努力做好高校毕业生就业工作

根据《关于做好组织普通高校毕业生到企业实习工作的通知》《自治区党委组织部、教育厅等部门关于做好普通大中专学校毕业生就业工作的意见》等精神，自治区财政每年安排专项资金，用于支持高校毕业生就业。实施“三支一扶”项目，鼓励应届大学生参加支教、支医、支农和扶贫工作，自治区财政按当地事业单位本科生转正定级工资标准发放工资以及按规定代缴养老保险、医疗保险、工伤保险。实行高校毕业生到事业单位实习项目，鼓励企业吸纳大学生就业，鼓励大学生自主创业，积极促进大学生就业计划实施。2010年，拨付1.9亿多元，用于支持大学生“三支一扶”，见习医生生活补助，高校毕业生到事业单位实习，鼓励企业吸纳高校毕业生就业工作。到2014年，高校毕业生总体就业率达93.8%。

5. 全力推进全民创业小额担保贷款工作

2003年，自治区根据中央有关精神，制定了《宁夏小额担保贷款基金与贴息资金管理暂行办法》，《办法》从资金列支渠道、补贴对象、补贴标准、优惠政策等多方面做出规定，从制度上保证了再就业资金的安全顺畅。石嘴山市、银川市、吴忠市、固原市率先建立了小额担保贷款基金，随后灵武市、平罗县、盐池

2008年12月31日，自治区财政厅、劳动和社会保障厅、国家开发银行宁夏分行、宁夏嘉荣创业投资有限公司，在银川市签订宁夏全民创业小额担保贷款合作协议

县和青铜峡市建立了小额担保贷款基金。到 2009 年，宁夏 19 个市县建立了经当地人民政府批准的小额担保贷款机构。自治区财政 2011 年专门设立“宁夏农村妇女创业小额担保贷款专项基金”，连续三年每年注入 3000 万元资金，协调合作金融机构按照担保基金的 10 倍进行放大，并要求各市县财政按照自治区拨付的担保基金 1∶1 比例进行配套，每年支持推动 10 万妇女创业就业。2014 年，发放小额担保贷款 11.9 亿元，创造新岗位 3.89 万个；开展创业能力培训 1.05 万人；发放城乡妇女创业小额担保贷款 9.47 亿元，帮扶 2.16 万名城乡妇女创业。

6. 切实解决国有企业职工历史遗留问题

随着国有企业改革力度的加大，下岗职工不断增多，由于企业拿不出经济补偿金，企业所欠职工债务无法偿还，下岗职工到期与企业解除不了合同等问题，自治区财政会同石嘴山市开展了“三条保障线”并为“两条保障线”的试点工作，按企业、石嘴山市财政各承担经济补偿金的 1/2 的办法，财政共拨款 700 多万元，使 2000 多名下岗职工与企业解除劳动关系，直接进入劳动力市场就业。2005 年，根据自治区党委、政府“2005 年底基本完成下岗职工基本生活保障制度向失业保险制度并轨工作”的要求，自治区财政及时拨付 18762 万元专项资金，帮助约两万名下岗职工解除劳动关系，并制定《宁夏回族自治区国有困难企业下岗职工基本生活保障制度向失业保险制度并轨财政补助资金管理办法》。2005~2006 年，解决了全区 233 家国有企业的 29640 名下岗职工历史遗留问题，实现了清债务、续社保、领补偿、解关系与失业保险并轨。2010 年，自治区政府下发了《关于解决企业职工基本养老保险历史遗留问题的意见》，妥善解决了全区企业职工基本养老保险历史遗留问题。“十一五”期间，自治区财政积极筹集两亿多元，解决了两万名下岗职工历史遗留的债权债务清理、社会保险关系接续、劳动关系处理等问题。

（三）社会救助体系逐步完善，社会救助保障及时到位

1. 建立健全城市居民最低生活保障制度

1999年初，自治区政府下发了《关于建立全区城市居民最低生活保障制度的通知》，标志着城市居民最低生活保障制度在宁夏开始建立并实施。在各部门的共同努力下，宁夏城市居民最低生活保障工作纳入了规范化、制度化、科学化管理的轨道，保障标准根据不同地区的经济状况和居民的实际生活水平等指数逐年调整，保障人数也呈逐年递增的趋势，实现了动态管理下的应保尽保。为了切实加强宁夏城市居民最低生活保障资金的使用和管理，自治区财政按照国家有关精神，专门开设了“财政社会保障补助资金专户”，下设“城市居民最低生活保障资金分户”，将中央和自治区财政安排的城市居民低保资金，及时转入自治区“财政社会保障补助资金专户”，将补助各市县的资金，由自治区财政专户直接划拨到各市县财政开设的“财政社会保障补助资金专户”，促进了城市居民最低生活保障工作顺利开展。2003年，颁发了《城市居民最低生活保障条例》《低保资金预算安排及资金管理办法》，采取根据市县财政资金投入的力度，决定自治区级财政的配比系数的做法，刺激市县财政资金保障的积极性，工作内容上逐步扩大覆盖面，准确核实保障对象和保障标准，努力做到应保尽保。自治区财政补助各市县低保资金9652万元，解决了19.6万人的生活困难问题。2004年7月，为了进一步规范和加强城市居民最低生活保障资金的管理，制定了《宁夏回族自治区城市居民最低生活保障实施办法》，对低保对象在住房、医疗、子女教育等方面给予扶持，并鼓励学校、医院、供电、供水、供气、供热、房管等企业、事业单位同时给予低保对象优惠待遇。宁夏城市低保的提标工作从2006从7月1日起实行，当年，自治区财政共安排专项资金3000万元，用于城市低保提标工作。从2007年4月1日起，宁夏提高了城市居民最低生活保障补助标准，在原有基础上提高了10元，

即银川市、石嘴山市从 190 元/月提高到 200 元/月，其他市县区从 160 元/月提高到 170 元/月。到 2013 年，宁夏城市低保标准调整为每人每月 300 元。

2. 农村最低生活保障工作成效显著

从 2005 年 5 月 1 日起，宁夏在银川市的兴庆区、金凤区、西夏区，石嘴山市的大武口区、惠农区，吴忠市的利通区、青铜峡市进行农村低保工作试点。按照财政分级负担的原则，补助银川市辖区 20%，石嘴山市辖区 30%，吴忠市利通区、青铜峡市 40%，共补助农村低保专项资金 253 万元。2006 年，根据自治区政府决定，宁夏农村最低生活保障试点由 2005 年的 7 个扩大到 14 个市县（区），自治区按照山川有别的原则给予适当的补助，不足部分由市县承担。2007 年，宁夏决定在全区全面建立并实行农村村民最低生活保障制度，约有 23 万低于国家统计局公布的贫困线标准以下的农村村民全部纳入低保范围。考虑到山川区经济发展水平和村民收入的差异，将农村低保标准确定为人均月补差最低不得低于 20 元，最高 35 元，具体执行标准由各市县自行制定。并随着经济发展水平的提高，农村村民低保水平也逐步提高，截至 2009 年，宁夏农村低保对象由 2005 年的 3 万人增加到 31.6 万人，月补差标准由 35 元增加到 68 元。5 年来，累计保障农村低保对象 986 万人次，累计支出保障金 5.1 亿元。到 2013 年 7 月 1 日，农村低保标准调整为每人每年 1930 元。

3. 救灾救济制度不断完善

宁夏是一个经济相对落后的省区，并且是自然灾害多发区。近年来，宁夏连续遭受干旱、低温冷冻、冰雹、洪水等多种灾害侵袭，不仅给国家和人民群众生命造成严重危害，而且成为经济发展和社会进步的制约因素。自治区财政将抗灾救灾工作和妥善安排好灾民生活作为重中之重来抓，切实做到认识到位、责任到位、指挥到位，确保各项救灾措施落实到位，不留死角。积极调整财政支出结构，努力增加救灾款支出，筹措资金总量逐年增加，及时下拨救灾款物，帮助灾民解决生活困难。在资金管理方面，自治区政府下发了《关于救灾款使用管理的规定的通知》，在全国率先出台了《关于基层救灾款物管理使用暂行规定》《救灾款使用管理规定》等文件。同时，设立自治区级财政救灾专户，管理中央和自治区的救灾款，市县同时也设立专户管理（运行模式有两种：一是财政部门、民政部门同设专户管理，二是财政部门单独设立专户管理），对救灾款实行专账管理，封闭运行。

4. 危窑危房改造工程惠民生

实施南部山区危窑危房改造是宁夏党委、政府心系农民的一项民心工程。2005 年，在全国率先开展农村危窑危房改造，2009 年被列入国家第一批农村危房改造试点，到 2013 年底，累计投入资金近 25 亿元，完成农村危窑危房改造 26.3 万户，受益人数达到 95.4 万。2014 年 6 月，自治区出台《宁夏农村危窑危房改造实施方案》，计划从 2014 年开始，利用 4 年时间，完成 23.4 万户农村危窑危房任务，实现在全国率先消除农村危窑危房的目标。

三、经验启示

改革开放 30 多年来，宁夏财政充分发挥在健全社会保障体系、构建和谐社会中的引导作用，不断加大社会保障资金投入力度，全区社会保障的内容不断丰富、保障范围不断扩大、保障水平不断提高，有力地促进了全区社会保障事业的健康发展。

（一）政策指导是财政支持社会保障的有力保证

1986 年，以国务院颁布《国营企业实行劳动合同制暂行规定》为标志，全国开始实行离退休费用社会统筹。同年，自治区财政根据有关精神，制定了《宁夏回族自治区国有企业职工行业保险和退休养老基金财务管理暂行办法》和《宁夏回族自治区国有企业职工待业保险和退休养老基金预算管理暂行办法》，开始实施自治区企业离退休人员基本养老保险制度。随后，根据中央关于社会保障改革相关精神，自治区政府、财政厅会同相关部门，先后出台了《自治区深化城镇职工养老保险制度改革实施方案的通知》《关于职工医疗制度改革的试点意见》《宁夏回族自治区行政事业单位职工医疗保险改革试行意见》《宁夏企业职工基本养老保险基金实行收支两条线管理办法》《宁夏回族自治区失业保险法》《关于建立全区城市居民最低生活保障制度的通知》《城市居民最低生活保障条例》《低保资金预算安排及资金管理办法》《关于基层救灾款物管理使用暂行规定》《宁夏回族自治区支持创业小额担保贷款管理办法》《自治区人力资源和社会保障厅、财政厅关于普通高校毕业生到企业就业和自主创业财政补贴问题的通知》等指导性文件，进一步规范和加强财政资金在社会保障中的管理使用。这些政策措施为财政在社会保障中提供了强有力的保证，有力地促进了社会保障事业的发展。

（二）资金投入是财政发挥职能的重要体现

充足的社会保障资金是社会保障制度赖以存在和运行的物质基础。30 多年来，自治区财政在自治区党委、政府的坚强领导下，高度重视民生领域社会发展，充分发挥财政资金在健全社会保障体系、构建和谐社会中的引导作用，不断加大社会保障资金投入力度，按照“广覆盖、保基本、多层次、可持续”的原则，始终把保障基本民生作为全部工作的出发点和落脚点，各项民生保障措施在继承中创造了特色，在改革创新中凸现了亮点，很好地发挥了财政在社会保障中的作用。2007 年，为推进城镇居民基本医疗保险试点工作顺利开展，自治区财政对参加城镇居民基本医疗保险试点城市及时预拨了中央补助资金 425 万元和自治区补助资金 277 万元；统一安排软件研发和硬件设施资金 570 万元；拨付城镇居民基本医疗保险参保登记信息采集工作经费 100 万元；安排资金150万元，统一印制100万份城镇居民基本医疗保险就医手册；安排工作经费20万元。2008~2012年，宁夏各级财政共筹措就业资金7.54亿元，比2008年增长了127%，累计安排就业补助资金27.38亿元；安排资金2.15亿元，对全区约13万“4050”灵活就业人员发放了社会保险补贴；安排小额贷款担保基金（含妇女小额贷款基金）4.5亿元，争取中央财政贴息资金1.8亿元，累计放贷51亿元，享受微利项目财政贴息的人数超过20万。2013年，实现社会保障基本面全覆盖。全年社会保障和就业支出达到102亿元，比上年增长13%。提高基本医疗保险筹资水平，对生态移民、低保人群、重点优抚对象和重度残疾人等给予重点保障，提高城镇职工基本医疗保险试点工作。安排救灾物资储备资金1000万元，下拨救灾资金4100万元，针对中南部地区干旱情况，适时下拨农村五保对象饮水补贴186万元。下拨危房改造资金40932万元，改造户数4万户。发放城乡妇女创业小额担保贷款13.4亿元，帮扶2.7万名城乡妇女创业。

（三）调整支出结构是财政确保重大项目建设的主要方向

随着社会保障制度改革的日益深化，社会保障支出的需求迅速增加，各级财政部门逐年加大社会保障支出，支出结构也随之发生变化。一是重点保障国有企业下岗职工生活保障。2000年，共17次深入企业调查了解国有企业下岗职工基本保障情况，严格审核下岗再就业保障人员条件、标准，协调督促企业自筹和社会调剂的下岗再就业保障资金及时到位。对困难企业支付保障金确有困难的财政及时实施了兜底，全年共筹集下岗职工基本生活费12146万元，保障下岗职工4万人，自治区财政支出保障金9300万元，保证了国有企业下岗职工的基本生活，促进了企业深化改革。二是积极为医保改革提供资金保障。2002年，自治区财政部门在对区级单位参加首府所在地银川市医疗改革总结经验的基础上，积极参与吴忠、中宁、中卫、贺兰等9个市县的医保制度改革政策指导，解决医改中出现的问题，拨付启动经费20万元，用于微机联网、软件开发等。三是为创业再就业提供资金保障。2006年，按照自治区人民政府的总体部署，全面贯彻落实国务院《关于进一步加强就业再就业工作的通知》，自治区财政共筹措就业资金47400万元，其中：中央补助21300万元，自治区财政安排8200万元；就业补助资金总支出45153万元。积极实施国家八部委“三支一扶”政策，配合人事、教育部门落实相关政策，按照每人每月600元生活费、20~50元交通费及一年200元保险费的标准，筹集专项资金2518万元解决5300名大学生到基层参加支教、支农、支医和扶贫。四是为新型农村合作医疗工作提供资金保障。2007年，宁夏全面开展新型农村合作医疗工作，为做好此项工作，自治区财政积极筹措资金，认真测算各市县补助金额，努力争取中央财政支持，确保新型农村合作医疗制度在全区顺利实施。

（四）建立健全资金管理制度是发挥财政监管职能的重要保障

一是不断完善社会保障资金财政专户管理制度。为确保各项社会保障补助资金专款专用，养老、失业、医疗等各项社会保险基金实行了收支两条线管理并建立了社会保障财政补助专户和基金专户制度，实行专项调拨、专项管理，并对各市县预算执行情况进行考核，从源头上杜绝截留、挪用资金的行为。同时，建立社会保障资金决算报表和季报考核制度，进一步加强了财政社会保障补助资金的管理和监督。二是建立健全财务管理体系，深化预算管理制度改革。制定了一系列社会保障资金财务管理办法，形成了一套社会保障资金财务管理体系，使各项社会保障资金管理有章可循、有规可依。三是加强专项资金监督检查。建立健全专项资金专户管理制度，纳入财政社会保障资金专户管理，专款专用。社会保障资金按资金使用进度，及时通过“财政社会保障基金专户”拨付，实行专户管理，封闭运行，从源头上杜绝截留、挪用资金的行为。严格执行就业补助资金的申报、审核、拨付程序。通过科学规范的管理程序，防止资金挪用、截留现象发生。

四、对策建议

30多年来，宁夏财政在支持社会保障事业中取得了重大成就，但财政在社会保障中的职能更为重要，投入资金更大，保障面更宽。当前，社保制度建设还存在一些问题：一是宏观经济形势变化对参保和政府投入带来影响；二是人口老龄化加速，可持续发展问题凸显；三是城镇化加快，对制度适应流动性提出更高要求；四是人民群众对公平享有社会保障的诉求日益增强。因此，财政在社会保障中要不断完善保障制度、资金预算管理，切实发挥在社会保障事业中的职能作用。

“十三五”是实现全面建成小康社会的决胜时期，是全面深化改革和全面推进依法治国的关键时期，也是我国的重要战略机遇期。同时，经济财政运行进入新常态、人口老龄化加速等方面的新变化，又对财政社保工作提出了新的要求。为此，财政社会保障工作要按照保障基本、精算平衡、责任分担、统筹协调的理念和要求，努力发挥在社会保障中的作用。

（一）建立健全社会保障预算制度

建立健全社会保障预算制度，它能有效增加国家财政的宏观调控能力，促进消费关系以及社会供求总量的平衡，弥补市场调节机制的不足，改变市场经济不规范等行为状况的发生。随着我国经济体制改革的逐步深化，政府的宏观调控能力下降，财政收入在国民生产总值中的比重降低，市场经济体制的建立客观上又需要强化政府对经济运行的宏观调控，而掌握一定的财力是调控的基本前提。为解决这一矛盾，除了继续深化财政体制改革、理顺分配关系以外，还要靠建立社会保障预算。近年来，国家出台了深化社会保障预算制度改革的一系列措施，逐步把建立健全社会保障预算制度推向法制化、规范化的轨道，同时扩大社会保障预算的覆盖范围，研究完善复式预算的问题，改革筹资机制，实行社会化发放等等，都为健全社会保障预算创造了有利条件。要进一步明确政府所承担的社会保障责任，进一步明确社会保障预算制度中中央和地方政府之间的责任划分，政府各部门之间社会保障责任的划分，政府、企业和个人之间的社会保障责任的划分，更好发挥公共财政在社会保障中的作用，通过加强社会保障收入的收缴、社会保障预算编制的管理和社会保障支出的实现实施科学的预算管理，增强社会保障资金管理使用的透明度和约束力。要做好社会保障资金的年初预算，体现财政事先监督的重要意义。进一步将社会保障预算编制稳妥全面完整细化，按照"量入为出"的原则编制收支预算，防止出现财政赤字预算，确保社会保障资金预算支出内容完整，不漏项。要掌握社会保障资金的支出结构，以支出促产业，以产业带支出，坚持部门、项目、基本支出和项目支出，压缩往年结余结转社会保障资金、公共财政预算安排和其他资金一起抓，综合施策，使社会保障资金发挥更大效能。通过对各种社会保障预算模式制度进行分析，结合当前发展现状和具体区情，最终实现一揽子社会保障预算制度的建立应实行分步走的战略，即在社会保障预算编制的管理和社会保障支出制度的基础上，继续进行改革以及其他相应制度的变革，逐步实现社会保障收入费的收缴、社会保障税加个人缴费组合模式、税费分征分管等全方位覆盖的社会保障预算制度。

（二）建立健全合理兼顾各类人员的社会保障待遇确定和正常调整机制

建立健全合理兼顾各类人员的社会保障待遇确定和正常调整机制是全面深化社会保障制度改革的重点之一，不仅关系广大人民群众的切身利益，也关系社会保障制度的可持续发展，更是十八大和十八三、四、五中全会明确提出的社会保障重点改革任务。按照社会保障覆盖范围普遍性的要求，进一步做好各项社会保障制度的扩面工作，在确保新农合和城镇居民医保制度实现全面覆盖的同时，继续做好各项社会保险制度的扩面工作，特别是要努力消灭一些社会保险制度的“死角”，尚未实现“应保尽保”的社会救助制度也要在实现“应保尽保”方面取得突破。按照社会保障待遇水平协调性的要求，推动建立起一整套科学合理的社会保障待遇确定和调整机制。社会保障制度提供的总体待遇水平要与生产力发展水平相适应，做到适度而不过度，既“尽力而为”又“量力而行”。各项社会保障待遇水平的调整要机制化，建立健全与物价水平、工资或收入水平等指标联动的更加透明的、更加科学有机的待遇调整机制，尽可能减少人为因素。按照社会保障财务收支可持续性的要求，深化社会保障体制和筹资机制改革。通过完善制度模式和建立更加公平、更有效率、更具刚性的筹资机制，改善社保基金财务状况，避免寅吃卯粮，维护财政经济的稳定增长和社会的安定团结。按照社会保障制度体系层次性的要求，大力促进补充保险、商业保险的发展。只有建立起包括政府基本保障、商业保险、集体保障、社区保障等在内的多层次保障体系，促进不同保障机制的共同发展，才能满足不同人群不同水平、不同形式的保障需求。按照社会保障基础管理规范性的要求，继续加强财政社会保障信息化工作和人才队伍建设。一方面，要大力推进信息化工作，实行科学化、精细化管理，争取在建立各类社会保障对象的基础信息数据库方面有重大进展；另一方面，要加强财政社保队伍的业务能力和工作作风建设，增强研究能力、协调能力，练好账头、笔头、嘴头。增强服务意识、主动意识。

（三）建立健全特殊群体的服务保障制度

针对特殊群体要强化行政推动，健全工作机制，继续把特殊群体的社会保障服务相关内容和具体指标纳入政府重点工作目标，切实加强组织推动和跟踪落实，通过政府评议与社会评议相结合的方式，确保工作机制的实施效果。积极应对人口老龄化，加快建立社会养老服务体系和发展老年服务产业，更好满足老年人特殊的服务保障需求。完善特殊群体的政策覆盖，建立特殊群体养老和医疗保险制度，全面建立起特殊群体服务保障从城保、地保、农保、补贴等向养老和医保的转变，形成全覆盖、多层次的特殊群体服务保障体系。健全农村留守儿童、妇女、老年人关爱服务体系，健全残疾人权益保障制度，真正让残疾人平等享有各种社会权益。健全困难儿童分类保障制度，完善工作机制和监管机制，加强政策制度创新和服务体系建设。制定实施免税、延期征税等优惠政策，加快发展企业年金、职业年金等补充社会保险和各类商业保险，构建多层次社会保险体系。要进一步强化落实扩面责任，不断提高特殊群体覆盖率，把社会特殊群体人数单独立项，连同扩面目标、服务保障责任制一并实施，强化部门合力，为特殊群体全方位提供服务保障，确保社会保障有序开展。同时，建立起适应经济社会发展水平相适应的财政保障机制。逐步增加各级财政对特殊群体服务保障的资金投入，加大财政转移支付的力度，形成稳定规范的特殊群体服务保障投入制度，多渠道筹措服务保障资金，进而缩小与正常人群之间的服务差距。特殊群体服务保障中，政府也要适应职能任务转变的需要，调整业务管理与公共服务格局，有倾斜性地加强特殊群体服务保障队伍建设水平，通过集中数据管理、分散服务网点建立、强化服务平台建设等，对各类参与特殊群体服务保障的企业和个人状况实施有效监管，从而进一步为特殊群体提供有效服务。

（四）进一步加强社会保障财务制度建设

社会保障财务制度建设，应由社会保障管理机构根据财务制度的基本方针和单位实际加以确定，包括社会保障会计制度、社会保障财务人员岗位责任制度、社会保障管理机构所需费用的审批制度、社会保障财务物资管理制度和社会保障审计制度等，这是组织社会保障财务活动和处理财务关系的基本准则。针对当前社会保障财务制度建设中存在的一系列问题，应多措并举做好社会保障中财务制度建设工作。要建立起专业的人才队伍，指导性地促进人才的正常工作，只有人才队伍建立起来，社会保障财务制度的创新和监管等工作才能得到实现。要加强健全社会保障经办机构内部会计控制制度，强化内部管理和会计控制制度的完整性、合理性和社会保障实施的有效性，要定期组织检查和评估，及时发现内部会计控制制度的薄弱环节，认真整改堵塞漏洞，有效提高风险的防范能力，从源头上防止各种违法行为的发生。要加快社会保障财务制度的法律法规建设，有效加强全社会对社会保障财务管理工作的重视，让更多的人参与社会保障财务制度建设之中。如果在某些关键环节实施财务管理或监管受到阻碍时，在社会参与管理工作的基础上，可以采取司法介入，在社会保障及其最低生活保障方面发挥内外监管的双管效应，进而推进社会保障财务制度建设良好有序运转，促进社会保障全面发展。

（五）大力支持社会保障监管体系建设

深化社会保障制度改革，建立完善的社会保障体系，关键是要改革社会保障管理体制，建立统一的、政事分离的社会保障管理监督体系。建立多层次的社会保障制度，关键是要建立收、支、管相分离的、统一的社会保障管理体制，包括统一的社会保障职能管理体系和统一的社会保障预算管理体系。要建立统一的社会保障监管的职能体系。按资金筹集方式、保障目标分类，目前，社会保障体系大致含 13 个项目，包括社会救济、社会福利、优抚安置、社区服务、养老、失业、医疗、工伤、生育保险和住房保障、个人投保、企业投保与互助性保险。根据以上项目的性质和目前的管理状况，应该成立专司社会保障职能的厅(局)。要建立财政社会保障预算管理体系。将各项社会保障基金全部纳入政府财政预算统一管理和监督，建立起社会保障基金管理的制衡机制。建立社会保障基金财政专户，专款专用，单独核算，保证社保基金保值增值。在国库中单设可计息的社会保障基金专户，对各项社会保障基金进行专项管理，专款专用，每年都应对人大作预决算报告，接受人大监督。要开征社会保障税。借鉴国外社会保障的成功经验，总结收费过多且乱及不规范的教训，设置养老、失业、医疗、生育、工伤、住房6个方面社会保险综合税率，由各级地方税务部门负责依照社会保障税法征缴入库。同时，要建立和完善财政社会保障信息系统，加强部门间信息平台整合，实现部门间信息共享，加快社会保障信息网络向基层的延伸。强化监管体系建设，及时堵塞管理漏洞，防止出现骗保、虚报冒领等违规违纪行为。

积极发挥财政职能　不断支持教育事业

教育是社会进步的重要标志之一，是一个国家软实力的载体。教育投入是一项支撑国家长远发展的基础性、战略性投资，是发展教育事业的重要物质基础，是公共财政保障的重点。党的十一届三中全会以来，在党中央的亲切关怀和自治区党委、政府的正确领导下，宁夏各级财政部门和有关部门立足有限的财力，全面支持各类教育事业发展，教育事业健康发展、成就辉煌。

一、改革发展历程

（一）两级分权的财政教育体制的形成（1978~1993年）

党的十一届三中全会以后，经济体制和财政体制发生了较大变革，在一定程度上也影响了教育制度的改革。一方面，高度集中的财政预算管理体制出现变革，财权和财力逐步下放，使得地方政府有能力和动力根据本地教育发展的实际，特别是基础教育现状，为教育管理和财政责任的下放提供了最基本的条件。另一方面，国家财政收入占GDP的比例逐年下降，以及财政支出的困境，决定了国家财政不可能承担起教育发展所需要的全部经费。1985年，中共中央颁布《关于教育体制改革的决定》，确定了“低重心”的教育发展战略，改革教育管理体制。基础教育开始实行“分级办学、分级管理”，地方各级政府成为筹措基础教育经费的直接责任者。职业教育“充分调动企事业单位和业务部门的积极性，并鼓励集体、个人和其他社会力量办学”；高等教育“扩大高等学校的办学自主权”，“实行中央、省（自治区、直辖市）、中心城市三级办学的体制”。在这样的背景下，地方各级政府充分调动广大群众办教育的积极性，广泛开展了各种形式的捐资、集资办学活动，陆续出台了一系列增加教育经费投入的具体政策与措施，逐步形成了教育附加，对非义务教育阶段学生收取学费和对义务教育阶段学生收取杂费，发展校办产业、支持集资办学捐资助学、建立教育基金（简称“财”“税”“费”“产”“社”“基”）等多渠道筹措教育的新路子。

在国家财政教育体制转变的同时，宁夏财政部门转变职能，优化支出结构，不断加大投入力度支持教育发展，从单纯的财政拨款管理转变为以收支统管为基础的零基预算管理。在预算安排上，本着对非义务教育阶段，学校的正常维持性运转所需经费应主要从收取的学费中解决，财政拨款主要投向使学校上规模、上档次等发展性支出原则，逐步提高收费标准，重新核定学校支出规模的基础上，减少对学校正常运营经费的补助，集中财力重点用于对学校发展所需资金的投入，扭转了“吃饭财政”的局面。

（二）建立财政教育体制和法律体系（1993~2012 年）

以邓小平同志南方讲话、1993 年分税制财政体制改革和《中国教育改革和发展纲要》颁布为标志，教育和财政教育工作进入了新的历史发展阶段。1992 年，党的十四大正式确立社会主义市场经济体制的目标，并要求中国教育体制与运行机制必须与经济体制改革相一致，逐步摆脱旧有计划经济模式。教育管理体制和财政体制也做了若干重大改革与完善。

1993 年，《中国教育改革和发展纲要》明确提出：“初步建立起与社会主义市场经济体制和政治体制、科技体制改革相适应的教育新体制。”“改变政府包揽办学的格局，逐步建立以政府办学为主体、社会各界共同办学的体制。”并首次提出了“逐步提出财政性教育经费支出占国民生产总值的比例，本世纪末达到4%，达到发展中国家80年代的平均水平”和“中央和地方政府教育拨款的增长要高于财政经营性收入的增长，并使按在校学生人数平均的教育费用逐步增长，切实保证教师工资和学生平均公用经费逐年有所增长”的“三个增长”原则。根据《中国教育改革和发展纲要》的要求，实行了“一个百分点”（1998~2002年的15年中提高财政支出中教育经费所占的比例，每年提高一个百分点），并在全国范围内建立预算执行过程中根据超收情况追加教育经费制度。

1994年，分税制财政体制改革理顺了中央与地方的分配关系，调动了中央、地方两个积极性，强化了中央调控能力，激发了地方的工作热情。中央财政加大专项转移支付，自治区也加大财政投入，重点解决各类教育事业发展中的突出问题。基础教育方面，持续加大对农村义务教育的投入。职业教育方面，继续完善“政府主导、依靠企业、充分发挥行业作用、社会力量积极参与、公办与民办共同发展”的多元办学格局和“在国务院领导下，分级管理、地方为主、政府统筹、社会参与”的管理体制。1997~2000年，自治区每年加大对职业教育的投入，主要用于改善职业院校的办学条件。高等教育方面，1995年开始实施“211工程”和1999年开始实施“面向21世纪教育振兴行动计划”。1995~2005年，自治区财政不继投入“211工程”专项资金，1999~2008年，自治区财政加强对“面向21世纪教育振兴行动计划”专项资金的投入，为自治区建设一流的大学和一批优秀的一流学科发挥了重要作用。

2001年，按照国务院确定对农村义务教育实施“在国务院领导下，由地方政府负责、分级管理、以县为主”的管理体制，自治区政府下发了《自治区人民政府关于加强基础教育改革与发展的决定》，并在2003年进一步明确了保障农村义务教育投入是各级政府的责任。自治区和各市加大支付力度，县级政府将农村义务教育经费纳入财政预算。自此，农村义务教育以乡村两级管理为主和传统的投入体制被打破，在一定程度上缓解了经费不足的问题。按照国家的统一部署，在2005年春季开学，自治区对贫困县农村义务教育阶段的学生实行“两免一补”，并将“两免一补”创造性地发展为“三免一补”，将范围扩大到红寺堡开发区、吊庄移民区，灵武市、中卫市山区的农村学校学生、川区绝对贫困户、孤儿、五保户以及因突发事件导致家庭贫困的学生，对城市低保家庭的学生免收杂费。

2006年，国务院开始实施农村义务教育经费保障机制改革。按照“明确各级责任、中央地方共担、加大财政投入、提高保障水平、分步组织实施”的原则，逐步将农村义务教育全面纳入公共财政保障范围，建立了中央和地方分项目、按比例分担的农村义务教育经费保障机制。自治区在中央的大力支持和帮助下，重点向南部山区，适当兼顾其他部分困难地区：一是全部免除农村义务教育阶段学生学杂费，贫困家庭学生免费提供教科书并补助寄宿生生活费；二是提高农村义务教育阶段中小学公用经费保障水平，所需资金由自治区和各市县按照免学杂费资金的分担比例承担；三是建立农村义务教育阶段中小学校舍维修改造长效机制，不断改善加强学校的硬件建设；四是巩固和完善农村中小学教师的工资保障机制。结合中央的统一部署和安排，考虑到财政承受能力，自治区农村义务教育保障机制改革与中央同步进行，2006~2010年，分年度、分地区、分层次逐步进行了实施。

党的十七大明确提出 “优先发展教育，建设人力资源强国”的战略目标，并把加快普及高中阶段教育，大力发展职业教育作为具体要求进行强调。2007~2012年，自治区农村义务教育经费保障机制基本建立，5次调整增加农村中小学生公用经费，小学由168元提高到575元，初中由220元提高到775元。进一步完善了“三免一补”政策，实现了真正意义上的免费义务教育。建立了从学前教育到高等教育的家庭困难学生生活资助体系，启动实施学前教育三年行动计划。安排6.6亿元启动实施“营养改善计划”，32万名学生受益。完成了323万平方米校舍改造任务。每县建成1所标准化高级中学，200余所中小学校建成标准化操场。支持特殊教育、民族教育、生态移民区教育、职业教育、远程教育发展。全力化解了23亿元高校债务，支持宁夏大学“211工程”、宁夏医科大学“创博申大”，加快了高等教育事业发展。

（三）优化资源配置，教育资金投入进入新的历史阶段（2013年至今）

党的十八大指出，教育是中华民族振兴和社会进步的基石。要坚持教育优先发展，全面贯彻党的教育方针，坚持教育为社会主义现代化服务的根本任务，培养德智体美全面发展的社会主义建设者和接班人。党的十八届五中全会指出：提高教育质量，推动义务教育均衡发展，普通高中阶段教育，逐步分类推进中等职业教育免除学杂费，率先从建档立卡的家庭经济困难学生实施普通高中免除学杂费，实现家庭经济困难学生资助全覆盖。自治区“十三五”规划要求：提高教育质量促进教育公平，坚持把教育摆在优先发展的战略地位，加快构建充满活力、富有效率、更加开放的教育体制机制，办好人民满意的教育。

2013年以来，自治区按照中央的要求，全面实施素质教育，深化教育领域综合改革，着力提高教育质量，培养学生创新精神。办好学前教育，均衡发展九年义务教育，完善终身教育体系，建设学习型社会。大力促进教育公平，合理配置教育资源，重点向农村、边远、贫困、民族地区倾斜，支持特殊教育，提高家庭经济困难学生资助水平，积极推动农民工子女平等接受教育，让每个孩子都能成为有用之才。鼓励引导社会力量兴办教育。加强教师队伍建设，提高师德水平和业务能力，增强教师教书育人的荣誉感和责任感。

围绕“学有所教”，自治区着力推进教育质量提升工程。在学校硬件设施大幅改善的基础上，安排教育支出27亿元，重点解决学校仪器设备、图书配置、师资培训、远程教育、学前教育，特别是农村学前教育发展等薄弱环节，努力向教育现代化目标推进。大力支持学前教育发展，原则上每个县建设公办幼儿园 2 所，每个乡建设公办幼儿园 1 所，5 年内建成 242 所，对民办学前教育实行以奖代补政策。安排 3 亿元用于学生营养改善计划和实施教师陪餐。支持开展 3000 名乡村中小学师资培训和 100 所山区农村学校开通远程教育，为全区 100 所中小学购置实验仪器和图书，共享优质教育资源。支持寄宿制学校改造取暖面积 40 万平方米。实施校园美化工程，对全区具备条件的农村学校进行操场改造和校园美化。支持高等教育、职业教育和特殊教育发展。

二、主要成就

在自治区党委、政府的正确领导下，自治财政按照公共财政的要求，秉承“小省区也能办大事情”的理念，创新思路，大胆探索，不断调整和优化支出结构，持续加大投入，有力地推动了教育事业的快速发展。据统计，“九五”期间，宁夏教育经费支出共计 39.54 亿元。1999~2000 年，自治区教育经费平均每年增长 20.81%，比同期财政收入增长高出 7.58 个百分点，比同期 GDP 增长高出 4.58 个百分点。2006 年，教育经费支出占全区 GDP 的 4%；2007 年，教育经费支出占全区 GDP 5% 以上。2000~2008 年，全区教育、科技、文体传媒事业费支出达到 200.17 亿元，“十一五”前 3 年投入已接近“十五”期间的总体水平。“十二五”期间，自治区争取中央教育事业专项资金 18.06 亿元，安排自治区预算内统筹资金 2.53 亿元，较“十一五”期间 8.34 亿元，增长了 116.5%。2008~2012 年，全区财政教育、科技、文体传媒支出总额突破 520 亿元（其中：教育 420 亿元、科技 40 亿元、文体传媒 60 亿元）。2013 年，财政教育支出 115.67 亿元，增长 8.7%；2014 年，财政教育支出 123.31 亿元，增长 9.2%。

（一）全面实施义务教育，确保义务教育事业快速发展

根据中央关于优先发展教育的精神，自治区积极筹集多种资金，不断加大投入力度，逐步健全保障体系，创造良好的教学条件，义务教育保障机制日臻完善。

1. 义务教育全部纳入财政保障范围，建立义务教育经费稳定增长机制

据统计，截至2008年，自治区共投入义务教育经费保障机制改革资金144632万元，有效地缓解了贫困学生上学难和学校运营难的问题。全区义务教育阶段生均保障经费标准由2006年的229元提高到2012年的554元，其中山区市县由216元提高到603元，川区由240元提高到509元。2006年，农村义务教育阶段中小学校舍维修改造测算单价标准，由每平方米400元提高到700元。2009年，全区农村小学公用经费由208元调整到300元，农村初中公用经费由280元调整到500元，县城小学和初中生公用经费生均分别达到570元和366元，城市小学和初中生公用经费生均分别达到650元和432元。2008年，全区教育经费总投入79.3亿元，人均教育经费支出1137元，生均预算内公用经费支出小学、初中、高中和普通高校分别为1145元、586元、2229元和4910元。2006年、2007年、2008年全区地方预算内教育经费投入分别为30.2亿元、57.1亿元和54.2亿元。

2. 义务教育经费得到有力保障

2007年，全区用于农村义务教育经费保障机制改革经费达到3.3亿元，家庭经济困难学生中补贴生活费群体由7万人扩大到20万人，少数民族、贫困地区农村学校所有住宿学生都得到生活补助。2008年，自治区政府投资3亿多元，兴建“百所标准化回民小学”，使办学条件、师资水平、教育质量等方面均达到当地一流水平，成为民族教育的示范学校。2009年，自治区下拨义务教育阶段中小学公用经费2亿元，用于

提高义务教育阶段学生公用费用标准和困难学生家庭的生活补助。2011年，义务教育阶段寄宿生生活补助标准大幅提高，自治区安排资金8004万元，为6.9万名家庭困难学生提供生活补助。2012~2014年，自治区财政共下拨义务教育经费保障机制公用经费补助资金19.2亿元，严格按照教育事业统计数据对农村中小学公用经费分小学、初中进行测算分配。2014年，生均公用经费基准定额提高40元，达到小学每生每年600元，初中每生每年800元，取暖费生均每年100元，并对不足100人学校按照100人核定公用经费。免费教科书循环使用，国家免费提供教科书和自治区免费提供教辅资料全部纳入政府采购，由自治区财政统筹结算。音乐、美术、科学、信息技术教材实行循环使用，按上一年度发放数量的35%配备循环使用用书，其中30%为更新用书，5%用于调剂用书，循环使用书实行学校集中管理保存。免费教科书及教辅资料资金分春秋两次拨付，对节约、结余资金实行滚动使用。2014年，全区76万名学生享受免费提供的教科书和教辅资料，拨付资金1.02亿元。落实校舍维修改造长效机制政策。2012~2014年，自治区财政共下达农村义务教育阶段学校校舍维修改造长效机制资金14.05亿元，用于学校校舍及其附属设施的日常维修、大修改造和抗震加固，改造存在安全隐患的厕所和围墙，确保学校校舍及附属设施质量安全。

3. 立足项目带动，改善了义务教育基础办学条件

启动实施“农村义务教育薄弱学校改造计划”等项目工程，支持县镇学校扩容改造、农村寄宿制学校及附属设施建设、教学仪器设备购置及教育信息化建设等，加快缩小城乡办学差距，促进了义务教育均衡发展。2000~2008年，中央、地方共同筹集专项资金13.8亿元，实施了义务工程、危房改造工程、农村寄宿制学校建设、中小学校舍维修改造等重点项目工程，极大地改善了当地的办学条件，推进了“两基”攻坚进程。截至2008年，筹集专项资金7585.3万元，实施了“远程教育工

在财政支持下，山区学校条件大为改善，学生们在改造后的教室学习

程”，实现了农村中小学现代远程教育基本全覆盖的目标。安排资金6700万元，充实、完善中学理化生实验室和音体美器材，达到国家规定标准。实施农村义务教育学校特设岗位计划，2005~2008年，补充录用代课教师2932人，基本解决了南部山区8个县（区）及红寺堡开发区“两基”攻坚师资缺乏的问题。2009年，自治区财政、发改、教育三家筹集专项资金5.1亿元，改造256所学校，改扩建校舍面积35.6万平方米。安排专项资金4300万元，为全区中小学配备、配齐音体美等教育设备，改造了全区中小学厕所。2009~2012年，自治区共安排各种资金38亿元，完成323多万平方米的校舍新建和加固改造任务，其中自治区共统筹安排30亿元，市县自筹7.7亿元，共新建学校223万平方米，维修加固学校100万平方米。安排资金2000多万元，用于所有义务教育阶段配置安保、防火等设备设施以及加固校园园墙、校门等，进一步提高学校安全防范能力，为师生创造安全有序的工作、学习、生活环境。2013年，中央和自治区财政进一步加大教育投入，共安排义务教育阶段学校公用经费4.88亿元、寄宿生生活费补助资金30992万元、国家和地方免费教科书采购资金9285万元，进一步增加免费教科书目，将《新华字典》列入教科书采购目录，免费为全区义务教育阶段学生配备了《新华字典》。在自治区财政的大力支持和保障下，推动了义务教育事业的发展。

（二）建立职业教育保障机制，推动职业教育跨越发展

自治区按照“加强内涵建设、实施民生计划、兼顾重点工程、着力提高职业教育实验实训能力和水平”的原则，每年安排资金7000万元，改善职业教育办学条件，提高职业教育办学质量；积极争取“国家示范性高等职业院校建设计划”“中央财政支持职业教育实训基地建设项目”“中等职业教育改革发展示范学校建设计划”等项目，支持项目学校教育教学内容改革、校企合作人才培养模式创新、师资队伍建设及学校规范化管理。

1. 增加财政投入，使职业教育财政总支出稳定增长

根据职业教育处于宁夏教育体系中的“弱势地位”，自治区党委、政府以公共财政政策为杠杆、以加大投入为导向来壮大职业教育。2007年，制定了《自治区党委、政府关于推进职业教育跨越式发展意见》。2005~2006年，全区用于中职学校学生资助金额达800万元，2007年上升为960万元。职业教育专项补助经费连年增长，“九五”期间每年为50万元，“十五”期间每年为250万元，“十一五”期间每年为2000万元，大大改善了全区职业学校的办学条件。2010年，全区职业教育财政支出7.4亿元，2011年7.7亿元（扣除化债资金3.6亿元），2012年8.1亿元（扣除化债资金4.5亿元），2013年10.1亿元，2014年11.2亿元。财政支出总规模逐年增长，年均增长比例达到11%。其中2010~2014年区本级财政安排职业教育28.8亿元，占全区职业教育财政支出52.6亿元（含化债资金8.1亿元）的54.8%。

2. 实行分类管理，建立职业院校生均拨款制度

从2013年开始，自治区财政对区本级公办职业院校预算拨款制度先行改革，在保证各职业院校人员（包括离退休人员）工资稳步增长的基础上，对学校公用经费按生均核算，为职业教育进一步发展提供了契机。目前，区本级各职业院校预算拨款制度主要包括基本支出和项目支

出两部分，基本支出又包括人员经费和公用经费，人员经费（含教职工工资，2011 年已实施绩效工资）由人社厅核定后，纳入财政工资统发系统按月发放，公用经费按在校学生人数每人每年 1500 元核定，考虑到艺术学校、体育运动学校的特殊性，其公用经费单独按教师编制每人每年 1.3 万元核定；项目支出每年纳入预算后，根据学校实施方案，按需安排拨付。同时，对于财政专户收入，全额返还学校，由学校根据自身事业发展情况自行安排。

3. 集中财力化解债务，促进高职院校轻装上阵

为切实减轻高校债务负担，化解财务风险，促进各高校健康发展，2011~2012 年，自治区财政集中财力，化解各高职院校银行贷款债务近 8.2 亿元。2014 年，根据自治区政府对高校债务化解的统一部署，各公办高职院校银行贷款利息将全部由自治区财政承担。2014~2018 年，预计自治区财政将承担各高职院校银行贷款利息 1.37 亿元。

4. 加大项目投入，改善职业院校办学条件和办学质量

在资金投入方面，自治区财政在年初预算安排专项时不断加大对各职业院校的投入力度，2006 年将预算内职业教育经费由 450 万元增至 2000 万元，2008 年增加到 5000 万元，2010 年又增加到 7000 万元，2014 年进一步统筹资金，增加到2.2 亿元。同时，自治区财政积极申请中央专项资金，加大在职业教育实训基地建设、中等职业教育改革发展示范校等项目上的投入力度，覆盖面逐年扩大。2009~2014 年，共申请国家高职示范校建设资金 2030 万元、骨干高职院校建设资金 1900 万元、国家中等职业教育改革发展示范校建设资金 1.34 亿元、高等职业教育中央补助资金 3100 万元等。2014~2015 年，自治区财政投入 3.9 亿元，建设“西部领先、国内一流、特色鲜明、成效显著”的国家级宁夏现代职业技能公共实训中心，着力打造商贸、物流、农业、葡萄与葡萄酒、电子信息、煤化工、清真烹饪与营养、装备制造、建筑技术、羊绒

加工、枸杞保鲜与加工等方面的现代专业公共实训中心。

5. 提高信息化水平，促进职业教育资源共享

2013~2014 年，自治区财政通过职业教育专项安排 30 所职业院校信息化建设（“网络学习空间人人通”项目）资金 2160 万元，用于构建利用信息化手段扩大优质教育资源覆盖面的有效机制，推进职业教育资源跨区域、跨行业共建共享，实现教与学、教与教、学与学的全面互动，真正把信息技术与教学实践充分结合。

财政助力职业教育院校信息化建设。图为新建的宁夏财经学校信息中心

6. 不断提高地方教育费附加用于职业教育的比例

2010 年，自治区用于职业教育的地方教育费附加 69 万元，仅占地方教育费附加总资金的 0.2%，教育费提高到 576 万元，占比 1%；为贯彻落实《职业教育法》的相关规定，2014 年，自治区安排地方教育费附加 9402 万元，13%用于职业教育，其中自治区财政安排 8602 万元。

7. 完善资助政策体系

目前，自治区财政对高职学生实施了国家奖学金（8000 元/生·年）、励志奖学金（5000 元/生·年）、助学金（3000 元/生·年）、生源地助学贷款（每人每年最高不超过 8000 元）、雨露计划（1500 元/生·年）、农林师范类专业学费减免（川区学生减免学费 30%，山区学生减免学费 70%）等政策。2010~2014 年，财政共安排高职学生奖助学金1.2 亿元。在中职层面，实施了助学金（1500 元/生·年）和免学费政策（2000 元/生·年）。2010~2014 年，自治区财政共安排免学费资金 4.9 亿元、助学金 2.5 亿元。

需要说明的是，资助政策体系涵盖了民办职业院校，在中职资助政策方面，中央重点是对家庭经济困难学生免除学费，自治区从 2013 年秋季学期开始，对全部中职学生（包括三年级和民办）免除学费，自治区财政统一按生均 2000 元/年的标准补助学校，扩大了全区中职学生招生比例。

（三）推动高等教育事业发展，不断提升高校办学水平

为促进高等教育事业发展，提高高等教育质量，自治区财政决定在原“中央与地方共建高等学校专项资金”的基础上，设立支持高校发展专项资金，支持高校的重点发展和特色办学。以支持普通高校为主体，适当扩大支持范围，重点支持办学层次较高、办学特色鲜明、符合行业和区域经济及社会发展需要的高校。进一步改善其办学条件，提高人才培养能力和科学研究水平，增强为国家和地方经济建设、社会进步以及行业发展服务的能力。通过政策和资金推动，自治区高等院校建设和教学质量得到了进一步提高。积极争取到了“中央支持地方高校发展项目”，宁夏大学等高校 17 个项目得到中央和地方共建高校专项资金。近年来，自治区所有高校实现新建和扩建，学校面貌发生较大变化，基础设施建设投入巨大。2010~2012 年，中央财政共安排自治区项目资金 14500 万元，其中，宁夏大学6000 万元，宁夏医科大学 5300 万元，宁夏师范学院 3200 万元，资金主要用于学校重点学科、教学实验平台、科研平台、公共服务体系、人才培养

扩建后的宁夏大学新校园

与创新团队等项目建设。

通过政策的支持和财政的推动，2008 年，宁夏大学进入“211 工程”，使其办学水平和综合实力得到了极大提升，也提升了自治区高等教育整体水平，引领自治区高等教育快速发展；宁夏医科大学正式挂牌成立，标志着宁夏回族自治区唯一一所高等医科大学成立，2012 年，成为新增博士学位授权单位；宁夏职业技术学院、宁夏财经职业技术学院成为国家示范性高等职业院校。扩大了全区高校的对外影响，提高办学水平和层次。

新建的宁夏医科大学教育实验楼

（四）不断增加财政教育投入，推进城乡教育均衡发展

按照“明确各级责任、中央地方共担、加大财政投入、提高保障水平、分步组织实施”的基本原则，完善工作机制，明确各级政府投入责任，扎实推进城乡教育均衡发展各项政策落实。

1. 财政支持城乡教育重点项目建设

一是实施薄弱学校改造。自治区组织实施了“校安工程”“中西部地区农村初中改造工程”“农村义务教育薄弱学校改造计划”等一批义务教育重点工程。累计投入资金 60 多亿元，新建、改（扩）建和加固校舍 435 万平方米，县城以上义务教育阶段学校新增教学班 2800 个、学位 9 万个，新增学生宿舍 38 万平方米，解决了 7.8 万名学生的寄宿问题，极大地缓解了城市学校“大班额”和农村学校“大通铺”问题。新一轮义务教育薄弱学校改造工程自 2014 年开始，规划用 5 年时间投资 67 亿元，彻底改变义务教育办学条件。

西吉县酸枣村小学学生在新校舍开展课间活动

二是实施全区农村中小学供暖设施改造项目。2013年下拨资金5596万元，涉及118所学校，改造农村中小学供暖设施面积35万平方米。2014年，下拨资金8877.98万元，采取数控锅炉、电取暖等模式，对283所农村学校供暖设施进行改造，改造农村中小学供暖设施面积56万平方米。

三是实施全区农村中小学体育运动场改造。2013年，自治区财政下拨资金1.12亿元，对103所农村中小学体育运动场地进行了改造，改造操场97个、篮球场97个、排球场46个；2014年，下拨资金9386.3万元，对146所农村中小学校体育运动场地实施了改造。

四是实施普通高中改造计划项目。2010~2013年，自治区共统筹中央和自治区资金2.02亿元，重点向贫困地区倾斜，主要进行了普通高中校舍改扩建、体育场改造、配置图书和购置了教学仪器设备，有效改善学校的办学条件，扩大了办学规模，保障学校各类教育教学活动的正常开展，提高教育教学质量，促进了普通高中教育协调发展。2014年，自治区财政下拨资金5000万元，用于教育示范学校的建设，班班通基础设施建设，提升了全区农村中小学远程教育信息化水平。

五是实施学前教育校舍改建。自治区财政按照财政部《关于加强财政投入支持学前教育发展的通知》要求，会同教育厅从资金安排、办法制定、基层调研、项目申报等方面采取有力措施，强力推进学前教育发展，制定了幼儿园建设项目标准，即新建类川区25万元/班，山区35

万元/班（超出18个班的按照18个班核定）；改建类600元/平方米；增设类6万元/班。通过实施县城、乡镇中心幼儿园建设工程，支持每个县建1~2所标准化骨干幼儿园，每个乡镇新建或利用中小学布局调整闲置校舍改建1所标准化中心幼儿园。第一个学前教育三年行动计划（2011~2013年），自治区财政共统筹中央和本级资金6.5亿元，重点支持县城、乡镇、农村幼儿园建设工程，采取新建、改建闲置校舍和增设农村小学附属幼儿班，鼓励民办幼儿园等措施，努力扩大学前教育资源，改善办园条件。第二个学前教育三年行动计划将继续把幼儿园建设列入民生项目，并逐步建立健全学前教育生均公用经费奖补制度。

六是落实特岗教师待遇，完成“国培计划”。为切实加强教师队伍建设，均衡配置中小学师资力量，自治区财政通过设立师资培训、特岗教师专项资金等，着力支持农村中小学校师资队伍建设，进一步完善中小学教师补充机制。截至2014年底，通过招聘特岗教师、事业单位聘用、安排免费师范生等机制为中小学补充新教师1.96万人，大大缓解了教师年龄老化和学科结构性短缺的矛盾，使农村学校和城市薄弱学校基本上开齐了课程。有8万多人次参加师资培训计划，基本上实现中小学教师培训的全覆盖，使教师的专业化水平有了明显提升。

2. 落实城乡教育资助政策

一是落实农村义务教育营养改善计划。为改善农村义务教育学生营养状况，国家和自治区组织实施了农村义务教育学生营养改善计划。从2012年开始，为中南部贫困地区的11个县（市、区）的30万农村义务教育学生在校期间早餐提供一个熟鸡蛋，中午为试点地区学生提供一顿安全、营养、卫生、热乎午餐，具体标准为4.6元/天（早餐0.6元，午餐4元），全年在校时间按200天计算，每年安排1000万元解决了教师就餐问题。

二是学前教育资助。为切实解决家庭经济困难儿童入园难问题，

营养早餐让山区小学的孩子们露出了开心的笑脸

2012年，自治区制定了《宁夏回族自治区学前一年教育资助制度试点工作助学金管理暂行办法》，在固原市等10个贫困面大、贫困程度深的市县开展学前一年教育资助试点。资助对象为学前一年在园的城乡低保家庭中的儿童、孤儿、残疾儿童或其他原因造成家庭经济特别困难的儿童。资助标准为每生每月100元（资助10个月）。2013年，自治区下达幼儿园建设补助资金2.34亿元，启动实施幼儿园建设项目152个（新建项目66个、改建项目31个、增设项目55个），到年底全区建成28所幼儿园。2014年秋季起，将学前教育资助扩大到全区范围，即全区县级以上教育行政部门审批设立、实施学前教育的公办和普惠性民办幼儿园。对试点地区按学前一年在园总人数30%的比例下达资助学生名额，对非试点地区按前一年在园总人数20%的比例下达资助学生名额。

三是高中和中职教育阶段助学。对符合条件的普通高中家庭经济困难学生按照每生每年1500元给予补助。2014年，受益学生5.4万名，占在校学生的30%，有效减轻了受助学生家庭经济负担。2013年，印发了《批转自治区财政厅教育厅关于扩大中等职业教育免学费政策范围进一步完善国家助学金制度意见的通知》，在保持助学金政策享受范围与国家一致的基础上，进一步扩大免学费政策范围，实现了对公办、民办中等职业学校全日制正式学籍一、二、三年级在校所有学生免除学费，按每生每年2000元的标准补助学校，超出国家免学费政策范围的部分，由自治区财政全额承担。中等职业学校助学金按每生每年1500元的标准由中央财政和自治区财政按照 8:2 的比例共同分担，2014 年，享受人次 2.3 万。

四是教育扶贫战略收效明显。为加快宁南山区小康建设步伐，形成“学成一人，带动一家”的教育扶贫模式，2003 年 8 月，自治区党委、政府创办六盘山高级中学，开始向南部山区和中部干旱带 8 县 1 区和各吊庄移民区招收高中新生，所有学生均实行免费入学，政府提供农村户口学生每年 1500 元标准的生活补助金，少数民族学生享受降低 20 分录取的政策照顾。2006 年 8 月，创办育才学校，继续向 8 县 1 区和各吊庄移民区招收高中新生、中职学生。“扶贫教育”“民族教育”“良好教育”成为两所学校高起点、高标准的办学方向，两所学校都以一流教育、一流学校、一流管理、一流质量、一流学生作为奋斗目标，实现了高起点规划、高标准建设、高水平管理、高质量办学的目标。2007 年以来，在争取中央资金的基础上，自治区财政大力支持，两所学校以完善的基础设施、现代化的教学手段，得到了省（区）各界教育人士的赞扬。两所学校在学校管理、教育质量、教学改革、学生培养、师德建设等方面都已成为全区普通高中教育的窗口学校，在全区教育事业快速发展中，发挥出示范、带动作用。

三、经验启示

改革开放 30 多年来，财政资金的投入，在合理配置教育资源，促进教育事业改革和发展、实现教育公平等方面发挥了重要作用，为教育事业稳定、健康和可持续发展提供了保障，确保了自治区教育事业的快速发展。

（一）发挥政策和资金的导向作用，促进教育事业健康发展

教育发展规划是教育事业发展的基础，也是财政资金投入的依据。多年来，财政部门紧紧围绕自治区教育发展的总体规划，明晰财政资金

投入方向，调整支出结构，集中财力加大重点项目投入，带动了各级各类教育事业快速发展、不断提高资金使用效益，落实自治区政府的重点工程建设，提升高校科研及学科的水平，财政配合教育部门调整支出结构，加大重点工程投入力度，积极促进了高校办学档次。基础教育以义务教育均衡发展，高中教育扶持示范目标，积极发挥市场引导作用，集中财力重点推进，带动基础教育整体发展。

（二）完善教育经费投入机制，推进教育事业体制机制创新

发挥公共财政的调控和导向作用，支持教育体制改革的实施，推进教育体制机制创新，建立健全科学合理、可持续的投入机制。有效整合各类政府性资源，特别是整合财政资金，集中财力重点支持优势学校、学科项目的突破性发展。义务教育全面纳入公共财政保障范围，学前教育实行财政投入、社会举办者投入、家庭合理分担的投入机制。普通高中实行以财政投入和其他渠道筹措经费相结合的机制。职业教育实行政府、行业、企业及其他社会力量依法筹集经费。

（三）理顺教育经费管理体制，调动各方面办学积极性

按照财权与事权相统一的原则，进一步完善了基础教育主要由市级负责、分级管理的体制。自 2000 年起，将大部分由自治区安排的基础教育专项经费下划市级管理，同时将多项行政审批权下放或取消，加大了市级政府对基础教育的统筹管理权限，调整政策将南部山区的教育经费收归市级财政统筹，理顺了自治区、县、乡三级办学职责，加强了各级政府对基础教育统筹规划、管理的力度和财政保障，调动了办学积极性。

按照“联合、共建、调整、合并”方针，进一步深化高等教育办学体制改革。积极响应中央及自治区政府决定，整合教育资源，保障财政投入，增强高等院校自身发展实力。实施“积极鼓励，大力支持，正确引导，加强管理”的方针，促进社会力量办学事业的发展。明确了社会力量的办学方向，进一步促进办学体制改革的深化，吸引社会力量参与

办教育，初步形成多渠道筹措教育经费的办学格局，有力地拓展了教育事业发展的空间。

（四）加强教育经费管理，提高资金使用效益

在增加各类教育经费的同时，自治区财政部门加强对教育经费使用的管理和监督，不断转变职能，优化支出结构，从单纯的财政拨款管理转变为以收支统管为基础的零基预算管理。在教育经费管理中，自治区财政与教育等部门一起，切实加强和改进教育经费管理，强化经费使用监督。一是全面推进教育经费的科学化、精细化管理，加强对中职补助等项目资金使用监管，增强资金使用效益。二是建立经费使用绩效评价制度，加强重大项目经费绩效考评，对建设项目一律实行绩效评价后拨款的办法。三是建立健全学校国有资产配置、使用、处置管理制度，防止国有资产流失，提高使用效益。对学校资产实行了清查登记，作为项目资金分配依据。四是坚持勤俭办学，严禁铺张浪费，建设节约型学校。增强了教育资金投入的科学化，提高了教育资金的使用效益。

四、对策建议

改革开放以来，在自治区财政的大力支持下，教育事业得到了快速、健康的发展，但也存在以下问题：一是教育投入与教育事业发展之间的矛盾。宁夏属西部欠发达少数民族地区，经济基础薄弱，自身可用财力非常有限，财政收支矛盾突出，普遍存在各级财政对教育事业发展投入不足的问题。二是随着经济进入调整期、“新常态”，教育经费使用效益有待提高。随着城乡免费义务教育和农村义务教育经费保障新机制的推行，义务教育阶段经费供给形式发生了实质性的变化，教育经费的需求还将进一步加大，经费需求的结构也发生变化，教育经费使用效益有待提高。三是地方政府主动承担教育事业发展的财政投入主体责任还不够。各市县（区）人民政府，规划本县教育布局、加大财政投入、

优化教育资源配置结构、落实教育均衡发展的主体责任不够。四是教育的城乡发展不平衡。从城乡对比来，宁夏西海固地区教育发展水平、师资力量、校舍建设以及家庭教育支出都较落后。

针对以上问题，按照党的十八届五中全会精神和自治区党委十一届七次全会精神的要求，宁夏将进一步完善财政教育总体规划，以自治区“十三五”规划为依托，全面提升财政教育管理水平，为宁夏教育事业发展奠定基础。

（一）不断加大财政教育投入，确保教育事业持续发展

一是进一步落实政府提供公共教育服务职责。各级政府要把教育支出作为财政支出的重点领域予以优先保障，加快改革财政性职业教育经费的拨款方式，加快制定和落实中等职业学校学生人均经费标准和人均财政拨款基本标准，尤其是优先加大对农村职业教育的投入，进一步提高新增教育经费中用于职业教育的比例，确保教育的财政经费占财政性教育经费的比例逐步回升，形成促进教育协调发展的经费投入稳定增长机制。

二是充分调动全社会的积极性，健全多渠道筹措教育经费的投入机制。完善财政、税收、金融和土地等优惠政策，形成有利于教育发展的财政政策；加大对贫困学生的直接资助力度，特别是职业学校的学生能够受益于财政性教育经费，从而提高职业教育的吸引力。健全完善以改革和绩效为导向的高职院校生均拨款制度，进一步加快发展现代高等职业教育。

（二）明确职能，科学划分自治区和市县教育投入的责任

结合自治区和市县在教育发展中的职责，进一步明确和清晰自治区对市县教育经费的补助原则。

一是保安全、保运转、建机制，加强和保障学校基础能力建设。建立和实施学前教育、高中教育和职业教育生均财政拨款机制，实现与财

力情况、办学需求和物价水平联动的正常增长制度。同时，积极解决历史欠账，化解债务风险，支持教育长远规划，稳步发展。

二是将更多财力投到学生和教师身上。将 9 年义务教育延长至 12 年，为贫困学生走出农村、创业发展创造更有利的条件。切实提高农村和边远山区教师工资待遇水平，加大师资培训，加强教师队伍建设。

三是以宏观调控促均衡发展。合理确定各级各类教育投入比例，补“短板”、调结构，进一步向农村义务教育、职业教育和学前教育倾斜，实现各类教育和不同地区之间的协调发展。

四是从紧从严控制专项经费。专项资金的设置应根据财力妥善安排，并尽可能利用现有机制平台及资金渠道；加强对中央项目资金使用方向的监控和绩效考核，提高资金使用水平。

五是确保教育均衡发展。2006 年，修订的《中华人民共和国义务教育法》明确规定“义务教育实行国务院领导，省、自治区、直辖市人民政府统筹规划实施，县级人民政府为主管理的体制”，因此，各县（区）人民政府应主动承担责任，在充分考虑本地规模效益和群众教育诉求的基础上，积极规划本县域义务教育布局，加大财政投入，优化教育资源配置结构和效益，落实义务教育均衡发展的主体责任。

（三）促进教育内涵式发展，重点支持教育质量提升和学生综合素质提高

按照“财政资金随着教育改革走”的思路，推动教育体制改革，提升教育整体水平。

一是加大师资队伍培训力度。制定规划，集中资金，有计划、有步骤、分类别地对山区和川区、城市和农村、中学和小学、校长和教师进行培训，着力改进校长办学理念和管理能力，完善教师知识体系，改进教学方法，丰富教学手段。培训形式包括区外研修、校际交流、名师巡讲、专家授课、城乡互动等多种形式。

二是通过探索薪酬奖励机制、设立“名优教师奖”等措施，吸引优质教师终身从教和向农村流动。通过较大幅度地提高农村基层和艰苦边远地区教师待遇等多种激励措施，拉开农村与城市间教师薪酬水平，一方面吸引一批学历高、教育教学和管理工作经验丰富，有志于到农村学校、薄弱学校发展教育事业的优秀管理人才担任一定任期的校长，支持优质骨干教师资源向农村及边远地区流动，积极传播先进的办学模式和教育理念，另一方面稳定农村教师队伍，鼓励更多的优秀教师长期从教、终身从教。

三是建立教学仪器设备更新完善体系，发挥现代远程教学优势。按照中央有关教育设备配置标准，帮助学校配齐配足音体美、理化生等学科所需教学仪器设备，为增强学生综合素质，培养动手能力和创造能力提供必要条件，并建立长效机制，在年度预算中安排教学设备资金，使教学设备更新经常化、常态化。同时，逐步探索发展现代远程教学模式，建立基础教育资源库与资源共享服务体系，缩短学校空间距离，为学术讨论、学术交流和学术研究搭建平台，实现优质教学资源共享。

四是支持学校开展教育质量提升试点和创新研究。支持各地积极开展形式多样的试点，通过名教师、名校长、校园特色文化、教学示范团队等多种形式，积极探索、总结和推广教育质量提升方面的成功经验；鼓励教育质量提升方面的研究，建立和制定科学的学生水平、师资水平、教学水平、管理水平和办学规范评价体系和监控体系；支持自治区教育部门组织开展学术研讨，研究解决教育质量提升方面存在的突出问题，开阔视野，借鉴经验，缩小差距。

（四）改善中等职业教育办学条件，促进国民教育健康协调发展

一是改变人们对中等职业教育的观念，提高中等职业教育的社会认可。中等职业教育存在着生源差、办学质量还不高、就业层次还比较低等问题，没有得到家长、学生以及社会的普遍认可，处于不良循环的发

展状态。解决问题的根本途径是办好职业教育，培养出社会认可的技能型人才，自治区财政加大对职业教育的投入力度，改善办学条件，提高办学质量，使人们从中等职业教育中尝到甜头，真正体现出中等职业教育的优越性，提高社会的认可。

二是提高中等教育的开放性，形成更加完善的职业教育体系。加强中等职业教育和普通高中教育的融合与沟通，在课程上推行普通高中和中等职业学校在基础课上的学分互认和选修课；积极开展综合性高中教育改革试验，在一定条件下，放开学籍，允许互转学籍，积极破除综合性高中与中等职业学校之间的壁垒；加强中等职业教育与高等职业教育的衔接，进一步提升高职统考的影响力；提高高职与中职在学习内容、课程专业方面的关联性、系统性，形成有梯度、有照应的课程、专业体系；完善和改进职业教育招生制度，使中职教育与高职教育、普通教育与职业教育之间招生能够顺畅衔接。

三是加快培育优势特色专业，提升教育竞争力。加快构建具有宁夏特色的现代职业教育体系，创新培养模式，大力推进校企合作、产教融合、工学结合，培养社会需要的技能型人才；加大学校的硬件建设，增加办学资金，建设一流的中等职业学校，使其紧紧围绕宁夏社会经济发展的实际，以社会需求为导向，重点培育区域优势明显的专业，打造职业教育品牌，形成特色专业学科群，提升学校竞争力。

宁夏国税改革与发展史研究

党的十一届三中全会以来，宁夏税收事业经历了长足的发展，并伴随着国家税制改革的深化，先后进行了两步“利改税”和工商税制的改革，尤其是 1994 年以来，为适应社会主义市场经济的需要，进行了新税制的改革和完善，基本建立了适应社会主义市场经济体制的现代税收制度。税收制度的改革和完善，使税收的职能得到充分发挥，税收法制建设不断加强，税收政策全面落实，税收管理制度逐步深化，税收收入稳步增长。宁夏税收收入从 1978 年的 1.3 亿元到新税制前夕 1993 年工商税收入 10.89 亿元，2014 年达到 269 亿元（不包括地税收入）。税收收入的持续增长，为宁夏经济社会发展做出了积极的贡献。

一、改革发展历程

（一）改革开放初期阶段（1978~1993 年）

党的十一届三中全会以后，拨乱反正，税收工作不断加强。1978~1982 年，是我国税制建设的恢复时期和税制改革的起步时期。1980 年 9 月~1981 年 12 月，为适应我国对外开放初期引进外资、开展对外经济合作的需要，第五届全国人大先后通过了《中外合资经营企业所得税法》《个人所得税法》《外国企业所得税法》，对中外合资企业、外国企业继续征收工商统一税、城市房地产税和车船使用牌照税，初步形成了一套大体适用的涉外税收制度。

1983 年，国务院决定在全国试行国营企业“利改税”，即第一步

“利改税”，将新中国成立后实行了30多年的国营企业向国家上缴利润的制度改为缴纳企业所得税。这一改革从理论上和实践上突破了国营企业只能向国家缴纳利润、国家不能向国营企业征收所得税的禁区，成为国家与企业分配关系的一个历史性转折。

1984年10月，国务院决定在全国实施第二步“利改税”和工商税制改革，发布了关于国营企业所得税、国营企业调节税、产品税、增值税、营业税、盐税、资源税的一系列行政法规，成为我国改革开放之后第一次大规模的税制改革。国营企业普遍实施利改税第二步改革，确定国营大中型企业按55%的比例税率上缴企业所得税。宁夏首先在银川等地试点，后在全区试行。此后，国务院又陆续发布了关于征收集体企业所得税、私营企业所得税、城乡个体工商业户所得税、个人收入调节税、城市维护建设税、奖金税（包括国营企业奖金税、集体企业奖金税和事业单位奖金税）、国营企业工资调节税、固定资产投资方向调节税、特别消费税、房产税、车船使用税、城镇土地使用税、印花税、筵席税等税收的法规。1991年，第七届全国人大第四次会议将中外合资经营企业所得税法与外国企业所得税法合并为《外商投资企业和外国企业所得税法》。至此，我国工商税制共有37个税种，按照经济性质分为流转税、所得税、财产和行为税、资源税、特定目的税、涉外税、农业税等七大类。

1992年9月4日，第七届全国人民代表大会常务委员会第二十七次会议通过了《中华人民共和国税收征收管理法》，自1993年1月1日起施行，为市场经济中的税收制度奠定了基础。

这一时期，全面改革了工商税制，建立了涉外税制，彻底摒弃了“非税论”和“税收无用论”的观点，恢复和开征了一些新税种，从而使我国税制逐步转化为多税种、多环节、多层次的复合税制，税收调节经济的杠杆作用日益加强。

（二）新税制施行阶段（1994~2003 年）

1994 年，我国启动了新中国成立以来规模最大、范围最广、内容最深刻、力度最强的工商税制改革。1993 年 11 月 15 日，国务院发出《关于实行财政分税制有关问题的通知》，16 日，国务院发出《关于组建国家税务总局在各地的直属机构和地方税务局有关问题的通知》。1993 年 12 月 9 日，经国务院批准，国务院办公厅转发国家税务总局报送的《关于组建在各地直属税务机构和地方税务局的实施意见》，12 月 13 日，国务院发布了《中华人民共和国增值税暂行条例》《中华人民共和国消费税暂行条例》《中华人民共和国营业税暂行条例》《中华人民共和国土地增值税暂行条例》，于 1994 年 1 月 1 日起施行。12 月 25 日，国务院批准国家税务总局报送的《工商税制改革实施方案》，至此，新税制正式实施。

现场观摩会，介绍经验，促进税收工作上台阶

1. 全面改革流转税

以实行规范化的增值税为核心，相应设置消费税、营业税，建立新的流转税课税体系，对外资企业停止征收原工商统一税，实行新的流转税制。

2. 对内资企业实行统一的企业所得税

取消原来分别设置的国营企业所得税、国营企业调节税、集体企业所得税和私营企业所得税。同时，国营企业不再执行企业承包上缴所得税的包干制。

3. 统一个人所得税

取消原个人收入调节税和城乡个体工商业户所得税，对个人收入和个体工商户的生产经营所得统一实行修订后的《个人所得税法》。

4. 调整、撤并和开征其他一些税种

如：调整资源税、城市维护建设税和城镇土地使用税；取消集市交易税、牲畜交易税、烧油特别税、奖金税和工资调节税；开征土地增值税、证券交易印花税；盐税并入资源税，特别消费税并入消费税。改革之后的税制，税种设置由原来的 37 个减少为 23 个，初步实现了税制的简化、规范和高效统一。

（三）新税制完善阶段（2004~2011 年）

随着社会主义市场经济的不断完善，结合国内、国外客观经济形势的变化，又推行了内、外资企业所得税合并、增值税的转型为主要内容的税制改革。

一是税收立法的步伐加快。第十届全国人大第五次会议通过了《中华人民共和国企业所得税法》，国务院公布了《中华人民共和国企业所得税法实施条例》，自 2008 年 1 月 1 日起施行。《企业所得税法》及其实施条例的通过、公布和实施，标志着长期以来中国内、外资企业所得税制两法并存的终结，公平了税负，完善了新税制。第十一届全国人大常务委员会第十九次会议通过了《中华人民共和国车船税法》，国务院公布了《中华人民共和国车船税法实施条例》，自 2012 年 1 月 1 日起施行。

二是几次修订了《中华人民共和国个人所得税法》，使个人所得税基本适应了中国国情。

三是修订了《中华人民共和国增值税暂行条例》《中华人民共和国消费税暂行条例》《中华人民共和国营业税暂行条例》及其实施细则。

四是先后修订公布了《税务行政复议规则（暂行）》《税收管理员制度（试行）》《出口退（免）税管理办法（试行）》《车辆购置税管理

办法》《中华人民共和国发票管理办法》及其实施细则等规章。

五是自2006年1月1日起废止了《中华人民共和国农业税条例》，延续了两千多年的农业税从此退出历史舞台，减轻了农民负担。废止了《对农业特产收入征收农业税的规定》，废止了《屠宰税暂行条例》。

六是公布实施了《中华人民共和国烟叶税暂行条例》《中华人民共和国车船税暂行条例》《中华人民共和国船舶吨税暂行条例》。

（四）新一轮财税体制改革阶段（2012年至今）

党的十一届三中全会后，中共中央政治局审议通过了《深化财税体制改革的方案》，新一轮财税体制改革的基本思路是：完善立法，明确事权，改革税制，稳定税负，透明预算，提高效益。从2011年开始，新一轮财税改革已经进行。2011年经国务院批准，财政部、国家税务总局联合下发营业税改增值税试点方案。从2012年1月1日起，在上海交通运输业和部分现代服务业开展营业税改征增值税试点。至此，货物劳务税收制度的改革拉开序幕。2012年8月1日起至年底，国务院将营改增试点扩大至北京、天津、江苏、浙江、宁波、安徽、福建、厦门、湖北、广东、深圳等地。2013年8月1日，“营改增”范围推广到全国试行。从2014年1月1日起，将铁路运输和邮政服务业纳入营业税改征增值税试点，至此交通运输业已全部纳入“营改增”范围。2014年6月1日起，将电信业纳入营业税改征增值税试点范围。

二、主要成就

（一）改革工商税制和两步“利改税”

为了适应经济体制改革的需要，从1980年开始，国家着手进行税制改革。1981年9月，国务院批转了财政部《关于改革工商税制的设想》，提出了改革原则。

1983年4月，国务院批转了财政部《关于全国利改税工作会议的报告》和《关于国营企业利改税试行办法》，对国营企业实行第一步利改税，其主要内容是：凡有盈利的国营大中型企业（包括金融保险组织），均根据实现的利润，按55%的税率缴纳所得税；企业缴纳所得税后的利润，部分上缴国家，部分按国家核定的留利水平留给企业；上缴国家的部分，可根据企业不同情况，分别按照递增包干上缴、固定比例上缴、缴纳调节税三种办法处理。同年6月，国营企业普遍实行征收所得税。1984年10月，国营企业普遍实施利改税第二步改革，同第一步利改税时相比，国营企业所得税主要在两方面进行了调整：一方面对小型国营企业制定了新的八级超额累进税率，新八级所得税率，平均税负比老八级税率降低了3%~5%，每一级实际税负趋于合理。另一方面，对一部分税后利润较多的大中型国营企业征收国营企业调节税，税率由财政部门与企业主管部门根据企业1983年实现利润为基数核定，实行一户一率。同时，对部分企业增长利润实行减征70%调节税的办法。宁夏首先在银川等地试点，后在全区试行。两步利改税使税收制度不断完善，实现了由单一税制向以流转税、所得税为主体，其他各税互相配合的复税制的转变。

到1993年底，宁夏征收的税种，除财政部门征收的农业税、牧业税、农林特产税、耕地占用税外，工商税有工商统一税（对外征收）、国营企业所得税、中外合资经营企业所得税、外国企业所得税、个人所得税、集体企业所得税、私营企业所得税、个体工商业户所得税、个人收入调节税、产品税、增值税、营业税、资源税、屠宰税、牲畜交易税、城镇土地使用税、房产税、车船使用税、印花税、特种消费行为税、筵席税、城市维护建设税、烧油特别税、建筑税、国营企业奖金税、国营企业工资调节税、集体企业奖金税、事业单位奖金税，以及国家能源交通重点建设基金、国家预算调节基金。

这次税制改革，基本适应了多种经济成分的需要，尤其是两步利改税将国营企业上缴利润改为征收所得税，是税制改革的重大突破。加之出台了外国企业所得税法，是税制结构愈加完善，流转税、所得税为主的税制结构格局形成，多税种、多次征的复合税制体系基本成熟。两步利改税通过较为规范的税制来明确国家与企业的经济关系，扩大了企业的自主权，创造了平等的竞争环境。但由于在利改税的第二步改革上，混淆了社会主义国家作为社会管理者和生产资料所有权的双重身份，也混淆了政治权力和财产权利，从“以利代税”的极端走向了“以税代利”的另一个极端，是具有刚性的税收分配关系发生了软化。同时，把全部上缴利润统统变成税，使所得税的名义税率偏高，企业税负不够公平、活力相对不足。更重要的是为了达到缓解价格不合理和其他因素所造成的企业苦乐不均的目的，设置和保留了大量的调节税，这是第二步利改税中一个大的失误。

（二）新税制实施，国税地税机构分设

1994 年税制改革的指导思想是：统一税法，公平税负，简化税制，合理分权，理顺分配关系，保障财政收入，建立符合社会主义市场经济要求的税制体系。

1. 流转税改革

主要是在生产环节和批发零售环节全面实行增值税，少数消费品加征消费税。对劳务、转让无形资产和销售不动产征收营业税。在增值税方面除扩大增值税的适用范围外，简并了税率，严格了专用发票管理制度。增值税仅设一档基本税率 17%和一档低税率 13%，并按有关规定对增值税纳税人划分为一般纳税人和小规模纳税人。小规模纳税人按销售额 6%的税率征收。对劳务、转让无形资产和销售不动产的单位、个人课征营业税。对非生活必需品、不宜过度消费的商品、不可再生的资源性商品等共 11 大类品目，以及向在中国境内生产、委托加工和进口应税消费品的单位和个人征收消费税。

2. 企业所得税改革

合并国营企业、集体企业、私营企业的所得税，成为统一的内资企业所得税，改革后实行33%的统一税率，税前列支按税法办理。适当加速折旧，贷款利息进入成本，取消国家能源交通重点建设基金和国家预算调节基金。

3. 个人所得税改革

将原有的对中国公民的个人收入调节税、对外国人的个人所得税和城乡个体工商业户所得税三税合一，采取超额累进税率。

4. 开征房地产交易土地增值税

即对有偿转让土地的增值收益，不分纳税人性质，一律征税。

5. 新税制的作用

1994年税制改革是新中国成立以来一次全面性、整体性、结构性和规范性的改革，无论从涉及的范围，还是改革深度都是前所未有的，对经济社会发展发挥了巨大的作用：初步建立了适应发展社会主义市场经济要求的税制体系的基本框架；规范了中央和地方政府之间的分配关系；调动中央和地方积极性，促进地方财政收入以至整个国家财政收入的增长；促进国民经济持续、快速、协调发展，提高了GDP增长率；初步实现了与国际接轨。随着我国市场经济的深入发展和加入WTO以后情况的新变化，现行税制不能完全适应市场经济发展的矛盾已日渐突出，必须与时俱进地深化改革现有税制。为此，党的十六届三中全会审议通过的《关于完善社会主义市场经济体制若干问题的决定》，提出了“简税制、宽税基、低税率、严征管”的指导原则，对新一轮税制改革做了明确的部署。

6. 分税制对税权做了新的划分

中央财政的固定收入包括：关税，海关代征消费税和增值税，消费税、中央企业所得税，地方银行和外资银行及非银行金融企业所得税，铁道部门、各银行总行、各保险总公司等集中缴纳的收入等。外贸企业出口退税，除 1993 年地方已经负担的 20%部分列入地方上缴中央基数外，以后发生的出口退税全部由中央财政负担。地方财政的固定收入包括：营业税、地方企业所得税、地方企业上缴利润、城镇土地使用税、个人所得税、固定资产方向调节税、城市维护建设税、房产税、车船使用税、印花税、屠宰税、农牧业税、对农业特产收入征收的农业税、耕地占用税、契税、遗产税和赠予税、土地增值税、国有土地有偿出让收入等。中央财政与地方财政的共享收入包括：增值税、资源税、证券交易税。增值税中央分享 75%，地方分享 25%。资源税按不同的资源品种划分，陆地资源税作为地方收入，海洋石油资源税作为中央收入。证券交易税，中央与地方按比例分享。

到 2013 年底，我国的税种有增值税、消费税、营业税、企业所得税、个人所得税、资源税、城镇土地使用税、房产税、城市维护建设税、耕地占用税、土地增值税、车辆购置税、车船使用税、印花税、契税、烟叶税、关税、船舶吨税 18 个税种，由税务部门负责征收。

7. 设立了国家税务局和地方税务局

按照分税制的管理体制，1994 年 8 月 14 日，召开自治区国家税务局和地方税务局成立大会，至此，实行分税制财政管理体制后，自治区组建了国家税务局和地方税务局两个税务机构。

（三）征管改革逐步深化

1. 一员进厂（户）、各税统管、征管查集于一身的专管员管理

1982 年 12 月，自治区财政厅印发《宁夏回族自治区税收征收管理试行办法》规定：城市按地区明确税务机关的管理范围，在辖区内一般按经济性质，分行业设专管组或专管员，对口管理，一员进厂，税利统管；市属区、县城、集镇按经济性质，分系统或地区划片管理，按人定户，税利统管；农村社队企业划片管理，以社队定人，各税统管，巡回征收。

2. 分类管理

1986 年 4 月 21 日，《中华人民共和国税收征收管理暂行条例》颁布实施，明确规定，税收的管理形式，可以采取驻厂管理、行业管理、分片管理、巡回管理等。1987 年 5 月，《宁夏回族自治区税收驻厂征收管理试行办法》出台。1990 年，自治区实行驻厂征管的税源大户有青铜峡铝厂、石嘴山矿务局、石炭井矿务局、吴忠卷烟厂、银川橡胶厂 5 家企业。同年 10 月，全区税收征管工作会议确定对国营及集体、个体及市场、农村税收三大块实行分类管理。

3. 征管查分离型管理

1989 年 3 月，自治区税务局制定了《1989 年税收征管工作改革的总体方案》，在征收环节上，贯彻“以征为主，征中有管”的原则；在管理环节上，贯彻“以管为主，管中有查”的原则；在检查环节，贯彻“以查为主，查中有管”原则。同时，提出了“征、管、查”各环节的衔接关系，使之形成一个既相对独立，又相互联系、相互制约、相互促进的管户新机制。此后，自治区税务局每年都对征、管、查相分离的模式进行规范和完善，重点推行“征管分开、管查分离、上管下查”的分离型立体征管模式以及“检查分离、征管分开、下管上查”的立体征管模式，在市县（区）税务局（分局）设立税务稽查队，按照“以查为主、查中有管”和“外查内促、以查促管”的原则开展工作。同时，建立了由各级人民政府牵头，税务、工商、财政、银行、公安、司法行政、交通等部门参与的县（市、区）、乡（镇）、村（居委会）三级协税护税网络，组建了税务检察室、税务治安室、联合检查站。

4. 信息网络化管理

1994 年，随着新税制的运行，取消了专管员管户制，建立了“以纳税申报和优化服务为基础，以计算机网络为依托，集中征收，重点稽查”的新型税收管理模式。自治区国税局、地税局先后通过实行纳税申报的多样性、办税服务厅的建立、电子计算机的广泛运用、“金税工程”的运行等，实现了对税收征管工作的信息网络化管理。同时，通过稽查四段式管理，使税收征管工作步入了一个新的发展时期。

5. 税收管理员制度

2005年以来，全国税务部门实行了税收管理员制度。税收管理员是国家为了加强税源管理，建立的税务管理人员亲自接触纳税人、了解掌握辖区内纳税人税源及其变动情况，克服税务人员对纳税人税源情况了解不足、掌握不实、疏于管理等问题的一项制度。税收管理员的职责范围包括：税收政策宣传送达、纳税咨询辅导；掌握所辖税源户籍变动情况；调查核实管户生产经营、财务核算情况；核实管户申报纳税情况；进行税款催报催缴；开展对所管企业的纳税评估及其税务约谈；提出一般性涉税违章行为纠正处理意见；协助进行发票管理等。概括地讲，税收管理员是“信息采集员、纳税辅导员、税收宣传员、纳税评估员和税收监控员”。但税收管理员不负责税款征收，不负责税负核定，不负责涉税审批，不负责涉税案件的稽查。

（四）信息化建设步伐加快

1985年，宁夏税务系统开始应用计算机，至1993年计算机已在税收计划、会计、统计、人事档案、税收征管等方面普遍应用。1995~1996年，开发应用税收征收管理系统、税收会统处理系统，把申报征收、会统核算、报表资料、查询、打印等征管工作全面纳入计算机管理，实现了对

全力打造“五化”办税服务厅

税收资金从应征到入库的全过程监控。1997~1998年，随着征管改革的深化和金税一期工程的实施，国税系统研究制定了《宁夏国税局税收电子化工程“九五”时期发展规划》，调整征管机构，整合税收业务，建立办税服务厅，进一步开发研制新的应用软件，实现了对纳税登记、申报、审核、开票、纳税一条龙服务和税务、银税一体化运作体系。至2000年，宁夏税务系统的信息化管理日趋科学、规范，一个由上到下的税收信息监控网络已初步形成，开始实现了由传统的粗放型向现代化的集约型转变。

2001~2014年，是宁夏税务部门信息化建设的黄金时代。“十五”期间，“金税工程”二期包括防伪税控开票系统、防伪税控认证系统、增值税计算机交叉稽核系统和发票协查系统全面运行。“金税工程”二期网络建设实现覆盖国税系统从国家税务总局到省级、地市级和区县税务局四级广域体系。同时，通过全国统一征管主体软件（CTAIS）的运行，形成以基层税收征管为核心、以城域网为背景的城市级大型应用系统。CTAIS涉及基层事务处理、管理监督和辅助决策等各个税收征管环节的业务，提供管理服务、征收监控、税务稽查、税收法制及税务执行等5个系统的基层税收征管系统和市税务局一级的管理与监控系统，并与“金税工程”二期相配合，对加强税源监控、提高征管能力、规范征管行为、堵塞漏洞、确保税收收入持续增长、打击偷骗税和加强队伍建设等方面将发挥重要的作用。在此基础上，2015年7月1日，建成了“金税三期”工程，实现“一个网络、一个平台和四个系统”的总体目标。即建立基于统一规范的应用平台，依托税务系统计算机广域网，以国家税务总局为主、省税务局为辅，高度集中处理系统，功能覆盖各级税务机关税收业务、行政管理、决策支持、外部信息应用等所有职能的功能齐全、协调高效、信息共享、监控严密和安全稳定的税收信息系统。这一系统的建立，覆盖国税、地税所有税种以及税收工作所有环节，实现税务工作者多年来梦寐以求的目标：规范业务流程，促进依法治税，减少执法随意性，强化税收监管，防范和打击涉税犯罪，提高工作效率，提高服务水平，加强队伍建设，收入足额入库。以“金税三期”工程为载体和实质内容的中国税收信息化的成功运行，带来了税收管理观念和实践的革命性变革。

（五）依法治税不断加强

改革开放至 1993 年，全国人大先后通过、颁布、施行了《中华人民共和国个人所得税法》和《中华人民共和国税收征收管理法》，为市场经济中的税收制度奠定了基础，依法治税工作得到了加强。

1. 税务稽查成效显著

新税制实施以来，全区各级国税部门认真贯彻落实“法治、公平、文明、效率”的治税思想，按照新的税收征管模式，建立健全稽查机构，充实稽查力量，提高稽查人员素质，改进稽查手段，规范稽查工作制度，改善稽查装备，在打击涉税违法犯罪行为、保障国家税收收入、优化税收环境等方面发挥了重中之重的作用，使全区国税稽查工作逐步向规范化、制度化、法制化的轨道迈进。税务稽查工作实现了从查补收入为主向执法监督为主的转变。通过抓稽查制度、稽查责任、稽查文书、稽查处罚、稽查程序的规范化管理，精心构筑“铁案”工程，提高了税务稽查工作的质量和效率，查处了税务违法案件，打击了涉税犯罪，维护了良好的税收环境。

首先，健全了各级税务稽查机构。按照新的税收征管模式的要求，依据“精简效能”和“集中统一”的原则，逐步建立了全区各级税务稽查机构，明确工作范围和职责，并选拔了一批骨干配备到稽查部门，以充实、增强稽查力量。

其次，完善了稽查规范。根据国家税务总局《税务稽查工作规程》的要求，自治区国税局结合实际，制定了全区稽查工作管理办法，补充、修改和完善了各级稽查工作管理制度和工作目标考核制度。按专业化管理的要求，重点推行了稽查选案、稽查实施、稽查审理、处理执行4个环节分工负责、相互配合、互相制约的运行机制，规范了执法行为。自治区国税局及各地市局稽查分局还着重抓了基层稽查工作的目标考核和稽查工作质量抽查复审工作，加强考核评比，促进了稽查工作质量的提高。为把制度的贯彻落到实处，各级稽查部门普遍把制度的落实情况同个人和部门的奖惩以及评先创优结合起来，使责权利相统一，从而规范了稽查执法程序，克服了稽查执法的随意性，促进了稽查工作的规范化管理。

第三，查处了一批大案要案。各级国税稽查部门在认真开展日常检查、税收大检查、执法检查和专项稽查的同时，把查办大案要案作为打击偷骗税违法犯罪的突破口，与公安、检察等部门密切配合，相继查办了“中桥案件”“银科案件”等在区内外有影响的大案要案，有效地震慑了涉税违法犯罪，并协助外省税务部门查办了在全国影响较大的“金华案件”“南宫案件”等偷税案件，维护了税收秩序，有力地打击涉税违法犯罪。各级税务部门加大了对群众举报案件的查处力度，设立了举报中心，由专人负责管理举报案件，使受理的举报案件有登记，查处有结果，情况有反馈，保障了举报人的合法权益，保护了国家利益，增强了广大人民群众协税护税的积极性，促进了依法治税的落实。

2. “两权”监督基本到位

按照“内外并举，重在治内，以内促外”的依法治税指导思想，对内建立了以“两权”监督、执法责任追究和普法教育为主要内容的制约机制，对外开展了以多种形式的税法宣传和打击涉税违法犯罪为主要内容的执法活动，提高了执法的透明度，维护了税法的尊严。坚持税收实体法与程序法并重的原则，克服重实体轻程序的现象。在执法程序上不走捷径，注重税收执法的程序规范，税务行政复议趋于规范。开展重大税务案件审理制度，凡重大税务案件必先移送审理委员会审查，强化了内部执法的制约与监督，有效地提高了税收执法质量。

加强对税收执法权的监督，将内部监督与外部监督有机地结合起来，请社会贤达人士评议税务人员的执法行为，积极开展内部执法检查和执法监察。落实执法责任制和执法过错追究制，建立了明确的岗责体系，细化执法权限，做到以事立岗，以岗立责，权责相当。实行责任追究制度以来，有效地促进和规范了税收执法，减少了执法的随意性。健全税收执法考核体系，每年定期组织开展以执法质量为主要内容的执法考核，将考核结果与干部使用和奖惩挂钩，鼓励先进，鞭策后进，促进了依法治税工作的全面落实。

3. 税法宣传效果明显

在税收法制宣传中，着眼于普及税收法律知识、着眼于增强公民的诚信纳税意识、着眼于优化税收法治环境，面向各级党政领导、面向广大纳税人、面向社会各界，突出宣传对象的层次性、宣传内容的针对性、宣传形式的多样性。每年 4 月开展税法宣传月活动，各级税务机关围绕当年的税收宣传主题，组织全体干部上街散发宣传资料，解答群众疑问，开展税收知识有奖问答，表演内容丰富的文艺节目，形成了浓厚的普法宣传氛围。在抓好税法宣传月活动的同时，注重抓好经常性的普法教育，经常利用广播、电视、报刊、广告、网络等宣传媒体，广泛深入宣传税收法规，提高了税务干部的执法水平，增强了公民的依法纳税意识，增进了全社会对税收工作的理解和支持，净化了税收环境。

（六）队伍建设成绩斐然

1978 年 7 月，自治区税务局重新成立，为二级局，隶属于自治区财金局领导，11 月，各市、县、旗财税局一律分设为财政局和税务局。1983 年 8 月，自治区税务局升格为副厅级，仍由财政厅领导。次年 1 月，各市县税务局由自治区税务局垂直管理。1990 年 2 月，自治区税务局内部处、室升为正处级机构。

1994 年，全区各地、市、县实行分税制的财政管理体制，在现有税务机构基础上，分设中央税务机构和地方税务机构。自治区国家税务机构设置为三级：自治区国家税务局为正厅级，两地两市国家税务局（分局）为正处级，县、市、区（分局）为正科级。地方税务系统机构设置为三级：自治区地方税务局为副厅级，银川市、石嘴山市成立地方税务局为正处级；银南、固原两地区的固原、海原、西吉、隆德、彭阳、泾源、同心、盐池、惠农、陶乐等 10 县暂不设置地方税务局，地方各税由当地国家税务机构代征。税务所为各基层地方税务局的派出机构，按经济区划设置。1994 年 8 月 14 日，召开自治区国家税务局和地方税务局成立大会，至此，实行分税制财政管理体制后，自治区组建两个税务机构的工作顺利完成。

1. 坚持以人为本，提高干部队伍素质

按照“四化”标准，加强各级领导班子的思想政治及作风建设，使之成为学习型组织、创新型团队、实干型集体和廉洁型班子，依法行政能力和科学管理能力不断得到提升。着眼于税收工作和队伍建设的长远发展，把思想政治工作作为带队治税的灵魂，坚持常抓不懈，做到“两手抓，两手都要硬”。全系统干部职工普遍进行马列主义、毛泽东思想、邓小平理论、“三个代表”重要讲话、科学发展观、习近平系列重要讲话精神的学习教育，提高理论素养和思想水平的同时，认真进行了“三讲”教育、党的群众路线教育、“八项规定”和整治“四风”活动，开展了争当“文明单位”“文明行业”“青年文明号”“最佳办税服务厅”，争做优秀税务工作者、“人民满意公务员”和“征管能手”“稽查能手”等活动，极大地激发了干部职工奋发向上的积极性。

2. 推进机构改革和人事制度改革

从 1995 年起，自治区国税局系统通过加强干部的教育、培训、考核，以工代干人员转干、界定各级领导职务和非领导职务职数等措施逐步推行公务员制度。1997 年以来，在自治区国税系统推进“两个转移”，深化征管改革过程中，抓住干部队伍建设的薄弱环节，加大改革力度，引入竞争机制，先后制定实施了领导干部任前公示制、任职试用期、异地交流、岗位轮换和副科级以下干部竞争上岗等制度。进入 21 世纪，自治区国税局认真贯彻执行党的干部路线方针政策，按照国家税务总局的要求，坚持民主测评、群众评议、公开选拔、择优录用。2007 年以来，先后选拔任用处级干部 170 名，推进了干部队伍革命化、年轻化、知识化、专业化，一支信念坚定、为民服务、勤政务实、敢于担当、清正廉洁的高素质干部队伍充实到各级领导岗位，保证了国税事业的顺利发展。

3. 开展精神文明创建活动

广泛深入地开展了创建先进班子、文明单位，争做优秀税务工作者等争先创优活动，培养树立了一批先进典型。截至 2014 年，受到省部级表彰的先进集体 221 个（次）、先进个人 82 人次，86%的县级局以上单位跨入自治区文明单位行列，全系统和区局机关分别被自治区党委、政府命名为文明行业和党建工作先进单位，向全社会展示了国税部门的整体形象。特别是涌现出了白茨沟税务所及王振举、丁晓莲、王永强等一批国家级先进集体和个人，为队伍建设树立了标杆。

（七）税收收入稳步增长

中共十一届三中全会以后，经过拨乱反正，税收工作不断加强，税收的经济杠杆作用进一步得到发挥。通过两步利改税，实现了由单一税制向以流转税、所得税为主体，其他各税相互配合的复合型税制转移。税务部门组织的税收收入，1985 年首次突破 2 亿元大关，1987~1989 年又相继突破 3 亿元、4 亿元、5 亿元，分别占财政收入的 88.39%、82.80%、88.21%、88.92%，分别占国内生产总值的 8.48%、8.59%、

8.17%、8.65%。1990年，税收收入达5.6亿元，分别占财政收入和国内生产总值的90.65%和8.71%。税收已成为聚集财政收入的主要手段和调节经济的重要杠杆。

1994~2014年，宁夏经济进入了一个持续、健康、快速发展的新时期，经济总量不断增长，发展速度稳中有升。经济增长速度连续高出全国平均水平，国民经济呈现出可持续发展的势头。其间，坚持“统一税法、公平税负、简化税制、合理分权、理顺分配关系、规范分配方式、保障财政收入，建立符合社会主义市场经济要求的税制体系”原则，进行大规模、全方位的税制改革，形成了以流转税、所得税为主体税种，其他税种并存的复合型税制。税务部门正确执行税收政策，强化税收管理，大力清理欠税，较好地完成了税收计划任务。1993年，全区共组织各项税收12.42亿元，其中工商税收入10.89亿元，首次突破10亿元大关。1994年8月，自治区国家税务局、地方税务局分别成立，继续进行税制改革，不断加强税收工作。新税制（1994~2014年）实施的21年来，宁夏国税系统共组织收入1703亿元，税收收入由1994年的12亿元增加到2014年的269亿元，年均增长16.8%。税收收入的持续增长，为宁夏经济社会发展做出了积极贡献。

三、经验启示

（一）税制改革是前提

改革开放以来，国家实现了由高度集中的计划经济体制向充满生机和活力的社会主义市场经济体制转变；从封闭半封闭的社会向全方位开放的社会转变；人民的生活从温饱转向基本小康的社会转变。改革开放是发展中国特色社会主义和中华民族伟大复兴的必经之路，而且只有改革开放，才能发展中国，才能发展社会主义，才能发展马克思主义。

通过改革开放，税收实现了改革工商税制和两步利改税以及1994

年的新税制到2013年8月1日“营改增”范围推广到全国试行，税收适应了从计划经济向市场经济的过渡。宁夏税收收入从1978年的1.3亿元到新税制前夕1993年工商税收入10.89亿元，首次突破10亿元大关，2014年达到269亿元（不包括地税收入），有力地支持了国家和地方经济建设。因此，改革开放是前提，只有改革税制，才能实现税收收入的稳步健康发展，为社会和经济建设服务。

（二）完善税制是基础

改革工商税制和两步利改税，将原工商税按照征税对象划分为产品税、增值税、营业税和盐税；增加资源税、城市维护建设税、房产税、土地使用税和车船使用税；将第一步利改税设置的国营企业所得税和调节税加以改进。1984年工商税制全面改革，从根本上改变了中国税制的面貌，由原来适应产品经济的单一税制，转向适应社会主义有计划商品经济发展需要的多税种、多层次、多环节发挥调节作用的复税制；由原来的流转税为主体的税制体系向以流转税和所得税为主体，其他税种相配合的新的税制体系，从而使中国的工商税制步入新的轨道。

1994年，分税制运用商品经济的原则处理中央与地方收支权限的划分，把中央与地方的预算严格分开，实行自收自支、自求平衡的“一级财政、一级事权、一级预算”的财政管理体制。分税制是中央实施宏观管理政策的财力保证，建立两个税收管理体系，理顺中央与地方的分配关系，从而奠定了财力分配的基本格局。中央税收占主导地位，国家容易集中财力，解决重大社会经济问题，稳定全局。中央对地方实行不同形式的补助金制度，既可以掌握地方政府的支出范围和财力配置方向的主动权，保证中央经济调控政策的贯彻，又可以调动地方政府的积极性，因地制宜地办一些实事。分税制可以充分发挥税收杠杆调节经济配置资源的独特作用。中央可以运用属于自身的税种、税收进行全面性调节，地方也可以运用属于自身的税种、税收进行局部调节。这样的多层次的税收调节，更便于掌握调节的力度和幅度，实现预期调控目标。

在随后的改革中，按照简税制、宽税基、低税率、严征管的原则进行了改革，改革出口退税制度；统一各类企业税收制度；增值税由生产型改为消费型，将设备投资纳入增值税抵扣范围；完善消费税，适当扩大税基。改进个人所得税，实行综合和分类相结合的个人所得税制；在统一税政前提下，赋予地方适当的税政管理权。到 2013 年 8 月营改增的全面实施，标志着市场经济下的中国税收制度基本形成。

（三）依法治税是目的

依法治税是税收工作的灵魂和立足点，是规范税收执法行为的内在要求和基本保证。依法治税，是指通过税收法制建设，使征税主体依法征税、纳税主体依法纳税，达到税收法治的状态。而税收的法治主要包括税务机关依法征税和纳税人依法纳税。

改革开放以前，我国没有一部真正的税收法律，各税均依据国务院的行政规章征税。党的十一届三中全会以来，税收法制建设不断加强。国务院于 1988 年在全国税务工作会议上首次提出“以法治税”的口号；1989 年 5 月，全国首届以法治税研讨班在京举行，掀起了学习和贯彻以法治税的高潮。这一阶段，以法治税主要是针对治理整顿税收秩序而提出来的。其后，随着依法治国的方略先后被第八届全国人大和党的十五大确定，特别是在 1998 年 3 月，国务院发布《关于加强依法治税严格税收管理权限的通知》，使得依法治税工作进入了全新阶段。党的十七大报告提出，全面落实依法治国基本方略，加快建设社会主义法治国家。党的十八届四中全会做出的《中共中央关于全面推进依法治国若干重大问题的决定》中，提出了建设社会主义法治体系和法治国家的总目标，把推进依法行政、建设法治政府作为重要举措。2014 年，全国税务工作会议提出，要“围绕落实税收法定原则，提高税务部门公信力，推进法治税务建设”。

目前，我国现行税收法律体系中，由全国人大、人大常委会制定的法律只有4部：《中华人民共和国个人所得税税法》《中华人民共和国企业所得税税法》《中华人民共和国车船税税法》3部实体法和《中华人民共和国税收征收管理法》一部程序法。主要税种的立法，税收征管程序法的实施，是税收工作有法可依，违法必究，开创了税收法治现代化建设的新局面。

（四）队伍建设是保障

从改革开放初期到2014年，宁夏国税系统干部队伍增加了近5倍。1978年，宁夏税务干部在编人数630人，1985年增加到1864人，1993年达到3474人。1994年，国地税机构分设后，宁夏国税干部职工达到2189名，到2000年增加到2922名，截至2014年底，全区国税系统在职干部职工达到3026名。

干部的文化结构发生了较大的变化，文化程度明显提高。1994年，自治区国税局成立时，国税系统本科学历仅为114名，占5%，专科642名，占29%，中专809名，占37%，高中以下624名，占29%；2000年，研究生以上学历5名，本科学历288名，专科1464名，中专719名，高中以下446名；2010年，研究生以上学历114名，占3.7%，本科学历为1898名，占63%，专科806名，占27%，中专156名，占5%，高中以下42名，占1.3%。

精神文明建设硕果累累

宁夏国税系统把干部队伍建设摆在重要位置，常抓不懈。抓班子，增强凝聚力。各级党组织充分发挥班子成员的特长，积极促进职责上分、思想上合，工作上分、目标上合，职权上分、力量上合，认真贯彻民主集中制，定期召开党组会议和局长办公会，研究重大问题或群众关心的问题，集体会议决定，力求科学决策；始终保持政治上的先进性、思想上的纯洁性、工作上的主动性、行为上的廉洁性。抓素质，提升学习力。宁夏国税系统把强化教育培训、提高综合素质作为干部队伍建设的头等大事来抓。一方面，注重思想教育，结合学习中国特色的社会主义理论、“三个代表”重要思想、科学发展观、习近平系列重要讲话精神、宁夏国税精神等开展专题学习活动，邀请专家举办专题讲座。另一方面，坚持业务学习不动摇，尤其是通过2005年以来开展的“135”活动，使干部业务素质明显提高。抓载体，激发向心力。宁夏国税系统把税务文化建设、文明创建、机关党建等载体活动与税收工作紧密结合，着力培育“敬业、善学、务实、进取”的宁夏国税精神，进一步增强干部队伍的凝聚力和向心力。抓廉政，提高免疫力。始终把党风廉政建设摆在重要位置上，从廉政教育入手，筑牢思想防线。从完善机制入手，严格落实廉政责任制，完善内控机制。从强化监督入手，着力规范税收执法权和行政管理权正确运行。干部队伍的增加，干部素质的提高，为宁夏国税事业发展提供了保障。

（五）信息化建设是关键

改革开放以来，宁夏国税曾尝试过一员进厂（户）、各税统管、征管查集于一身的专管员管理模式、分类管理模式、征管查分离型管理模式。但这些征管模式摆脱不了依靠人海战术的传统管户方式，工作效率低下，税收监控不力，依法治税难以实现。1998年，随着征管改革的深化和“金税一期”工程的实施，《宁夏国税局税收电子化工程“九五”时期发展规划》实行，信息化建设调整了征管机构，整合了税收业务，建立办税服务厅，开发研制新的应用软件，实现了对纳税登记、申报、审核、开票、纳税一条龙服务和税务、银税一体化运作体系。进入21

世纪，随着信息化建设的加快，建立了税收管理员制度，“金税二期”“金税三期”工程的上线运行，实现“一个网络、一个平台和四个系统”的总体目标。即建立基于统一规范的应用平台，依托税务系统计算机广域网，以国家税务总局为主、省税务局为辅，高度集中处理系统，功能覆盖各级税务机关税收业务、行政管理、决策支持、外部信息应用等所有职能的功能齐全、协调高效、信息共享、监控严密和安全稳定的税收信息系统。依托信息化技术的税收征管新模式将计算机网络作为技术支持，覆盖国税、地税所有税种以及税收工作所有环节，将税务干部从繁杂的手工作业中解脱出来，为征管结构的转变、人力资源的重新配置、纳税主体的归位、征纳双方法律责任的确定创造了条件，为税收征管信息在各环节的互联带来了可能，为对纳税人实施有效的监控提供了保障，规范了业务流程，促进了依法治税，提高了工作效率和服务水平，是税收管理理念和实践的革命性变革。

四、对策建议

改革开放以来，我国的税收法治加速建设，初步构建起适合我国国情和较为完整的税法体系。但课税要素法定、课税要素明确与课税行为合法原则没有很好实现，税收立法层次低，税收执法随意性大，税收司法协调性差。主要表现在税收法定主义在《宪法》中规定不明确；课税要素中的纳税主体、征税对象、税基、税率以及税收的减免等重要事项在税收立法中基本没有实现，我国现行 18 个税种中，90%的税种纳税义务的构成要素是由全国人大授权国务院设定的，这不符合课税要素法定原则。税收在立法上的缺陷，致使税务人员在执行中存在着无法可执或执法不公的现象，也使征纳双方矛盾凸显，不利于税收征管。同时由于税收征管手段相对落后，服务纳税人的理念没有彻底得到更新，监督制约机制不够完善，一定程度上影响了依法治税。

（一）主要税种立法，逐步实现税收法定

《中共中央关于全面推进依法治国若干重大问题的决定》中，第一次明确提出“落实税收法定原则”，并将“完善立法”放在财税体制改革总目标的首位。党的十八届五中全会指出“法律是治国之重器，良法是善治之前提”。因此，在法治视野下，我国财税体制改革的过程，也是税收法定实现过程。税收法制不断完善的过程，就是税收法定原则得到落实的具体体现。

1. 增值税等主要税种立法

我国正处在经济转型期、结构调整期的新常态下，税制改革也应适应经济新常态，落实税收法定原则。因此，应以优化所得税制、提升流转税制、规范辅助税种的法律地位为重点，逐步完善我国的税收法制体系。未来几年，“营改增”会极大地改变我国的税制结构，成为中国第一大税种，因此，要落实税收法定原则须尽快完成“营改增”，并在此基础上将增值税、消费税等主要税种由条例上升为法律层面，因为这两个税种上升为法律的条件业已成熟，这样可形成主体税种的法定原则率先在形式上体现，使政府的财政收入来源变得更加具有法律依据。房产税、土地使用税、印花税、资源税等税种由于其影响面有限，承担的经济社会任务相对稳定，逐步过渡，适时也应上升为法律。

2. 开征一些新税种

（1）环境保护税制改革。为实现人与自然的和谐发展，应扩大现行资源税征收范围，将其扩大到所有需要保护的自然资源，如矿产资源、森林资源、水资源、海洋资源等等，还可从主要污染物入手，如以二氧化硫作为试点，对大的污染排放源进行污染物排放量的技术监控，以量征收，对小的污染源排放源采用对污染的投入物征税的方式，根据燃料含硫量高低征收不同的税款。

（2）遗产税、赠与税等财产转让税制的改革。开征的遗产税主要目

的是利用税收杠杆调节财富分配，缓解社会矛盾，结合国情应坚持面要窄，起点高，级距、税率适中，属人与属地相结合的课征原则；采取总遗产税制，即对被继承人死亡时遗留的财产先行课税，然后再分割给继承人。在开征遗产税的同时，辅以对财产所有人赠与他人的财产征收的赠与税，为了防止因转移财产造成偷漏税，可规定对被继承人死亡前5年内的赠与并入遗产税征收。

(3) 证券市场税收制度改革。改革现行的证券交易印花税，实行印花税与证券交易税并征制度。对于一级市场证券发行时订立的产权转移书据或合同征收印花税。取消现行印花税关于“股权转让书据”税目规定，以对证券转让等二级市场交易行为征收的证券交易税取而代之。因继承、赠与而发生的转让行为原包含于现行印花税课征，应归入遗产税、赠与税中。

(二) 深化征管改革，逐步实现税收现代化

以信息化建设为重点，提高税收征管的科技含量，实现税收征管现代化是新时期的治税思想。

1. 提高干部队伍运用计算机的水平

通过各种渠道、各种方式方法让税务干部掌握计算机技术，提高计算机运用水平。以“金税工程”为基础，将计算机网络作为技术支持，覆盖国税、地税所有税种以及税收工作所有环节，把握税源的信息监控，对所有纳税人的申报资料进行规范化管理，以满足征收管理和稽查系统联网接口的需要。同时在运用计算机自动控制征管业务流程的基础上，加快计算机辅助决策系统的开发，充分运用网络实时传输的优势，加强对经济税源的监控、预测，提高信息数据和网络资源的使用效益。

2. 加快推广应用全国统一征管软件的步伐

软件的开发应用要牢固树立一盘棋的思想，加快推广应用全国统一征管软件的步伐，最终达到全国使用统一标准，覆盖征收、管理、稽查

各环节，集征收、监控、考核、决策于一体的税收信息管理系统，实现软件功能的全面、规范和兼容。

3. 加强信息交换

在加速国税、地税系统信息共享的基础上，有计划、有步骤地实现与政府有关部门的信息联网，重点放在工商、银行、财政、金库、审计、统计等部门联网，实现信息共享，提高税款解缴入库、纳税户控管等环节的质量和效率。

（三）更新观念，税收征管由管理型向服务型转变

由于体制机制等多方面原因，大多税务干部仍然没有摆正自己的位置，仍然以管理者的身份对待纳税人，影响征纳关系，不利于税收征管。因此，要树立“以纳税人为中心”的服务理念，构建税收服务体系。

1. 正确处理规范执法与优化服务的关系

切实转变观念，增强服务意识，充分认识到提高服务意识是提高征管水平的重要手段，始终把尊重纳税人、理解纳税人、关心纳税人贯穿在税收征管中，积极、主动、及时地为纳税人提供优质高效的服务。从“监督打击型”向“管理服务型”转变。在树立服务理念的同时加大管理、稽查力度，用法律法规的形式来规范税务服务的对象、范围、形式、权利、义务等内容，促使服务体系法制化、规范化、制度化，使管理执法和优质服务相互融合、相互促进，不断提高征管效率和质量。

2. 提升纳税服务的质量和水平

提高服务的科技含量，实现纳税手段的新突破。充分运用电子、通信等现代化科技手段改造税收管理，如推行网上申报、电子划款、税银联网、电子定税和建立税务网站等，使纳税人和税务机关从繁杂的办税事务中解脱出来，为纳税人提供从税务登记、发票发售、咨询服务、申报缴税等一系列方便、快捷、经济、高效的服务。积极探索个性化服务，实现纳税服务形式的新突破。针对不同纳税人的特点和需求，主动

提供更加周到细致的个性化服务，如预约服务、延时服务、提醒服务、办税绿色通道、送政策上门等，同时积极开展征纳双向互动服务，如通过信件、语音电话、网络、调查走访、局长接待日等方式固定收集纳税人意见和进行反馈的渠道，增加征纳双方的了解沟通和双向互动。拓宽服务内涵，实现纳税服务内容的新突破。如简化办税流程、办税环节、审批程序，积极推行一个办税服务厅办理、一个窗口受理、一站式服务、一次性办结的办税服务新格局等，不断提高服务的质量和效率。

“便民办税春风行动”，切实为纳税人排忧解难

（四）完善内控机制，强化执法监督体系

依法治税要标本兼治，而重在治内、治权。当前税收执法工作仍存在许多突出问题和薄弱环节，执法随意、执法违法、执法腐败等问题时有发生，其主要原因之一在于对税收执法权缺乏有力、有效的监督。虽然宁夏国税系统的税收执法监督体系已经初步建立起来，但还很不完善，其力度还不够。今后还应在以下方面努力。

1. 完善内控制度体系

从政务、事务、业务、廉政、财务等方面健全符合国家有关规定和单位实际情况的各类制度，并不断修订和完善，通过完善的制度加强对权力运行的制约和监督，用制度来管权、管人、管钱，把权力关进制度的笼子里，真正形成不能贪、不敢贪的防腐机制。

2. 完善内控监督评估体系

采取不相容岗位相互分离，形成相互制约、相互监督的工作机制；

明确各岗位办理业务和事项的权限范围、审批程序和相关责任，建立重大事项集体决策和会签制度；按照权责对等的原则，对有关经济活动实行统一管理；强化对经济活动的预算约束，使预算管理贯穿于单位经济活动的全过程。按照绩效管理考核办法，将绩效考核落到实处。使部门、单位、个人的绩效与个人的政治待遇、经济利益相挂钩，政绩平庸者下，政绩突出者上，实现干部能上能下的机制。同时，通过考核，在工资待遇、奖金分配等方面拉开档次，真正体现多劳多得的分配原则。

3. 完善内控法治体系

运用现代信息技术强化税务机关对税收执法权和行政管理权的监督制约，全面应用廉政风险防控系统、风险管理系统和税收执法责任制考核系统，积极推进内控机制信息化建设，对系统的行政审批及执法行为实施全过程智能跟踪考核和全程监控，实现执法风险限制防范、预警监控和痕迹管理的计算机化，从而进一步规范税收执法行为，营造了公开、公平、公正和高效的执法环境，规范税务人，方便纳税人，从而有效推动“法治税务”的建设。

（五）强化法治理念，提高执法水平

随着市场经济的深入发展和社会主义民主法制的健全，公民的法律意识逐步提高，行政执法工作面临许多新情况、新问题，执法中容易出现认定事实不准、适用法规不当、处罚无据等情况，加之行政法规一般都比较原则和概括，而违反法规的行为是具体、多样和复杂的，法规条文要适用于具体案件中，还取决于执法者的法律知识、认识能力和价值观念等因素，致使税收执法中违法案件时有发生。为杜绝这些乱象的发生，其根本就是要加强税务干部队伍的建设，不断提高其综合执法能力。

1. 强化法治理念

强化法治、税收法定、依法治国，就是要牢固树立法治理念，善于运用法治理念指导税收工作，用法治程序规范税收执法，用法治方式解决涉税纠纷，用法治思维处理各方诉求，用法治素养检验干部队伍。税务干部，特别是领导干部要带头树立、践行法治理念，提升法治素质。工作中处理问题，首先要看法律有没有依据，法律上如何规定的，如何领会法律精神处理涉税问题，处理的结果也要经得起时间检验。目前税务干部中，学习经济理论的多，专门系统学习法律的比较少，有法律背景的干部占比不高。因此应该加强对干部法律知识的培养培训。税务干部应该花大力气提升自己的法治素养，学法、懂法、守法、用法。

2. 提升税法遵从度

更新观念，以优化纳税服务为基础，切实转变工作作风，由管理型向服务型转变。纳税服务没有最好，只有更好。始终把尊重纳税人、理解纳税人、关心纳税人贯穿于税收征管之中，积极、主动、及时地为纳税人提供优质高效、便捷经济的税收服务，为纳税人的税法遵从提供条件。提升服务层次，完善以“12366”、办税服务特服号为载体的征纳沟通新机制，做好需求分析和反馈，响应纳税人的正当需求；发挥专业化咨询服务团队的作用，实施专职从事复杂涉税事项的咨询辅导和中高端服务项目的筹划与落实；搭建公开透明的远程咨询联动平台，切实提升纳税服务层次。同时，加强税收执法的信息化管理，实现税收执法的网络监督。加快推进纳税服务的电子化、可视化、移动化、智能化，建立统一的办税服务厅视频监控平台，提高应急处理能力；拓展多元办税方式，推广掌上办税、发票代开、发售自助终端等创新产品的应用，提升办税服务的便利性；拓展网上办税及自助办税功能，推进非接触式服务，实现线下资源减少、线上资源扩大的目标。

3. 完善监督机制

宁夏国税系统实行垂直管理，县级以上国税部门在党组下设置了纪检组和纪检组长岗位，内设纪检监察机构监察室，配备纪检监察工作人员专门从事纪检监察工作。但县级以下各分局尚未配备，因此，应在县级以下分局配备纪检监察员，主责职责是协同各级分局领导落实好主体责任，强化好监督责任，对班子成员及全局党风廉政建设、效能建设、作风建设实施全过程监督。上级纪检监察部门应以制度的形式明确纪检监察员的工作职能和工作目标，根据新形势下的工作要求，赋予其新的工作内容。科学合理地参与班子分工，将执法督察、执法监察、督察内审、财务内审等列入纪检监察员分工范围，形成有效的监督机制。

宁夏地税事业的改革与发展

宁夏回族自治区地方税务局是自治区人民政府直属机构，肩负着组织全区地方税收及社会保险费等税费收入的重要职责。自 1994 年成立以来，宁夏地税人时刻牢记“为国聚财、为民收税”的神圣使命，尽心竭力为宁夏经济社会发展聚集财力。1994 年，国地税分设时的工商税收入 1.2 亿元，到 2014 年税费收入总额达到 349.8 亿元，其中税收收入 201.6 亿元，20 年增长了 168 倍；社保费收入从 2008 年的 34.5 亿元增长到 2014 年的 128 亿元，6 年间增长了 3.71 倍。宁夏地税人为宁夏经济社会发展做出了巨大的贡献。

一、改革发展历程

（一）宁夏地税机构的成立与过渡

1994 年 8 月，宁夏税务系统也和全国一样，进行着有史以来最重要的税收体制改革——分税制改革，宁夏税务系统一分为二，分别成立了宁夏回族自治区国家税务局和宁夏回族自治区地方税务局。

由于历史条件所限，分设后，自治区地税局一段时间内处于过渡阶段，区局机关的职能配置、内设机构及人员编制都未能及时核定，自治区地税局领导班子成员均未正式任命，局领导班子成员和各处室负责人均为上级指定临时负责人。

1997 年 3 月 17 日和 4 月 23 日，自治区党委、政府才分别任命了自治区地税局领导班子成员，并将自治区地税局由副厅级升格为正厅级，同时成立自治区地税局党组，设局长一名，由自治区财政厅厅长兼任，党组书记、副局长一名，党组成员、副局长两名。同年8月5日，自治区人民政府办公厅以68号文印发了《自治区地方税务局职能配置、内设机构和人员编制方案》，规定自治区地方税务局是自治区人民政府主管全区地方税收工作的职能机构，由自治区财政厅管理。

《方案》明确了自治区地税局的主要职责：一是贯彻执行国家税收工作的方针政策，参与拟定自治区地方税收法规、规章，结合实际，研究制定贯彻国家统一税收政策的实施办法和加强地方税收征收管理的规章制度并组织实施。完善符合市场经济要求和民族经济发展的税制体系。

二是组织地方税收收入，根据自治区经济发展计划和预算安排，编制并执行地方税收年度计划，努力完成税收任务。编制、上报税收会计、统计报表。管理地税票证、资料、信息。

三是组织地方税收管理，制定征收管理制度、措施并组织实施，领导全区地税征管改革，建立科学、严密、有效的地税征管体系。

四是指导全系统税务稽查和纳税检查，组织税法宣传，开展税务咨询，管理税务代理，负责地方税务行政复议。

五是管理全系统机构、编制、人员、经费，根据有关规定制定本系统组织、人事、劳动、工资管理制度、办法并组织实施。

六是指导全系统精神文明建设，组织开展干部教育培训工作和思想政治工作。

七是组织开展全系统执法检查和监察审计工作。

八是承办自治区党委、政府交办的其他事项。

《方案》核定了自治区地税局机关内设机构：8个行政处（室）、2个直属单位、2个事业单位以及机关党委和系统工会。8个行政处（室）分别是：办公室、人事教育处、纪检监察审计处、计划财务处、流转税处、财产行为税管理处、所得税处、征收管理处；2个直属单位分别是稽查分局和直属征收分局（1999 年 8 月 30 日，自治区机构编制委员会 27 号文件将稽查分局更名为稽查局），均为直属正处级单位；2 个事业单位分别是：计算机信息中心和机关服务中心。

1997 年 8 月，自治区党委组织部和自治区地方税务局党组分别正式任命了自治区地方税务局各处（室）负责人。同年 8 月 30 日，自治区地方税务局 191 号文明确，自 9 月 1 日起启用除计算机信息中心和机关服务中心以外的 12 个行政处（室）及直属单位印章。至此，自治区地方税务局第一次完成了机构“三定”工作，度过了三年过渡期，终于走上了正轨。

（二）宁夏地税机构的改革与完善

1998 年 10 月 6 日，自治区党委、政府决定，原财政厅厅长不再兼任自治区地方税务局局长一职，重新任命了自治区地方税务局局长。1999 年 6 月 12 日，自治区党委任命了自治区地方税务局纪检组组长。2000 年 6 月，自治区党委 63 号文任命纪检组长为自治区纪律检查委员会派驻自治区地方税务局纪检组长。

1999 年 2 月，吴忠市地方税务局正式成立，下辖利通区、灵武、青铜峡、中卫、中宁等 5 个县级地方税务局，并指导同心县、盐池县等 8 个未分设地税机构的县（市）地方税收征管工作。

1999 年 3 月，银川市地方税务局成立了交通运输征收管理局，负责全市交通运输行业的税款征收与管理工作。

2000 年 5 月 30 日，根据自治区政府机构改革的总体要求，自治区地方税务局 144 号文向自治区编制委员会办公室上报了《自治区地方税务局职能配置、内设机构和人员编制规定》及《“三定”规定的编制说明》。同年 7 月 12 日，自治区人民政府办公厅 93 号文予以批准。

本轮改革的主要内容：

一是确定自治区地方税务局为自治区人民政府主管地方税收工作的

直属机构，受自治区人民政府和国家税务总局双重领导，以自治区政府领导为主，不再受财政厅管理。

二是调整了职能职责，将具有社会中介服务性质的职能划出，交给依法认定的社会中介机构承担，将财政厅承担的税收研究、有关税种的地方性法规和执法过程中的一般性解释及国有企业所得税征管等职能划入。

调整后的自治区地方税务局主要职责为：贯彻执行国家税收工作的方针政策，参与拟定自治区地方税收法规、规章，确定拟定贯彻国家统一税收政策的实施办法和加强地方税收征收管理的规章制度并组织实施；组织地方税收收入，制定地方税收中长期规划和年度税收收入计划并监督实施，对税收法律法规执行过程中的征管和一般性税收问题进行解释，组织办理减免税的具体事项；负责地方税收管理，制定征收管理制度、措施并组织实施，领导全区地税征收改革；指导税务稽查和纳税检查，组织税法宣传，开展税务咨询，负责地方税务行政复议；加强与自治区国税局的协调合作，共同监督检查纳税人依法履行义务情况，并按税收管理权限对违反税法行为进行依法查处；指导全系统精神文明建设，组织开展干部教育培训工作与思想政治工作，组织开展全系统执法检查和内部审计工作；管理全区地税系统财务、经费、装备和资产、基本建设，负责税收会计统计报表编报；承办自治区人民政府和国家税务总局交办的其他事项。

三是对内设机构进行了部分调整，行政职能处（室）由 10 个调整为 7 个，保留办公室、人事教育处、计划财务处、征收管理处；增设政策法规处，负责税政调研及税收规章制度拟定、税务行政执法检查和行政复议工作；将流转税管理处和财产行为税管理处合并，更名为税政管理一处，履行原两个处的职能；将所得税管理处更名为税政管理二处；纪检组和监察室按照自治区党委办公厅〔2000〕27 号文精神改为自治区纪检委、监察厅的派驻机构，纪检组长由自治区党委任免，纪检组副组长和监察室正副主任由自治区纪委、监察厅任免；保留稽查局和直属征收分局两个直属单位；另设机关党委办公室，负责机关和直属单位的党群工作。

四是对正副处级领导职位实行竞争上岗，对一般工作人员通过双向选择定岗。通过竞争上岗，有7名同志被任命为正处级领导职务，7名同志被任命为副处级领导职务，21名同志双向选择定岗，5名原处级领导待安排。

2004年6月18日，伴随着中卫撤县设市，原中卫县地方税务局顺势升格为中卫市地方税务局，下辖中宁县地方税务局。2009年12月31日，中卫市地方税务局根据自治区地税局关于印发《中卫市地方税务局主要职责内设机构和人员编制规定》的通知精神，对内设机构和派出机构进行了重组设置。2014年2月20日，中卫市地方税务局税收征管改革试点工作正式启动后，再次对内设机构进行了调整重组，内设13个科室、1个直属单位、6个派出机构，担负着12个地方税种和7个附加及基金的征收管理工作，并指导海原县地方税收的征收管理工作。

2009年4月10日，根据《自治区人民政府办公厅关于印发自治区地税局主要职责、内设机构和人员编制规定的通知》（宁政办发〔2009〕75号）精神，按照职责调整情况，区局机关设11个内设机构，即办公室、人事与老干部处、政策法规处（行政审批办公室）、计划财务处（计会统处）、税政管理一处、税政管理二处、税政管理三处、纳税服务处、征管与科技发展处、社保费征收管理处、督察内审处；另设机关党委、监察室、信息中心和机关服务中心。核定机关行政编制65名，其中：局长1名、副局长3名、总经济师1名、总会计师1名、正处级领导职数12名（含机关党委专职副书记），副处级领导职数14名。同时，明确自治区地方税务局稽查局、直属征收管理局、宁东能源化工基地地方税务局、银川经济技术开发区地方税务局为自治区地方税务局直属正处级行政机构。

2014年7月，自治区人民政府办公厅印发了《自治区地方税务局主要职责内设机构和人员编制规定》（宁政办〔2014〕142号），区局机关设12个内设机构：办公室、人事与老干部处、法规处（行政审批办公室）、计划财务处（会计统计处）、税政管理一处、税政管理二处、税政管理三处、纳税服务处、征管与科技发展处、社保费征收管理处、督察内审处、税收信息处，另设机关党委（基层工作处）、监察室和机关服务中心。区局机关行政编制79名，其中：局长1名、副局长3名、总经济师1名、总会计师1名；正处级领导职数13名（含机关党委专职副书记1名），副处级领导职数16名。

（三）宁夏地税业务范围不断扩大

在加强税收征管工作、确保应收尽收的基础上，宁夏地税业务范围随着时代发展也在不断扩大，2002年7月1日，按照自治区人民政府要求，开始代收地方教育费附加；2003年1月起，开始代收残疾人就业保障基金；2006年1月1日起，开始代收工会经费。

2007年10月，自治区政府决定将全区社会保险费移交地税部门征收。为此，区局党组高度重视，周密部署各项征收准备工作，召开全系统动员大会和10多次专题会议，统一思想，深化认识。全系统广大干部职工在时间紧、任务重、困难多的情况下，放弃节假日，加班加点，夜以继日地抢进度、攻难关，短时间内完成了接收方案，明确了社保费征收办法和措施，完成了设备采购、安装、软件开发、运行、人员调整、培训、数据采集、录入等关键工作。自治区党委、政府和国家税务总局领导也对此项工作给予了高度的关注和大力的支持，多次听取汇报，做出重要指示。国家税务总局专门派工作组到宁夏指导地税部门开征社保费的筹备工作，一些兄弟省区的地税部门派出代表，专程前来宁

2008 年 1 月 1 日，全区社保费征收移交启动仪式

夏协助筹划社保费征收工作。2008 年 1 月 1 日，全区社会保险费征收移交工作启动仪式在自治区地税局举行，时任自治区常务副主席齐同生启动了地税社保费征收系统，1 月 2 日，石嘴山市地税局成功开出社保费第一票，标志着地税部门征收社保费工作顺利启动。同年 11 月，全区地税系统完成了社保费五险通用征收程序的测试。2009 年 1 月 1 日，全区地税系统顺利实现社保五险统征，正式进入社保费全责征收阶段。

二、主要成就

宁夏地税系统在自治区党委、政府和国家税务总局的坚强领导下，扎实工作，奋力拼搏，经历了 20 年风雨历程，逐渐成长、进步、壮大，各项管理工作日趋完善，特别是组织收入贡献尤为突出，各项收入从 1994 年的 1.2 亿元增加到 2014 年的 349.8 亿元，其中税收收入 201.6 亿元，突破了 200 亿元大关；社保费收入 128.4 亿元，其他收入 19.9 亿元。数字巨变见证了宁夏地税的辉煌。

（一）地税总收入迅猛壮大

自宁夏地税局成立以来，组织收入经历了几个阶段的跨越，“九五”

期间共组织各项收入 47.94 亿元，年均增长 23.2%；“十五”期间共组织各项收入 112.73 亿元，年均增长 18.9%；“十一五”期间共组织各项收入533.15 亿元，年均增长 45.8%；尤其是 2008 年地税接管征收社保费以后，地税收入总量急剧增加，“十一五”收入总量相当于“十五”期间的 5 倍；社保费收入从 2008 年的 44.9 亿元到 2014 年的 128.4 亿元，增长 34.96%，增收 83.5 亿元，短短 6 年时间翻了三番。“十二五”时期的前 4 年（2011~2014 年），全区地税系统共组织各项收入 1244.1 亿元，年均增长 18.1%，收入总量比“十一五”时期翻了一番多。

（二）“十一五”期间税收增速最快

机构分设以来，地税税收收入呈现几何级增长态势，由 1996 年的 6.16 亿元增加到 2014 年的 201.6 亿元，19 年增长了 32.73 倍，年均增长 24.3%。从各年的税收增速看，除 2003 年由于新办企业所得税由国税征收致使当年税收收入下降 7.3%，其他 18 年均实现了两位数增长。其中“十一五”期间成为地税税收增长最快的时期，年均增长达 30%，分别比“十五”和“九五”期间税收年均增幅高出 8.4 和 4.5 个百分点。从下图可以看出，税收增幅最快的年份为 1996 年，增幅达 60.2%（这与

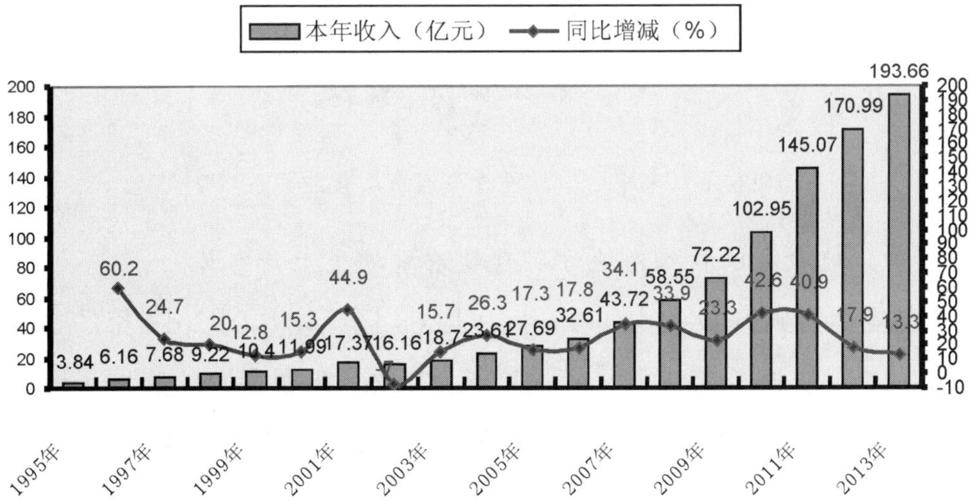

地税局成立以来，宁夏地税税收收入及增长情况

1995 年地税处于机构分设初期，税收基数较低有关），连续两年增长最快的分别为 2010 年和 2011 年，增幅分别达到 42.6%和 40.9%。

（三）税收快于经济增长，协调性趋于合理

经济年均增长 11%①，税收弹性为 2.32。“十五”期间经济年均增长为 15.5%，税收弹性为 1.39；“十一五”期间经济年均增长 22.5%，税收弹性为 1.33。理论上讲，税收与经济的弹性应为 1，允许的合理范围值为 0.8~1.2，体现税收与经济的协调增长。但 1995 年以来，宁夏税收弹性远远大于合理值，这是地税局成立以来地方税收收入的主要特点。同时，随着税收征管和收入质量的逐年提高，经济稳定增长，地税税收弹性逐步趋于合理。

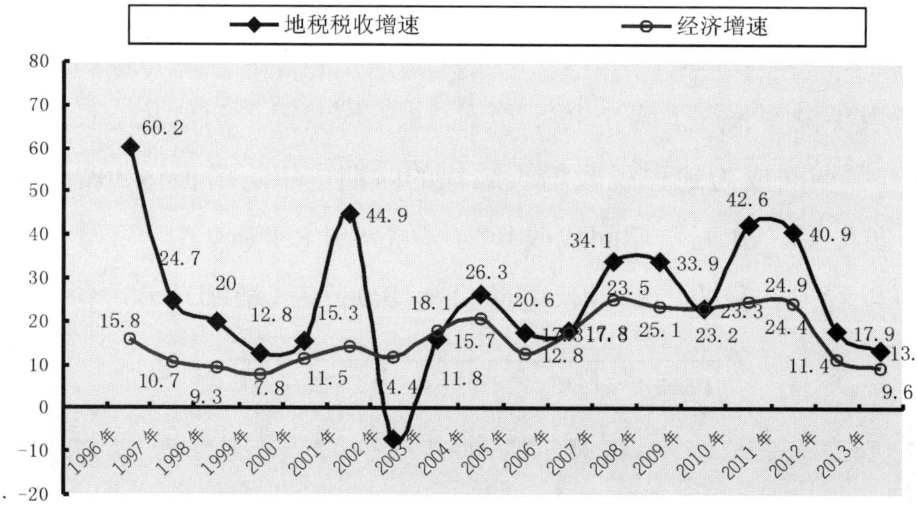

1996 年以来宁夏地税税收与经济增长的关系（%）

（四）地税税收收入对地方财政收入贡献呈上升态势

宁夏地方财政收入由 1995 年的 12.68 亿元增加到 2013 年的 308.14 亿元，18 年增长了 23.3 倍，年均增长 19.4%，地税税收增速快于地方财政收入增速 4.9 个百分点。分阶段看，“九五”期间，税收收入累计完

①经济增长为现价增长。

成45.4亿元，地方财政收入累计完成84.17亿元，税收收入占地方财政收入的比重为53.9%；“十五”期间，税收收入累计完成103.52亿元，地方财政收入累计完成169.27亿元，税收收入占地方财政收入的比重为61.2%；“十一五”期间，税收收入累计完成310.1亿元，地方财政收入累计完成501.52亿元，税收收入占地方财政收入的比重为61.8%；“十二五”期间的2011~2013年，税收收入累计完成509.72亿元，地方财政收入累计完成792.08亿元，税收收入占地方财政收入的比重为64.4%，若考虑2013年“营改增”因素，税收对财政收入的贡献更大。

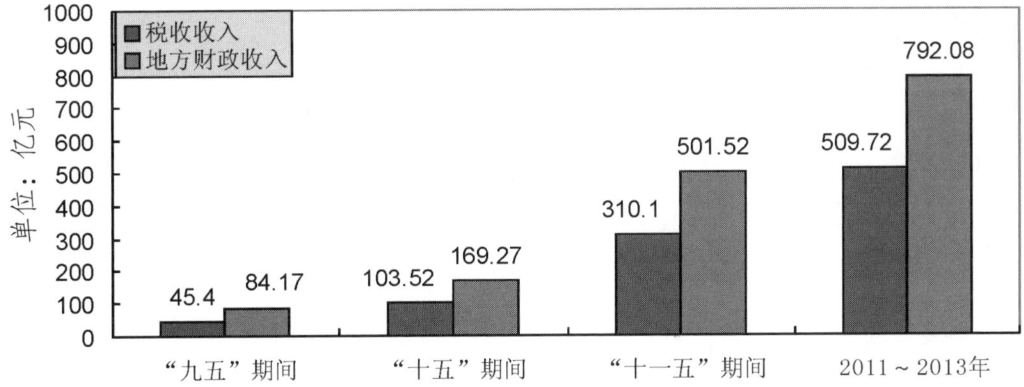

“九五”以来，宁夏地税税收收入与地方财政收入累计情况对比

（五）与国税税收增幅相比，地税税收增长更快

宁夏国税税收收入由1996年的13.2亿元①增加到2013年的258.93亿元，18年增长了21.4倍，年均增长18.9%。同期，地税税收年均增速高于国税增速5.4个百分点。分阶段看，“九五”期间，国税税收收入年均增长11.4%；“十五”期间，国税税收收入年均增长19.1%；“十一五”期间，国税税收收入年均增长25.9%，2011~2013年，国税税收年均增长20%。4个时期地税税收收入年均增速高于国税同期年均增速分别为14.1%、2.5%、4.1%和3.4%。由此可见，长期以来，国税以工业经济

①数据来源于《税收收入快报》（2013年，宁夏国税局编）。

税源为基础的主要征收增值税的增长，低于地税以房地产、建筑业为税源基础的主要征收营业税的增长。同时也反映了宁夏经济增长的一个主要特征。

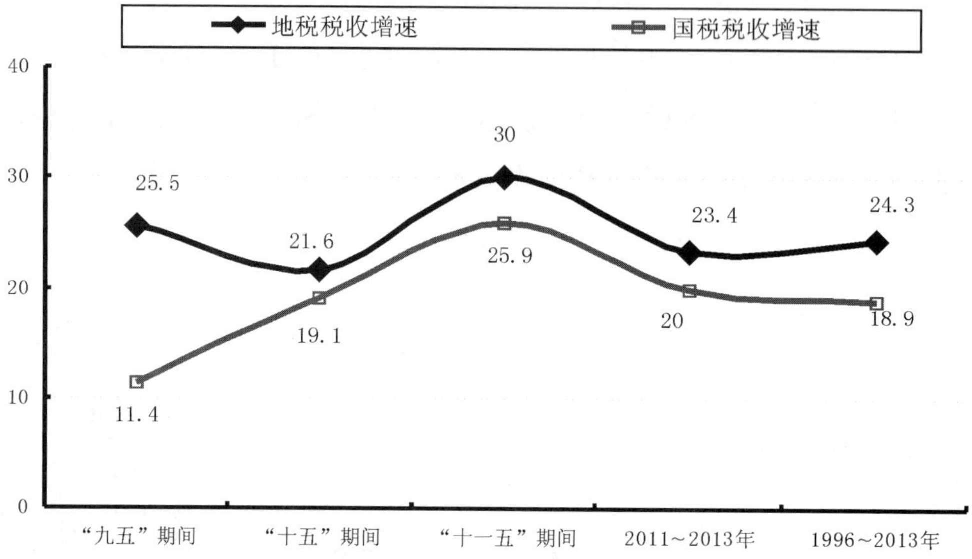

“九五”以来，宁夏地税税收与国税税收增长情况（%）

（六）房地产行业税收增长较为突出

宁夏房地产业是21世纪初发展起来的一个新兴行业，对推动地税税收增长做出了巨大贡献。2001年，房地产业税收收入仅为1.8亿元，占当年税收总量比重为10.3%；到2013年，房地产税收收入已达60亿元，占到地税税收总量的31%，12年提高了近20个百分点，是税收收入比重上升最快、幅度最大的主要行业之一。与之形成鲜明对比的是，2001年，工业税收实现4.7亿元，占当时税收收入的比重为27%，到2013年却下降至16%，工业税收比重下降较快是近年来行业税收变化的又一主要特征。由于宁夏是投资拉动型的经济增长模式，除了房地产业税收增长较快外，建筑业税收增幅同样较高，占地税税收总量的比重由2001年的14.4%提高到2013年的20.6%，12年提高了6.2个百分点。2013年，房地产业和建筑业税收合计占地税税收总量的比重已超过五成，达到51.6%。2001~2013 年 12 年间，房地产业和建筑业税收年均增幅分别超过地税税收平均增幅 11.4 和 3.7 个百分点，成为拉动地税税收增长贡献最大的两个行业。

2001~2013 年地税税收总量与各主要行业税收增长情况对比

单位：亿元

年份	地税税收收入		房地产业		建筑业		工业	
	收入额	同比增长(%)	收入额	同比增长(%)	收入额	同比增长(%)	收入额	同比增长(%)
2001	17.4		1.8		2.5		4.7	
2002	16.2	-7.0	2.3	25.3	3.3	34.3	2.6	-45.8
2003	18.7	15.7	3.1	33.1	3.8	13.6	2.7	4.8
2004	23.6	26.3	4.1	34.3	4.5	18.1	3.0	12.8
2005	27.7	17.3	5.8	40.1	5.9	31.4	5.0	65.6
2006	32.6	17.8	7.2	24.8	6.6	11.5	6.0	19.7
2007	43.7	34.1	10.5	45.3	8.5	30.0	8.4	40.7
2008	58.6	33.9	13.0	24.2	9.1	6.9	13.9	65.2
2009	72.2	23.3	17.7	36.1	12.5	37.5	15.4	10.7
2010	103.0	42.6	31.2	75.8	17.4	38.9	20.4	32.3
2011	145.1	40.9	44.6	42.8	28.8	65.5	26.1	27.8
2012	171.0	17.9	48.7	9.4	35.8	24.3	30.5	17.0
2013	193.7	13.3	60.0	23.2	39.9	11.4	31.0	1.5
年均增长	—	22.3	—	33.7	—	26.0	—	17.0

（七）营业税贡献最大，契税增速最快

从税种看，营业税始终是地税税收收入的主要来源，占到地税税收总量的半壁江山。1996 年，营业税实现收入 3.02 亿元，占当年税收总量的比重为 49%，到 2013 年，营业税收入达到 93.9 亿元，占当年税收总量的比重为 48.5%，若考虑 2013 年“营改增”因素，营业税收入比重仍达到 50%。因此，营业税对地税税收贡献最大，并非常稳定。从增速看，契税增速最快，自 1999 年地税征收契税以来，2000~2013 年契税增长了 84 倍，年均增速达到 37.6%，成为地税增长最快的税种。

（八）信息化建设助力税收征管腾飞

自治区地税局党组非常重视信息化建设，把这项工作当作加强税收征管的重头戏。随着经济形势的变化和征管模式的调整，过去那种“孤岛、独立”的信息系统已经成为征管改革的瓶颈，从区局到各市、县局都强烈要求开发全区统一的税收征管软件。区局党组认真分析了税收工作面临的形势和任务，着眼于推进新时期综合税收业务建设，实现税收工作的跨越式发展；着眼于创新税收管理机制，构建新型税收管理模式；着眼于树立科学税收发展观，促进经济社会和人的全面发展；审时度势，做出了开发建设地税综合征管信息系统的重大战略决策。可以说，这个决策的做出有着广泛的群众基础，是各级税务部门的迫切愿望和广大税务干部的共同呼声，是科学决策、民主决策的结果，是集中民智、尊重民意的结果。为此，自治区地税局组织相关人员考察调研，制订了实施方案。2005 年 4 月初，启动系统建设，组织招标采购，完成了《业务用例》《作业指导书》和《用户操作手册》的编写工作。从 6 月中旬开始，先后在西夏南区地税局和银川市地税局上线试行，10 月 1 日在全区上线试行，12 月 22 日通过自治区科技成果管理中心鉴定验收，2006 年 1 月 1 日，正式在全系统上线运行。当时这套系统有 3 项技术是全国唯一。实践证明，地税综合征管信息系统的建设和运行是宁夏地税事业发展历史上一个新的里程碑，促使税收工作在管理模式和工作机制等诸多方面发生了深刻的变化，税收管理效益、纳税服务质量和税收法制化水平明显提高。

2007年1月，自治区地税局开通了10M外网专线，标志着全区地税内外双网正式建立；2008年1月，全区地税系统正式接管征收社保费，11月完成了社保五险通用征收软件程序的测试；2009年1月，全系统正式进入社保五险全责征收阶段。宁夏地税开发的社保费征收管理软件被国家税务总局列为样板工程，在全国税务系统广泛推广应用。

2009年6月8日，自治区党委书记陈建国到自治区地税局调研

2009年，区局全面完成了全区地税系统21个市、县（区）局公文处理客户端4.0升级至4.04工作。2010年3月，自治区地税局党组制定印发了《关于加强和改进全区地税系统党建工作的指导意见》，开通了“信息党课”教育平台，建立了系统QQ群，利用手机短信和地税内部网站以及“腾讯通”等网络载体，开展党的知识、政策方针、廉政警示教育活动，被自治区直属机关工委授予2010年党的工作创新奖。2011年12月，宁夏地税“12366”纳税服务热线在银川市地税局正式开通运行，实现了纳税服务工作质的突破。2012年4月，完成了“金税三期”工程宁夏地税骨干网络项目建设工作。2014年1月，覆盖全区地税系统的网络视频会议系统正式开通运行；同年8月，“12366”纳税服务热线由银川市地税局搬迁至自治区地税局，宁夏地税“12366”纳税服务热线呼叫中心挂

2015年7月1日，“金税三期”工程正式上线运行

牌运行。2015年7月1日，经过全区地税系统广大干部职工近半年的艰苦努力，“金税三期”工程优化版在宁夏正式上线运行，宁夏地税信息化建设再次走在了全国税务系统前列，受到国家税务总局的通报表扬。

（九）干部队伍素质不断提升

自治区地方税务局在稳定干部队伍、加强队伍建设、提高干部队伍整体素质方面做出了一系列行之有效的工作，取得了很好的效果。

一是抓理论学习。组织广大干部职工学习习近平总书记系列重要讲话精神，用讲话精神统一思想，凝聚人心，推动工作。

二是抓道德教育。继续抓好理想信念教育、道德教育和警示教育，组织学习《公民道德建设纲要》和税务职业道德，教育引导广大干部自觉遵守道德规范，以此推动全社会良好道德风尚的形成。

三是抓学用结合。大力提倡理论联系实际的学风，自觉运用科学理论指导工作实践，解决税收工作中遇到的各种问题。通过多种形式的政治思想教育，增强了干部队伍的凝聚力、向心力和战斗力，为完成税收任务提供了强有力的精神动力和思想保证。

自治区地税局党组把创建自治区级文明行业作为促进工作的有力抓手，采取多种方式开展创建活动。全系统广泛开展了以“我为地税添光彩”“爱岗敬业”演讲比赛、“地税杯”《征管法》电视知识竞赛等为载体的群众性精神文明创建活动，积极筹办全系统税收书画摄影比赛，召开“双先”表彰会。充分利用地税信息、动态、区内外报纸刊物等工具，在系统内外进一步加大了税收新闻和文明创建的宣传力度，在形式和内容上都有了新的突破，扩大了宁夏地税的社会影响。

2014年，在全系统认真组织学习党的十八大、十八届三中全会和习近平总书记系列重要讲话精神，在中央党校举办了领导干部专题学习班，先后选派处级以上领导干部和业务骨干103人次参加了上级组织的各类专题培训，提高了各级领导干部的理论素养和管理水平。深入开展“大学习、大练兵、大比武”活动，以提高实际工作能力为导向，以岗位学习培训为重点，统一配发学习资料，制定学习指南，把学习、练兵、比武活动与理论学习、专项培训有机结合起来，学业务、练技能，全系统共组织岗位培训211期，举办各类专题辅导95次，组织考试106场、大练兵195场、大比武28场，4名同志考取了“三师”资格，干部队伍能力素质有效提升。

（十）党风廉政建设不断加强

自治区地税局成立以来，先后制定下发了一系列党风廉政建设制度规定，印发了《宁夏回族自治区地方税务局关于加强地税系统廉政建设的实施意见》，规定各级地税机关都要成立由一把手任组长的廉政建设领导小组，坚持定期分析本单位廉政建设形势，研究解决存在的问题。要把搞好廉政建设同完成税收任务紧密结合起来，一起部署、一起落实、一起检查、一起考核，使廉政建设在总体工作中有位置，在分工上有人管，在落实上见成效。1998年9月，自治区地税局印发了《关于建立宁夏地税系统领导干部廉政档案》的通知。通知下发之后，全区地税系统很快就建立起了干部廉政档案，廉政档案中记载着每一个税务工作者遵守党风廉政建设各项制度和“税务人员十五不准”落实情况，党组根据廉政档案记载情况进行干部的选拔任用和奖惩。1998年12月，自治区地税局印发了《宁夏回族自治区地方税务局系统领导干部廉政责任制考核实施细则》。2000 年 6 月，自治区地税局印发了《宁夏回族自治区地方税务局系统税务稽查廉政反馈制度》。

为了切实有效地贯彻落实各项廉政制度，1996 年，全区地税系统普遍推广了签订廉政建设责任书和公开办税“廉政卡”服务承诺等制度。各地市局长与县（市、区）局长、县（市、区）局长与科（股）所长、科（股）所长与一般干部层层签订了责任书，将对各级干部职工的廉洁自律要求以“责任书”的形式明确规定下来。从 1998 年起，地税系统用两年的时间分期分批进行了行业作风整顿。整顿的主要任务是教育干部职工树立正确的人生观、价值观和道德观，解决“吃、拿、卡、要、报”等不正之风，强化管理，规范服务行为。通过整顿，各基层局根据本单位的不同情况，从岗位设置、服务功能、办事效率、服务质量等方面，建立了《办税服务厅服务规范》《办税八公开》《服务承诺制》等制度，建立了“廉政监督台”、优质服务“监督卡”等。

1999 年，全系统在巩固以往纠风成效的同时，深入开展行业作风整顿，重点对各税务分局、稽查分局、税务所和办税服务厅进行行业作风整顿，在巩固、提高、延伸、辐射方面下气力，在全系统涌现出一批规范服务、公正执法、文明征收、清正廉洁的行风建设先进典型。2000 年以来，全区各级地税机关坚持预防为主、教育为先、防微杜渐的原则，认真开展《中国共产党纪律处分条例（试行）》《关于重申和建立党风监督五项制度的实施办法》《关于领导干部报告个人重大事项的规定》《党员领导干部廉洁从政若干准则（试行）》《中华人民共和国行政监察法》《关于党政机关厉行节约制止奢侈浪费行为的若干规定》《中国共产党廉洁自律准则》等党纪法规教育的同时，把党的根本宗旨教育、廉政勤政教育、艰苦奋斗教育、职业道德教育、理想信念教育、现实问题教育等列入教育内容，并结合基层窗口单位开展行业作风整顿工作，在全系统进行严禁税务人员参与赌博、色情等违法违纪活动的教育和职业道德教育，取得了显著效果。

党的十八大以来，全区各级地税部门按照习近平总书记提出的“把权力关进制度的笼子”和中央的“八项规定”要求，下大力气加强党风廉政建设和行风建设，确保税收安全、干部安全、地税事业发展，为税制改革和税收征管工作保驾护航。

（十一）地税文化建设卓有成效

为适应新时期地税工作需要，2008 年，自治区地税局在全系统全面推进了地税文化建设工程。这项工作是区局党组经过反复研究、上下讨论，初步形成的推动税收事业发展的一个战略决策。为此，自治区地税局制定下发了《宁夏地税文化建设工程纲要》，要求各级地税部门尤其是主要领导，充分认识开展地税文化建设工程的重要意义，进一步明确地税文化的指导思想和主要任务，不断拓宽地税文化建设的思路和内涵，把建设地税文化的理念融入到组织收入工作中，融入到依法治税工作中，融入到构建地税大征管格局中，融入到信息化建设中，融入到思想政治工作中，融入到精神文明建设中。通过推进地税文化建设工程出效益、出活力、出形象、出凝聚力、出战斗力，实现了宁夏地税整体工作新的发展和跨越。各级地税部门在推进地税文化建设的广度、深度和高度上下功夫，把文化管理的理念贯穿到地税各项工作之中，内化于地税干部的日常思想和行为之中，不断追求管理的更高境界，促进地税事业和谐发展。

各级地税部门按照区局党组要求，每年都要利用节庆活动开展丰富多彩的文化活动，如“4·23”世界读书日赠书活动，五一举办劳模座谈会，七一举办“传承优良传统，奉献税收岗位”主题演讲活动，八一举办复转军人座谈会。尤其是 2009 年，自治区地税局组织开展了庆祝新中国成立六十周年和宁夏地税建局十五年“为祖国祝福，为地税喝彩”系列庆祝活动，评选、表彰了全区地税系统“十大优秀税官”和先进工作者，举办了书画摄影作品展览、征文活动和红歌演唱会，展现了干部职工“爱国、爱党、爱局、爱岗”的时代风貌。充分发挥党团工青妇组织作用，组织开展丰富多彩的业余文化活动，累计举办了七届全区地税系统职工运动会。创建了宁夏税务文化中心，成为学习宣传、展示税务文化和体现地税精神的又一阵地。系统上下干部职工的凝聚力得到了进一步加强，和谐奋进的局面得到了进一步巩固，地税精神得到了进一步升华。

三、经验启示

（一）切实加强制度建设

新税制实施以来，各级地税部门认真贯彻落实“法治、公平、文明、高效”的治税思想，按照新的税收征管模式，建立健全征、管、查管理模式，规范税收执法行为，对外严格按照《税收征管法》规定和税务稽查工作规程严厉打击偷、逃、抗、骗税行为，对内规范税收执法行为和纳税服务规范。在此基础上，自治区地税局于2003年7月21日制定下发了《宁夏回族自治区地方税务局纳税服务过错责任追究办法（试行)》和《宁夏回族自治区地方税务局税收执法过错责任追究办法》。这两部责任追究办法为各级税务机关对纳税服务环节和税收执法环节发生的违规违纪行为提供了处罚依据，从而规范了纳税服务和税收执法环节工作程序与服务标准，更加有效地防止不规范、不廉洁行为的发生，确保了税收安全、人员安全、税收事业的发展。2008年6月，时任自治区主席王正伟以自治区人民政府第5号令的形式，颁布实施了《宁夏回族自治区地方税收保障办法》，各级地税部门依据《保障办法》等文件精神，协调本级政府出台了关于加强社会综合治税、车辆税收一体化管理、房地产税收一体化管理及国、地税联合协税办税等一系列办法措施，提高了综合治税和协税护税的效能。

（二）不断强化“两权”监督

为了确保税收安全、人员安全和税收事业的发展，自治区地税局采取了“双管齐下，以防为主，防微杜渐”的管理手段，按照“内外并举，重在治内，以内促外”的依法治税思想，对内建立了以“两权”监督、执法责任追究和普法教育为主要内容的制约机制，对外开展了以多种形式的税法宣传和打击涉税违法犯罪为主要内容的执法活动，提高了执法的透明度，维护了税法的尊严。坚持税收实体法与程序法并重的原则，克服重实体轻程序的现象。落实重大税务案件审理制度，凡重大税务案件必先移送审理委员会审查，强化了内部执法的制约与监督，有效地提高了税收执法质量。加强对税收执法权的监督，将内部监督与外部监督有机地结合起来，邀请社会各界人士参与评议税务人员的执法行为，积极开展内部执法检查和执法监察。落实执法责任制和执法过错追究制，建立了明确的岗责体系，细化执法权限，做到以人立岗、以岗立责、权责相当。实行责任追究制以来，有效地促进和规范了纳税服务和税收执法行为，减少了纳税服务的粗放性和税收执法的随意性。建立健全纳税服务和税收执法考核体系，每年定期组织开展以服务、执法质量为主要内容的责任考核，将考核结果与干部使用和奖惩挂钩，鼓励先进，鞭策后进，促进了依法治税工作的全面落实。

（三）深入开展税法宣传

在税收法制宣传中，着眼于普及税收法律知识、增强公民的诚信纳税意识、优化税收法治环境，面向各级党政领导、面向广大纳税人、面向社会各界，突出宣传对象的层次性、宣传内容的针对性、宣传形式的多样性。在每年4月开展的税法宣传月活动中，各级税务机关围绕当年的税收宣传主题，组织税务人员上街散发宣传资料，解答群众疑问，开展税收知识有奖问答，积极开展税法进校园、进工厂、进社区、进党政机关的四进活动，并且组织社区老年文艺队表演内容丰富的文艺节目，形成了浓厚的普法宣传氛围。在抓好税法宣传月活动的同时，注重抓好经常性的普法教育，经常利用广播、电视、报刊、广告、网络等宣传媒体，广泛深入地宣传税收法律法规，从而提高了税务干部的法制观念，强化了公民的依法纳税意识，增进了全社会对税收工作的理解和支持，净化了税收环境。

（四）加大税务稽查力度

宁夏地税稽查局组建于 1997 年，是自治区地方税务局主管税务稽查的直属机构。自组建以来，不断改革创新，实践探索，通过 17 年的探索发展，稽查工作取得了显著成效。依法稽查、文明执法的理念普遍确立，稽查依法行政的制度框架基本成型，以“一级稽查”和“分类分级检查”为主要标志的稽查管理体制、机制基本建立。在工作实践中，有效发挥了“以查促查、以查促管、以查促收、以查促改、以查促廉”的职能作用。1997 年以来，全区地税稽查部门共对 24787 户纳税人进行了税务检查，查补收入由 1997 年的 7200 万元增加到 2013 年的 24644 万元，17 年共查补各类收入总额达到 17.62 亿元，有效地打击了各种涉税违法行为，整顿和规范了税收秩序，为促进依法治税，引导纳税遵从，保障全区地税收入的稳定增长做出了积极贡献。

（五）实施行政审批制度改革

2014 年，全区地税系统积极推行“两集中、两到位”行政审批制度改革，在各级地税部门设立行政审批办公室，开发了审批软件。全面推行“一窗式受理、一站式审批、一次性告知”的涉税行政审批运行模式，出台了 11 项改革制度，修订了 14 种法律文书，制定了 4 个工作流程图，统一了工作流程、表证单书和运行模式。下放审批权限，区局行政审批事项减少 99%；简化审批程序，市级地税局审批流程减少 71%；压缩审批时限，困难性减免税审批实行“权限下放、直报直批”，自治区、市、县三级审批时限分别压缩 50%、71%和 85%。提前完成了自治区提出的行政审批“两个减半”的目标，为纳税人营造了方便快捷的税务行政审批环境，受到自治区领导的批示肯定，被评为全国税务系统创新项目二等奖。全面推行“三单”制度。制定了全系统统一的“权力清单”和“审批目录清单”，公布了地税机关行政执法依据和自治区地税局行政审批事项公开目录，清理涉税“红头文件”50件。探索推行税务“黑名单”，在新闻媒体和税务网站公告曝光23起涉税违法案件。

四、对策建议

改革开放30多年来。宁夏地税各项工作虽然取得了巨大成就，但同时也要清醒地看到，宁夏地税在发展过程中仍存在一些不足：地方税收服务于经济的程度、力度、高度不够；依法治税、依法行政的能力建设有待于进一步加强；税收科学化、精细化管理的程度不高，税收征管改革有待于进一步深化；税收信息化建设整体水平较低，管理的科技含量有待于进一步提高；干部队伍的作风有待于进一步加强，行政效率有待于进一步提高；等等。这些都是今后宁夏地税改革需要重点把握的内容。按照党的十八届三中全会、四中全会、五中全会和自治区党委十一届三次至七次全会精神的要求，特别是深化财税体制改革的要求，宁夏地税系统要自觉树立和贯彻落实“五大发展理念”，努力提升财税科学发展水平，为建设“四个宁夏”，与全国同步建成小康社会提供有力的支持。

（一）大力组织税收收入

1. 支持地方经济发展，做大地税收入“蛋糕”

税收的重要职能是组织税收收入和调节经济的发展。因此，宁夏地方税收要紧紧围绕自治区党委、政府的经济发展战备部署，自觉地把地税工作融入到地方经济社会发展之中，努力把握好地方税收与经济社会发展的辩证关系，充分发挥好地税职能作用，认真落实各项税收优惠政策，促进地方经济社会全面、协调、可持续发展。同时要始终坚持“依法征税、应收尽收、坚决不收过头税、坚决防止和制止越权减免税”的组织收入原则，通过依法征管，促进了宁夏地税收入质量的同步提高。

2. 创新税源监控手段，提高税收监控能力

创新税收和税源监控体系，用现代化的管理手段和方法，狠抓重点税源，控制固定税源，挖掘潜在税源，抓住机遇税源，研究前瞻税源，建立和涵养梯级税源体系。要加强税收档案数据的分析运用，把握税收工作规律。要加强对影响税收的经济因素、政策因素、征管因素的分析，更加准确地反映相关因素对税收收入的影响程度。要提高分析预测的质量，把握经济税收相关因素的变动规律，准确预测宁夏地税收入的发展变化趋势。

3. 建立收入质量管理机制，保障收入的质量

提高税收计划编制的科学性合理性，积极探索建立收入计划和征管质量双重考核机制。进一步完善收入任务分配机制，落实组织收入工作责任制。加强对缓税、欠税、减免税的核算管理；要完善税款征收缴库办法，严格执行与国库的对账制度和会统核算制度，保证数据的完整性、准确性和实效性；要严格执行票证管理制度，注重抓好税款征收环节的票款管理，落实票款分离措施，保证税收票款安全。

（二）积极推进地方税制建设

宁夏是少数民族地区，位于祖国大西北，是民族地区和西部地区双重身份，属于欠发达地区。因此，必须结合宁夏的实际情况，加强现行民族区域自治地区税收优惠政策及征管措施存在问题的调研，探索设置一些自治地方税种的可能。

完善地方税管理。适当扩大资源税征税范围，改革计征办法。实施城镇建设税费改革。对各类企业和个人实行统一的城镇土地使用税、房地产税、车船税、城市维护建设税制度。加强和改进印花税管理制度，规范征税方式。

规范涉农税收征管，大力促进新农村建设。认真落实各项税收政策，巩固和发展农村税费改革成果，促进农村经济发展和农民减负增收。

（三）全面推进依法治税

积极推进依法行政，进一步深化行政审批制度改革，规范税务机关行政行为，努力建设“行为规范、运转协调、公正透明、廉洁高效”的地税机关。

规范税收执法行为。认真执行税收实体法和税收征管法及其实施细则，切实规范税收执法行为，正确履行职责。规范税务案件审理和税务行政复议与应诉工作，切实保护纳税人的合法权益

全面推行税收执法责任制。深入开展税收执法检查，严格规范执法过错责任追究制度。认真贯彻行政复议法律法规和税务行政复议规则。配合检察机关做好预防税务人员职务犯罪工作。

2015 年 2 月 12 日，自治区主席刘慧到自治区地税局调研

整顿和规范税收秩序，坚决打击各种涉税违法行为。要充分发挥稽查的职能作用，严厉打击偷、逃、骗税行为。深入开展税收专项检查和专项整治，严格实行重大案件曝光制、重大案件集体审理制度。建立健全地税、公安机关联合打击涉税违法犯罪的长效机制。加强与有关部门协调配合，研究完善税收司法保障体系。

（四）全面深化税收征管改革

1. 进一步加强纳税人户籍管理，强化税源监控

认真实施税务登记管理办法，切实加强与国税、工商等部门的联

系，做好税务登记管理工作。加强对纳税人户籍信息的动态管理。建立分税种税源监控和分税种户籍管理制度。建立新增税源大户与现有纳税大户情况报告制度和重点行业税源定期分析监控制度。

2. 全面推行税收管理员制度

制定税收管理员基本制度和相关配套措施。要明确税收管理员的岗位职责、权限，操作规范，细化管理目标，量化工作任务，促进税收管理员提高工作质量。

3. 稳步推进纳税评估工作

进一步完善纳税评估管理办法，制定纳税评估操作规程，稳步推进纳税评估工作。完善各税种的评估指标体系，逐步建立依托信息化手段的纳税评估预警系统。

4. 推广应用税控器具

充分利用现代科技手段监控税源，力争“十三五”期间，在服务业、娱乐业、餐饮业、交通运输业中推广应用税控收款机。加强发票管理工作，加强发票印制、保管、使用的管理，研究和探索扩大发票的使用范围，积极推行发票有奖活动，建立健全发票查询系统，强化安全管理，打击发票违法犯罪活动。

5. 加强办税服务厅服务建设工作

进一步规范办税服务厅功能，建立健全办税服务厅的各项规章制度，完善办税服务厅的服务措施，提高办税服务厅工作人员的业务素质，为纳税人提供多方位的服务内容，切实提高办税服务厅在纳税服务工作中的作用。

6. 推行多种申报和缴款方式

积极推广邮寄申报、电话申报、网上申报等多种申报方式。按照方便、快捷、安全的原则，推广使用支票、银行卡、电子结算等方式缴纳税款。

7. 规范税收征管业务流程

确定税收征管各项业务的岗位职责，科学设置税收征管质量考核评价的指标体系，利用计算机对税收征管质量进行考核评价。进一步明确征收、管理、稽查等环节的职责分工。

8.改进地方税收的征收管理

开展地方税税源登记调查工作。建立健全房产税、城镇土地使用税、车船税等地方税种的税源数据库，并实行动态管理，加强对税源数据的分析比对。完善和规范资源税、印花税、土地增值税、城市维护建设税等地方税的管理办法。进一步做好地方税的代征代扣代缴工作。

9. 加强所得税的管理

按照核实税基、完善汇缴、强化评估、分类管理的总体要求，加强企业所得税管理。加快建立个人收入档案管理制度、代扣代缴明细账制度、纳税人与代扣代缴人向税务机关双向申报制度、与社会各部门配合的协税制度，强化个人所得税管理。

10. 不断改进和优化纳税服务

进一步完善纳税服务制度，规范纳税服务的内容、方式和方法，提高纳税服务水平。推行涉税事项“一站式”服务。进一步清理简并报表资料，减轻纳税人负担。合理简化办税环节，提高办税效率。完善纳税信用等级评定管理办法，建立健全征税信用、纳税信用相结合的税收信用体系。加强税务网站管理，规范“12366”热线服务。落实文明办税，推行“阳光作业”，杜绝“暗箱操作”。

（五）加快推进税收信息化建设

1. 加大计算机设备投入，完善网络基础设施建设，全面推进信息化达标建设工作

继续重点抓好宁夏地税信息系统、办公自动化系统、视频会议系统、视频培训系统、“12366”税务服务系统、集群通信系统等信息化6

个子系统的建设。

2. 加强部门信息协作，实现部门信息共享

整合信息资源，加强与政府及国税、工商、银行、海关、统计、公安、交通等部门的联系，建立数据交换与互联互通渠道，实现信息交换与数据共享，搭建涉税服务、政务管理、办公办会等全方位、多层面的税收执法、行政管理信息平台。

（六）加强政务协作，强化管理，优化服务，构建和谐地税

1. 全方位地加强政务协作

各级地税机关内部各部门之间和各级地税机关之间要加强协作，互相配合，形成合力。同时，加强与发改委、经委、统计局、技术监督局、国税、财政、审计、工商、公安、检察院、纪检监察等有关部门的政务协作，充分利用社会资源促进地税工作。要完善向党委、政府定期汇报制度。要拓宽协作领域，制定和完善有关协作制度，丰富协作内容，提高协作水平，更好地树立地税形象。

2.创新行政管理机制

切实加强办文、办会、宣传、信访、巡视督察、保密、安全和值班工作。加强财务管理工作，强化审计、预算、国有资产管理。做好后勤保障工作，建设节约型机关。规范后勤管理，制定切实可行的后勤管理制度。加强公车使用管理，强化安全教育，消除事故隐患。

3.注重税务文化建设

税务文化是税务部门在长期的税收实践活动中积累的各种物质形式、行为规范、管理制度、价值观念、职业道德等的总和。当前，要以“转变观念、规范管理、提高素质、优化服务、加强协作、科技兴税”为基本内涵，努力构建具有宁夏地税特色的税务文化。

改革开放以来宁夏经济社会发展与财政收入增长的统计学特征和规律

一、规 模

（一）经济规模

1978~2013年，中间相隔35年，宁夏经济和财政实力从弱到强，规模从小到大，发生了令人瞩目的巨变。地区生产总值（GDP）从1978年的13亿元发展到2013年的2565亿元，剔除价格上涨因素，增加了27倍，年均增长10%。[①]宁夏GDP从1978年的13亿元到1993年突破100亿元，中间用了15年时间，从100亿元到1996年突破200亿元，仅仅用了3年时间。从2001年突破300亿元，到2008年突破1200亿元，年均净增加128亿元。从2008年的1200亿元到2013年达到2565亿元，年均净增加273亿元。人均GDP从1978年的366元增加到2013年的39210元，剔除价格上涨因素，增加了15倍，年均增长8.3%。[②]

（二）财政收入规模

财政收入[③]从1978年的5.87亿元发展到2013年的864.93亿元，扣除通货膨胀因素，增长了21倍，年均增长9.2%。[④]宁夏财政收入从

①见《宁夏统计年鉴2014》第86页。宁夏地区生产总值指数，以1978年为基期（1978年=100）的2013年地区生产总值指数为2803.2，即以1978年价格计算的2013地区生产总值是1978年的28.032倍。

②根据《宁夏统计年鉴2014》第248页登载的以1978年为基期的2013年全区居民消费价格指数（CPI）为667.7，以1978年不变价格计算的2013年人均GDP为5872元[=39210×（100/667.7）]。

③本文所涉及财政收入除特别说明外，为地方公共财政收入和中央财政转移支付之和。

④根据《宁夏统计年鉴2014》第248页登载的以1978年为基期的2013年全区居民消费价格指数（CPI）为667.7，以1978年不变价格计算的2013年财政收入为129.54亿元[=864.93×（100/667.7）]。

1978年的5.87亿元到1993年突破20亿元，中间相隔15年，从20亿元到1998年超过40亿元，只用了5年。到2002年突破100亿元大关，相隔仅4年，到2012年达到800亿元，10年间年均增加70亿元，增长势头十分强劲。人均财政收入从1978年的165元发展到2013年的13221元，扣除通货膨胀因素，增加了11倍，年均增长7.5%。①这表明财政收入实际增长率与经济增长率几乎并驾齐驱，一方面充分体现了经济决定财政的内在规律在起作用，另一方面说明，多年来财政管理体制改革能够紧跟经济体制改革的步伐，不断适应经济体制改革的需要，使得财政反作用于经济发展，促进了生产力发展。

二、增长规律

以年份时间序列作为解释变量（t），以生产总值（GDP）和财政收入（REVENUE）作为被解释变量，对1978~2013年宁夏生产总值和财政收入（均为当年值）分别进行回归分析，可以发现，宁夏地区生产总值和财政收入均为年份时间序列的指数函数，且指数变化率一致。从数学角度来看，事物增长规律通常可以用三种函数形式来表达：幂函数（形如 $Y=X^a+C$），对数函数［形如 $Y=\ln(X)+C$］和指数函数（形如 $Y=ce^x$，以上表达式中的C均为常数项），其中以指数函数的增长为最快，被称为爆炸式增长。宁夏经济发展与财政收入模型可以分别用自然指数函数表达如下。

经济发展模型：$GDP=9.0625e^{0.1551t}$ （公式1）

财政收入模型：$REVENUE=2.6068e^{0.1500t}$ （公式2）

其中变量t为年份时间序列（即1978=1，1979=2，…2013=36）。

1978~2013年宁夏生产总值和财政收入实际发展趋势和模型回归见图1。

①计算方法同前。

由图 1 及其所代表的模型可以观察到：

第一，从增长形式看，1978~2013 年宁夏经济发展和财政收入如同从机场起飞的飞机，经历了跑道滑跑、离地、腾飞 3 个阶段，且越飞越高。从规模上来说，生产总值相当于一架大型客机，领先起飞和升空，财政收入相当于一架小型客机，随后起飞和升空，但二者总是存在较大差距。

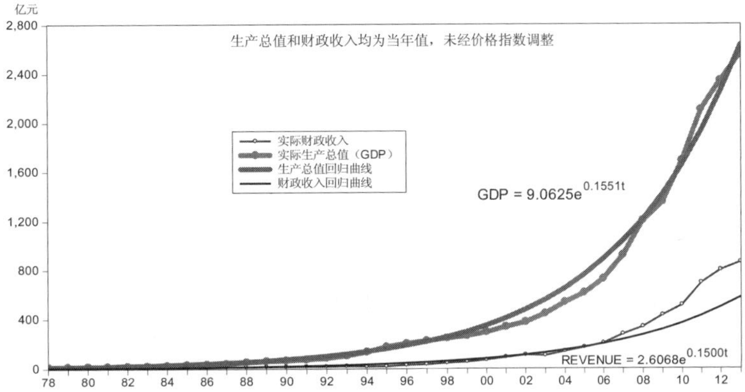

图 1　宁夏经济发展和财政收入增长趋势（1978~2013 年）

第二，从回归曲线与实际发展曲线的拟合程度①看，GDP 拟合优度较好，整体偏差都不大；财政收入前 3/4 时间拟合紧密，后 1/4 时间实际值超过回归值。这种偏差可由多种原因引起，最重要的原因可能是财税政策、财政管理体制等方面的变化。这就相当于飞机在起飞过程中的轨迹不会是一条平滑的曲线，中间可能由于动力、气流、驾驶习惯等方面的原因，使得飞机一定程度上偏离预定轨迹。

第三，从增长率来看，经济增长模型（公式 1）的指数为 0.1551t，这表示 t 每增加 1 个单位，指数会增加 0.1551 即 15.51%，这便是 1978~2013 年宁夏生产总值的平均增长率（边际增长率，未扣除价格上涨因素）。同理，财政收入增长模型（公式 2）的指数为 0.1500t，表示 t 每增加 1 个单位，指数将增加 0.1500（15.00%），这是 1978~2013 年宁夏财政收入的平均增长率（边际增长率，未扣除通货膨胀因素）。经济增长率较

①GDP 模型与实际值的拟合优度 R^2=0.99，财政收入 REVENUE 与实际值的拟合优度 R^2=0.96，表明拟合优度相当好。

财政收入增长率高 0.51 个百分点，差距不显著，二者几乎是并驾齐驱。

第四，由于经济发展模型（公式 1）和财政收入模型（公式 2）对历史数据拟合得很好，因此可以用来预测宁夏未来数年的生产总值和财政收入。其优点是不依赖任何其他未知变量，只需输入年份参数即可得到比较准确的结果。

三、结 构

经济结构是指三次产业各自占 GDP 的比重，财政收入结构主要考察地方公共财政收入和中央财政转移支付各自占总收入的比重。

（一）经济结构

1978 年，宁夏一、二、三产业比重分别为 23.5%、50.8%和 25.7%，这一产业结构与当年全国平均水平基本一致，其特点是第二产业占据生产总值的半壁江山，一、三产业在剩余的一半中又各占半壁江山。到 1979 年，第二产业比重一度达到 51.3%，为历史最高。自 1980 年开始，随着经济工作重点转移和产业结构调整，第二产业所占比重逐年下降，第一、三产业比重开始有了较快上升。第一产业发展到 1983 年比重达到 31.8%，为 1978~2013 年的最大值，随后又开始逐年下降，到 2012 年达到最小值为 8.5%。第二产业比重 1981 年下降到 40%，直至 2002 年的 21 年间，一直在 40%左右小幅震荡，其间最大值为 1993 年的 43.8%，最小值为 1986 年的 37.6%，2003 年达到 43.6%，表明第二产业的又一轮增长开始复苏，到 2008 年达到 50.7%，与 1978 年水平持平，此后直到 2013 年基本在 49%左右小幅摆动。第三产业比重自 1980 年到 2002 年的 22 年间一直在逐年缓慢上升，比重从 27.8%发展到 45.4%，为历史最高水平；自 2003 年开始出现下降，基本在 41%左右小幅摆动，直至 2013 年的 42%。这些数字虽然看上去很枯燥，然而其中蕴含着丰富的政治、经济和社会等领域的变革内容，意义深远。上述变化趋势见图 2。

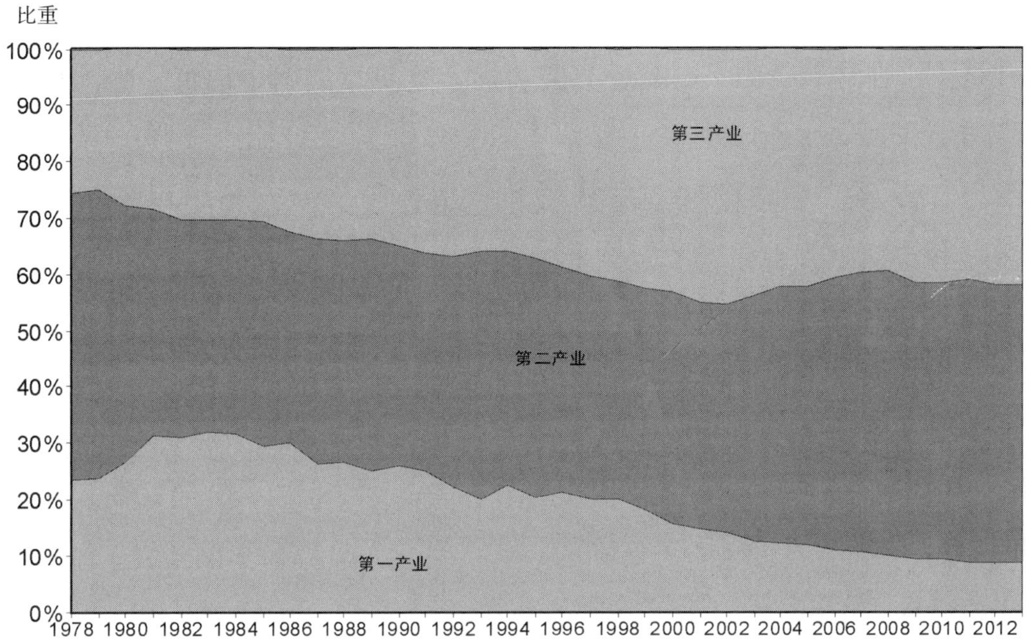

图 2　宁夏产业结构变化（1978~2013 年）

（二）财政收入结构

财政收入结构主要取决于财政管理体制和财政收入占 GDP 的比重，是中央和地方分配关系的直接反映。从地方角度来说，总是希望中央财政转移支付所占比重越大越好。1978 年，宁夏地方财政收入和中央财政转移支付分别占总收入的 53.8%和 46.2%，是转移支付比重最低的年度之一。1980 年，开始执行“划分收支、分级包干”财政管理体制，并对民族自治区制定若干优惠政策，如对民族地区的补助每年递增 10%，设立支援不发达地区发展资金等。从这年起，转移支付比重开始上升，到 1983 年达到 75.4%，然后开始连年下滑，到 1993 年达到历史最低的45.8%。

虽然在这期间财政管理体制几经调整，但改变不了“两个比重”（全国财政收入占 GDP 的比重和中央财政收入占全国财政收入的比重）连年下降的现实。中央财政既要提供维持中央政府及其所承担职能运转所需财力，又要极力满足对下转移支付的需求，在财力上日益显得捉襟见肘。在这样的情况下，中央财政对地方的转移支付比例越来越少。也就是说，在这期间中央财政转移支付所占比重与“两个比重”是同步下降的，“两个比重”下降是导致中央财政转移支付比重下降的直接原因。1993年，中央酝酿分税制财政管理体制改革方案，算账基数以1993年决算数为准，各地纷纷采取措施加大财政收支规模。这一年，宁夏地方财政收入比重达到54.2%，为历史最高；相应地，中央财政转移支付比重降为45.8%，为历史最低。1994年开始分税制改革，“两个比重”得到有效改善，中央财政转移支付比重也随即上升，达到67.7%，接连几年出现下滑，1998年止跌为升，直到2010年一直在70%上下摆动，2011年起又呈现较快下降的态势，降至2013年的64.4%。上述变化趋势见图3。

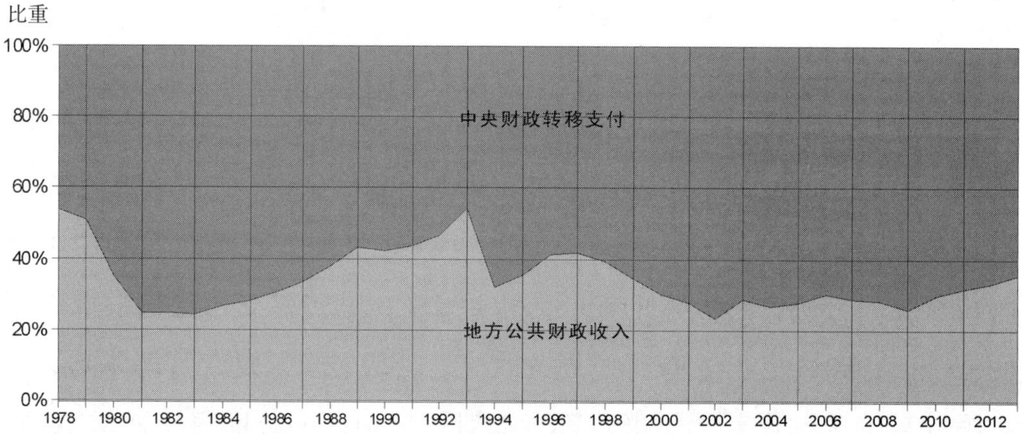

图3　宁夏财政收入结构变化（1978~2013年）

分析中央财政收入占全国财政收入的比重，以及中央财政转移支付占宁夏财政收入的比重，可以得出一个重要的结论，那就是，后者的比重与前者密切相关，前者上升，后者随之上升，前者下降，后者也随之下降。

四、财政收入占 GDP 的比重

财政收入占 GDP 的比重是衡量一国或一个地区政府所集中的国民收入的尺度，表示新增财富向政府的集中程度，国际上称之为“宏观税负”。财政收入占 GDP 的比重高，表示政府的财力相对充裕，宏观调控能力强，能够为居民提供更多的公共产品和服务，但同时也意味着该国居民收入在国民收入中所占份额相对减少了。我国目前实行分税制财政管理体制，财政收入分布在中央和地方各级政府，如果要准确计量地方财政收入占 GDP 的比重，地方财政收入不仅要包括地方公共财政收入，还应当将中央财政向地方的转移支付包括进来。平均而言，1978~2013 年，35 年间宁夏财政总收入占 GDP 的比重为 30%，其中宁夏地方公共财政收入占 GDP 的比重为 10%，中央财政转移支付占 GDP 的比重为 20%。

（一）宁夏财政收入占 GDP 比重发展趋势

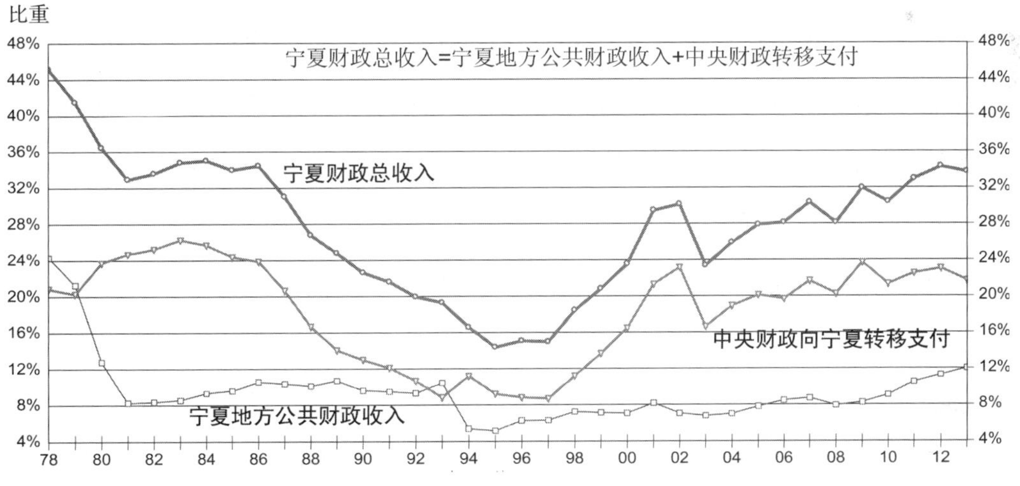

图 4 宁夏财政收入占 GDP 比重发展趋势（1978~2013 年）

通过分析财政收入占 GDP 比重的历年数据，可以分别看到宁夏财政总收入、中央财政转移支付、宁夏地方公共财政收入各自占宁夏 GDP 的比重，自 1978 年到 2013 年 35 年间的发展趋势。现分别予以分析。

第一，宁夏财政总收入占 GDP 比重，35 年间总趋势呈 V 字形走向。宁夏财政总收入由宁夏地方公共财政收入和中央财政转移支付两部分构成，故宁夏财政总收入占 GDP 的比重为两部分收入各自占 GDP 的比重之和，二者的变化均会对总收入占 GDP 的比重产生影响。1978 年，宁夏财政总收入占 GDP 的比重为 45.2%，为 1978~2013 年 35 年间的最大值，随后 3 年出现急剧下降，到 1981 年降到 33%，直到 1986 年一直稳定在 34%上下。1987~1997 年一直在下滑，从 31%下滑到 15%。1998 年开始出现好转，到 2013 年总的趋势是上扬，虽然中间有波折。值得注意的是，从 2006 年开始出现锯齿状波动，如 2006~2013 年 8 年间的数据分别为 28.1%、30.4%、28.1%、31.9%、30.4%、33.0%、34.3%、33.7%，虽然总体趋势是上升的，但不是直线上升，而是螺旋式上升。

第二，宁夏地方公共财政收入占 GDP 的比重，35 年间基本呈 L 形走向。以 1978 年为起点开始急剧下行，从 24.3%降至 1982 年的 8.3%，4 年下降 16 个百分点。1983 年开始缓慢回升，至 1993 年基本在 10%上下小幅波动。1994 年猛跌至 5.4%，1995 年进一步跌至 5.1%，为 35 年间的最小值。1996 年止跌回升，到 2010 年达到 9.1%，其间基本在 7%上下波动。2011 年开始有了起色，从 10.5%爬升到 2013 年的 12.0%，每年上升 1 个百分点。

第三，中央财政转移支付占 GDP 的比重，走向与宁夏财政总收入占 GDP 的比重一致，基本呈 V 字形。由于中央财政转移支付占宁夏财政总收入的比重平均接近 70%，所以前者的走向决定着后者的走向。除了 1978、1979、1993 年 3 个年份中央财政转移支付占 GDP 的比重（20.8%、20.3%、8.8%）低于宁夏地方公共财政收入占 GDP 的比重（24.3%、21.2%、10.5%）外，其余年份前者均高于后者。1978~1987 年 10 个年份前者均保持在 20%~28%，1988~2000 年 13 个年份保持在 9%~17%，2001~2013 年 13 个年份平均在 20%。

（二）宁夏与全国财政收入占各自 GDP 比重的比较

此分析的目的是为了厘清与全国平均水平相比，宁夏的状况如何。

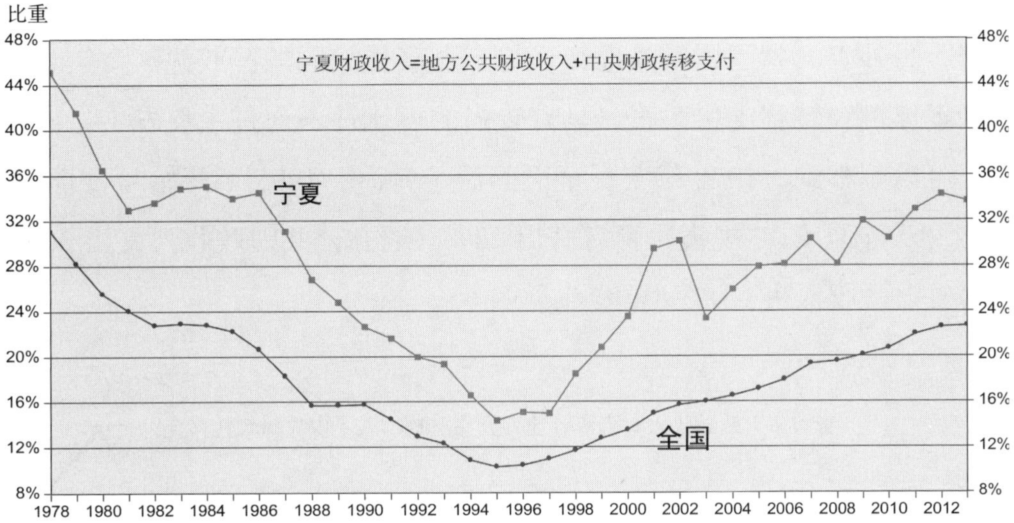

图 5 全国和宁夏财政收入占各自 GDP 比重对比（1978~2013 年）

通过图 5 可以看出，虽然全国财政收入占 GDP 比重的走向与宁夏基本一致，但前者是平缓的 V 字形，宁夏的 V 字形中间伴有波折。这是因为就全国总体而言，为了保证全国改革顺利进行，照顾到各方利益均衡，国家的财政管理体制改革是渐进式的，避免了大起大落而引起的震动和冲击。从全国来看，1978 年财政收入占 GDP 的比重为 35 年中的最大值，达到 31.1%，然后一直缓慢下降，1995 年达到最小值 10.3%，1996 年又开始缓慢回升，发展到 2013 年的 22.7%。如前所述，平均而言，1978~2013 年 35 年间宁夏财政总收入占 GDP 的比重为 30%，其中宁夏地方公共财政收入占 GDP 的比重为 10%，中央财政转移支付占 GDP 的比重为 20%。从图 4 和图 5 看以看出，中央财政对宁夏转移支付占宁夏 GDP 的比重与全国财政收入占全国 GDP 的比重相当，平均在 20%左右，走向也相当接近；而宁夏财政总收入占 GDP 的比重平均比全国高 10 个百分点，这 10 个百分点正好是宁夏地方公共财政收入所贡献。

（三）宁夏与青海省财政收入占各自 GDP 比重的比较

选择青海省作为参照目标，是因为青海与宁夏同处西北不发达地区，从历史上看，青海省的人口、经济社会发展水平等指标与宁夏基本相当，另外青海省同属民族地区，与宁夏享受相同的民族优惠政策、财政管理体制和转移支付政策，具有较强的可比性。通过主要发展指标对比，可以观察到，1978 年宁夏全面落后于青海，1995 年开始超过青海，2013 年，宁夏 GDP 规模比青海高出 22%，地方公共财政收入高出 38%。青海省财政收入占 GDP 比重变化见图 6。

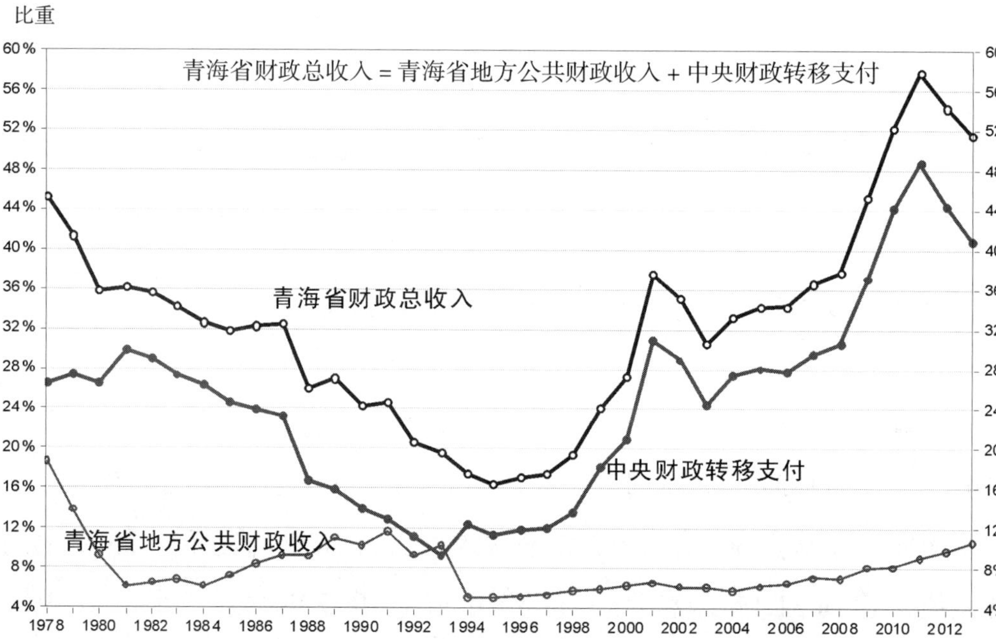

图 6　青海省财政收入占 GDP 比重发展趋势（1978~2013 年）

从大趋势来看，1978~2013 年，青海省财政总收入和中央财政转移支付占 GDP 比重的特点是：走向同步、趋势一致，图形呈 V 字形。地方公共财政收入占 GDP 的比重基本呈 L 形。3 条曲线的形状与宁夏（见图 4）极为相似。但仔细观察会发现，虽然在绝大部分年份青海省地方公共财政收入的绝对值小于宁夏地方财政收入，地方公共财政收入占

GDP 的比重同样也小于宁夏，但中央财政对青海省转移支付数额一直高于对宁夏的转移支付数额，从而引起青海省财政总收入及其占 GDP 的比重也一直高于宁夏。这种差距自 1994 年分税制财政体制改革后呈现逐年加大的趋势。1994 年，中央财政对青海和宁夏转移支付分别为 17.19 亿元和 15.01 亿元，差额为 2.18 亿元，占中央对宁夏转移支付的 14.5%。2013 年，中央财政对青海和宁夏转移支付分别为 859.40 亿元和 556.59 亿元，差额扩大到 302.81 亿元，占中央对宁夏转移支付的 54.4%。

五、财政收入状况的国际比较

本文选择经济合作与发展组织（OECD，以下简称“经合组织”）及其部分成员国作为比对样本。经合组织由 34 个成员国组成，成员国既有发达国家，如北欧、西欧、北美国家，也有中等发达国家，如智利、爱沙尼亚、斯洛文尼亚，还有发展中国家，如墨西哥、土耳其，因此 OECD 国家样本具有广泛性和代表性。由于国情、会计制度、统计制度、货币制度、汇率等方面的差异，各国的统计数据口径千差万别，为了使核算和统计制度统一起来，OECD 设计了统一的国家账户核算体系（SNA），因此 OECD 公布的统计数据具有较强的可靠性和可比性。

为了使国内外数据具有可比性，中国和宁夏 GDP 及财政收入换算统一使用 OECD 数据库中的购买力平价（PPP）美元比率（见表 1）。购买力平价美元比率是为了进行国际间经济指标比较而设计出的一套比价制度，是在不同的国度购买同“一篮子”物品和服务的成本所形成的本币与美元的比值，购买力平价又称为“国际美元”。这种比价消除了各国官方汇率中所承载的政策性因素和通货膨胀因素，能够无差别地进行国际比较。按照国际上的一致看法，中国官方公布的汇率低估了人民币实际价值，而国内专家普遍认为 PPP 法高估了人民币实际价值。2013 年，OECD 数据库中 PPP 法估算的比率为 1 国际美元=3.52 人民币元。

表 1　全国及宁夏大口径财政收入指标计算表

(2013 年)

序号	指　标	单　位	全　国	宁　夏	算　式
1	财政收入合计	亿元	219186	1234	= 项 2 至项 7 合计
2	税收收入	亿元	110531	238	
3	社保基金收入	亿元	35994	167	
4	非税收入	亿元	18679	63	
5	政府性基金收入	亿元	52269	201	
6	国有资本经营收益	亿元	1713	8	
7	中央财政转移支付	亿元	/	557	
8	国内生产总值(GDP)	亿元	568845	2565	
9	财政收入占 GDP 比重	%	38.5	48.1	=(项 1/ 项 8) × 100
10	年末总人口	万人	136072	654	
11	人均 GDP	人民币元 / 人	41805	39209	= 项 8 × 10000/ 项 10
12	人均财政收入	人民币元 / 人	16108	18863	= 项 1 × 10000/ 项 10
13	PPP 美元兑换率	1 国际美元：人民币元	3.52	3.52	
14	人均 GDP	国际美元 / 人	11876	11139	= 项 11/ 项 13
15	人均财政收入	国际美元 / 人	4576	5359	= 项 12/ 项 13

数据来源：PPP 美元兑换率：OECD 网站 http://www.oecd-ilibrary.org/

(一) 全国

1. 税收收入和非税收入:《中国财政年鉴 2014》“2013 年全国公共财政预算决算收支表”。
2. 社保基金收入:《中国财政年鉴 2014》“2013 年全国社会保险基金收支决算情况总表”。
3. 政府性基金收入:《中国财政年鉴 2014》“2013 年全国政府性基金预算决算收支表”。
4. 国有资本经营收益:《中国财政年鉴 2014》“2013 年全国国有资本经营预算决算收支表”。
5. GDP：国家统计局《中国统计年鉴 2014》。
6. 年末总人口：国家统计局《中国统计年鉴 2014》。

(二) 宁夏

1. 税收收入、非税收入、国有资本经营收益、中央财政转移支付：《中国财政年鉴 2014》“2013 年宁夏回族自治区公共财政预算收支决算总表”。
2. 社保基金收入：宁夏财政厅编印，《宁夏财政 2014》。
3. 年末总人口：宁夏统计局《宁夏统计年鉴 2014》。

（一）财政收入的范围和结构

按照OECD统计口径，OECD国家财政收入主要包括税收、社会保障缴费、赠款和其他收入。[①]赠款是指外国政府和国际组织无偿支付的援助款项，其他收入指政府取得的非税收入（如使用费、资源占用费等）。可见OECD国家财政收入是范围比较宽泛的全口径财政收入，将政府名下的所有收入都囊括进去了。2013年，OECD国家税收收入（含社会保障缴费）的1/3为所得税，1/3为货物税和服务税，1/4为社会保障缴费（或社会保障税），剩余的来自于其他税（如财产税、契税等）。为了使财政收入具有可比性，中国和宁夏财政收入使用了与OECD基本一致的口径，除了包括税收和社会保障缴费外，“赠款和其他”一栏还包括非税收入、政府性基金收入、国有资本经营收益，即我国新《预算法》所规定的4本预算中的3本预算收入之和。宁夏还包括中央财政转移支付。由于资料缺乏，中国和宁夏财政收入中未包含外国政府和国际组织赠款。

表2 中国、宁夏与部分OECD成员国财政收入状况比较

（2013年）

国别	财政收入占GDP比重（%）	人均GDP（美元/人）	人均财政收入（美元/人）	政府财政收入结构（%）		
				税收	社会保障缴费	赠款和其他
丹麦	56.0	43811	24534	84.9	2.0	13.1
挪威	55.4	65597	36341	56.0	17.2	26.8
芬兰	52.2	42188	22022	56.3	23.2	20.5
瑞典	51.9	44667	23182	76.8	9.0	14.1
比利时	51.5	41899	21578	59.4	32.2	8.3
法国	49.6	40147	19913	54.3	35.6	10.1

①OECD关于财政收入的统计口径与国际货币基金组织（IMF）颁布的《政府财政统计手册2001》定义的口径一致。见《中国财政情况（2013~2014）》，经济科学出版社，第63页。

续表

国 别	财政收入占 GDP 比重 (%)	人均 GDP (美元/人)	人均财政收入 (美元/人)	政府财政收入结构 (%)		
				税 收	社会保障缴 费	赠 款和其他
意大利	48.0	34833	16720	62.6	27.9	9.5
德 国	44.5	43081	19171	51.4	37.2	11.3
卢森堡	44.4	90755	40295	62.9	27.7	9.4
波 兰	38.2	23696	9052	51.1	34.6	14.3
澳大利亚	34.0	44753	15216	81.2	0.0	18.8
日 本	33.9	36204	12273	52.1	38.3	9.6
瑞 士	33.6	56940	19132	61.3	20.2	18.5
韩 国	33.1	33085	10951	55.0	23.4	21.6
美 国	33.1	53063	17564	59.5	20.0	20.5
墨西哥	24.5	16914	4144	51.0	7.7	41.3
OECD 加权平均	37.7	39395	14852	58.5	25.2	16.3
中 国	38.5	11876	4576	50.4	16.4	33.2
宁 夏	48.1	11139	5359	19.3	13.5	67.2

1. OECD 成员国及其加权平均数据摘自 OECD 网站《OECD 政府概览 2015》。
2. OECD 加权平均是其全部 34 个成员国加权平均。
3.中国及宁夏数据根据《中国统计年鉴》《中国财政年鉴》《宁夏统计年鉴》等的数据换算。
4. 本表中的美元是以购买力平价法（PPP）计算的国际美元。
5. OECD 统计数据库公布的中国 2013 年 PPP 换算率为 1 国际美元兑换 3.52 元人民币。
6. 中国“赠款和其他”一栏包括非税收入、政府性基金收入和国有资本经营收益。
7. 宁夏“赠款和其他”一栏包括非税收入、政府性基金收入、国有资本经营收益和中央财政转移支付。

从财政收入结构来看，平均而言，OECD 国家的税收提供了财政收入的最大份额，平均为 58.5%，其次是社会保障缴费，占 1/4，其他占 16.3%。但在 OECD 国家之间，结构差异比较悬殊。如丹麦和澳大利亚更多地依赖税收，占总收入的 80%以上；德国和日本比较多地依赖社会保障缴费，占总收入的 37%以上；而墨西哥和挪威则较多地依赖非税收

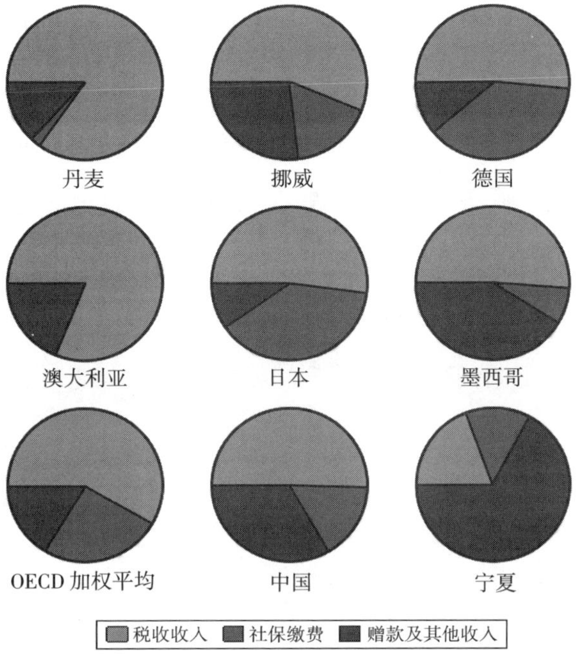

图 7　中国、宁夏与 OECD 部分成员国财政收入结构比较（2013 年）

入，占总收入的 25%以上，主要来自于石油资源所提供的收益。2013 年，中国税收和社会保障缴费占财政总收入的比重分别为 50.4%和 16.4%，均低于 OECD 平均水平，而其他收入占比为 33.2%，高出 OECD 平均水平一倍，这说明中国比起 OECD 来说，收入更多地依赖非税收入。由于中国实行分税制财政体制，地方经济增量产生的税收分别归属中央和地方，因此地方税收占财政收入的比重偏低，不能反映税收贡献的全貌。2013 年，宁夏地方税收占比仅为 19.3%，社保缴费收入占比为 13.5%，略低于全国平均水平，更低于 OECD 平均水平，而其他收入占比高达 67.2%，显示宁夏财政收入高度依赖中央财政转移支付。

（二）财政收入占 GDP 的比重（宏观税负）

2013 年，OECD 国家政府财政收入占 GDP 比重平均为 37.7%，稍低于世界平均水平的 38.4%。①但在 OECD 国家之间，差异还是很明显的。

①《中国财政情况（2013~2014）》，经济科学出版社，第 64 页。

一方面，丹麦、挪威、芬兰、法国、瑞典和比利时等国财政收入比重超过50%；另一方面，澳大利亚、韩国、日本、瑞士和美国的比重在1/3左右，最低的是墨西哥，仅占1/4。2013年，中国财政收入占GDP的比重为38.5%，与世界平均值基本持平，高于OECD平均值0.8个百分点；而宁夏的比重为48.1%，分别高于世界、全国和OECD平均水平，与意大利48.0%的水平相当，这意味着中央财政对宁夏的转移支付提高了宁夏财政收入占GDP的比重。

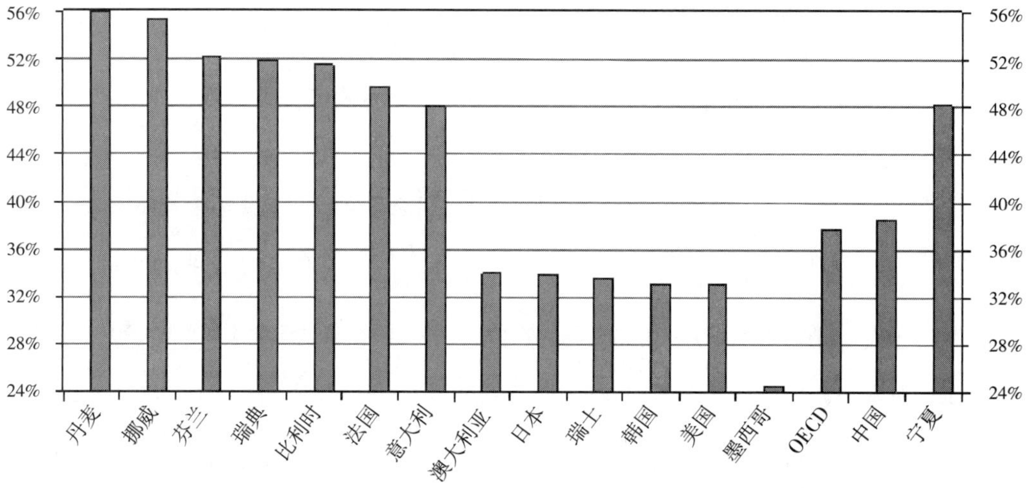

图8　中国、宁夏财政收入占GDP比重与OECD部分成员国比较（2013年）

（三）人均财政收入

人均财政收入为财政总收入除以年末常住人口数，再按购买力平价（PPP）换算成国际美元。2013年，OECD国家人均财政收入平均水平为14852国际美元，这一水平甚至比中国人均GDP还要高，这一方面表明中国人口基数高的现实情况，虽然按PPP计算的经济总量已经跻身世界第二，但人均水平仍然很低，另一方面反映了中国劳动生产率与OECD平均水平相比有很大差距。OECD人均财政收入最高的两个国家是卢森堡和挪威，分别为40295国际美元和36431国际美元。东欧国家人均财政收入相对而言要低一些，均在10000国际美元上下。墨西哥人均财政

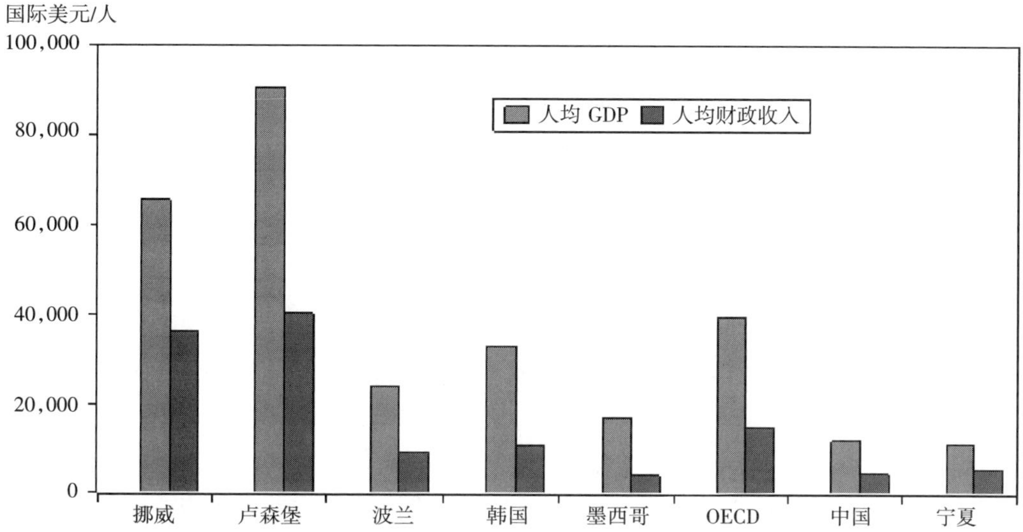

图 9　中国、宁夏人均 GDP 和财政收入与 OECD 部分成员国比较（2013 年）

收入在 OECD 国家中最低，为 4144 国际美元。

2013 年，宁夏人均 GDP 为 39210 人民币元，稍低于全国平均水平 41805 人民币元。宁夏和全国人均财政收入分别为 18863 人民币元和 16108 人民币元，宁夏比全国平均水平高 17.1 个百分点。按照 PPP 法 1 国际美元=3.52 人民币元的比率，宁夏和中国人均财政收入分别为 5359 国际美元和 4576 国际美元。宁夏水平为 OECD 平均水平的 36%，仅比墨西哥稍高，低于 OECD 倒数第二的波兰，还不到韩国的一半。因为本文集中讨论财政收入，故不对财政支出展开讨论，OECD 财政支出结构见脚注①。

纵向来看，改革开放以来宁夏财政收入随着经济的快速增长和总量的增加发生了翻天覆地的变化，但横向来比，虽然宏观税负（全口径财政收入占 GDP 比重）已经达到 48.1%，高于全国、世界和 OECD 平均水

①2013 年，按功能科目分类，OECD 国家加权平均财政支出结构：一般公共服务 13.8%，国防 5.5%，公共安全 4.4%，经济事务 9.5%，环境保护 1.2%，住房和社区福利设施 1.5%，医疗保健 17.7%，文化娱乐和宗教 1.5%，教育 12.5%，社会保障 32.4%。

平，但人均财政收入仅相当于OECD平均水平的36%，这反映了宁夏劳动生产率水平与国际水平相比还有很大差距，宁夏产业结构中劳动密集型和低附加值产业占主导地位，降低了劳动生产率和全要素生产率水平。

六、对策建议

（一）改革财政收入增长率核算办法

从剔除了价格上涨因素计算的实际增长率来看，1978~2013年，宁夏GDP年均增长率和财政收入年均增长率分别为10%和9.2%，后者略低于前者。从宁夏经济发展模型和财政收入模型得到未剔除价格上涨因素的年均增长率（名义增长率）分别为15.51%和15.00%。这说明，无论实际增长率还是名义增长率，财政收入年均增长率都低于GDP增长率。然而，每年政府工作报告和统计资料公布的财政收入增长率均比GDP增长率高出许多，财政收入超经济增长一度成为理论和实际工作者的热门话题。实际上，不论全国和地方，财政收入超经济增长是一种假象，重要原因之一是每年公布的GDP增长率是按可比价格计算的，剔除了价格变动因素，而财政收入增长率是按现价计算的，未剔除价格变动因素，使财政收入增长率中含有一定的“水分”，致使水涨船高。为了消除财政收入超经济增长的误解，应该挤出财政收入增长率中的“水分”，恢复其本来面目。建议财政部和国家统计局规范全国财政收入增长率的核算方法，统一按可比价格计算财政收入增长率。

（二）提高中央财政收入占全国财政收入的比重

中央财政转移支付占地方财政总收入的比重，与中央财政收入占全国财政收入的比重密切相关。1994年分税制财政体制改革以前，“两个比重”连年下降，直接导致中央财政转移支付占地方财政总收入的比重同步下降。分税制改革后形势有所好转，但对于西部不发达省区经济社会的发展需求来说仍然不足。为了确保中央财政有足够的财力实施宏观调控、维持横向财力平衡和财政公平，建议继续完善分税制财政体制，调整财政收入结构，进一步提高中央财政收入比重。

（三）与国际接轨，使用全口径财政收入统计指标

目前，国内计算财政收入规模及其占 GDP 的比重，普遍使用公共财政收入数据。此口径的财政收入仅包括税收收入和部分非税收入，没有包括政府性基金收入、社保基金收入和国有资本经营收益，与国际货币基金组织和 OECD 财政收入统计口径有很大差距，不能反映政府全部收入，不利于国际比较。例如，2013 年公共财政收入占 GDP 的比重全国为 22.7%，宁夏为 12%。而按照全口径计算，全国财政收入占 GDP 比重为 38.5%，已经与世界平均水平持平，高于 OECD 水平；宁夏为 48.1%，高于世界平均水平和 OECD 水平。目前的核算办法低估了我国财政收入占 GDP 的比重，容易造成错觉和决策失误。

（四）提高知识和技术对产业发展的贡献率

宁夏经济发展特征属于典型的资源输出型、产成品和技术输入型的产业结构，也就是低附加值输出、高附加值输入，在产业链中处于上游初级原材料和中间产品供应端，以及下游的消费端，缺乏中间制造和转化端产业。在“十三五”时期，经济发展的关键是抓住全国新一轮产业结构调整的机遇，转变经济发展方式，弥补中间制造和转化产业的短板，同时，利用信息技术突飞猛进的机遇，大力发展电子商务、互联网金融等，提高第三产业增加值在 GDP 中的比重，提高第二产业和第三产业发展中的知识与技术贡献率，缩短与沿海地区的时空差距。

（五）克服“中等收入陷阱”

1978 年以来，改革开放一直是经济发展的原生动力，改革的目的就是要解除体制机制对经济发展的束缚，再加上社会各界求发展、变现状、图创新的呼应，形成了全国和宁夏生动活泼的改革、开放、发展局

面。财政部原副部长金立群提出①，在分析经济增长的长期趋势时，可使用以下公式：一国潜在经济增速等于劳动生产率增速加上劳动力供给增速。2011~2014年，我国劳动生产率增速下降明显，加上人口老龄化、劳动力供给减少，都是导致经济增速下滑的重要因素。要维持经济中高速发展，除了放开生育政策、提高人口素质、大力普及职业教育，还必须继续坚定不移地深化改革，努力挖掘改革红利，同时要探索和启动新一轮体制机制改革，才能保持经济发展动力不衰，增速不减，从而避免落入“中等收入陷阱”。

（六）对于“十三五”规划目标的预期

《中共中央关于制定国民经济和社会发展第十三个五年规划的建议》提出，“经济保持中高速增长，到2020年国内生产总值和人均收入比2010年翻一番。”宁夏回族自治区主席刘慧在2015年政府工作报告中提出“十三五”经济社会发展主要目标：“到2020年，地区生产总值在2010年的基础上翻一番，年均增长7.5%以上，地方一般预算收入与经济增长同步。”

2010年，宁夏生产总值为1689.7亿元，到2020年翻一番为3379.4亿元。实际上，2015年宁夏GDP已经达到2900亿元。据此计算，“十三五”时期GDP年均名义增长率保持在3.1%即可实现规划目标。如果宁夏财政总收入在2010年基础上也翻一番，即财政总收入达到1028亿元（2010年为514亿元），则此目标2015年已经实现（1063.3亿元）。同样，地方一般预算收入在2010年基础上翻一番的目标为307.2亿元，这个目标已在2013年实现（308.3亿元）。

（七）保持中高速增长的财政政策

经过多年高速增长，2013年始，宁夏和全国经济走势一样，增速有

①见2015年8月11日《人民日报》，中国如何跨越“中等收入陷阱”。《新华文摘》2015年第21期转载。

所放缓，实际增长率为 9.8%，2014 年进一步降低到 8%，2015 年增长率为 8%左右，经济发展进入中低速增长的“新常态”已经显现。要实现“十三五”规划目标，缩小与沿海地区差距，全面实现小康，宁夏必须继续保持经济中高速增长。为了达到此目标，除了宁夏自身继续进行体制机制改革外，还要依靠中央财政进行顶层设计，从上到下同步转变工作重点，从过去的财政支出端着力转变为从财政收入端着力，辅之以其他宏观调控手段，发挥宏观经济政策“稳定器”的作用，努力扭转经济下行趋势。一是调整国民收入分配结构，减税降费，降低宏观税率，相对增加企业和居民分配份额，以刺激经济增长。二是调整财政收入结构，提高国有资本经营效率和对财政收入的贡献率；增加对存量资产的课税（如房地产税、资源税等），降低对经济增量的课税和收费（如增值税、营业税、部分政府性基金等），减轻经济上行阻力。三是提高财政支出效率，继续挖掘存量资金潜力，缓解财政收入压力。四是完善社会保障体系，提高社会保障支出占财政支出的比重，扩大社会保障覆盖面、提高标准，释放消费潜力，拉动经济增长。

参考文献

[1] 中国经济体制改革研究会. 中国改革开放大事记(1978~2008)[M]. 北京:中国财政经济出版社,2008

[2] 黄杰华. 改革开放以来财政体制改革历程:一个文献综述[J]. 改革,2014(11):74~79

[3] 李萍. 财政体制简明图解[M]. 北京:中国财政经济出版社,2010

[4] 财政部综合计划司. 中华人民共和国财政史料(第一辑):财政管理体制(1950

~1980)[M]. 北京:中国财政经济出版社,1982

[5] 谢旭人. 中国财政管理[M]. 北京:中国财政经济出版社,2011

[6] 李嫣怡等. EViews 统计分析与应用(修订版)[M]. 北京:电子工业出版社,2013

[7] 李双元,刘成玉. 经济体制改革的演变历程和经验总结[J]. 青海社会科学,2014(2)

[8] 许宪春. 中国国内生产总值核算[J]. 经济学季刊,2002(10)

[9] 许宪春. 国内生产总值价格指数和物量指数[J]. 中国统计,2002(5)

[10] 应小陆,徐双泉. 中国税制[M]. 北京:中国财政经济出版社,2012

[11] 袁卫等,统计学[M]. 北京:中国统计出版社,1992

[12] Damodar N. Gujarati, Dawn C. Porter. 计量经济学基础[M],北京:中国人民大学出版社, 2011

[13] OECD. Government at a Glance 2015 [M]. Paris: OECD Secretariat, 2015

[14] 宁夏统计局. 宁夏统计年鉴[M]. 北京:中国统计出版社,2000,2006,2012,2014

[15] 青海统计局. 青海统计年鉴[M]. 北京:中国统计出版社,1990,2014

[16] 中国财政杂志社. 中国财政年鉴[M]. 北京:中国财政杂志社,2014

地 方 篇

银川市财税改革与发展史研究

财政是国家治理的基础和重要支柱。财政不仅影响着国家政权的生存、运行及其发展，也关乎着整个社会状态的形成和普通百姓的生活。它涉及社会生产、消费、分配等方方面面。党的十八届五中全会指出，要深化财税体制改革，建立健全有利于转变经济发展方式、形成全国统一市场、促进社会公平正义的现代财政制度，建立税种科学、结构优化、法律健全、规范公平、征管高效的税收制度。

党的十一届三中全会以来，改革的浪潮席卷中国，银川市的财税状况也随之发生了翻天覆地的变化，这种变化涉及的面很宽，范围很广，深入到了社会的各个方面及领域。

一、改革发展历程

新中国建立后，全国大部分地区实行统一的政治经济体制，并对少数民族地区实行民族区域自治制度。1949~2014 年的 65 年间，银川市的财税体制与全国各地一样，经历了几次大的变化，大致可分为五个时期。

第一时期为新中国建立初期，全国实行高度集中的财政体制，全国的财力全部集中在中央和大区。银川市为一县级市，银川市财政部门即银川市财政科，只是一个报账单位，一切支出实行统报统销。

第二时期为“第一个五年计划时期”。1953 年，国家进行有计划的经济建设和社会主义改造，为适应新的形势，中共中央决定将中央、大行政区和省三级财政改为中央、省、县三级财政，实行“统一领导，分级管理”的财政体制。1953 年 1 月，银川市财政成为“岁入岁出、统收统支、自求平衡”的一级财政，同时建立银川市一级金库。

第三个时期为 1958~1979 年，1958 年宁夏回族自治区成立，银川市成为自治区首府。自治区实行民族区域自治制度，自治区政府对银川市实行“固定收入比例分成”的财政体制，银川市财政有了一定的理财自主权。

第四个时期是改革开放后的 1979~1993 年，计 17 年。实行“分灶吃饭”的财政体制。

第五个时期从 1994 年至今，实行“分税制”财政体制。

（一）实行“分灶吃饭”财税改革历程（1978~1993 年）

党的十一届三中全会以后，党的工作重心转移到经济建设上来，经济体制改革开始起步，并以财政体制改革为突破口。1979 年实行的财政体制改革，主要涉及中央政府与地方政府、政府与企业这两组关系。

中央政府与地方政府的财政体制改革主要包括：一是财力分配关系由“一灶吃饭”变为“分灶吃饭”；二是财政收支定额由“一年一定”改为“五年一定”；三是财政收入分配由“总额分成”改为“分类分成”，具体做法是把财政收入分为固定收入、固定比例分成收入和调剂收入三类，划分中央政府与地方政府的收入，支出按隶属关系安排支出。政府与企业之间的分配关系，由“企业利润全缴、支出财政核拨”变为“企业照章纳税，利润按比例分成”，即后来实施的国有企业两步利改税等改革。

1. 财政体制改革历程

（1）银川市级财政体制变化情况。1980 年，宁夏回族自治区政府根据中央的改革精神，对全区市县政府也实行了“划分收支、分级包干、一定五年、分灶吃饭”的财政体制改革，基本上是“一县（市）一策”

的办法。针对银川市，财政收入被分为固定收入和调剂收入两类，固定收入包括企业收入、工商所得税收入、农业税收入、其他工商税收入及其他收入等五项，调剂收入为工商税收入调剂分成。支出范围以隶属关系划分，不宜包干的专项款（如救济救灾等）由自治区财政支出。工商税分成比例，由自治区财政厅核定银川市年均支出基数和固定收入之差与银川市所收的工商税总额的比值。1980 年，银川市财政支出基数为 2632.8 万元，固定收入为 1119.9 万元，两者之差为 1515.8 万元，上年银川市工商税总额为 4237.8 万元，故工商税调剂分成比例为 35.7%。

1982 年，银川市财政支出增加了民办教师补助、赤脚医生补助和其他补助 28.5 万元，同时固定收入因交通企业上划自治区而减少企业收入 55.9 万元，故工商税调剂分成比例调整为 37.8%。

1983 年，银川市财政所得工商税调剂分成比例改为 37.5%。其原因：一是农业税减免 6.6 万元和医药企业上划自治区减少企业收入 2.2 万元，两项使固定收入减少 8.8 万元；二是工商税调整后减少 150 万元，同时酒税上划自治区财政，减少银川市财政收入 250 万元；三是支出基数下降了 115.5 万元，其中小型农田水利支出上划减少市级财政支出 57 万元，中央借款减少支出 75 万元，税务经费支出增加 16.5 万元。

1984 年，银川市财政支出基数因税务费上划和收审队下划相抵减少支出 14.1 万元；固定收入因下划企业亏损，供销社上划及农业税不再减免，恢复原税额，减少收入 311.4 万元，故工商税调剂分成比例调增为 45.2%。

1985 年，第一个“分级包干，一定五年”（1980~1984 年）的办法到期，为了适应企业利改税（企业上缴财政利润改为缴纳企业所得税）的第二步改革要求，自治区政府决定，从 1985 年起，对各市县实行“划分税种、核定收支、分级包干、一定五年”的财政体制。具体划分为：

收入划分。一是自治区固定收入包括电力、青铜峡铝厂、有色金属冶炼厂等中央企业的产品税的30%（另70%上缴中央），烟酒税，建筑税，炼油税，自治区人民银行、工商银行、农业银行、中国银行、保险公司的营业税，自治区级企业的所得税、调节税以及区级其他收入，粮食企业、食品企业亏损暂列入区级固定收入；二是市级财政固定收入包括：集体企业所得税，市属、县属企业调节税、产品税、营业税、增值税（不含区级上述企业缴纳的部分）、资源税，供销社、外资、中外合资企业的工商税、所得税，农业税、个人所得税、车船使用牌照税、契税、税款滞纳金、城市维护税以及其他收入。

支出仍按隶属关系划分。对少数不宜包干的专项支出，根据具体项目，实行专项拨款专项下达。一是自治区级财政支出，包括统筹基本建设、企业挖潜改造资金、新产品试制费、简易建筑、区级农林水、工业、交通、商业部门事业费、文教卫生科学部门事业费、行政管理费和其他支出；二是市县级支出，包括自筹基本建设、支农资金、城市维护费、市县级农林水、文教卫生科学部门事业费、抚恤和社会救济、行政管理费和其他支出；三是不宜包干的专项支出，包括特大自然灾害救济费、特大抗旱和防风补助费、小型农田水利和抗旱打井支出、教育经费、支援不发达地区资金等。

各市县按照划分的财政收支范围确定收支基数。凡地方固定收入大于支出的市县，即实行“定收定支、收支挂钩、总额分成、一定五年”的办法。

对市县收支的核算。以各市县1984年财政收支数作为基数，按照收入划分范围和利改税第二步改革完成后的收入转移情况，计算确定市县留成和上解比例。

按照上述规定，银川市财政1985年核定的收入基数为7281.5万元，支出基数为3572.8万元，总额分成比例是49.1%。

1987年，根据教育经费下划市级财政支出和部分企业上划自治区等因素，银川市财政收入基数调整为 9290.3 万元，支出基数为 5034.1 万元，重新计算银川市总额分成的比例为 55%。财政收入中不参与总额分成的收入有城市维护建设税、房产税、耕地占用税、车船牌照使用税、排污费等。教育费附加收入按 15%的比例上解自治区财政。

1987~1993 年，银川市持续实行“总额分成”的财政体制，其分成比例一直保持在 55%。

（2）银川市市辖区级财政体制建立和变化情况。1985 年，银川市政府决定对本市财政管理体制进行改革，调动各辖区政府理财管财的积极性，三区（城区、郊区、新城区）先后成立了本级政府的财政主管部门——财政科。1985 年 3 月 21 日，银川市政府下发了《批转〈关于三区财政管理体制的暂行规定〉的通知》，对 3 个辖区的财政管理体制是：对郊区实行“定收定支、差额补助、超收留用、支出递增、一定五年”的财政管理体制。补助数确定后，从 1986 年开始，每年递增 10%，5 年内收入增长的部分，全部留归郊区，支出结余留归郊区自行安排使用。对城区、新城区实行“核定支出、结余留用、超支不补、一年一定”的财政包干管理体制。对两区所属企业上缴的所得税，超过上年部分，给予 40%的分成。

收入部分的划分：一是郊区财政固定收入，包括企业收入、集体企业所得税、其他工商税、农业税以及其他收入，二是城区、新城区暂不划固定收入。

支出部分的划分：一是郊区财政支出，包括农林水气等部门事业费、支援农村生产支出、文教科卫部门事业费（不含公费医疗经费）、其他部门事业费、抚恤和社会福利救济费、行政管理费（不含公安部门支出）和其他支出。二是城区、新城区财政支出，包括城市维护费、城镇青年就业费、文教科卫部门事业费（不含公费医疗经费）、其他部门事业费、抚恤和社会福利救济费、行政管理费（不含公安部门支出）。

三是按隶属关系划分后，对不宜实行包干的自然灾害救济费、抗旱和防风补助费、小型农田水利及抗旱经费、支援不发达地区发展基金以及房屋翻建、大型设备购置等专项资金，由市财政专案拨款，不列入各区财政支出包干范围。

1988年，根据银川市政治体制改革领导小组《关于给两个城区放权的实施方案》，银川市财政局上报了《关于建立辖区级财政的试行意见》，经市政府批转印发予以实施。在保证市本级财政适当集中财力以利统筹安排确保重点，又有利于调动辖区一级当家理财的积极性的原则下，对城区、新城区实行“分灶吃饭”，制定“划分收支、分级包干、总额分成、超收多分、暂定一年”的财政体制。收支范围划分如下：

辖区属国营、集体企业（包括下划企业）的产品税、增值税、营业税、所得税和上缴利润；辖区级单位的房产税、车船牌照税；辖区范围内的个体所得税、集市贸易税；辖区范围的中央、自治区、市级单位劳动服务公司的产品税、增值税、营业税、所得税；其他收入（包括辖区单位上缴的罚没收入）。

辖区级财政支出范围：辖区级行政事业单位的正常经费，包括行政管理费、司法支出、工交商事业费、文教卫生体育事业费（含卫生消毒费和青少年活动经费）、科学事业费等，城市维护费、抚恤和社会救济费、其他部门事业费、城镇就业经费及其他支出。

1988年12月26日，银川市财政局印发《关于建立辖区一级财政有关问题的通知》规定：从1989年1月1日，属于辖区一级预算收入缴入辖区级国库。一是两城区的预算收入在留成比例未确定前，属于两城区的预算收入资金全部缴入辖区级国库，待留成比例确定后再进行调整划解。二是1989年1月3日前，两辖区财政科到市财政局各拨预算周转金15万元，并向两区国库申请开立地方国库账户。三是两区财政科在地方国库账户开立后，应将现有银行存款账户全部注销。对以前年度的结余资金，属于预算内结余资金，转入国库预算内账户；属于预算外结余资金转入国库的预算外账户。四是从 1989 年 1 月 1 日起，两区所属预算支出、各区财政安排拨款、付款委托书均到各辖区级国库领用。同年 12 月，城区、郊区财政均在中国人民银行市级分行设立了辖区级国库户，新城区财政在受中国人民银行市级分行委托，代理国库业务的中国工商银行银川市新城支行设立了辖区级国库户。

1992 年，银川市高新技术产业开发区成立。12 月 26 日，银川市人民政府印发《批转〈市财政局关于银川市高新技术产业开发区财政收支划分的报告〉的通知》，通知确定：从 1993 年 1 月 1 日起，银川市高新技术产业开发区财政实行“划分收支、分级包干、自求平衡的财政体制，与银川市财政实行分灶吃饭”。并在中国人民银行银川市分行设立开发区国库户，或在由人民银行委托的专业银行设立支金库。

开发区财政的收支范围划分：收入范围是开发区内的工商各税收入和农牧业税、农林特产税收入。主要被征收的单位有银川市豆制品厂、银新供销社、银新机械厂、自治区气象局商业门市部、郊区种禽场、郊区饲料场等。被征收农业各税的有罗家庄大队第一至第七生产队，尹家渠大队（村）第一至第四生产队、第八生产队，宁城大队（村）第三至第八生产队等。支出范围主要有银新中学、罗家庄小学、宁城小学和银新卫生院等。

开发区财政收入基数，以 1992 年收入数统计，其辖区内各类工商税、农业税收入总额为 28 万元，支出基数为 48 万元。收支差额为 20 万元，解决的办法是市财政定额补助 10 万元，开发区财政从增收中自补 10 万元。

2. 税制改革历程

1979 年 1 月，银川市财政和税务机构分开设置，银川市税务局恢复成立，隶属银川市政府管辖。

1983年，根据自治区政府〔1983〕112号文件的规定：从1984年1月1日起，自治区所辖地、市、县税务局的机构设置，干部管理、人员编制和经费开支由自治区税务局垂直管理。1984年1月1日，银川市委、政府将银川市税务局的隶属关系和人事档案移交自治区税务局实行系统管理，党组织关系仍实行属地管理。

1978~1982年，是银川市税收工作与税制改革的起步阶段。党的十一届三中全会确定以经济建设作为全党的中心工作，各级党委和政府纠正了长期轻视税收工作的错误思想，确立了加强税收工作，保障财政收入，充分发挥税收促进和调节经济发展的指导思想。从组织上迅速恢复和加强各级税务机构建设和基层组织建设，大力加强税务部门的队伍建设和各级领导班子建设，为税收工作和税制改革奠定了组织基础、人员基础和思想准备。

1983~1991年，是银川市税制改革全面展开时期。其标志性工作是1983年开始实施的国有企业"利改税"工作。经过两次"利改税"的改革，将我国建国后实行了30多年的国营企业向国家上缴利润的制度改为了国营企业与其他企业一样依法向国家缴纳企业所得税的制度，突破了国营企业不缴企业所得税的"禁区"，实现了国家与国营企业分配关系的一次历史性变革。银川市税务部门在此基础上率先在全区范围开展了工商税制改革，逐步建立起一套（国）内外企业有别、以流转税和所得税为主体、其他税种相配套的新税制体系。

银川市财政系统干部学习工商税制改革

（二）实行分税制财政体制改革历程（1994 年至今）

1993 年党的十四届三中全会召开，全会通过了《国务院关于实行分税制财政管理体制的决定》，决议从 1994 年 1 月 1 日起，在全国范围内统一实行分税制的财政管理体制。

1. 财政体制改革历程

（1）银川市级分税制财政体制变化情况。1994 年，根据《国务院关于实行分税制财政管理体制的决定》，自治区政府下发了《宁夏回族自治区人民政府关于实行分税制财政管理体制若干规定的通知》。根据自治区实行分税制财政管理体制的精神，自治区财政厅核定银川市财政固定收入与共享收入两部分。其中固定收入有：营业税，市属国有、集体、私营、股份制企业所得税，个人所得税，城市维护建设税，印花税，屠宰税，遗产税，农业牧业税，农林特产税，耕地占用税，契税，车船牌照使用税，专项收入，其他收入。共享收入有：土地使用税、房产税和教育附加收入。其中，土地使用税、房产税的共享比例为 3:7（自治区 70%，市级 30%），教育附加收入共享比例为 85:15（自治区 15%，市级 85%）。

1994 年 9 月，自治区财政厅根据新的财政体制分配关系，核定银川市 1993 年税收返还基数为 3532.7 万元。1995 年 12 月，自治区政府下发了《自治区人民政府关于调整分税制财政管理体制的通知》。《通知》指出：为调动市县发展经济的积极性，增强市县财力，自治区政府决定：一是将原属自治区本级固定收入增值税 25%的部分，全部划归市县级收入（即第二条所列企业除外）；二是将原属自治区级固定收入的固定资产投资方向调节税和资源税调整为共享税，共享比例为 5:5，即自治区和市县各分享 50%；三是将原共享税中的房产税和土地使用税的共享比例由 7:3 调整为 3:7，即自治区分享 30%，市县分享 70%；四是将共享收入国有土地使用权出让金划为市县固定收入；五是为保持自治区和市县 1995 年的既得利益，对因上述收入调整而影响自治区与市县财力部分，均以 1995 年的收入为基数，调整各市县税收返还基数；六是以上规定从 1996 年 1 月 1 日起执行。

1995 年，自治区财政厅依据上述规定核定银川市 1996 年的税收返还基数为-2470 万元。并同时指出：因自治区已将增值税 25%部分下放各市县，今后除财政体制发生变动外，自治区不再调整税收返还基数。1996~2015 年，银川市税收返还基数-2470 万元，没有发生变动。

（2）银川市辖区分税制财政体制变化情况。1994 年，银川市政府根据中央和自治区财政体制改革的精神与要求，对市所属四辖区实行分税制财政管理体制，具体划分为：开发区征收的各项税收全部归开发区财政；城区、新城区、郊区所征收的营业税，集体、私营、股份制企业所得税，个人所得税，车船牌照税，屠宰税，农牧业税，农林特产税，耕地占用税，专项收入，其他收入归各辖区。为了保证各辖区的既得利益，银川市对各辖区的税收返还基数以 1993 年为基期核定，以 1993 年各辖区财政实际收入为基数，按税制改革后的收入划分情况，核定 1993 年各辖区财政净上划的收入数额，将 1993 年各辖区净上划的收入全额返还，并以此作为各辖区的税收返还基数。对城区、新城区、郊区上划的房产税，按当年收入增长部分的 10%，次年返还给各辖区，如达不到上划基数的，相应扣减税收返还基数。1994 年，各辖区财政收入上划基数是：城区 1457.7 万元，新城区 1280.5 万元，郊区 1227.1 万元，开发区 125.7 万元。税收返还基数是：城区 526.5 万元，新城区 162.2 万元，郊区 799.1 万元，开发区 25.7 万元。

1996 年，银川市根据自治区财政下划增值税 25%的部分，调整了共享收入房产税、土地使用税和固定资产投资方向调节税的共享分成比例等情况，也相应调整了对各辖区的税收划分和税收返还基数。原由市财政负担上解自治区财政 15%的教育附加收入改由各辖区自行负担，各辖区上缴市财政后统一上解自治区财政。燃料油、宾馆饭店住宿费、教育事业附加收入全部归市财政。郊区辖区内的市属企业缴纳的各类税收、所得税全部归市本级财政收入；城区、新城区、郊区内所征收的城市维护建设税、印花税归市本级财政。

2000 年 12 月，银川市政府决定对各辖区财政收入超收部门实行分成。具体规定为：2000 年各辖区财政超当年预算收入部分 20%上缴市本级，80%留用。2001 年按上年财政实际收入为基数，超收部分 40%上缴市本级，60%留用。上缴部分市本级财政原则用于支付各辖区的事业发展。

实行分税制财政管理体制后，有效地调动了各辖区财政理财、管财积极性，辖区级财政收入连续数年出现高速增长，年增长速度都在 30%以上，尤其是开发区，有些年份的财政收入增长率超过 100%，实现了每年翻番的情况。与此同时，市本级财政收入的增长率却在低位徘徊，比全市财政收入增长率低 10 个百分点。造成这种情况的原因：一是自 1997 年银川市委、政府加大企业改革的步伐，按中央国有企业改革“抓大放小”的精神，加速推进国有企业退出一般竞争性行业的进程，原市属国有企业大部分经过改制变为混合制企业或民营企业，即非国有企业，这些企业的纳税方向由市本级财政转向各辖区级财政；二是自党的十五大后，非公有制企业得到了政府的大力支持和鼓励，迅速发展，不断补充到各辖区级的纳税队伍中去；三是由于银川市开发区内实施低税率的优惠政策，很多非高新技术企业以各种名义和渠道进入开发区注册，享受低税率优惠，造成市本级和其他辖区税源的流失；四是我国现行的税务部门实行条条管理，各级地方人民代表大会审议批准的地方年度财政预算对税务部门没有法定约束力。各地财政部门按法律规定为完成各地人民代表大会批准的年度财政预算收入任务，调动各级税务部门征税积极性，八仙过海各显神通，对税务部门实施“超收提成、超收奖励”等各种名目的经济刺激措施，使得一段时间内，各级财政花钱“买税”，税务部门在利益驱动下，跨区域违反规定为各级财政“挖税”“移税”，为了消除上述种种现象的消极负面影响，摆脱被动状况，银川市财政部门主动积极向市委、人大、政府反映情况，提出建议，抓住2002年国务院批准银川市区划调整方案的机遇，依据市级和辖区政府事权与财权相匹配的原则，既保证各辖区的既得利益，又适当集中财力加强全市的宏观调控能力、社会保障能力和城市基础设施建设能力的原则，拟定了《关于调整我市现行分税制财政管理体制方案》上报市政府。2002年12月10日，经市政府第55次常务会议研究同意，批转了这个改革方案，并以银川市政府名义印发了《关于重新调整银川市分税制财政管理体制的通知》。

收入划分。为了增强银川市宏观调控能力，银川市政府决定对经济发展具有全局意义的税种划为市本级固定收入。包括：增值税25%部分（除宁夏炼油厂、西北轴承厂、常柴银川有限责任公司、宁夏化工厂、银川中策（长城）橡胶有限公司、区电力局等自治区大户企业）、城市维护税、契税、教育费附加。为了调动辖区组织收入的积极性，增强辖区财力，银川市政府决定将税源分散，便于基层经营，对辖区经济发展有促进作用的税种划分为辖区级固定收入。包括：资源税、固定资产投资方向调节税、房产税、印花税、城镇土地使用税、土地增值税、车船使用税、屠宰税、农林特产税、农业木业税、耕地占用税。将与经济发展相关度高、收入比较稳定的税种划分为市、辖区共享税，作为市区两级的重要收入来源。包括营业税、个人所得税、企业所得税。分享比例为市级80%，辖区级20%。为了确保辖区财政既得利益，对因上述收入调整而影响各辖区财政收入部分，市本级将根据调整现行“分税制”财政管理体制的收入划分原则，计算市本级对辖区财政转移支付税额，并以2001年财政决算为依据，结合新的区划测算，加上市本级下划收入，减去辖区上划收入，加共享收入部分，再加减区划调整后的增减数，计算结果作为2003年各辖区的收入基数。

支出划分。根据事权的划分，各级财政承担支出如下：市本级财政主要承担市级行政事业单位运转所需经费，以及协调全市经济发展等方面政策性支出和经济、社会发展支出。主要包括：由市本级财力和自筹资金安排的基本建设、重点投资、企业挖潜改造资金、科技三项费用、支农和农林水气事业费、工交商部门事业费、文教科卫事业费、行政管理费、公检法支出、抚恤和社会福利救济支出、社会保障补助支出、城市维护费支出、专项支出（含排污费补助支出、教育费附加支出、其他支出及市本级各届政府举借的国内国外债务等）。

辖区财政主要承担各辖区行政事业单位运转所需经费，以及经济、社会发展所需支出。包括：辖区财力和自筹资金安排的基本建设投资、企业挖潜改造资金、科技三项费用、支农和农林水气事业费、工交商部门事业费、文教科卫事业费（含小学、幼儿园、原郊区各中学经费、社区医疗站补助支出）、行政管理费（含居委会各项补助支出）、抚恤和社会福利救济支出、社会保障补助支出、公检法司支出、城市维护费支出（含辖区内公共卫生的清扫、垃圾收集转运费用）。

（3）银川市乡镇财政建立和变化情况。2002年，在银川市新的城市区划调整以前，银川市辖区内只有郊区范围有乡、镇一级政府，城区、新城区均设街道办事处。1986年9月，郊区银新乡、红花乡财政所成立，实行财务包干办法。1988年，芦花乡、良田乡、满春乡、大新乡、掌政乡5个乡的财政所成立，实行收支包干的财政管理办法。1989年，永固乡、通贵乡成立财政所，实行收支包干的管理办法。1994年，郊区政府对上述9个乡实行统收统支的管理办法。1998年，根据中国共产党郊区党委第五届四次全委（扩大）会议决定，组织有关单位和人员对各乡范围内1997年的工商各税及分布情况进行了较为详细的摸底调查核实，并在此基础上，按照“核定收支，确定基数，超收分成，短收共担，先定一年”的原则，制定了1998年郊区各乡财政管理改革办法，由郊区人民政府批准实施。

1999年，郊区政府下发《关于印发乡财政管理体制改革方案的通知》（郊政发〔1999〕78号）对郊区各乡实施“分税制”，确定郊区与乡级财政的收支范围，做到“乡财乡理、乡事乡办”，“人、财、物相随”，把乡政府的责任与财力分配结合起来，逐步提高乡级财政的实力和扩大乡政府的财政支配权。根据1998年底9个乡的经常性财政支出情况和1997年、1998年两年9个乡农业各税、工商各税的完成情况，经济发展状况测算，对经济条件较好的良田乡、银新乡、红花乡、大新乡4个乡，实行固定收入和共享收入相结合的财政管理体制；对经济条件一般的芦花乡、满春乡、掌政乡3个乡，实行“固定收入”的管理体制；对经济比较落后的永固乡、通贵乡两个乡，实行“固定收入”加财政补助的财政管理办法。

乡级财政收入与支出实行收支两条线管理，收入全部上缴郊区财政国库，支出由郊区财政按乡财政预算和用款进度，分期给予拨付。对新办各类企业新增的各项税收收入，当年除红花乡、银新乡、良田乡3个乡，按6:4的比例（郊区60%，乡级40%）与郊区进行分成外，其他各乡均全部划归乡级收入，下年度全部纳入乡财政体制中运行。对各乡征收的各项零散税收，均

财政支持下的农村灌溉工程

按 6:4 的比例分成，即郊区 60%，乡级 40%。

乡级财政实行“分税制”改革后，除遇政策发生调整，事权结构，财政收支发生重大变化时，要做相应调整外，原则保持不变。为体现乡财政体制改革后乡级财政收入的既得利益，与税务部门签订税收任务目标责任书的工作由郊区政府负责，并承担全部的税收返还。

2000 年 5 月 31 日，郊区政府批转了郊区财政局《关于进一步深化财政体制改革的意见的通知》，就深化乡财政预算体制的改革，建立健全乡财政预算管理体系，做了进一步明确的规定：从 2000 年开始，各乡级财政预算由郊区的整体预算分列出来，单独进行编制，使乡财政形成完整的财政管理体系，自求平衡。乡财政预算草案编制，按照“量入为出，以收定支”的原则，由乡财政所代乡政府进行编制，经乡政府审查后，报请乡人代会审议通过。乡财政按乡人代会通过的预算执行，接受监督，并将正式的预算案报郊区财政局备案。

2003 年，银川市城市区划调整后，各乡镇由原隶属郊区变为分别隶属兴庆区、金凤区和西夏区。2003 年，农业实施税费改革，到 2004 年税费改革结束。2005 年，全国统一取消农业税、牧业税和农业特产税，各乡镇财政几乎没有收入，与街道办事处财政地位相同。

2. 税制改革历程

1994 年 8 月，银川市税务局分为银川市国家税务局和银川市地方税务局至今。1992~2002 年，为银川市税制改革全面深化时期。1992 年党的十四大召开后，党中央按照统一税法，公平税负、简化税制，合理分权、理顺分配关系和保障财政收入的思路，1993 年提出了实行分税制财税体制改革等一整套财税改革方案。从 1994 年 1 月 1 日起，在全国范围内实行了新中国成立以来力度最大、影响最深的分税制财税体制改革，构建了以税收分配方式规范各级政府财政收入的分配体制，并同时将原有的比较繁杂的税种予以整合简化，形成新的税种体系。银川市的税制建设和税务机构设置也步入了新的发展轨道。

2003~2012年，为银川市税收征管改革深化时期。税务部门大力推进征管方式改革。一是加快税收法制化建设，认真学习贯彻国务院颁发的《税收征收管理条例》和1992年全国人大颁布的《税收征收管理法》，形成税改、征收、稽查和复议诉讼四条线相互协调、相互制约的征管机制，在征管模式上实行"征、管、查"三层次分离，形成规范有序的征管秩序。二是不断推进和升级征管信息化进程，不断提高税收征管工作效率。到1994年分税制财税体制运行时，银川市税务部门已完全取消了专管员制，建立了"以纳税申报和优化服务为基础，以计算机网络为依托，集中征收，重点稽查"的新型税收征管模式。三是加强协税护税，保障税收应收尽收。银川市税务部门认真贯彻国务院、财政部、国家工商局和最高检察院的相关文件、规章制度，力推和各有关部门的协调配合，不断深化各项合作机制。充分发挥媒体作用，通力合作，努力将应收税款及时组织入库。到2012年，一个由财政、税务、工商、司法、宣传媒体构建的银川地区协税护税信息网络和工作机制已基本形成，有效保障了税收应收尽收。

2013~2015年，为银川市"营改增"改革阶段。根据国务院的统一部署和自治区政府的工作安排，银川市国税、地税部门密切配合，精心组织，充分开展政策辅导和业务培训，扎实开展户籍核查、纳税申报、发票发售等工作。先后在铁路运输、邮政业、电信业等行业推进了营业税改为增值税的征缴工作，使企业税负普遍有所下降，企业活力增强，购置生产性设备和加强技术改造，以及新工艺、新流程的积极性明显提升。

二、主要成就

1978~2015年的30多年间，银川市的财税改革经历了巨大的变革，也取得了丰硕的成果。

（一）调动聚财理财积极性，推动经济社会全面发展

自改革开放以来，银川市通过财税改革调动了各级财政聚财理财的积极性，拓展了视野，扩大了财源聚集了更多财力，有力地推动了银川市经济社会全面发展。银川市财政收入的规模、领域、结构和层面都经历了非同寻常的变化。从规模上来讲，1980 年财政收入仅 4828.2 万元，2014 年财政收入已达 178.57 亿元，增长了近 120 倍；从领域上来讲，财政收入从主要来源于企业收入和税收，扩展到了不仅有税收收入，还有非税收入、政府性基金、国债及地方政府举借的国内债务和国外债务，财政收入来源范围大大拓展；从结构上来讲，财政收入由单一的税收支柱发展到由税收、非税收入、政府性基金、国有资本收益等多个支柱形成的收入结构；从收入的层面上讲，有法定的税收层面和次一等的税收附加收入层面，如城市维护税、教育附加、城市公用事业附加、城市基础设施配套等，还有地方政府法规征收的燃油附加和住宿教育附加等。

银川市开展部门预算编制工作

1. 按照预算法，建立完善各级财政

银川市财税体制改革 30 多年来，一直是沿着“一级政府、一级预算”的目标前进，到 1988 年，完成了辖区级预算的建设。1994 年 3 月 24 日《中华人民共和国预算法》颁布实施后，银川市加快了乡镇财政预算建设的步伐。瞄准方向，一步一个脚印前进，实事求是根据各乡镇的实际情况，成熟一个建设一个，条件不成熟的创造条件、分步实施，稳

妥地处理好发展与稳定的关系，使财税改革与经济发展、改革稳定保持了相适应、相和谐的关系，促进了经济发展和各级财政理财的积极性。

2. 有效调动理财积极性，保障财政收入稳步增长

银川市财税体制改革，有效地调动了各级政府理财的积极性，促使各级政府更加自觉主动地抓财政收入，抓经济发展。从 1980 年实行“分灶吃饭”后，在经济发展的前提下，银川市财政收入始终保持了较高的增长速度。1979 年，实行“分灶吃饭”前市级财政收入为 5440.6 万元，实行“分灶吃饭”后，收入基数调整，1980 年银川市市级财政实现年度收入 4828.2 万元，到分税制财政体制改革前夕的 1993年市级财政年度收入已增加到 24603.6 万元。13 年间，市级财政收入年均递增 13.34%。

1994 年实行分税制财政体制，因收入基数调整，市级财政当年实现财政收入 14898.7 万元，而到了 2014 年市级财政收入已增加到 1785730 万元，是 1994 年财政收入的 119.86 倍。20 年间年均递增 27.04%。各辖区的财政收入增长率虽有差异，但均在 20%以上。

从 2002 年区划调整至 2014 年的 12 年间，兴庆区财政年均递增 23%，金凤区财政年均递增 29.19%，西夏区财政年均递增 22.55%，开发区财政年均递增 21.65%。

3. 分配格局发生变化，政府集中财力上升

社会分配格局也随财税体制改革发生了明显的变化，由政府集中的社会财富在逐年增加。1985 年，银川市级财政收入为 11251 万元。1985 年，银川市工农业生产总值为 96942 万元（不含交通、金融、商贸服务业的年度生产值），当年市财政收入占工农业生产总值的比重为 11.61%。2014 年，银川市国内生产总值为 1395.67 亿元，全市财政收入为 251.73 亿元（包括永宁、贺兰两县和灵武市）。因自治区财政直管市、县统计口径与行政辖区不一致，故这里采用统计部门以行政管辖区

为范围的统计数据，政府集中的财力占国内生产总值的比重为18.04%。以此推算，银川市区财政收入占市区GDP的比重应在20%左右。20年间，由政府集中的财富占全社会当年创造的财富比重由10%左右上升到20%，这个变化是很大的。

4. 财政收入来源多元化，基金预算收入逐步提高

财政收入来源逐渐形成多元化结构。改革开放前，银川市财政收入来源基本由单一的税收组成。1979年，银川市财政收入为5440.6万元，其中工商税收为4643.8万元，占年度财政收入的85.35%；企业收入为665.1万元，占年度财政收入的12.22%；农牧业税收入69.9万元，占年度财政收入的1.28%。而企业收入实质是企业应依法上缴的企业所得税（占主要部分）和企业利润。改革开放后，国营企业实行了两次利改税，财政收入中的企业收入部分就成为投资者年末的投资收益。

1983年，银川市人大就加强城市环境保护颁发了关于征收城市排污费的地方性法规。银川市财政收入中增加了专项收入即规费收入一项。1993年，银川市开始征收住宿费、城市公用设施补偿费和教育费附加，此后又增加了燃油费附加等收费项目。

1996年，银川市人民政府为加强预算管理，增加财政收入，制定下发了《关于行政法规收费、罚没款专项收入及专项收费实行预算管理的规定》，自1997年1月1日起执行。此后，银川市财政收入划分为一般预算收入和基金预算收入两部分。1997年，银川市级财政收入完成43149万元，其中一般预算收入36881万元，占比为85.47%；基金预算收入6268万元，占比为14.52%。2003年，银川市财政总收入为13.74亿元，其中一般预算收入10.42亿元，占财政总收入的75.78%；基金预算收入3.33亿元，占比为24.22%。基金预算收入占财政总收入的比例上升到近四分之一。2007年，基金预算收入17.13亿元，占当年银川市财政总收入的比例上升到44.04%；2009年，基金预算收入达33.79亿

元，占当年度财政总收入的51.56%，比年度一般预算收入多2.08亿元，不仅在银川市财政收入中占据了半壁江山，而且首次超过一般预算收入，成为财力来源中的老大。2009~2014年，银川市财政收入中的基金预算收入占比均在四成左右。

5. 市本级与辖区财政占比趋于合理稳定

30多年来，市本级财政和辖区财政在全市财政收入中所占比重趋于更加稳定合理。1994年，实行分税制财税体制后，银川市财政十分重视调整和稳定市级财力、辖区财力在各自事权范围内的财力平衡。2002年，结合银川市辖区区划调整的机遇，进一步深化市级财政和辖区财政的分税制改革，使市级和辖区级事权与财力更趋稳定合理。深入改革后，市本级财政一般预算收入在全市财政一般预算收入中的比重由2001年的57.32%上升到2005年的71.36%，2007年68.33%，2010年64.7%，2014年70.73%。十多年来保持了基本稳定状态，使财力合理集中，有利于集中财力办大事、办实事，有力地推动了银川市经济社会的全面发展。同时，保持市本级财政收入与各辖区财政收入增幅趋于平衡，也使各辖区间的财政收入趋于平衡和稳定。

6. 科学利用债务资金，加快推进城镇化进程

2006年，银川市面临自治区成立五十周年大庆城市建设改造和重大项目工程的新建任务，为了解决急需的巨额建设资金缺口，银川市第十二届人大常委会第十六次会议审议通过了《银川市人民代表大会常务委员会关于加强市本级债务管理的决议》，同意政府举借债务筹集建设资金，要求将政府债务总规模控制在40亿元人民币左右，同时调整债务结构，合理使用债务资金。

2008年4月7日，银川市财政局向市人大常委会报告银川市本级债务情况：截至2007年底，银川市政府债务总额为47.97亿元。其中市本级债务余额44.7亿元；辖区债务余额3.27亿元。在市本级债务余额

44.7 亿元中，各商业银行贷款 22.09 亿元，占比为 49.4%；国家开发银行贷款 17.47 亿元，占 39.1%；外国政府贷款 2.7 亿元，占 6%；国债转贷资金 2.45 亿元，占 5.5%。

2008 年，银川市人大常委会根据银川市政府的报告，对市本级债务规模做了相应的调整。

2013 年 12 月 28 日，银川市财政局向市人大报告银川市本级政府性债务情况：截至 2012 年底，市本级政府性债务余额为 90.27 亿元。截至 2013 年 6 月底，银川市本级政府债务余额为 122.26 亿元。其中：政府负有偿还责任的债务余额为 111.36 亿元，负有担保责任的债务 6.54 亿元，其他债务 4.36 亿元。这 111.36 亿元中，含银行贷款 51.23 亿元，财政部代发的地方政府债券 10.62 亿元，城投债 15 亿元等。

债务资金投向主要是城市基础设施、开发区、工业园区配套设施、征地拆迁和失地农民安置，城市道路及路网建设，城市供水，污水处理，排水网治理，农业生态与综合开发，风沙区生态环境综合治理以及教育、卫生、城市公交等项目。

（二）优化支出结构，建立完善的公共服务型财政

改革开放以来，银川市财政始终坚持改革方向，优化支出结构，向建立完善的公共服务型财政支出稳步推进。

1. 财政支出规模发生巨大变化

从实行“分灶吃饭”的第一年，即 1980 年财政总支出 3411.3 万元，到分税制前的 1993 年，全年财政总支出 19732.2 万元，13 年间银川市财政支出年均递增为 14.46%。实行分税制后，上级财政对银川市财政实行转移支付以来，银川市财政总支出快速增长，到 2000 年，市级财政总支出为 79549 万元，7 年间财政支出年均递增 22.04%。2000 年，中央实施西部大开发战略，国务院加大了对西部财政转移支付力度，到 2014 年，市级财政年度总支出为 237.93 亿元，14 年间，年均递增

27.47%。若以支出数计，2014 年一年的财政支出是 2000 年财政支出的 29.9 倍，是 1993 年的 120.57 倍，1980 年的 697.47 倍。

2. 上级部门对银川市财政转移支付比重大幅上升

中央、自治区对银川市财政实行转移支付以来，转移支付越来越大，所占比重也大幅上升。“九五”期间，银川市财政接受的转移支付为 2.13 亿元，“十五”期间为 18.3 亿元，“十一五”期间为 83.74 亿元，“十二五”期间（四年）为 144.63 亿元。所占比重：“九五”期间为 6.73%，“十五”期间为 20.2%，“十一五”期间为 24.83%，“十二五”期间为 19.17%。

3. 支出结构不断优化，适应市场经济体制

财政支出结构不断完善、优化，不断从计划经济财政向适应市场经济体制的公共财政结构转化。一是财政支出由生产建设型财政、侧重企业生产、经济发展向全面服务经济发展和社会各项事业全面进步的方向发展，向支持经济、政治、文化、社会、生态文明等“五位一体”全面发展的方向转变。二是财政支持生产企业的类型，由单一支持国有企业、辅助支持集体企业向全方位支持社会各类企业，既支持国有企业，也支持非国有制企业、混合制企业的方向转变。在农村，更是转向直接扶持、资助种植业、养殖业、设施农业等农户经济，发展专业户、特色户和各类型合作社。三是在社会保障方面，由过去低工资水平，计划经济条件下对城市居民普惠式的补贴方式，不论是给食品企业的价格补贴（暗补），还是给居民直接发放肉食补贴（明补）转向对城乡居民中没有劳动能力或劳动能力差的居民实行最低生活保障，实施大病医疗补助等。即财政资金的社会保障功能由普惠式转变为“托底式”。四是在社会就业方面，财政资金的支出由安置城镇青年基本就业向注重转型农民工的技能培训，支持大学生创业、创新，鼓励大众创业的方向转变。五是财政资金在对科技投入方面，由单纯支持科研项目转变为既支持科研

项目，也重奖有贡献有成就的科研人员。六是在城市维护方面，从重点关注对基础设施、公共设备的维护保养转向既重视设施、设备的维护，更重视对居民小区和公共场所绿化、环境优化、居民健身、文化活动、小区安全保卫等诸多方面，实现了政府对市民的人性关怀与构建和谐美丽城市的理念。七是在财政资金分配方面，从以城乡二元化结构的有区别的分配转向城乡一体统筹规划的一元化迈进，把打造城乡一体的社会公共服务均等化体系建设提到了财政支出安排的议事日程上。

（三）改革预算编制和财政管理，建设阳光财政

财政预算编制制度和财政管理对国民经济的健康运行至关重要，改革开放以来，银川市不断改革财政预算编制制度和财政管理，努力建设阳光财政。

1. 改革财政预算编制办法，科学编制财政预算

改革开放以来，银川市财政部门不断改革财政预算编制办法，由财政部门独自编制转为财政部门与预算单位共同编制，由单位预算编制转变为部门预算编制，由固定预算转变为变动预算。并采用综合预算、零基预算、标准定额预算等办法编制部门预算，还将部门预算提交市人大审查监督，推动预算编制公开、透明。

财政法规政策宣传周系列活动

2. 加强会计工作监督管理，保障会计信息真实

为加强会计工作的监督管理，保障会计信息的真实性，银川市在多年探索会计人员管理和保障会计信息真实工作的基础上，于 2002 年 1

月 1 日成立了银川市会计核算中心，为全市市级行政事业单位代理会计业务。银川市会计核算中心采用技术手段先进、核算流程合理的工作秩序，严格履行“核算、监督”两大会计职能，保障信息真实，加强财政监督。2003 年，改革行政事业单位会计报表，将原有的粗放型结构模式报表改为精细化的全面反应式的报表体系，进一步提高会计信息质量，满足各方面对会计信息的需求，提升银川市整体财务管理水平。

3. 实行财政全额供养人员工资统一发放制度

2006 年，按照“编办核编、人事核标、财政核款、银行发放”的运行原则，银川市财政部门对全市财政供养人员实行了工资财政统一发放制度，有效解决了个别单位吃工资“空饷”问题，解决了各自发放不合理补贴等问题，规范了工资项目，促进了廉政建设。

4. 开展专项资金监督检查

2009 年，银川市财政局开展了对政府专项资金使用及资金使用效益监督检查工作，加大了对政府投资项目的财政审查和评审工作。2010 年，制定出台了《银川市财政投资评审管理暂行办法》，切实加强了财政投资项目的管理。

（四）引导社会资金推动经济发展，缓解融资困难

为发挥财政资金的杠杆作用，银川市财政通过多种方式引导社会资金推动城乡经济发展，缓解企业、农民融资困难等问题。

1. 增设财政资金管理科

1988 年，财政局内部增设了财政资金管理科，1989 年更名为“社会发展基金局”。该局以财政信用资金为抓手，充分整合利用财政信用资金、科技发展基金、支农周转金等，办理企业借款事项，缓解企业生产经营中贷款难的问题。

2. 成立银川市信托投资公司

1988 年 6 月，成立了银川市信托投资公司，开展了信托投资、设备

租赁、入股参股等金融业务，助力企业解决生产经营中的融资问题。

3. 筹建银川市商业银行

1998 年 10 月，与自治区财政厅及有关企业筹建了全区首家地方性国有股份制商业银行——银川市商业银行，为银川地区经济、企业发展增添了一条融资渠道。

4. 组建银川市中小企业信用贷款担保中心

从 2002 年起，陆续注资 2.5 亿元，组建银川市中小企业信用贷款担保中心，开展对中小企业和小微企业的银行贷款担保业务，为缓解银川市中小企业的银行贷款难、支持创业创新企业的融资难等问题发挥了积极作用。

5. 筹集城市建设资金

积极探索以城市公有资源有偿使用为抓手、城市公共资源为担保的城市投融资平台建设思路和措施，为银川市城市建设筹集资金。2002 年，经各方共同努力，组建了银川市第一家城市建设投融资平台——银川市城市建设投资控股有限公司。2009 年，该公司以发售债券的方式筹集城市建设资金 15 亿元。

6. 采用多元化聚财理财方式

2006 年，根据《银川市人民代表大会常务委员会关于加强市本级债务管理的决议》，进一步开拓思路，在聚财方式上积极向多元化聚财理财的方式转变，积极争取国内银行贷款，充分利用外国政府的低息贷款和中长期贷款，加快银川市的发展步伐。

7. 推动企业创新

运用资本运作手段，推动引导新兴产业发展，推动企业创新。2010 年起，先后注资 6 亿元，成立了铸龙公司，参与资本市场的国有资本运作。

8. 组建农村村级互助资金

以财政资金投放，组建农村村级互助资金方式，探索缓解农村农业生产金融瓶颈问题。2008 年，根据自治区财政厅的安排，在银川市农村开展以“农民出资，财政同额资金补助”为内容的入股组建村级互助资金社的方式，建立了村级互助资金。村级互助资金以村民自治方式发放借款，及时方便缓解农民在农时季节中的急难问题，受到农民欢迎。2009 年，市财政又投资了 220 万元，扩建了 20 个村的互助资金社。

（五）助力国企改制，加快银川市市场经济体制建设步伐

1997 年，银川市政府在大力推进国有企业改制工作的同时，根据党的十四大会议精神，加快推进银川市的国企改革工作。经过几年努力，银川市的国有企业从 1994 年的 274 户，下降为 2000 年在国有资产登记时的 90 户。改革中，在经过一切资产处置后，剩余国有资产的企业就成为了混合制企业，参与年度国有资产登记，没有剩余国有资产的企业就改制为民营企业。这次改革使财政人员的理财观念发生很大的变化，财政部门不再直接参与投资办企业，也不干涉企业的经营与生产，而是将职能转化到为社会所有企业的经营创造良好外部环境的工作中，并将国有资产管理职能从财政部门职能中剥离出去，由专职部门，即国有资产管理局或国有资产管理委员会管理。为便利企业进行资产重组和转让，经政府同意组建了产权交易中心、拍卖行等社会中介组织，活跃资产交易市场。

三、经验启示

（一）调动聚财理财积极性，是财税改革的关键

调动各级财税部门聚财理财的积极性，是财税体制改革成功的关键举措。我国改革开放的核心是解放和发展生产力，实现我国经济社会的全面发展，提升综合国力，走强国复兴之路。而实现改革开放的重要举措，就是将社会生产、消费、分配的自主权逐步交给处于生产消费的最广大的民众手中。农村改革如此，城市改革如此，文化体制改革如此，

财税体制改革也如此。

实行财税体制改革后，尤其是实行分税制改革后，各级财税部门聚财理财的积极性空前高涨，广大财税工作人员解放思想、放宽视野、转变观念、开动脑筋，主动积极探索财税事业的客观规律，运用中国特色社会主义理论指导财税工作，使财税工作不断迈上新台阶，做出新成绩。

（二）建立公开透明的阳光财政，是财政改革的努力方向

要保证财政工作始终沿着为人民服务，坚持社会主义道路的方向发展前进，就必须将财政工作始终处于党、人大、政府的领导和监督下，自觉接受广大人民群众的监督。让财政预算编制更加公开、透明，是财政主动接受监督的重要途径。改革开放 30 多年来，银川市财政部门不断探索预算编制公开、透明的规律，采取切实有效的措施认真落实相关政策。2006 年，财政部改革了财政预算收支科目设置后，使财政部门编制的预算在接受监督时，摆脱了大家“看不懂，理不顺”的尴尬处境，使财政预算报告更加大众化、公开化，更加易于接受监督。

（三）准确界定财政职能，是财政改革的根本原则

银川市的企业改革工作，让财政人意识到只有正确界定财政职能的“越位”和“缺位”界面，才能更好地履行财政职责。改革前，企业的生产经营利润分配是由财政部门和有关部门审核的，改革后，人们就发现这实际上是财政干涉企业经营的“越位”行为。又如，农产品市场价格放开已有 30 年，近些年牛羊肉价格居高不下，市场会通过一系列反应自发调节，使之趋于合理，如果政府采用价格补贴投放大量低价牛羊肉干涉市场，不仅花费大量财政资金，也是干预市场的“越位”行为。同时，在需要政府干涉的地方，又出现了“缺位”现象，如在有些时段，当人们生存必需的粮食价格有波动变化、高低差别较大的情况下，政府并未予以强势干涉；又如改革前，一些企业承担着学校、医院的运作费用，而企业员工和他们子女的就医、教育等理应由各级财政支付，

政府又出现“缺位”行为。上述现象，在现实中是客观存在的，尤其在目前我国正处在“社会资源配置由市场机制起基础性作用，向市场机制起决定性作用”的转换过程中，如何正确地界定财政职能的“缺位”和“越位”事宜，仍是一个摆在财政人面前的新课题。

四、对策建议

在30多年的发展中，银川市财税改革取得了瞩目的成就，但也暴露出了一些问题。根据党的十八届五中全会、自治区党委十一届七次全会和2016年自治区两会精神，及银川市委、政府的规划要求，针对银川市财税体制改革提出一些对策建议。

当前，银川市财税改革中存在一些问题。

一是财政收入出现不确定性与风险。

银川市财政收入，已呈现多元化结构模式，且某些支柱性的收入有较大的不确定性，如土地出让金收入。在近十年中，土地收入已成为市级财力的主要来源之一，并且与城市扩张和房地产产业的发展联系紧密，有很大的不确定性。在这十年中有些年份，其收入占据整个财政年度收入的半壁江山，而有些年份还不到财政年度收入的十分之一。这种情况给习惯性的年度财政预算编制和执行，带来极大的不确定性和风险。

二是财政存在沉淀资金，导致资金使用率低下。

在当前的银川市财力支出中，中央和自治区财政的转移支付已占据很大的比重。在清查财政沉淀资金的工作中，经查清的财政沉淀资金中，80%以上是属于专项资金或上级政府给下级政府拨付的专项转移支付资金。有些是属于项目确定后，实际条件并不具备，项目实施因困难而搁置；有些属于项目实施中，出现突发性的不确定因素干扰而中途停止；有些项目则是地方政府官员的人为干扰、不作为等因素使项目资金沉淀；还有相当一部分项目则是属于政府官员一味追求上级拨付专项资金而虚拟项目、争取资金等。这些情况反映出的一个共同特点，就是上级政府安排的专项与下面基层的实际情况存在差距、信息不对称、供求不对称、关注点不对称等问题。

三是地方性政府债务存在风险隐患。

不合理的地方性政府债务，是财政现存的实际问题，随着我国经济发展进入新常态，经济增速放缓，物价指数回落，财政收入增速也随之回落，政府将会面临还债压力与风险。

2015 年 10 月，党的十八届五中全会顺利召开，会议审议通过了《中共中央关于制定国民经济和社会发展第十三个五年规划的建议》。《建议》给下一步的财税体制改革指明了方向，也提出了新的要求。

（一）启动编制财政中长期预算，保障财政预算顺利实施

面对财政收入呈现多元化结构，某些支柱性产业收入出现较大的不确定性等问题，需实施跨年度预算平衡机制和中长期财政规划管理。实施中长期财政预算编制和执行，就可以将前五年或十年财政收入中的非税收入（含罚没收入）、基金收入（含土地出让金）的年度平均值，作为依据编制预算。在执行中，可以做到以丰补欠、削峰填谷，从而保证年度财政预算的顺利执行，避免财政收支大起大落，保障民生和维持政权及各项事业的正常发展。

（二）加大一般性转移支付，给地方更多自主权

中央、自治区财政给银川市的转移支付比重很大。在转移支付中，既有一般性转移支付，又有专项转移支付，专项支付中出现了大量财政沉淀资金，导致了政府财政拨付资金使用效率低下。今后要加大一般性转移支付力度，加大地方政府的自主决策性，加大一般性转移支付的额度，由地方政府根据实际情况，安排资金支出，进一步调动各级地方财政理财积极性。同时也要配套建立相应的监管防范制度与激励奖惩机制，预防一些地方的乱作为、胡作为，造成资金的浪费及腐败现象，鼓励好

的，惩罚差的，逐步形成良性循环的状态。

（三）规范地方政府举债融资体制，合理使用债务资金

必须认真对待现有的存量债务，彻底清查隐性债务，摸清全部情况，严肃制订还债计划，严格执行，自觉主动接受人大和群众的监督。一定要向社会、民众公开政府债务信息，将政府债务的举借情况、使用方向和使用效益、进展情况、偿还进程、年度余额等全部放在全体市民和媒体的监督之下，防止暗箱操作和腐败现象。

（四）加快区域性合作，不断发展第三产业

银川市单凭一市规模发展现代服务业，条件不够，不仅银川市，整个宁夏地区也不具备规模条件。那么要加快发展第三产业，必须走出家门，放宽视野与周边地区联合走合作共赢的区域发展道路。从某种意义上讲，京津冀地域发展战略的出台，就有加强现代服务业发展的战略考量包含其中。要继续走 7%的增长率发展道路，主要还是依靠国内的资源和条件，因此，加快区域性合作的步伐是一条比较可行的道路。区域合作不仅只限于在生产性服务业行业，实际上，银川市与周边城市和区域好的合作已经实施，尤其是在旅游服务业方面。今后需要做的，是将物流的合作、加工企业的生产环节、服务业合作、金融服务业的合作等等，都切实与有效地启动和开展起来，形成更加紧密的联系，使区域性的合作形成大的规模，形成拳头。

石嘴山市财税改革与发展史研究

石嘴山市是国家重要的煤炭工业城市，以盛产无烟煤之王——太西煤而驰名中外。改革开放 30 多年来，石嘴山市发生了巨大变化，工农业生产的飞速发展促进了地方财政收支的快速增长。在此期间，石嘴山市财税改革工作认真贯彻执行“发展经济，保障供给”的财政工作总方针，通过资金的积累和再分配，有力地支持、保证了社会各项建设事业的需要，为建设开放、和谐、富裕、美丽石嘴山做出了贡献。

一、改革发展历程

改革开放以来，石嘴山市的财税改革工作，大体经历了四个发展阶段。

（一）财税积累务实改革阶段（1978~1993 年）

党的十一届三中全会确定了“调整、改革、整顿、提高”的国民经济发展总方针，决定从 1979 年起把全党工作重点转移到社会主义现代化建设上来，从而开始了建国以后具有深远意义的伟大转折。石嘴山市借改革开放的强劲东风，认真执行党的基本路线和财政经济方针政策，遵循财政为经济社会服务的宗旨，积极推进财税体制改革，不断健全、完善财政职能，逐步提高财政管理、服务经济的总体水平。

1978 年，经国务院批准，财政部决定试行“增收分成、收支挂钩”的财政体制。根据财政部的精神，自治区编委决定，各市、县、旗财税机构一律分设为财政局和税务局两个平行单位。1979 年 1 月，分别设立石嘴山市财政局、石嘴山市税务局，加强对财税工作的领导，理顺关系，明确职责，建立健全了各项财政管理监督制度及正常的工作秩序，促进了财政收支的稳定增长。

20 世纪 80 年代以来，石嘴山市委、政府全面贯彻落实党的一系列方针政策，加快经济体制改革步伐，促进国民经济的协调发展和全市工农业生产的快速增长。在生产发展的基础上，石嘴山市积极进行调整、改革，不仅实现了财政收入与工农业总产值同步增长，而且做到了年年超收、年年收支平衡、年年略有结余。

1980 年 2 月，经国务院批准，财政部决定实行“划分收支、分级包干”的财政体制，自治区对石嘴山市实行“划分收支、分级包干、分灶吃饭”的财政管理体制。自 1980 年起，石嘴山市开征个人所得税。根据《宁夏回族自治区征收排污费实施办法》，同年 7 月 1 日起，在全市范围内开征排污费；根据国务院发布的《国家能源交通重点建设基金征集办法》和财政部发布的《国家能源交通重点建设基金征集办法实施细则》，开征烧油特别税；贯彻国家税务总局《关于办理税务登记的通知》，从 9 月 1 日起开始办理税务登记事宜。

支持无烟煤之王——太西煤建设

1983 年，根据国家相关规定，石嘴山市从 10 月 1 日起开征建筑税、营业税、产品税、资源税、国营企业奖金税，全面开征增值税，增值税分甲、乙两类，以产品增值额为对象。5 月中旬，根据自治区和石嘴山市委、政府的统一部署，开始实施国营企业“利改税”，企业大部分利润以征收所得税的办法上缴，把国家与企业的分配关系基本上固定下来，促进了企业经营管理，稳定了国家财政收入，较好地处理了国家、企业和职工三者的利益关系。9月，全面展开“利改税”工作，由利税并存，逐步向完全以税代利过渡。1984年以后，根据财政部《关于在国营企业推行利改税第二步改革的报告》和《国营企业实行第二步利改税试行办法》的精神，国营企业所得税、调节税的收入逐步取代企业利润在企业收入中的地位。石嘴山市将过去企业上缴利润改为上缴所得税、调节税和承包费等项目，核定调节税率时，以企业1983年实现的利润为基数，在调整由于变动产品税、增值税、营业税税率以及开征资源税而增减的利润之后，作为核定的基期利润；基期利润扣除按55%计算的所得税和1983年合理留利后的部分，所占基期利润的比例，为核定的调节税税率；企业当年利润比核定的基期利润增长部分，减征70%调节税；利润增长部分按规定比率计算，一定七年不变。国营小型盈利企业按新的八级超额累进税率缴纳所得税以后，一般由企业自负盈亏，国家不再拨款。但在核定基数时，对税后利润较多的企业，国家采取收取一定数额承包费的办法。

1985年开始，石嘴山市委、政府改革“统收统支”“吃大锅饭”的财政管理体制，对市辖4个区实行“划分税种，定收定支，超收分成，结余留用，超支不补，自求平衡”的财政管理办法，市辖4个区都建立了区级财政。2月，自治区财政工作会议提出财政管理体制改革新措施，确定从1985年开始实行“划分税种，核定收支，分级包干，一定五年不变”的新财政管理体制，继续坚持“统一领导，分级管理”的原则，明确了自治区和市、县两级财政的权利与责任，以及市、县级财政收支范围，并决定实行新的资金投放办法。自治区决定对石嘴山市实行固定收入大于支出的部分留成66.30%的“总额分成”办法，促进了石嘴山市财政收支的稳步增长。5月22日，石嘴山市委、政府印发《关于当前城市经济体制改革若干问题的规定》，强调要进一步贯彻落实国务院《关于进一步扩大工业企业自主权的暂行规定》中企业享有10个方面自主权，和《中共中央关于经济体制改革的决定》中规定企业应当具有的6个方面的权利。根据国家及自治区的相关规定，石嘴山市开征集体企业所得税、集体企业奖金税、事业单位奖金税和城市维护建设税，在5个单位试征国营企业工资调节税。

1986年，石嘴山市财政局在下营子乡进行乡镇财政预算体制试点，4月底正式建立了乡财政机构，并在全市总结推广。截至1988年，平罗县、惠农县全部建立了乡镇财政预算管理体制。2月6日，为加强预算外资金专户储存的管理，石嘴山市制定了《预算外资金专户储存管理细则（试行）》，对预算外资金的收入范围、项目，专户储存的缴拨款办法、会计核算管理和监督检查等做了明确细致的规定。1988年，为加强制度建设，市政府相继发布了《石嘴山市国营小型企业租赁经营试行办法》《石嘴山市社会发展基金管理办法》《对有收入的事业单位实行核定收支、超收分成的试行办法》，不断强化财政宏观管理职能。根据自治区政府颁布的《关于对我区地方煤矿开征煤炭资源税的通知》，石嘴山市从10月1日起开征煤炭资源税，石嘴山、石炭井两大矿务局每吨煤的征收额为0.4元。

基层税务点开展税收征管工作

1990年，根据国务院和自治区相关规定，石嘴山市从1月1日起开征城镇土地使用税、筵席税和国家预算调节基金，恢复征收牧业税；2 月 1 日起，对彩色电视机、小轿车开征特别消费税；从 10 月 1 日起开征资源税。

1991 年，石嘴山市决定在大武口、石嘴山、石炭井 3 个市辖区建立辖区级财政，实现了一级政府，一级财政，调动了各区政府理财积极性，实现了事权与财权的进一步统一。7 月 1 日，根据自治区政府关于城镇住房制度改革实施方案的有关精神，决定对全市行政机关和各事业单位职工开始建立城市住房公积金制度，为国家、集体和个人筹资建设住房开辟了一个稳定的资金来源。

1992 年，为加强国有资产管理，市财政局增挂“国有资产管理局”（简称市国资局）牌子，随后开展了国有资产调拨、报废、拍卖、处置等方面的调查和管理工作。先后参与了市碳素厂、运输公司、玻璃厂等单位的资产处置工作，使国有资产管理工作逐步走上规范化轨道。同年，根据国家相关规定，石嘴山市开征城市水资源费，暂停征收筵席税；会计专业技术职称评审开始实行全国统一考试制度。

1993 年 2 月 23 日，《中华人民共和国耕地占用税暂行条例》颁布实施。3 月 20 日，石嘴山市政府发布《石嘴山市城镇国有土地使用权出让和转让暂行规定》和《石嘴山市城镇国有土地使用权临时基准地价》，开始对各宾馆、饭店、招待所住宿人员按住宿费的 10%征收城市公用设施补偿费。10 月 31 日《中华人民共和国个人所得税法》颁布后，石嘴山市停止执行城乡个体工商业户所得税。截至 1993 年 12 月底，石嘴山市征收的工商税种有工商统一税（对外征收）、中外合资企业所得税、外国企业所得税、个人所得税、集体企业所得税、私营企业所得税、个体工商业户所得税、个人收入调节税、产品税、增值税、营业税等共计 28 个。1993 年，石嘴山市实现财政收入 16578 万元，较 1978 年的 4067.08 万元，增长 307.61%，实现了财税的稳步积累和夯实。

（二）财税调整改革探索阶段（1994~2000 年）

党的十四届三中全会和国务院《关于实行分税制财政管理体制的决定》是这一阶段的“分水岭”，从 1994 年 1 月 1 日起，改革地方财政包干体制，对各省、自治区、直辖市以及计划单列市实行分税制财政管理体制。自治区政府决定，从 1 月 1 日起对全区各地、市、县实行分税制财政管理体制，石嘴山市对辖区的财政管理体制做了相应的调整、改革，自治区与石嘴山市、石嘴山市与各辖区重新划分了收入、支出范围。石嘴山市紧紧抓住实行分税制财税体制改革这一机遇，不断深化改革，逐步建立和完善了市辖区分税制财政管理体制，合理划分了市本级和辖区级的事权和财权；注入了竞争激励和约束机制，明确了目标责任制；初步建立了以骨干财源为主、多种财源并举的财源体系；在全区率先进行了收费体制改革，建立了“票款分离、收缴分离、一厅收费、财政统管”的收费管理制度，有效地制止了“三乱”现象，促进了非税收入的稳定增长。

1995 年 1 月 12 日，石嘴山市政府发布《石嘴山市行政事业单位国有资产管理暂行办法》，就国有资产的分类、计价、使用和管理、处置、报告制度、监督和监督管理机构以及奖罚等做了明确规定。9 月 26 日，为转换企业经营机制，调整产业结构，优化资源配置，提高资产运营效益，石嘴山市委、政府发布了《关于国有企业拍卖的暂行办法》。根据《石嘴山市 1995 年清产核资工作方案》的要求，市清产核资领导小组组织 2754 名人员，对市属及辖区属的 216 户国营企业单位进行了全面的清产核资工作，完成了市属国营企业资产清查、产权界定、固定资产价值重估、土地估价、资产核实等工作任务，初步摸清了国有企业的“家底”，确保了国有资产的保值增值，并受到财政部表彰。同年，实行企业所得税退税政策，财政部门与税务部门共同开展了税源调查，摸清了 10 万元以上税收户的底数，加大了税源扶持力度。积极筹措资金，主动向自治区财政厅争取技改贴息、“五小”补贴、工交周转金、新产品开发资金、商业风险基金640万元，用于培育壮大地方财源，同时挤出财政资金100万元建立了个体和私营经济发展基金及农村小康建设基金，为分税制下培养地方新的经济增长点打基础。

1996年1月1日，石嘴山市根据国家规定停征国家预算调节基金。石嘴山市平罗、惠农、陶乐三县根据农业税管理条例和自治区实施办法方案的要求，对辖区内土地面积、粮食产量、农民收入、农业税负担率、财政收入等情况进行调查，对乡、村、队农户、农场的实有耕地面积和原来负担的农业税任务，认真核定征免界线。

市财政局到沉陷区调研工作

1997年，是石嘴山市企业改革的攻坚年，石嘴山市被确定为全国“优化资本结构”试点城市。经过一年的实践，在全市全面推行以股份合作制为主要形式的产权制度改革时机已经成熟，6月，石嘴山市委、政府下发了《关于市属中小型企业股份合作制改革若干问题的决定》，截至1997年底，全市377户企业中，改制为股份制或股份合作制的企业达183户，其余企业通过兼并破产、拍卖、租赁、合伙或分散经营等方式进行了调整和改革。在自治区率先制定了《关于全市中小企业股份合作制改革财政财务管理实施意见》以及国资管理、工交商贸企业会计处理等方面的实施意见等指导性文件，确保了企业股份制改制的顺利进行。财政部门与各经济主管部门密切配合，严把企业改制资产评估、净资产处理等关口，支持企业改制，使市属90户国有改制企业明晰了产权，增强了活力，经济效益和社会效益得到明显提高。

1998 年，石嘴山市在自治区率先开展收费体制改革，建立了“票款分离、收缴分离、一厅收费、财政统管”新的收费体制，对全市所有行政事业性收费和罚没收入全部纳入财政部门设立的收费大厅管理。由于收费大厅及各征收处统一征收、统一开票、统一账户、统一收费项目，有效地杜绝了“三乱”现象的发生，促进了非税收入的稳定增长。同时，加强对纳入财政专户管理的预算外资金的管理，建立了规范的预算外资金收支计划管理机制，使财政专户管理的预算外资金走上了收支两条线管理的轨道。通过改革预算管理体制，实施财务会计制度、企业利润分配制度以及税制、分税制等政策，逐步形成了以增值税为主体、消费税为补充的流转税体制。

分税制财政体制运行平稳，调动了各级政府发展经济和组织收入的积极性，基本保证了各级政府正常运转和各项事业发展的资金需要。与此同时，石嘴山市在自治区率先建立了城市居民最低生活保障制度，制定了《关于建立市属国有企业职工、城市居民最低生活保障制度》，对市辖 3 个区的居民在享受粮价补贴的基础上，建立城市居民最低生活保障制度，为全区全面建立低保制度提供了有益的经验。

1999 年 5 月，石嘴山市建立了下岗职工再就业贷款担保中心，采取政府出资和社会扶助的办法，由市财政拨款 100 万元，社会捐助100 万元，最早在全区建立了下岗职工再就业贷款担保基金，再就业小额贷款担保工作正式实施。7 月 2 日，自治区首家中小企业信用担保机构——石嘴山市中小企业贷款担保中心挂牌运营。11 月 29 日，为了加强预算外资金管理，进一步规范预算外资金的收缴、拨付和使用，依据国务院和自治区的有关规定，石嘴山市政府制定《石嘴山市预算外资金管理暂行规定》，对未纳入财政预算管理的行政事业性收费、政府性基金附加收入、主管部门集中收入、乡镇自筹统筹资金、以政府名义取得的募集、捐赠收入、广告收入等预算外资金的收缴、账户管理、收支计划以及资金的审批、使用和监督与处罚做了明确规定，预算外资金由同级财政部门按照“收支两条线”的管理原则实行财政专户管理。要求凡在石嘴山市行政区域内有预算外收支活动的部门、单位，必须遵守。

从 2000 年 1 月 1 日起，石嘴山市先后研究制定了《石嘴山市城镇职工基本医疗保险就医管理暂行办法》《医疗费用结算管理暂行办法》《基本医疗保险制度改革实施方案》和《基本医疗保险试行办法》，各级财政、卫生医疗部门强化管理、创新工作，逐步建起了以基本医疗保险为主的多层次的医疗保障体系，实现了由公费医疗、劳保医疗到基本医疗保险制度的平稳过渡。

（三）财税改革快速增长阶段（2001~2013 年）

2001 年 1 月 1 日，石嘴山市启动了城镇职工基本医疗保险工作，在全市范围内的城镇所有用人单位，包括机关、事业单位、社会团体、企业（国有企业、集体企业、外商投资企业、私营企业、股份制企业、股份合作制企业等）、民办非企业单位及其职工中，初步建立起适应社会主义市场经济体制要求，逐步覆盖城镇全体职工的基本医疗保险制度，保障职工基本医疗需求。相继制定了《石嘴山市国家公务员医疗补助暂行办法》《石嘴山市预算外资金统筹管理办法》和《石嘴山市中小企业贷款担保基金管理暂行办法》。在平罗、惠农 2 县和大武口乡进行了农村税费改革试点，2002 年全面推开农村税费改革。

2002 年 2 月 20 日，为不断加强财政资金管理，石嘴山市政府制定下发《关于严格执行财政预算，加强财政资金管理的办法》。石嘴山市各级财政部门不断调整财政支出结构，采取倾斜政策，逐步加大了对社会保障、农业、教育、科技、生态建设和环境保护等社会公共需要的支持力度；稳步推进了部门预算、国库集中支付制度、政府采购制度和深化“收支两条线”管理等改革，在财政支出管理的规范化方面迈出了重要步伐，财政资金使用效益明显提高。10 月 1 日，作为自治区国库集中支付试点单位，石嘴山市财政局会同人民银行石嘴山市分行制订了《石嘴山市财政国库管理制度改革实行方案》，全面启动财政国库集中支付改革试点工作。2004 年 4 月，石嘴山市正式成立财政国库集中支付中心，按照《石嘴山市财政国库管理制度改革实施方案》，进一步规范了试点工作相应的操作规程及配套文件，构建了资金直接划拨的新机制，促进了会计集中核算向国库集中支付的转轨工作，市国库集中支付制度改革迈出了实质性的一步。7 月 19 日，石嘴山市财政局下发《关于进一步加强行政事业性收费、政府性基金和罚没收入票据使用管理的通知》，以加强全市行政事业性收费、政府性基金和罚没收入票据使用的管理，完善"收支两条线"改革。8 月 2 日，石嘴山市财政局制定《石嘴山市市级机关会计集中核算单位财产管理办法》，就固定资产和原材料从分类原则标准、财产的管理权限及账簿的设置、固定资产的核算、财产的盘点等方面进一步做了明确的规定。10 月，按照国务院和自治区关于建立和完善国有资产监督工作机构要求，成立石嘴山市国有资产监督管理委员会，负责全市的国有资产管理工作。

2005 年，石嘴山市以"金财工程"为依托，大力推进财政各项改革，努力提高财政管理监督水平。实行了基本支出和项目支出编制预算的方法，将各项收入全部纳入预算管理，促进了财政预算的规范性、法制化，全年向市人代会报送的部门预算（草案）增加到 35 户。国库集中支付试点工作稳步推进，试点单位达到 66 户，其中一级预算单位 36 户，二级预算单位 30 户，全年累计支付资金 8307 万元，国库沉淀资金达 1768 万元，资金直接划拨的新机制逐步构建完善，并且做好了会计集中核算向国库集中支付的转轨工作。严格执行"收支两条线"，及时调整了各执收、执罚单位非税收入的返还基数，保护了各缴费单位的合法权益。同时，认真落实全区财政工作会议精神，免征农业税，对农村中小学在校生实施义务教育“两免一补”（免除学杂费，对贫困家庭学生免费提供教科书并补助寄宿生生活费），全市 5984 名学生享受到“两免一补”的政策优惠。加强对专项资金（财政扶贫资金、财政基本建设资金、社会保障资金、国债资金、教育专款以及其他专项资金）的监督和管理，规范了专项资金的使用行为，对有行政事业性收费及政府性基金收入的 30 个执收单位的“收费许可证”“票据购买证”“票据”“账册”“开户许可证”等进行了重点稽查，对一些违规行为进行了纠正。

2006 年，石嘴山市认真落实“收支两条线”，将所有行政事业性收费实施收支脱钩，分期分批纳入预算管理。加大支出管理力度，实行国库资金集中收付，促进了财政预算管理的规范化和法制化。根据自治区财政预算编制改革实施意见的精神和财政厅要求，石嘴山市全面实行了综合预算、零基预算编制，所有一级部门预算单位均实行了部门预算编制改革，预算覆盖面达到 100%。2006 年春季开学起，石嘴山市 83 所中小学、6 万余名义务教育阶段公办学校学生及寄宿生，其学杂费全部免除，贫困家庭学生还享受由政府免费提供的教科书，对寄宿生给予生活费补贴。4 月 1 日起，太西煤价格调节基金由吨煤 15 元调整为30 元。启动实施了政府收支分类改革，实行了“双轨”模式运行，进行年初总预算和部门预算的编制及数据转换，开展预算执行数据转换，对财政管理系统、集中支付系统等进行升级，确保了全市政府收支分类改革的顺利实施。7 月 1 日，按照国家税务总局要求，石嘴山市契税、耕地占用税征管职能正式移交石嘴山市地税部门统一征管。10 月上旬，石嘴山市被确定为国家首批城镇居民基本医疗保险试点城市之一。城镇居民基本医疗保险采取家庭缴费与政府补助相结合的方式，重点保障居民住院和门诊大病基本医疗需求。11 月，在平罗县进行试点、总结经验、全面推行新型农村合作医疗救助的基础上，经自治区政府批准，惠农区、大武口区正式启动新型农村合作医疗制度。2007 年，石嘴山市各级财政按照《政府收支分类改革方案》要求，实行政府收支分类改革，开始全面实行政府收支分类科目新旧过渡，使用新的政府收支分类科目体系编制预算、办理决算，反映预算执行情况和进行财政收支统计。

2008年以后，石嘴山市按照建立现代财政管理体制的要求，在国库集中支付改革上，完成了165个单位零余额账户的设立和集中支付系统连接工作，进一步简化了国库集中支付流程，实现了会计核算向国库集中支付的平稳过渡，规范了财政支付行为。在政府采购管理改革上，健全完善政府采购监督体系，出台了《石嘴山市市本级政府采购预算管理暂行办法》。在市辖区财政体制改革上，按照兼顾公平与效率的原则，研究制定了《关于调整现行财政体制的意见》，为建立市辖区财政分配管理新模式进行了有益的尝试和准备。在国有资产管理上，创新监管方式，制订了《国资委派驻财务总监实施方案》和《国有企业派驻财务总监管理办法（试行）》，积极探索建立在重点国有企业和国有控股企业委派财务总监制度，加大产权运作和资本运作力度，剥离不良资产，调整存量资产，确保国有集体资产经营收益及时回笼，增加国有资产收益。同时，按照自治区财政厅的统一部署，先后开展了财税库银横向联网电子缴税试点和市本级公务卡制度推行改革试点工作。

2009年1月1日起，根据国务院规定，石嘴山市全面推行增值税转型改革，允许企业抵扣新购入设备所含的增值税，取消进口设备免征增值税和外商投资企业采购国产设备增值税退税政策，将小规模纳税人的增值税征收率统一调低至3%，将矿产品增值税税率恢复到17%。同时，规范了津贴补贴的标准和水平，扩大了小额贷款贴息范围，对所有申请小额担保贷款的创业者，贴息标准由原贷款额2万元提高到50万元，凡持有就业优惠证的人员和复转退伍军人，贷款合同期内给予全额贴息。持失业证人员，大中专毕业生，就近就地创办二、三产业的农民，贷款合同期内给予50%的贴息，减免各项费用，降低贷款负担，免收一切小额贷款的手续费、调查费、工本费，对职工工资联保的免除了公证手续费等。

2010年，在预算外资金全部纳入预算管理的同时，进一步完善综合预算管理，提升财政预算收支执行的信息化管理水平，实现部门预算、国库集中支付和工资统发平台共享，实施了财税库银数据共享大平台联网工作，推进了财政工作的精细化管理。5月，为了规范行政、事业单位国有资产管理，维护国有资产的安全完整，合理配置和有效利用国有资产，充分发挥其使用效益，建立符合公共财政要求的行政、事业单位国有资产管理体制。6月，为进一步加强全市机关事业单位人员工资管理，严肃人事工作纪律，切实防止吃“空饷”的现象发生，进一步完善了机构编制、工资计划与财政预算的联动管理机制。并先后完成65户重点工业企业的二、三产业分离工作，累计实现新增税收1044.50万元。为支持现代服务业发展，设立了石嘴山市服务业发展专项基金1000万元，采取奖励、以奖代补、项目贷款贴息补助等方式，重点用于对经济发展带动性强的服务业项目和商贸企业的引进、传统服务业的改造提升。同年，自治区把石嘴山市列为统筹城乡居民医疗保险试点市，石嘴山市在全区率先开展了医疗保险市级统筹和“一卡通”试点工作。10月，又启动实施了新型农村养老保险制度，推动了市属养老保险向城乡居民人人享有基本养老保险的目标迈进。

2011年，根据国家相关法律及财务制度，石嘴山市加强制度创新和预算收支监管力度。9月，首次对市本级4个部门47家预算单位的部门决算进行批复，制定了《石嘴山市政府债务管理办法》，进一步加强全市政府债务管理，规范政府债务行为。根据自治区财政厅、自治区地税局《关于进一步推进应用房地产评估技术加强存量房交易环节税收征管工作的通知》精神，7月，在全市全面开展了应用房地产评估技术加强存量房交易税收征管工作，进一步加强了房地产交易税费征收管理工作，规范了房地产交易计税价格核定办法。积极探索了收费和罚没收入实行收支脱钩的综合预算管理办法，深入推进市本级公务卡制度工作，规范了财政资金审批流程，健全财政票据核销制度，对行政事业性收费专用票据实行“验旧领新、限额控制、票款同行”的管理办法，确保了政府非税收入的足额入库。按照国务院《关于党政机关厉行节约若干问题的通知》精神，制定了新的会议费标准和差旅费开支规定。

2012 年，在全区率先建立了公共资源交易平台，全面落实“管采分离”制度，政府采购规模进一步扩大，完成采购合同金额 2.72 亿元，节约资金 0.38 亿元；在全区率先建立政府采购“单一来源”网上公示制度，进一步提高了市政府采购工作的公开透明度。将市本级 176 家预算单位纳入国库集中收付，占应改革单位的 100%，国库集中支付改革工作在全区交流推广。

（四）财税改革创新阶段（2014 年至今）

2014 年，是全区财税系统“财政改革创新年”，按照自治区要求，石嘴山市紧密部署，扎实推进改革工作并初见成效。

创新预算管理制度机制，全面推进预算公开，在门户网站上公开了 2014 年市本级财政预决算和市直部门预决算、“三公”经费预决算。科学编制了《石嘴山市本级 2013 年度权责发生制政府综合财务报告》。改进预算编制方法，按照全口径预算管理要求，将部门结转结余资金管理、项目支出绩效评价与预算编制有机结合。

深化国库集中支付改革，全面开展国库集中支付动态监控管理，将财政监督关口从事后移至事前和事中，有效规范了各单位预算执行行为，违规笔数及金额较上年大幅下降。

加强公务卡制度管理工作，结合实际制定《石嘴山市本级公务卡强制结算目录》，建立健全监督和制约机制，进一步扩大公务卡使用范围，提高公务卡使用率，开展国库集中支付动态监控，规范各单位公务报销行为，减少现金使用，推进“阳光公务消费”行为。

建立政府购买公共服务机制，出台了《石嘴山市政府购买公共服务暂行办法》，对购买内容、购买程序、监督管理等进行了明确和规范。

健全完善债务管理制度，探索建立石嘴山市政府债务风险预警和规模控制机制，强化举债流程管理，完善偿债准备金制度。狠抓行政成本控制，积极贯彻落实中央《党政机关厉行节约反对浪费条例》，建立完善行政事业公务支出标准管理制度，严把审核支付关口，严控公务接待费、会议费、车辆购置及运行费等 11 项指标，强化以“三公”经费为重点的行政成本支出监管。进一步加强财务管理、降低行政运行成本、有效控制党政机关“三公”经费。强化以“三公”经费为重点的行政成本性支出监管，依托核算中心软件更新，将厉行节约季报改为月报表。

清理财税优惠政策，对 2002 年以来市本级出台的 56 项财税优惠政策进行了全面梳理，将执行到期的和不符合本市实际的政策予以取消，将交叉、重复、方向类同的政策进行了修改或合并。

落实国家税收政策，根据国务院相关规定，实施了铁路运输和邮政业、电信业营改增试点，“营改增”试点期间，税收收入归属不变，原归属试点地区的营业税收入，改征增值税后，收入仍归属试点地区。12 月，根据《自治区人民政府关于全面清理涉及煤炭原油天然气收费基金有关问题的通知》精神，停止征收太西煤价格调节基金，自此开征 10 年的太西煤价格调节基金退出石嘴山市非税收入的舞台。

规范国有资产资本管理，研究出台了《行政事业单位国有资产处置管理暂行办法》《石嘴山市国有资本经营收益收缴管理办法》等制度，对 37 个行政事业单位 148 处出租出借房产和 2 个经济实体经营性资产进行了登记核实，进一步摸清了经营性国有资产底数，有效防止了国有资产流失。

进一步完善固定资产管理办法，加强固定资产监管工作。对党政机关、事业单位经营性资产进行全面清理检查，研究经营性资产分类管理模式，并形成相关管理办法。

科学处置闲置资产，委托评估机构对土地房产等进行评估，适时进行公开拍卖，收入及时上缴国库。推行绩效评价结果运用，制定了《石嘴山市财政拨款结转和结余资金管理暂行办法》，引入第三方开展5个重点项目资金及资源枯竭型城市转移支付资金绩效评价工作。

推行全过程预算绩效管理，完善"单位绩效自评"制度，把部门绩效评价结果纳入财政预算信息公开范围。做好市级从平台投放资金到到期项目资金的绩效评价工作，对通过绩效评价的企业项目资金，按照评价结果，分别下达资金转账和回收批复，对到期项目，委托第三方进行绩效评价。

二、主要成就

改革开放以来，石嘴山的经济得到了长足发展，城乡面貌发生了翻天覆地的变化，人民生活水平有了大幅度的提高。全市财税部门强化财源建设，积极组织财政收入，取得了较好实效和成绩。

（一）财政收入大幅提高，为全市经济社会发展奠定了坚实的基础

石嘴山市财税部门强化财源建设，积极组织财政收入，加强税源动态监控，强化税收征管，堵塞税收漏洞。认真抓好非税收入征缴工作，切实加强土地出让金清欠力度，积极做好太西煤价格调节基金征收工作，财政收入持续稳定增长，财政实力显著增强。1976~1980年"五五"计划时期，全市财政收入为1.75亿元，年均收入3496.17万元，年均增长42.35%。1996~2000年 "九五"时期，全市财政收入完成13.73亿元，年均收入为2.75亿元，比"八五"时期增长138.02%。

21世纪以来，是石嘴山财政增长最快的时期，财政收入持续快速增长，财政实力不断增强。2001年，全市实现财政收入3.88亿元，其

中税收收入 3.07 亿元，2004 年全市财政总收入（包括上解中央、自治区部分）突破 10 亿元，2005 年突破 20 亿元，2007 年突破 30 亿元，2008 年突破 40 亿元，2009 年在金融危机的巨大冲击下，财政总收入 43.29 亿元。2010 年财政总收入突破 50 亿元，完成 57.18 亿元。全市地方财政收入也不断取得新突破，2006 年突破 10 亿元大关后，2009 年一举突破 20 亿元，实现 23.21 亿元，是 2001 年的近 6 倍，其中税收收入 13.55 亿元，是 2001 年税收收入的 4.41 倍。2010 年又突破 30 亿元，达到 33.62 亿元。2011 年，实现财政收入 70.21 亿元，比上年增长 23.6%。地方财政收入 43.34 亿元，增长 30.4%。全市税收总收入 47.85 亿元，增长 18.03%。全市地方税收收入 21.14 亿元，增长 23.48%。2012 年，全市实现财政总收入 74.86 亿元，比上年增长 6.6%。地方财政收入 46.51 亿元，增长 9.1%。全市税收总收入完成 50.99 亿元，增长 6.56%，全市地方税收收入完成 22.84 亿元，增长 8.08%。2013 年，全市财政总收入完成 74.43 亿元，比上年下降 0.56%。地方财政收入 45.76 亿元，下降 1.31%。全市税收总收入完成 52.05 亿元，增长 2.08%。全市地方税收收入完成 23.65 亿元，增长 3.55%。2014 年，受严峻复杂的经济形势影响，全市财政总收入完成 65.49 亿元，比上年下降 12.01%。全市地方财政收入完成 39.57 亿元，可比下降 1.22%。全市税收总收入完成 46.98 亿元，下降 9.74%。全市地方税收收入完成 21.06 亿元，下降 10.95%。财税的收入增长为支持地方经济建设，兴办各类民生实事奠定了坚实的基础，人民群众得到了改革开放以来的最多实惠。

（二）财政支出规范高效，关系人民群众切身利益的实事得以惠及

30 多年来，石嘴山市在财力逐步增强，全力保证市委、政府的重点工程建设，促进经济发展的同时，大力调整支出结构，充分运用资源型城市经济转型试点和循环经济试点城市的优惠政策，以发展循环经济为前提，强力推进重大项目建设步伐。紧紧围绕“住有所居、学有所

美丽的石嘴山区新区建设

教、劳有所得、老有所养”的民生新蓝图，加快发展各项社会事业，让公共财政的阳光普照大地，直接把党和政府的温暖送到广大老百姓的心坎上，优先保障与人民群众切身利益关系密切、保障经济社会协调发展的各项支出需求。1976~1980年“五五”时期，全市财政总支出1.95亿元，年均支出3893.54万元，比“四五”时期年均增加1625.71万元，增长71.69%。1996~2000年“九五”时期，全市财政总支出20.36亿元，年均支出4.07亿元，比“八五”时期年均支出增加2.18亿元，增长115.69%。2001~2010年，全市财政支出由2001年的7.93亿元达到2010年的75.55亿元，10年间增长了8.53倍。截止到2014年，全市地方财政支出完成94.44亿元。财政支出结构不断优化，重点支出得到有效保障，三农、教育、医疗卫生、社会保障、城市基础设施建设等社会事业的支出不断扩大，广大人民群众得到了越来越多的实惠。

（三）财税改革稳步推进，现代市场经济环境下的管理逐步制度化、规范化

随着石嘴山市财税改革的不断深入，预算管理制度改革稳步推进，全口径预算管理机制初步建立，市本级权责发生制政府综合财务报告编制工作有序开展，预决算公开全面推进，引入第三方开展重点项目资金绩效评价试点工作初见成效，全市基本健全完善了与经济发展相适应的

政府预算体系和部门预算制度。适应现代经济环境下的各种财税制度健全完善，有效防范了财政资金支付风险，规范了预算执行行为，加强和规范了公务支出管理。国库管理制度改革向纵深拓展，国有资产、资本管理趋于规范化、制度化，有效防止了国有资产、资本流失。

（四）财税实力的明显增强，有力促进了全市社会各项事业的良性发展

30多年来，随着全市财税实力的不断增强，基础设施建设、生态环境建设、城乡面貌、对外形象等等都取得了巨大变化。在大力加强交通路网、电力通信、水利资源、生态环境建设等基础上，城市不断提质扩容，三城三镇功能不断提升，市新区政府建成并投入使用，城市建成区面积达114平方公里，扩大1.3倍，城镇化率达到68.6%。全市森林覆盖率达到12.5%，城市绿化覆盖率36%，人均公共绿地面积达到14平方米，2013年成功创建全国园林城市。经过抢救性的治理，建成全区最大的碧波荡漾、鸟翔鱼跃，集防洪、排涝、蓄水、旅游为一体的星海湖，水域面积23平方公里，是国家水利风景区、国家湿地公园、国家水上运动训练基地和全国首批中国文化旅游新地标。实施了以贺兰山东麓绿化为重点的森林公园、贺兰山东麓生态防护林以及城市街区绿化美化比翼齐飞的城市内外大规模环境绿化工程，园林化城市初具规模。通过逐年加大投资，全市教育事业健康发展，顺利通过国家“两基”验收，各级学校办学条件得到极大改善，以奖、免、贷、助、补等全方位的学生资助政策，使全市不同群体学生享受到了公平的教育机会。义务教育均衡发展，在全区率先实现“教育强市”目标。人民生活明显改善，医疗卫生事业健康发展，城乡文化体育事业丰富多彩，产业集群蓬勃发展，一座新型工业城市初步建成。

（五）财税扶持了非公经济的发展，强化了工业城市的基础地位

30多年来，随着市场经济体制的建立和完善，在财税不断增收的

情况下，石嘴山市通过积极的财税政策，反哺各类工业企业的发展，使非公经济得到不断壮大和发展，并成为石嘴山市新的经济增长点。财税部门出台了一系列政策、措施，加大对非公经济的扶持力度，通过投入周转金、财政贴息、补贴等方式，放水养鱼、激发活力，有力促进了非公经济的快速壮大和发展。以此带动形成了全市四大工业园区，其中2个国家级工业园区、2个自治区级工业园区，四大工业园区现已成为石嘴山市工业经济转型的主战场和全市经济增长的主要引擎，并培育形成了新材料、能源化工、装备制造等重点产业集群，骨干企业多项技术填补了国内空白。4个园区的建成和发展，对于缓解就业压力、提升产业档次、打造产业集群、推动地方经济发展起到了至关重要的作用。截至2014年底，全市非公企业达到2361家，其中，规模以上企业239家，实现工业总产值达800.9亿元，夯实了石嘴山市工业城市的地位。

三、经验启示

（一）深化财税改革，强化财政职能，是保稳定、保增长的关键

纵观石嘴山市财税体制改革发展进程，只有充分发挥财税的调节、分配、管理、监督职能，才能确保地方稳定、经济合理增长。通过推进财政预算体制改革，规范财政分配，实现了一级政府一级财政，明确了财权事权，规范了财政分配行为，增强了市、县（区）、乡（镇）各级政府及各部门单位的理财积极性，有效地促进了财政收入的稳步增长。通过实行“票款分离、收缴分离”的统一征收制度和预算内外资金分别管理办法，在自治区率先推行了收费征管体制改革，有效地控制了“三乱”，净化了经济环境，杜绝了个别单位坐支、挪用、截留财政资金的现象，防止了财政资金流失。通过积极进行财税改革，稳步构建公共财政框架，部门预算进一步扩大，会计集中核算不断完善，国库集中支付进展顺利，政府采购不断加强，“收支两条线”管理工作进一步深化。

通过加大财税监管力度，扎实有效地开展了财政监督工作，强化财政专项资金执法检查，财经秩序进一步规范。实践证明，每一次改革举措都推动了体制机制和管理走上新台阶，确保了国有资产流失，监管更加规范，实现了为国聚财、为发展集力，让更多的人民群众得到实惠，为保持一方经济发展、稳定、和谐，奠定了基础。

（二）积极组织财政收入，不断优化支出结构，是服务经济社会发展的基础

财税部门只有遵循生财有道、聚财有方、用财有效的理财思路，以调动积极性为手段，不断引入竞争激励机制，制定严格的奖惩措施，坚持公平、文明、效率的方针和依法征管、依率计征，才能防止收入的跑、冒、滴、漏、欠，通过做到应收尽收，才能使财政收入快速稳定增长，服务经济社会发展的实力不断增强。2014 年，全市财政收入实现 65.49 亿元，是 1994 年实行分税制第一年 7673 万元的 84.36 倍。只有通过不断拓宽政府融资通道，政府财政可支配资金才能大幅度增长。只有坚持“量入为出、量财办事、保证重点、压缩一般”的原则，不断优化支出结构，确保资金重点投放，才能充分发挥财政资金的使用效益。石嘴山市集中财力全力支持基础设施建设及重点工程项目，促进全市经济社会跨越式超常规发展，在“科教兴市”“工业强市”战略中，坚持“用投资拉动项目建设，用优质项目拉动经济结构调整、拉动就业、拉动民生事业”的政策，推进了可持续发展，切实维护了人民群众的根本利益，促进了经济建设和社会各项事业的同步前进。

（三）着力发展经济，多方培植财源，是财税实现增收服务地方经济发展的根本渠道

实践证明，改革开放以来，石嘴山市各级财政部门紧紧围绕全市工作中心，始终把支持经济发展、多方位培植财源，作为财政工作的重点，多渠道筹措资金，加大财政资金对财源建设和培育的投入力度，才

得以实现财税的逐年倍增。通过进一步调整优化财政投资的方向和结构，积极争取中央和自治区专项资金，引导金融、社会投资，大力扶持符合国家产业发展方向、环保节能好的重点骨干企业发展，实现了财税的增加。通过加强工业园区配套基础设施建设，引导企业自主投资，推进全市工业经济结构调整和发展方式转变，增强了经济发展后劲，壮大了骨干财源。通过增加对农业的投入力度，大力发展优势农业，促进农业支柱产业结构调整优化，培育了绿色财源。通过大力扶持非公经济，突出发展能够增加地方财政收入的旅游业、餐饮业、物流业、服务业等第三产业，实现了新的财源增加。

（四）健全完善管理运营机制，是加强国有资产管理的重要保证

石嘴山市从 1992 年市财政局设置国有资产管理科，到 1997 年成立市国有资产管理局，通过清产核资、产权登记、资产评估、资产处置申报审批等基础工作的扎实开展和优化资本运营的有效探索，建立并形成了国有资产管理、监督、运营体制，摸清了“家底”，防止了资产流失，盘活了存量资产，实现了国有资产的保值增值。通过建立交易市场，推动了国有资本的规范运营和合理流动。实践证明，只有加强法制建设，健全规章制度，实施依法治产才是确保国有资产不流失、保值增值的根本保证。

四、对策建议

按照党的十八届五中全会和自治区党委十一届七次全会精神，石嘴山市积极适应和引领经济发展新常态，按照建立现代财政体制总体要求，以深化公共财政改革为重点，逐步加大财税改革攻坚和制度创新力度，重点在财源建设、改善民生上有所作为，不断推动财政管理体制和预算管理制度改革向纵深拓展，切实为群众做好事、做实事。

（一）加快完善财政政策体系

要紧紧围绕“四个全面”战略布局和创新协调绿色开放共享“五大发展理念”，按照中央、省、市统一部署，积极稳妥推进财政改革，进一步理顺财政体制，促进经济保持中高速增长。

一是拓展财政预算的政策调节功能。在编制和实施年度财政预算、合理确定财政收支规模和结构的基础上，针对改革发展中遇到的各种矛盾问题和亟待加强的薄弱环节，通过编制三年滚动预算，并根据经济社会发展的政策目标和优先次序，动态调整年度和中期财政预算的政策导向、聚焦重点、实施节奏和推进力度，着力构建中期预算管理机制，有效调节社会总需求和总供给。

国家5A级旅游胜地——沙湖

蓬勃发展的石嘴山工业

二是拓展政府购买性支出的资源配置功能。通过运用规范化的政府支出手段，引导和扩大社会有效需求；通过运用政府公共投资和政府债券等政府投资手段，加大对事关长远发展的重大公共基础设施和国计民生的重要项目的财政支持力度，有效弥补和克服市场机制难以有效进行资源优化配置的缺陷。

三是拓展政府转移性支出的收入分配功能。通过运用社会救助等社会保障支出手段，逐步增加财政补助和涉及人民生活的消费性补贴规模，不断提高离退休人员、农民和其他低收入困难群体收入，减轻其在教育、医疗、住房等方面的负担，有效发挥社会保障“安全阀”“减震器”的功能和作用。

四是拓展融资担保资金的乘数放大效应。通过在市与辖区两级财政每年不断扩大中小企业融资担保专项资金规模，完善融资担保体系的同时，综合运用奖励补助、风险补偿等方式，鼓励、引导银行业金融机构和社会资金投向中小微企业特别是科技型中小微企业。

（二）加快完善政府预算体系

一是进一步深化“四本预算”改革。按照政府预算各自的功能和定位，进一步细化政府性基金预算编制内容，提高政府性基金预算执行的均衡性和时效性。建立健全国有资本经营预算管理制度，完善国有资本经营预算支出政策，科学安排国有资本经营预算支出。不断扩大社会保险基金预算编报范围，加强社会保险基金预算执行管理，加快社会保险基金预算管理信息系统建设。将政府债务分类纳入一般公共预算和政府性基金预算。

二是规范政府债务管理。编制权责发生制政府资产负债表，严格限定政府举债程序和资金用途，妥善处理存量债务，把地方政府债务分门别类纳入全口径预算管理，实现“借、用、还”相统一，进一步明确举债主体，政府债务只能通过政府及其部门举借，不得通过企事业单位等举借。规范举债方式，对没有收益的公益性事业发展举借的一般债务融资，主要靠一般公共预算收入偿还；对有一定收益的公益性事业发展举借的专项债务，发行专项债券融资，以对应的政府性基金或专项收入偿还。同时，积极推广使用政府与社会资本合作模式（PPP 模式），吸引社会资本参与公益性项目建设并获得合理回报，拓宽社会资本投资渠道，减轻政府举债压力。

三是完善预算支出标准体系。健全基本支出定员定额标准体系，完善事业单位经费保障机制，建立符合不同类型事业单位特点的预算定额管理机制。健全完善定员定额标准，细化分类分档信息，建立基本支出定员定额标准动态调整机制。加快项目支出标准定额体系建设，在制定通用定额标准的同时，开展部分领域专用定额标准建设，重点开展经常性专项业务费标准制定。加大项目支出定额标准应用力度，将定额标准全面运用到预算编制、执行、绩效管理和信息公开全过程。

四是编制中期滚动预算。根据财政改革和发展，以及国家和自治区“十三五”规划，从2016年开始，结合基期年的经济发展情况，在编制年度部门预算基础上，同步编制财政中期预算，以3年为周期实行滚动管理，对周期内的预算支出实行总量控制和跨年度平衡，减少预算调整和资金结转，确保财政资金对重大项目和基础设施建设的连续性支持，实现聚焦财力办大事的目标。

（三）加快完善预算执行体系

一是健全现代财政国库管理制度。大力推进财政票据电子化管理改革，进一步完善非税收入收缴管理运行机制；将国库单一账户体系和国库集中支付改革覆盖到全市各级预算单位，并逐步将各类专项资金、转移支付资金纳入国库集中支付；健全公务卡强制结算制度，增强公务支出信息透明度，加强对公务支出行为的监督。积极推进政府会计制度改革，健全完善权责发生制政府综合财务报告制度；探索推进国库现金管理制度改革，强化理财功能，实现国库资金的保值增值。

二是完善政府采购管理。加快建设以全覆盖、全流程、全上网、全透明为主要特征的全市一体化政府采购管理信息平台，逐步试行网上电子招标采购，推进实现全市政府采购的一体化运行、规模化采购、信息化管理和规范化操作；逐步推进政府采购配置标准与资产经费标准相结合，严格政府采购需求标准管理；逐步建立政府采购产品价格评价体系，在保证采购质量的前提下，有效降低采购价格。

三是建立健全财政资金运行监控体系。拓宽财政一体化信息管理系统功能作用，完善国库集中支付动态监控制度，逐步实现预算单位预算执行和会计核算的网上实时跟踪监控，健全完善财政资金风险防控机制；加大对重点领域财政资金支付使用的监控力度，增强财政资金管理的统一性、透明度和规范化。

（四）加快完善财政监督体系

一是完善财政监督管理体制机制。着力加强县区财政专职监督机构和队伍建设，加快完善市、县（区）、乡（镇）三级财政监督管理体系；尽快形成财政专职监督机构、财政业务管理机构、预算部门单位“三位一体”的监督体系；加强与税务、审计、监察等相关部门的协调配合，进一步增强监督合力。

二是转变财政监督方式。在监督理念上，从以合法合规性监督为主，转变为以合法性、合规性、有效性监督并重。在监督目的上，从以查处型监督检查为主，转变为查处型监督检查和管理报告型监督检查并重。在监督内容上，从以对财政资金的监督为主，转变为对财政资金运行和财税政策执行情况的综合监督。在监督手段上，从以传统的手工监督检查方式为主，转变为主要依托信息化技术条件下的电子监督管理方式。在监督模式上，从以财政部门直接监督为主，转变为由财政部门直接监督和社会审计等中介机构间接监督相结合的双重监督模式。

三是突出财政监督重点。以关系经济社会长远发展和人民群众切身利益的重大财政法规政策、重大财政支出项目、重大财政专项资金和财务会计信息质量为重点，有计划、有步骤地组织开展综合性与专项性相结合的财政监督检查，不断加强动态监管，坚决查处各种财经违法违规行为；积极探索组织或委托社会专业机构参与重大财政资金投入项目跟踪监督的有效方式，切实加强对各类财政性资金和财政运行的全过程监督。

（五）加快完善绩效评价体系

一是建立健全绩效评价制度体系。制定财政支出绩效评价管理办法，健全预算绩效评价指标体系，在重大民生领域，探索建立全市统一的绩效评价指标框架和评价标准，以及具有部门和行业特点的个性指标体系；建立绩效评价结果反馈制度，推进预算绩效管理信息系统建设。

二是逐步扩大绩效评价实施范围。按照“稳步推进、先易后难、分步实施”的原则，选择资金总量大、社会关注度高、行业代表性强的财政专项资金项目开展绩效评价试点，量化项目绩效目标，强化支出责任和效率意识；探索开展部门绩效评价，并将绩效评价重点逐步由项目支出拓展到部门整体支出和政策管理方面，逐步实现绩效管理范围将各级预算单位和所有财政资金全覆盖。

三是不断提高绩效评价质量。积极培育绩效评价中介机构和专业人才队伍，推动建立第三方评价制度，不断提高绩效评价的公信力；建立绩效评价的行为约束规范，不断完善绩效评价程序和评价方法，加强财政部门对绩效评价监督和再评价。

四是拓展绩效评价结果应用。建立绩效评价结果反馈制度，研究绩效评价结果与预算资金安排有机结合的机制，逐步实行绩效问责和评价结果公开，将绩效评价工作与财政资金管理工作紧密结合起来，为政府宏观决策、财政部门审核年度预算及调整支出结构、预算单位查找问题和改进工作提供参考依据。

（六）加快完善财政信息公开体系

一是扩大财政信息公开范围。在做好全市政府预决算、政府性基金预算听取同级政协意见、报经同级人大审议并向社会公开的基础上，逐步推进国有资本经营预算、社会保险基金预算、政府性债务预算的信息公开；认真搞好部门预决算公开，逐步扩大部门预算公开范围；加大财政专项资金公开力度，重点推进民生领域财政专项资金的信息公开；继续推进政府非税收入和社会公共资金的信息公开。

二是细化财政信息公开内容。逐步细化报送各级人大审议的预决算草案，将其中涉及教育、医疗卫生、社会保障和就业、三农、保障性住房等相关支出的预决算，细化公开到“项”级科目；逐步将部门预决算中的重要支出内容细化公开到“项”级科目；重点推进部门预决算信息中的“三公”经费、行政经费和会议经费的信息公开；明确公开时限要求，统一公开时间，逐步扩大公开范围。

三是优化财政信息公开方式。建立并不断充实网上财政信息公开专栏，以政府或部门的门户网站作为主要公开形式，进一步增强财政信息的多维查询功能；充分利用报刊、广播、电视等媒体，及时公布财政收支统计数据和财政政务信息；优化政府信息公开服务功能，为公众获取信息提供便利。

吴忠市财税改革与发展史研究

改革开放30多年来，随着社会主义市场经济的不断完善和经济体制改革的不断深化，吴忠市经济社会保持了持续快速发展。吴忠市财政在市委、政府的正确领导和自治区财政厅的大力支持下，顺应时代潮流，立足吴忠市实际，坚持以发展为主题，以改革为动力，以体制机制创新为重点，以促进经济社会发展为目标，努力探索生财、聚财、理财之道，不断推进财税体制改革，取得了显著成效和巨大进步。经过不懈努力，吴忠市财政实现了从“保吃饭”到“促发展”的转变、从“想办大事”到“能办大事”的转变、从“被动埋单”到“主动服务”的转变、从“粗放理财”到“精细管理”的转变，走出了一条由发展型财政迈向公共型财政、民生型财政的改革创新之路。

一、改革发展历程

（一）放权让利形成经济发展动力阶段（1978~1991年）

改革开放初期，国家先后实施了以家庭联产承包责任制为核心的农村经济体制改革和以扩大企业自主权、增强企业活力为核心的城市经济体制改革。这一时期，吴忠市财政顺应改革需要，以放权让利为主要手段，以提高经济发展动力为基本目标，通过调整与农民、企业和地方的分配关系，促进形成了经济发展新的动力机制。

1. 大幅提高农副产品价格，调动农民生产积极性

1979年，国家提高了18种农副产品的价格，平均提价24.8%，吴

忠市相应提高了粮食统购、畜产品、水产品等农副产品的收购价格，由财政对购销倒挂部分进行补贴。1985~1990 年，吴忠市财政发放价格补贴共计 1261.8 万元，有力地增加了农民的实际收入，调动了农民生产的积极性。同时，稳定农业税，使农业税占农业收入的比重和各项税收比重降低到历史最低水平，保证了农民收入的稳定增长。1990 年，农民人均纯收入 726 元，是 1978 年的 4.4 倍，年均增长 13.1%。

2. 着力改革企业分配关系，调动企业生产积极性

从 1978 年开始，先后实行企业基金制度和利润留成制度，1983~1984 年实行两步“利改税”，明确企业由上缴利润改为上缴税金，以税法的形式确定了国家和企业的分配关系，打破了企业吃国家“大锅饭”的局面，增加了企业自主支配的财力，企业自我改造、自我发展的能力大大增强。1987 年，根据国务院《关于深化企业改革增强企业活力的若干规定》，开始实行“包死基数，确保上缴，超收全留，歉收自补”办法，对企业推行多种形式的承包经营责任制，企业活力进一步增强。1988~1990 年，全市实行承包经营责任制的 27 户国营企业，3 年实现利润 2238.26 万元，年均实现利润 746.08 万元，比承包前的 1987 年实现利润 455.06 万元增长了 63.95%，比承包年利润基数 401 万元增长 86.05%；3 年上缴财政 981.9 万元，年均上缴财政 327.3 万元，比承包前的 1987 年上缴财政 183.34 万元增长 78.52%，比承包上缴财政基数 157.83 万元增长 107.38%；3 年企业留利 1764.75 万元，年均留利 588.26 万元，比承包前的 1987 年增长 129.06%。与此同时，吴忠市还创新扶持方式，促进企业技术改造和技术进步。1988 年 7 月 8 月，吴忠市信托投资公司成立，吴忠市财政社会发展基金管理局成立，利用财政间歇资金以贷款形式支持企业技术改造。仅 1990 年，吴忠市共投入各种周转金和信托资金及融通专户储存间歇资金近 5000 万元，大力支持了塑料、清真食品、造纸、化肥、化工等重点企业的技术改造。

3. 加大放权让利步伐，调动地方发展经济积极性

一方面通过实行“分灶吃饭”和各种形式的财政包干制，有效扩大地方政府在组织收入和安排支出方面的自主权，强化地方的利益主体意识，提高其发展经济的积极性；另一方面，通过对部分财政资金实行有偿周转使用和提前拨付补贴款等方式发展生产。先后建立了财政支农周转金、乡镇企业发展基金，支持了粮食、日光温室“两高一优”特色产业和乳品加工等产业快速发展。这一阶段，通过不断地调整和改革，吴忠市国民经济迅速焕发出生机与活力，财政收入也呈现稳步增长的态势。吴忠市地方财政收入从 1978 年的 1592.1 万元，提高到了 1990 年的 3327.7 万元，年均增长 6.3%。

（二）深化改革激发经济发展活力阶段（1991~2001 年）

1992 年年初，邓小平同志视察南方，提出了“社会主义也可以搞市场经济”的重要论断。同年 10 月，党的十四大明确提出了建立社会主义市场经济体制的改革目标，彻底消除了改革开放以来对市场经济认识的意识形态障碍。随后，涉及价格、税收、财税、金融等多个领域的宏观经济体制改革全面推开。吴忠市财税积极顺应改革发展新形势，一方面大力支持并推进国有企业、社会保障等体制改革，促进完善社会主义市场经济体制；另一方面，大力加强财源建设，进一步加大支持经济发展的力度，充分激发经济发展活力。

1. 大力发展农业经济

多方筹措资金支持农田水利建设、农业科技推广、农业产业化以及农业社会化服务体系建设。重点扶持国家级商品粮基地、国家级“两高一优”农业示范区和农业科技综合示范县、观光农业示范区建设，使农业特色化、专业化、市场化、科技化、规模化的水平大大提高。吴忠市财政支农支出占财政总支出的比重每年都在 10%以上。

2. 加快国有企业改制步伐

1994年，吴忠市全面执行《企业财务通则》和《企业会计准则》及分行业的财务会计制度，规范了税前扣除项目和列支标准，取消了税前还贷制度。这是企业财务管理模式的根本性变革，进一步理顺了国家与企业的分配关系，并为企业公平竞争和与国际接轨提供了良好的制度环境。为配合建立“产权清晰、权责明确、政企分开、管理科学”的现代企业制度，吴忠市财政通过实施所得税返还、“拨改贷”转增国家资本金、核销银行呆坏账准备金、安排安置下岗职工费用、债转股等财政政策措施，加快了企业改制步伐，优化法人治理结构，帮助国有企业增资减债、减员增效，促进转换经营机制，使企业真正成为自主经营、自负盈亏、自我发展、自我约束的市场经济主体。2000年底，企业改制面达100%，触动产权面达100%。

3. 推进国有经济战略性调整

按照“抓大放小”的原则，一方面大力培育实力雄厚、竞争力强的大型企业和企业集团；另一方面，对于量大面广的国有中小企业，采取了改组、联合、兼并、股份制合作制、租赁、承包经营和出售等多种形式的放开搞活，优化了国有经济布局，国有企业量多面广和过于分散的状况有了明显改善。

4. 扶持非公有制企业发展

通过财政预算列支非公有制企业发展专项扶持资金，开展中小企业信用担保，大力清理涉及企业的收费摊派、集资项目，逐步提高个体私营经济对财政的贡献额，使个体私营经济成为新的增长点。

5. 加快小城镇建设

按照“一要吃饭，二要建设”的原则，积极争取中央国债转贷资金，加大基础设施建设，改善城市面貌和投资环境。这一阶段，吴忠市适应形势的发展和要求，对发展经济、培植财源、促进财政经济良性互动起到了积极的促进作用。吴忠市地方财政收入从1991年的3622.5万元提高到了2001年的65367万元，年均增长33.6%。吴忠市地方财政收入过亿元县市由1990年的1个增加到3个。各级财政生财、聚财、用财的思路日渐清晰，财政支持经济发展的方式有了根本性的变化：由建设初期主要采取定项目、筹资金、直接投资办企业的大包大揽式，逐步改为政策引导、提供服务、建立约束激励机制、财政贴息或资本金注入等间接引导上，财源建设资金也由财政资金为主逐步转变为以财政资金为导向、金融资金为主体、企业自筹为基础、其他融资为辅助的多元化投入体系。

（三）提质增效提升经济发展层次阶段（2002~2007年）

2001年11月，中国正式加入世界贸易组织。从2002年开始，党的十六大，十六届三中、五中、六中全会相继提出了新型工业化、科学发展观和构建社会主义和谐社会的发展理念。转变经济发展方式，实现总量平衡、结构优化、资源节约、生态良好、民生改善成为这一时期的发展目标。吴忠市财政立足新的发展实际，及时调整支持经济发展的重点和方式，将注意力和着力点放在优化环境、调整结构、依靠科技、提质增效上。

1. 支持优化经济发展环境

紧紧抓住国家实施第一轮西部大开发战略的历史机遇，一方面加强基础设施建设，2001~2007年，吴忠市共争取国债转贷资金18亿元，支持了一大批交通、水利、城市基础设施及生态环境项目建设，全市经济发展硬环境明显改善。另一方面，加强经济环境整治。从2000年开始，各级财政进行了行政审批事项的清理规范；2002年，对照WTO规则，清理规范了财政政策措施文件；2005年，按照《行政许可法》的要求，取消了行政事业性收费12项，进一步优化了经济发展软环境。

2. 全力推进新型工业化

财政支持毛纺织产业园建设

认真贯彻“工业强市”战略和市政府出台的促进工业经济发展的六条措施，2002~2006年，市财政拨付企业挖潜改造资金、科技三项费用等资金1.8亿元，全力支持太阳山移民开发区、牛首山镁合金园区、金积工业园区建设，做到年初有预算，执行中有新增，努力提升工业经济的整体实力。从2007年起，每年安排3000万元新型工业化专项引导资金，采取贷款贴息等方式，重点支持做大做强煤炭、电力、烟草等主导产业，实现了工业二次创业。2007年，全市规模以上工业总产值达到208亿元，全市销售收入过亿元的企业达到21家。全市6个工业园入园企业达到249家，完成产值180亿元。财源结构不断优化，财源基础更加稳固，为吴忠市财政收入持续增长创造了条件。

3. 支持自主创新

2007年，各级财政科技经费投入达到1836万元，是2002年的8.2倍，年均增长52.3%，重点支持了知识产权保护、创新体系和科研基础平台建设。

4. 支持国有企业改革攻坚

吴忠市财政筹措落实资金1.4亿元，支持国有企业改革改制、关闭破产、分离社会职能，增强了国有经济的竞争力、控制力和发展活力。

这一阶段，吴忠市国民经济呈加速发展的态势，经济快速增长，经济总量持续扩大，带动了地方财政收入不断跨越新的台阶。吴忠市地方财政收入，由 2002 年的 60149 万元增长到 2007 年的 144353 万元，年均增长 19.1%。

（四）调整结构支持经济转型升级阶段（2008 年至今）

从2007 年开始，党的十七大，十七届三中、六中全会和党的十八大，十八届三中、四中、五中全会相继提出了全面建成小康社会、推进农村改革发展、促进文化改革发展、全面深化经济体制改革、创新发展等发展目标。2008 年下半年以来，面对国际金融危机对经济的冲击，全市各级财政全面贯彻中央、自治区和市委、政府的一系列宏观调控政策，紧紧抓住国家实施第二轮西部大开发战略的历史机遇，迅速实施积极的财政政策，强化经济运行调节，推动经济持续健康较快发展。

1. 壮大支柱财源

紧紧围绕全市以“两大任务”为重点的工作格局，综合运用税收、补贴、贴息、以奖代补等手段，累计投入新型工业化发展资金 12 亿多元，大力扶持以太阳山开发区、金积工业园区为重点的工业“两城五园”“五优一新”产业、“三条工业经济带”、慈善工业园、清真产业园发展，进一步发挥核心企业对工业增长、财政增收的支撑作用。2014 年，全市规模以上工业总产值达到 149.9 亿元，清真产业园产值突破百亿元。投入节能减排专项资金 2 亿多元，对节能减排重点工程建设、推广高效节能产品、淘汰落后产能、循环经济等给予了有效的支持。注入开源担保中心担保基金 4100 万元、小额担保贷款基金 1800 万元，支持中小企业成长壮大。

2. 巩固基础财源

认真落实中央和自治区各项强农、惠农政策，加大财政投入力度，财政预算内累计投入支农资金 80 多亿元。围绕奶产业、设施农业、清真牛羊肉、葡萄、高酸苹果、滩羊、红枣、甘草“十大农业产业基地”“四条现代农业示范带”，全力支持发展农业优势特色产业、农业产业化龙头企业、通村公路、农村安全饮水工程、农村最低生活保障、塞上农民新居、农村环境整治、美丽乡村、村级组织阵地建设、农村合作医疗、农村合作组织等方面的建设，改善了农村生产生活条件，促进了农业增产、农民增收和农村社会稳定。2014 年底，全市奶牛存栏 20.3 万头，肉牛、羊饲养量分别达到 55 万头和 600 万只，重点龙头企业发展到 154 家，特色优势产业产值占农业总产值的 90%以上。农村常住居民人均可支配收入达到 8442 元。

3. 建设新兴财源

紧紧围绕“一城三区、功能互补、依托黄河、相向发展”的滨河生态水韵城市发展思路，争取新增中央扩大内需资金 22.7 亿元、地方政府债券资金 14 亿元，筹集城建资金 60 多亿元，全力支持推进新型城镇化建设，2014 年底全市城镇化率达到 53.32%。支持建成了“两馆一中心”（吴忠市民俗博物馆、吴忠市文化艺术馆、吴忠市伊斯兰文化中心）、教育园区、黄河公路大桥、黄河砌护、黄河文化园、滨河体育公园、南环路及南片区道路基础设施建设、慈善工业园等重点工程和重点项目，推进了黄河金岸、滨河生态水韵城市建设，提升城市品位，为赢得国家卫生城市、自治区园林城市、中国优秀旅游城市、全国文明城市等打下了坚实基础。

4. 扩大后续财源

为做大做强清真食品和穆斯林用品产业，吴忠市每年都及时调整和完善扶持工业发展资金奖励办法，加大扶持力度。制订了《吴忠市清真产业（农业）发展扶持资金项目实施方案》和《关于做好吴忠市“1+N+政府补偿基金”运作模式支持地方清真特色产业发展的通知》，整合自治区财政专项资金 4500 万元，建立吴忠市清真产业发展融资担保基金，通过吴忠市开源信用担保有限公司平台，按照 1:5 比例放大撬动银行资金 2.25 亿元，支持清真产业做大做强。2014 年，市本级财政兑现工业奖励资金 2390 万元，其中清真产业方面奖励资金占 48.3%。认真执行国家和自治区关于非税收入征管的政策规定，自 2014 年起取消中国（吴忠）清真产业园新落地项目办理手续的各项行政事业性收费，每年拿出 340 万元购买这些服务，清真产业园区建设项目实现“零收费”。2012 年以来，吴忠市本级财政累计投入资金 2.6 亿元，支持打造领先的清真食品、穆斯林用品产业集聚区。截至 2014 年底，吴忠市清真食品穆斯林用品生产企业 192 家，其中规模以上企业 68 家，年产值过亿元的企业 22 家、5 亿元以上企业 6 家。2014 年，全市规模以上清真食品、穆斯林用品行业实现产值 128 亿元，同比增长 25.5%，占全市工业总产值的 22%。清真产业的快速发展，使吴忠市成为中国清真食品、穆斯林用品产业基地，中国清真食品基地，中国清真美食之乡，中国回族建筑之乡。清真产业正成为吴忠市走出宁夏、面向全国、走向世界的一张崭新名片。

这一阶段，是吴忠市财政收入平稳增长、市县区财力大幅提升的重要阶段。在全市经济发展全面提速、转型突破的基础上，各级财税部门紧紧围绕增强财政保障能力，向内充分挖掘增收潜力，向上全力争取中央、自治区资金支持，实现了财政收入持续平稳增长。2014 年，吴忠市地方财政收入 48 亿元，是 2007 年 14 亿元的 3.4 倍，年均增长 22.8%，成为分税制财政体制改革以来吴忠市财政收入增幅最高、财力增加最多最快的时期。吴忠市各县（市、区）地方财政收入全部过亿元。市县财力的大幅增加，为贯彻落实市委、政府各项重大决策部署提供了坚强支撑。

二、主要成就

（一）聚财有方，财税收入持续稳定增长

30 多年来，吴忠市财政在促进经济发展、培植壮大财源的同时，

不断探索聚财之方。一方面加强税收征管，使经济发展成果充分反映到财政收入上来；另一方面，不断规范非税管理，积极探索统筹预算内外财力的有效途径。

1. 稳定增加收入机制初步形成

改革开放以来，吴忠市按照中央统一部署，逐步改革完善工商税制和农业税制，初步建立了多层次、多环节、多税种的复合税制。总体来看，大致经历了以下两个阶段。

一是 1979~1993 年为适应有计划的商品经济体制而进行的“两步利改税”及对原有税制不断调整的阶段。1983 年、1984 年国家相继实施第一、二步“利改税”，吴忠市按照要求对单一化的工商税制进行了改革，推出了系列配套改革，并对农业税制进行了适应性的改革和完善，全面开征农林特产税和耕地占用税，及时调整完善了契税政策。到 1993 年，已初步形成以流转税和所得税为主体的，多税种、多环节、多层次调节的复合税制。

二是 1994 年后为适应建立社会主义市场经济体制的要求而进行的全面税制改革阶段。1994 年，国家实行分税制财政体制改革，按此要求，吴忠市同步建立了以增值税为主体、消费税和营业税为补充的新流转税制，并相应组建了国家税务局和地方税务局，各自实行垂直领导，加强了各级政府理财治事与税务部门组织收入的责任。2002 年以后，绝大多数企业所得税和全部个人所得税实行中央与地方按比例分享；2007 年，按照新的《企业所得税法》要求，统一内外资企业所得税。通过一系列税收制度改革，吴忠市税收结构趋向合理，税收筹集财政收入和调控宏观经济的功能明显增强，合理的政府收入机制初步形成。2007 年，吴忠市完成流转税 37071 万元，占税收收入的 63.9%；所得税 5412 万元，占税收收入的 9.3%；流转税和所得税占税收收入比重达到 73.2%。

2. 强化税收征管机制逐步建立

改革开放以来，吴忠市各级财税部门积极采取措施，加强税收征管，与社会主义市场经济相适应的税收征管体制逐步形成。

一是激励约束机制进一步完善。建立了财税收入目标责任制和财税联系会议制度，促进了税收的及时均衡入库。通过实施营业税超收返还、所得税增量返还、表彰依法纳税大户和先进个人等措施，激励调动了各方面的积极性。

二是综合治税机制进一步形成。深入贯彻“加强征管、堵塞漏洞、惩治腐败、清缴欠税”的方针和“依法征税、应收尽收、坚决不收过头税”的原则，开展出租房营业税等八项税源调查，挖掘税收潜力，增加税收收入。逐步建立健全了“政府领导、财税主管、部门配合、司法保障、社会参与”的综合治税机制，明确了各部门单位协税护税、代扣代缴义务，强化了部门责任意识。坚决贯彻执行“先税后费”“先税后证”“先税后检”制度，形成了部门联动、齐抓共管的税收征管新格局。

三是监督管理体系进一步健全。各级财税不断加强对经济运行、税源和宏观税负的分析评估，增强了税收征管的针对性和有效性；进一步完善了税源台账管理，强化了对纳税大户和重点企业生产经营情况、纳税申报情况的监管；研究制定了分行业、分税种的征管措施，严格控制减免税，清理规范相关财税优惠政策，坚决制止和纠正擅自出台“先征后返”等变相减免税政策；加大税收稽查和专项检查力度，对管理基础薄弱的行业和税收秩序比较混乱的地区，集中力量开展了税收专项整治，有效堵塞了税收的“跑冒滴漏”。

四是税种改革效应进一步显现。千方百计落实增值税转型、降低房产交易税费等一系列扩大内需政策和积极财政政策。“营改增”实施范围扩大至邮政电信业，企业户数由试点之初的585户增加到1667户。市本级落实自治区缓缴社会保险费、降低社会保险费率、免收社会保险滞纳金等“54321”社会保险优惠政策，为企业和参保人员减轻负担4000余万元。税收征管机制的创新，征管措施的强化，带来了全市税收收入的较快增长，2014年，吴忠市税收收入26.38亿元，是1978年1362.4万元的193.6倍，年均增长15.8%。

3. 规范管理，综合预算机制不断完善

吴忠市政府非税收入管理工作是从1986年开始起步的。吴忠市制定了相应的实施办法和管理措施，进行治理“三乱”活动，规范预算外资金管理。在此背景下，吴忠市财政局（原银南地区财贸处）就内设机构，将行政事业单位和企业的预算外资金纳入综合财政计划。1996年，明确了预算外资金属于国家财政性资金，不是单位、部门的自有资金，必须纳入财政管理，从根本上改变了预算外资金“三权”不变的模式，预算外资金的银行账户必须由财政部门统一管理，预算外资金收支要编制年度收支计划，报财政部门批准后方可执行。吴忠市财政、物价、审计、监察、人民银行等部门密切配合，通力协作，对全市预算外资金进行了清理检查。1998年撤地设市后，市政府从健全财政职能、振兴地方财政的高度，进一步加大了对非税收入的管理力度。以规范资金管理、建立财政专户、实行收缴（罚缴）分离、完善法规制度、强化监督制约和积极推行综合财政预算为重点，初步建立起了“单位开票、银行收款、财政统管”的政府非税收入管理新模式，使政府非税收入管理走上了科学化、规范化、法制化的管理轨道。2001~2005年，全市非税收入总额达到73269万元，拨付行政事业支出64305万元，政府调剂使用资金1637万元，专门用于城市建设、保障工资发放、中小学危房改造和社会保障等方面。2007年以来，对市本级59个单位涉及的162个收费事项进行了重新登记。2014年，取消和减免市本级行政事业性收费12项、暂停4项、免征5项、降标6项，直接为企业和个人减轻负担1500万元。2014年，组织收缴非税收入9.7亿元，其中，土地出让金

76519万元，政府性基金4750万元，行政事业性收费8761万元，罚没收入6225万元，专项收入2588万元，国有资产经营出让和其他收入1709万元。上解本级国库资金79278万元，完成市本级公共财政预算非税收入的121 %，完成基金预算的107.8%。

（二）用财有效，财政支出高效运行机制逐步建立

改革开放前，与计划经济体制相适应，吴忠市财政支出结构呈现出典型的生产建设型财政特征，体现在重积累、轻民生。1978年，吴忠市财政支出中属于基本建设、挖潜改造等经济建设支出的比重高达54.85%，而文教卫事业费支出只有27.08%，行政管理费支出仅占10.68%。改革开放后，随着经济体制的逐渐转轨和政府职能的逐步转变，市场在资源配置中基础性作用不断增强，财政支出结构发生很大变化。一方面，按照市场经济体制要求，将不属于政府承担的事务逐步推向市场，降低财政相关支出。财政用于经济建设的支出占财政总支出的比重逐年下降，1980年为51.85%，1990年下降到33.97%，2001年下降到20.9 %。另一方面，按照公共财政的要求，不断加大对农业、教育、社会保障、环境保护等社会公共领域的投入力度，相关支出比重由1980年的57.6%提高到2001年的70.2%，财政支出的公共性、公平性特征逐步显现。2007年以来，吴忠市财政按照整体谋划、分步推进、突出重点、配套解决的思路，在保工资、保运转、保稳定的基础上，集中财力加大对文化教育、医疗卫生、社会保障、新农村建设、环境保护等方面的投入，切实改善和保障民生，推进基本公共服务均等化。

1. 加大“三农”投入力度，保障民生之需

改革开放以来，吴忠市财政沿着“多予、少取、放活”和“工业反哺农业、城市支持农村”的改革路径，不断强化支农惠农的政策措施，财力分配逐步向“三农”倾斜，财政政策逐步向统筹城乡发展的方向转变。2014年，财政支农支出29.22亿元，是1978年202.6万元的1446.5

倍，年均增长 22.4%。认真执行国家农村税费改革有关政策，紧紧围绕“减轻、规范、稳定”和“三个确保”的目标，2002 年全面实施农村税费改革，大幅度降低面向农民的税费，2005 年取消农业税，结束了 2600 多年“皇粮国税”的历史。与此同时，实行大规模农业补贴，支持粮食、蔬菜等大宗基础农产品生产，不断深化粮食财务管理体制和流通体制改革，建立地方粮食储备制度和粮食风险基金制度，加强农村基础设施建设，提高农业综合生产能力，积极落实财政补贴家电下乡政策，扩大农村消费，让广大农民分享改革开放和经济发展的成果。

2. 加大教育投入力度，保障民生之基

坚持加大投入与加强管理并重，不断完善体制机制，保基本、补短板、抓关键、促公平、强管理，合理安排使用财政教育经费，着力解决教育发展薄弱环节和关键领域问题，确保如期实现《中国教育改革发展纲要（2010~2020 年）》提出的国家财政性教育经费支出占国内生产总值比例达 4%的目标。2014 年，财政教育支出 19.7 亿元，占地区生产总值的 4.8%，是 1978 年 165.5 万元的 119 倍，年均增长 14.2%。建立了以免除学杂费、提高公用经费保障水平等为主要内容的农村义务教育经费保障新机制，启动了城市义务教育免学杂费工作，健全了中等职业学校贫困学生资助政策体系。支持实施了教育布局调整、二期义教、危房改造、“两基”攻坚、深化农村中小学义务教育经费保障机制改革、现代远程教育等工程建设，“两基”国检顺利通过验收，推进了“教育强市”战略的实施。全市 5 个县（市、区）全部通过自治区“两基”复查验收，全面完成了“两基”达标和“两基”攻坚任务。“两免一补”政策得到有效落实，已覆盖全市所有在校义务教育阶段 20.7 万中小学生。新建改建中小学校 36 所，面积 13.25 万平方米。化解吴忠市区义务教育“普九”债务 4459 万元，化解宁夏民族职业技术学院债务 4550 万元，促进了职业教育发展。利通区、青铜峡市通过国家义务教育均衡发展评估验收。

3. 加大公共安全投入，保障民生之安

2014 年，财政公共安全支出达 7 亿元，是 2007 年 1.89 亿元的 3.7 倍，年均增长 28.6%。2007 年以来，坚持经费投入和规范管理并重的原则，扎实推进全市深化政法经费保障机制改革工作，积极规范政府非税收入管理，将政法部门的政府非税收入全额纳入财政综合预算管理，实行收支彻底脱钩，提高了公检法司经费保障标准，改善了公检法司装备，支持了科技强警，政法经费保障新机制顺利运行，实现了政法经费保障科学化、精细化、法制化、规范化管理，促进了“平安吴忠”建设。重点支持社会管理创新，推动社会组织健康有序发展。

4. 加大社会保障投入，保障民生之依

社会保障被称为社会的“稳定器”、经济运行的“减震器”和实现社会公平的“调节器”。2014 年，财政社会保障和就业支出 13.2 亿元，是 1978 年 38.9 万元的 3393 倍，年均增长 25.4%。截至 2014 年底，吴忠市参加基本养老和基本医疗保险人数分别为 16.9 万和 8.2 万；享受城市最低生活保障和农村最低生活保障的人数分别达到 3.9 万和 9.3 万；106 万城乡居民参加居民基本医疗保险，参合率达到 97.8%。城市低保标准达到 300 元/月，农村低保标准达到 1930 元/年。农村五保供养达到 100%，集中供养率达到 40%。5 家农林牧场 3600 多名职工全员进入养老保险。38 家国有关闭破产企业和困难企业 3907 名退休职工纳入城镇职工医疗保险。14 家国有破产企业 1815 名职工身份得到置换。农垦企业职工养老保险问题解决。连续 10 年提高企业离退休人员基本养老金待遇。城乡居民基础养老金从 55 元提高到 135 元。认真落实扶助困难人员就业、鼓励灵活就业和援企稳岗等政策，通过政府购买服务，解决困难就业人群公益性就业 720 人，通过“三支一扶”、大学生实习等，帮助高校毕业生过渡就业 2344 人。发放 71 家企业补贴资金

1.2 亿元，帮助企业稳定就业岗位。积极落实税费减免、扩大小额贷款担保基金、财政补贴等各项扶持政策，大力支持“百万农民培训工程”和“劳动力转移（阳光）培训工程”，初步建立起统筹城乡的就业服务体系。

5. 加大公共卫生投入，保障民生之根

2014 年，财政医疗卫生支出达 13 亿元，是 1978 年 67.8 万元的 1917 倍，年均增长 23.4%。新型农村合作医疗和城镇居民基本医疗保险财政补助标准由 50 元提高到人均 372 元。城乡居民人均基本公共卫生服务经费标准由 15 元提高到 35 元。家庭计划生育奖励制度、少生快富和奖励扶助制度得到落实。632 户享受家庭计划生育奖励制度，6914 户享受少生快富和奖励扶助制度。农村新型合作医疗覆盖所有乡镇。社区医疗卫生服务快速推进，城镇居民基本医疗保险全面启动，城乡医疗救助制度逐步健全。新建 364 个标准化村卫生室。全市购买社区卫生服务站 12 个，“15 分钟医疗服务圈”基本形成。广大群众不出社区、不出乡镇就能够享受到具有一定服务水平的、价格公平合理的综合卫生服务。

6. 加大公共文化投入，保障民生之需

2014 年，财政文化和传媒支出达 6700 万元，是 2007 年 5900 万元的 1.14 倍，年均增长 2%。广播电视“村村通”和数字化改造项目进展顺利，广播电视节目覆盖率大幅提高，广播人口覆盖率 96%。图书馆、文化馆、博物馆免费开放。支持第二届黄河金岸马拉松比赛活动成功举办。支持穆斯林书屋、社区文化图书室、国家重点文物保护、非物质文化保护，支持创编了《曼苏儿》《回商传奇》等精品剧目。

7. 推进住有所居，保障民生之依

积极探索多种筹资办法，通过争取上级专项资金、年度预算安排、银行贷款、发行债券、租售并举等方式，拓宽保障性住房建设资金筹集渠道。2008~2014 年，累计筹措资金 27.8 亿元，支持建设保障性住房

20652 套。其中：廉租住房 6111 套，公共租赁住房 11119 套，棚户区改造 3422 套。保障性住房建设规模大、标准高、覆盖面广，城市低收入家庭住房困难得到明显改善。保障人数由 2011 年的 11274 人增长到 2013 年的 19674 人，推进了住房保障基本公共服务均等化进程，维护了社会公平。廉租住房人均保障面积标准提高，由 2011 的 13 平方米提高到 2013 年的 15 平方米。补贴总额逐年增加，由 2011 的 1060 万元增加到 2013 年的 2200 万元。补贴平均标准不断提高，由 2011 年的65 元/人·月增加至 2013 年的 75 元/人·月。城镇低收入居民家庭基本居住条件得到切实改善。

8. 加大环境保护投入力度，护卫民生之源

坚持统筹人与自然协调发展，强化财政政策和资金对资源保障和环境保护的引导作用，稳步扩大投入规模。2014 年，财政环境保护支出 7.17 亿元，是 2007 年 4.23 亿元的 1.7 倍，年均增长 7.7%。重点支持了环境执法监察能力建设、造纸企业的关停整治和苦水河治理、土地开发整理等重点项目，完善矿产资源有偿使用制度、森林生态效益补偿机制和生态环境补偿机制，有效保护了土地和矿产资源，促进了资源节约型和环境友好型社会建设。

（三）管财有法，财政监督管理水平不断提高

改革开放 30 多年来，吴忠市财政在工作实践中不断深化改革，加强管理，逐步形成了“依法、依规、依程序”和“公开、公平、公正”的理财原则，科学化、规范化、法制化的财政管理体系基本建立。

1. 公共财政体系框架进一步健全

一方面，积极承担改革成本，大力支持和推进投资、社会保障、国有企业和行政管理等体制改革；另一方面，围绕建立公共财政体制的改革目标，先后实施和推进了多项财政改革，为规范财政管理、激发财政活力、提高理财效益提供了可靠的体制保障。

第一，完善财政体制，政府间财政分配关系基本理顺。一是实施以“放权让利”为核心的体制改革。1980~1985 年实行“划分收支、分级包干、一定五年”的财政管理体制，1985~1993 年实行“划分税种、核定收支、分级包干”的财政体制改革。打破了统收统支、高度集中的财政体制，在一定程度上扩大了地方政府在组织收入和安排支出方面的自主权。

二是实施分税制体制改革。1993 年，吴忠市地方财政收入为 5295.8 万元，1994 年实行分税制后地方财政收入为 2384.8 万元，下降 54.9%。1993 年，吴忠市地方财政支出为 37473 万元，1994 年实行分税制后地方财政支出为 6971.4 万元，增长 15.6%。1996 年根据体制运行情况，自治区对市县分税制体制进行了再调整，实施《促进财政收入，保持财政收支平衡奖励办法》，力促财政收入上台阶，有效地理顺了上下级财政分配关系，极大地调动了各级政府理财积极性，初步形成了财政收入稳定增长机制。1998 年，吴忠市地方财政收入达到 8297 万元，是 1995 年 3229.8 万元的 1.57 倍，年均增长 39.2 %。

三是实施所得税分享改革。认真落实国家所得税分享改革要求，积极开展物业税改革试点。对市、区（原利通区）分税制财政体制进行了二次调整。调动了各级政府增收节支、当家理财的积极性，强化了自求平衡、自我发展的意识。

四是实施出口退税机制改革。2004 年，中央实行出口退税机制改革，出口退税基数由中央财政全额负担，超基数部分由中央和地方按 75:25 的比例负担，2005 年比例调整为 92.5:7.5。在此基础上，宁夏财政厅完善了相关办法，将中央、自治区、市县负担比例调整为 92.5:2.5:5。

五是实施“乡财县管乡用”改革。2005 年 8 月，吴忠市区实行了“乡财县管乡用”改革，先后出台了《吴忠市化解乡镇债务实施方案》等制度文件，全面推行了以“账户统设、核算统一、工资统发、采购统办、票据统管”为主要内容的“乡财县管乡用”财政管理体制改革，开展了账户、票据、乡镇债权债务、财政供养人员四项清理，搭建了“乡财县管”信息平台，核实乡村两级债务，建立财政供养人员实名制台账。通过积极整合资金，将三年化解任务缩短为两年，采取清收债权还债、变卖资产还债、降息减债、剥离债务减债、核销减债、结对抵冲销债、部门扶持化债等方式，制定防止新增债务和消化旧债的具体措施，2005~2009年，累计化解债务2.3亿元。在保障基层政权运转、规范财政财务管理、遏制乡镇债务等方面发挥了积极作用。

第二，深化管理，资金运行安全、规范有效大为增强。按照公共财政要求，吴忠市将支出改革作为新时期财政改革的重点，先后启动了从预算编制到执行各个环节的改革，并初见成效。一是部门预算改革不断深化。2001年起全面实施了部门预算改革，本着预算编制、执行、监督三环节逐步相互分离的原则，结合政府机构改革，深化部门预算管理。建立了财政供养人员和行政事业单位基本数据库，建立起基本支出和项目支出体系，支付方式细化为财政直接支付和授权支付两种方式，部门预算扩大到所有一级预算单位，实行一个部门一本预算。将所有政府性收支全部纳入预算统筹安排，公共财政预算、政府性基金预算、国有资本经营预算和社保基金“全口径”四本预算编制，实现“收入一个笼子、预算一个盘子”。财政总预决算、市本级164个预算单位部门预决算和“三公”经费预决算信息全部公开。对政府存量债务进行了清理甄别，将政府债务分门别类纳入全口径预算管理。

二是国库集中支付改革扎实推进。2006年6月，提请市政府常务会议研究通过了《吴忠市区财政国库管理制度改革试行方案》，市本级启动财政国库管理制度改革。按照“编办核编、人事核标、财政核拨、银行代发、及时到位”的管理原则，对全额拨款人员由财政部门委托代发工资银行直接拨付到个人账户。建立了国库单一账户体系，实行了政府集中采购财政资金的直接支付。2006年1月1日起，市直11个部门和单位先行实施国库集中支付制度；2007年，改革单位扩大至163家预算单位，纳入改革的资金包括预算内资金、纳入预算管理的政府性基金和纳入预算外专户管理，实现了“横向到边、纵向到底”。2014年，通过国库集中支付系统支付资金24.3亿元。其中，财政直接支付17.9亿元，占73.6%；财政授权支付6.4亿元，占26.4%。年末资金结余9.4亿元，资金沉淀率达27.9%。财政资金的计划、使用、监督三个环节相互制约、相互制衡，提高了政府对财政资金的调控能力，真正做到“用钱的不管钱，管钱的不批钱，批钱的不用钱”。

三是政府采购改革成效显著。2003年，吴忠市开始实施政府采购改革，引入市场竞争机制节约财政开支，发挥政策导向。2004年12月，成立了吴忠市政府采购服务中心，实行“管、采”分离机制，具体组织政府采购活。采购规模逐年扩大，由2005年的1767万元增长到2014年的2.5亿元，资金节约额由2005年的900万元增长到2014年的3127万元，年均节约率12%，高于全国全区平均水平；采购范围稳步拓展，目前已经涵盖工程、货物和服务等各个领域；实现采购目标由注重节资反腐向“物有所值”转变，采购过程从注重公平竞争向完善市场规则转变，代理机构执业从注重程序合规向专业化采购转变，监管方向从注重过程控制向结果评价转变，确立了依法采购的市场规则。

召开吴忠市区行政事业单位公务用车定点保险政府采购招标会

四是会计集中核算成效显著。2009年，按照“大系统，小集中”“小单位、大集中”的原则，在95个一级、二级预算单位推进会计集中核算向国库集中支付转轨。坚持“准确、完整、及时”的六字方针，为纳入集中核算的行政事业单位设置会计科目和会计账簿，提供会计报表和会计信息资料，解决了会计基础薄弱、会计信息失真、会计秩序混乱等问题，使会计信息质量有了较大提高，会计集中核算单位达到102家。2001年以来，拒报不规范、不合理业务票据1215笔，杜绝不合理支出572万元；纠正违规支出6400多次，总金额1020万元，规范了财政财务管理。

五是公务员工资制度改革稳步进行。1993~2014年，先后5次提高机关事业单位职工基本工资标准。2006~2007年，先后完成了市直机关单位津贴补贴规范和审核发放工作。

六是全面推进公务卡强制结算制度。市本级对16项费用实行公务卡强制结算。2014年，市本级已开卡单位131个，开卡3453张，消费580万元。

七是加强“三公”经费管理。认真落实中央“八项规定”和《党政机关厉行节约反对浪费条例》及自治区若干规定、市委实施办法，建立了“三公”经费预警机制。2014年，市本级行政机关一般性支出压减10%，“三公”经费支出同比下降27.2%，行政运行成本继续下降。

八是加强国有资产管理。建立核准制，抓好国有资产购置、使用、处置、运营等管理工作，促进要素流动，确保国有资产保值增值，确保国有资产出售收入应收尽收。建立国有资产经营公司，从事资本经营，行使国有资本出资者代表职能，承担国有资产保值增值责任。积极进行资产重组，通过兼并、转让、并购、划转等方式，盘活存量资产，积聚优质资产。2013年，吴忠市城乡建设投资开发有限公司成功发行企业债券10亿元。摸清国有资产家底，整合市区统一办公资产，杜绝国有资产流失。行政事业单位国有资产规范管理推进，国有资产管理信息系统启用，行政事业单位经营性公共房屋租赁公开招标。完善国有资本经营预算制度，提高国有资本收益上缴公共财政比例。

2. 财政法规体系进一步完善

一是相继出台了一系列地方性财政法规、规章和规范性文件，财政法规制度体系不断健全。市政府先后印发了《吴忠市本级财政资金管理暂行规定》《吴忠市本级党政机关公务用车配备使用管理暂行规定》《吴忠市政府采购管理办法》《吴忠市本级政府非税收入管理暂行办法实施细则》《吴忠市财政投资评审暂行实施办法》《吴忠市财政投资评审委托办法》《吴忠市本级党政机关差旅费管理办法（暂行）》等40多项重要地方财政法规制度。建立起了靠制度管人、管事、管财、管物的模式，有效推进了依法行政、依法理财的进程。

财政法规知识竞赛

二是开展了多种形式的财政法制宣传，依法理财观念逐渐深入人心。高质量地完成了“一五”至“六五”普法宣传教育活动，财税干部的法制意识进一步增强，依法治税、依法理财的主动性进一步提高。

三是加强了财政执法监督检查，财经秩序日趋规范。配合市人大先后开展了《预算法》《农业法》《教育法》《政府采购法》《民族区域自治法》等法律法规的执法检查，促进了法定支出的落实到位和相关事业的健康发展。

3. 财政监管水平进一步提高

一是认真开展了“税收、物价、财务大检查”。1985 年 9 月开始，在全市范围内连续 13 年开展了税收、财务、物价大检查，有力地整肃了财经纪律，维护了财税秩序。在多年的检查中做到“一个目的，两个结合，三个提高”。“一个目的”即通过检查达到规范财政管理制度、严肃财经纪律的目的；“两个结合”即与整顿会计基础工作相结合，与各项专项检查工作相结合；“三个提高”即通过检查，提高财会人员的业务素质和职业道德，提高财会基础工作的管理水平，提高单位对资金的管理水平和使用效率。对于检查出的问题及时进行严肃处理。

二是推进“小金库”专项治理工作。2009 年以来，坚决贯彻落实中央和自治区部署与要求，边治理、边教育、边整改、边规范，着力构建防治“小金库”长效机制。市本级 183 个行政事业单位“小金库”专项治理自查自纠、重点检查、重点检查阶段“回头看”检查面达 100%，社会团体和企业“小金库”专项治理自查自纠面达 100%，重点检查面达 20%以上。市本级共清理出党政机关和事业单位“小金库”10 个，涉及金额 928.60 万元；社会团体和国有及国有控股企业“小金库”3 个，涉及金额 942.99 万元。发现各类违规问题 39 个，涉及资金 2111.45 万元。移交司法机关处理 2 件，并在新闻媒体曝光。2014 年，开展了贯彻执行中央“八项规定”严肃财经纪律和“小金库”专项治理工作。切实加强了对重点支出

启动“小金库”、公车治理

的专项检查，重点整治私设“小金库”和乱发津补贴行为。

三是加大财政投资评审力度。按照“先评审后编制、先评审后拨款、先评审后采购、先评审后评价、先评审后审批、先评审后移交”的办法，加强了财政投资评审工作，评审金额从2005年的4969万元增加到2013年的28.5亿元，累计评审概决算16.6亿元，审减1.9亿元，平均审减率达到11.4%。

四是开展惠民政策落实不到位专项整治行动，落实惠民政策116项。

五是开展绩效评价。制定出台了《吴忠市财政支出绩效评价管理办法（试行）》，启动了社保、教育等重点支出项目的绩效评价，标志着吴忠市财政监督从安全性、合规性向效益性的积极转变。

六是强化会计基础工作。利用函授、自学、举办培训班等多种形式，对财会人员进行培训，2014年底，全市持有会计证财会人员8792人，有96家单位按照《会计基础工作规范》通过验收达标。村级财务委托代理试点在东塔寺乡实施，以“五权”不变为重点，在市区12个乡镇开展了村级财务委托代理，规范了农村“三财”管理，村级财务管理日趋规范。

三、经验启示

改革开放30多年来，吴忠市财税取得的辉煌成就，是市委、政府正确领导和自治区财政厅大力支持的结果，是全市财税系统干部职工兢兢业业、锐意进取、无私奉献的结果。历史是一面镜子，可以鉴往知今，昭示未来。认真总结30多年来吴忠市财政改革发展的历史、成就和经验，对于今后更好地做好财政经济工作，具有十分重要的意义。

（一）坚持经济又好又快发展是财税改革发展的前提和基础

改革开放以来，吴忠市财税取得的显著成绩，归根结底是经济发展的结果。实践证明，要做大财政收入蛋糕，壮大财政实力，必须始终牢记发展是党执政兴国第一要务的思想，充分发挥财政职能，促进经济持续协调健康快速发展。财政支持经济发展，必须着眼全局，突破就财政论财政的思维模式，从全局和战略的高度定位财政工作，超前谋划，增强主动性和前瞻性；既要全力支持发展经济，又要量力而行，量财办事，充分考虑财政的承受能力。要善于运用经济杠杆等间接手段来管理和调控经济，充分发挥财政政策和资金的导向作用，优化资源配置，弥补市场机制不足，创造公平、开放、宽松的财税环境，提高经济运行效率，促进经济稳定增长。必须采取各种有力措施，积极运用各种财政政策，促进经济平稳较快发展。同时积极支持加快转变经济发展方式，加大经济结构调整力度，把保持经济平稳较快发展和加快经济发展方式转变有机结合起来，在发展中促转变，在转变中谋发展。

（二）坚持以民生为本是财税改革发展的动力和源泉

立党为公、理财为民是社会主义财政的本质特征。发展经济的目的是改善民生，只有着力保障和改善民生，经济发展才有持久的动力。改革开放30多年来，吴忠市财税一直牢固树立“为国理财、为民服务”的理财思想，始终将社会受益面作为衡量财政政策效果的重要尺度，让更多的老百姓得到了实惠，让老百姓得到了更多的实惠。只有坚持以民生为本，进一步加大投入，优化结构，切实把握人民群众的需求重点，从教育、医疗、文化、就业、居住、养老、公共安全等公共服务领域入手，才能解决人民群众面临的突出困难和问题，让老百姓“学有所教、劳有所得、老有所养、住有所居、病有所医”，让改革开放和经济发展的成果惠及全体人民。只有紧紧围绕民生谋发展，把更多财政资源用于加强经济社会薄弱环节，用于改善民生和发展社会事业，让人民群众共享发展成果，才能实现建设与民生统筹推进、经济和社会协调发展。

（三）坚持改革创新是财税改革发展的根本和方向

改革是促进经济社会发展的强大动力，创新是民族进步的灵魂。改革开放以来不断推进财税体制改革和制度创新是财政工作取得巨大成就的原动力。实践证明：大改革才能带来大发展，改革越早，成本越低，效益越高。从财政以放权让利为改革突破口，到分税制改革，再到公共财政体制的建立和完善，每一次重大改革不仅开创了财税工作新局面，促进了财政管理水平的提高，而且还带动了其他领域的改革发展，取得了较好的政治、经济和社会效益。只有坚持改革创新深化财政改革，只有创新财政体制机制上取得新突破，才能使财政改革和其他经济体制改革有机衔接、协调推进，不断增强改革措施的配套性和协调性。只有积极发挥财政政策促进经济社会发展的调控作用，着力实施有利于保增长、调结构、惠民生、促稳定、防风险的政策措施，才能实现经济平稳较快发展与社会和谐稳定。

（四）坚持规范高效的理财原则是财税改革发展的必然和要求

财政资源是一种公共资源，其配置是否科学、管理是否规范、效益是否明显，直接关系民生福祉，影响社会和谐。改革开放 30 多年来，吴忠市财政在实践中探索，在改革中创新，逐步形成了“三依三公”（依法、依规、依程序和公开、公平、公正）的理财原则，极大地提高了财政资金运行的规范性、透明性和有效性。只有按照建设现代财政制度的要求，注重充分发挥财政体制机制的导向性、激励性、基础性作用，才能深入推进财政科学化、精细化管理，提高财政科学发展能力和依法理财水平，推进财政跨越发展。

（五）坚持主动作为和争取上级支持是财税改革发展的支撑与保障

在财政资金供求矛盾仍比较突出的情况下，支持经济建设和社会发展，要合理把握好有多大能力与尽多大努力的关系，充分考虑现实财力的承受能力，坚持有保有压、有促有控，有所为而有所不为。30 多年年间，财政资金坚持向经济社会事业发展的重大项目、向民生保障的重点工程、向改革和创新的重要领域倾斜，有计划、有步骤地解决了一批对吴忠市发展起到关键性基础作用的，群众关心、社会关注的，经济和社会效益好的大事、实事，为促进经济社会持续、健康、协调发展提供了坚强的财力保障。

四、对策建议

吴忠市财税工作在取得成绩的同时，也面临较大的困难：财政收入的基础尚不牢固，收入的质量有待提高，对能源型企业和房地产业的依赖程度较高，传统支柱产业、重点企业支撑作用不足，新兴产业尚未能有效推动经济增长和财税增收。随着经济增速放缓，吴忠市财政收入增速的回落幅度更大，低水平运行的趋势已经明显。公共财政的保障范围不断拓宽，保障标准不断提高，而财力增长有限，财政保障压力不断加大，收支缺口较大，收支矛盾突出。深化财税体制改革刚起步，现代财政制度尚未建立，制约财政经济发展的体制机制障碍较多，预算编制需进一步细化，预算执行进度不够均衡。财税运行还不规范，有效监管未能形成制度，监管力度不强，依法理财体系还不健全。

从党的十八届三中全会提出“财政是国家治理的基础和重要支柱”的重要论断，到《深化财税体制改革总体方案》公布、《预算法》完成大修，新一轮财税体制改革正在稳步推进。特别是党的十八届五中全会和自治区党委十一届七次全会及2016年自治区“两会”的胜利召开，为全面深化改革指明了方向，创新发展成为原动力，要顺应全面深化改革形势，吴忠市将积极打造发展型财政、民生型财政、创新型财政、绩效型财政、法治型财政，努力构建职能健全、结构合理、分配有序、保障有力、运转高效、理财科学的现代财政制度体系。

（一）坚持突出开源节流，着力建设发展型财政

坚持支持发展和涵养财源并举，发挥预算、补贴、以奖代补等财政工具“四两拨千斤”作用，放大财政资金乘数效应，促进财政经济良性

互动。

一是壮大骨干财源。进一步明确财政支持工业发展的重点区域、重点产业、重点企业和重点项目，全力支持“五优一新”产业集聚发展和战略主导产业的技术改造升级。

二是夯实基础财源。不断加大财政“三农”投入力度，确保高于财政经常性收入增长幅度，大力支持优势特色产业发展，提升现代农业发展水平。

三是激活替代财源。积极探索推广政府与社会资本合作（PPP）模式，引导撬动更多社会资本参与基础设施和公益性项目建设。推进政府投资项目代建制，重点支持黄河金岸、慈善园区、城市基础设施建设和清真食品、穆斯林用品产业发展。

四是涵养后续财源。抢抓“两区”建设机遇，积极争取财税优惠政策，支持做好开发、开放、发展的文章。继续将招商引资作为培植财源、加快发展的重要内容，大力支持开展各种形式的招商引资活动，建立项目库和项目申报制度，全面加快城市道路、园林绿化、湿地水系、公益事业等项目建设步伐，为财源建设增添后劲。

五是挖掘隐性财源。加大综合治税力度，健全非税收入征管机制，加强国有资产有偿使用管理，挖掘政策性增收潜力。认真贯彻落实中央“八项规定”和自治区及市委、政府具体规定要求，坚持厉行节约，反对铺张浪费，大力压缩一般性支出，从严控制预算追加，从严控制公务接待经费、因公出国（境）经费、公务用车购置及运行费用等支出，集中财力保重点办大事。

（二）坚持突出保障重点，着力建设民生型财政

顺应人民群众过上更好生活新期待，准确把握新形势下人民群众多样化、多层次需求，紧紧围绕民生工程、民生实事，突出民生财政、民生预算，努力保持每年公共财政投入80%以上用于民生事业，使人均基

本公共服务接近全国平均水平。围绕“学有所教”，严格落实教育优先发展保障政策，健全义务教育经费保障机制，建立贫困学生救助体系，支持实施学生营养改善计划，推进学前教育发展。围绕“病有所医”，建立和完善政府主导的多元化卫生投入机制，逐步提高人均基本公共卫生服务经费补助标准，继续支持深化医药卫生体制改革，加大食品安全支持力度。围绕“劳有所业”，坚持更加积极的就业政策，落实好就业援助、资金补助和财政贴息等政策，扩大小额担保贷款规模。围绕“劳有所养”，加大社会保障投入，进一步健全和完善社会保障体系，巩固和提升城乡居民社会养老保险制度全覆盖成果。围绕“居有其屋”，积极探索共有产权、市场化运作、在建工程融资等多种建设资金筹集方式，落实保障性住房税费减免优惠政策，推进保障性安居工程建设。围绕“文化吴忠”，重点支持实施广播电视“村村通”、乡镇综合文化站、农家书屋、农村电影放映、公共文化设施免费开放、文化精品创作等文化惠民工程。围绕“平安吴忠”，重点支持社会管理创新，推动社会组织健康有序发展。围绕“美丽吴忠”，重点支持推进生态移民、扶贫开发、城乡环境综合整治，积极有为地推动打造天蓝水净、地绿山青的生态环境。围绕“收入倍增”，一手抓财政增长，一手抓居民增收，落实各项强农惠农补贴政策，健全工资正常增长机制，逐步提高最低工资标准，努力实现到2017年城乡居民收入在2012年基础上翻番。

（三）坚持完善体制机制，着力建设创新型财政

发挥财税改革在整体改革中的基础性和支撑性作用，激发市县、市场和社会创新发展活力。改进预算管理制度。建立涵盖公共财政预算、政府性基金预算、国有资本经营预算和社保基金预算的“全口径”预算体系，县级以上政府部门预决算及“三公”经费信息全面公开。建立跨年度预算平衡机制。扩大国有资本经营预算覆盖范围。试编政府综合财务报告。落实中央税制改革政策。清理整合财政专项资金，加强结余结

转资金管理，盘活存量，用好增量。全面清理和规范税收优惠等政策。加强行政事业单位国有资产管理，深化市属国有企业改革，规范国有资本经营收益收取。认真落实《政府购买服务管理办法（暂行）》，推进政府购买服务，降低公共服务成本。坚持“修明渠、堵暗道”，加强债务风险防控。按照“控制规模、优化结构、降低成本”的要求，将政府债务纳入预算管理，对债务实行规模控制，建立债务风险预警机制，确保政府债务总体风险可控。加强政府债务管理信息化建设，夯实债务管理基础。努力争取自治区自发自还地方政府债券额度，建立以政府债券为主体的举债融资机制。有针对性开展地方政府债务管理专项监督检查。确定国库暂付款压减目标，制定追收、消化国库暂付款措施，确保财政资金高效运行。

（四）坚持突出规范监管，着力建设绩效型财政

紧紧围绕提高财政资金运行的完整性、有效性、科学性和规范性，主动推进绩效财政建设。

一是完善政府预算体系。统一编制公共财政预算、国有资本经营预算、政府性基金预算和社保基金预算。实行中期财政规划管理，建立跨年度预算平衡机制。

二是实行项目滚动管理。对市本级项目支出实行“分类管理、分类保障”的办法，具体划分为运转类、业务类和发展类项目，突出“保运转、保重点、保民生”。本着“立项有据、管理有方、审核有序、突出重点”的原则，建立充实项目库，有条件的纳入预算，条件不成熟的纳入备选项目库。推进数据库、基础信息库和项目库“三库合一”建设，实行预算项目滚动管理。

三是扩大绩效评价范围。开展重大财税政策实施情况专项检查，重大支出项目专项检查和跟踪问效，建立健全绩效目标设定、绩效跟踪、绩效评价及结果运用有机结合的预算管理机制，实现全过程预算绩效

管理。

四是深化国库集中支付。继续推进国库集中支付制度改革，实现财税库银横向联网，全面实现各类财政性资金支付过程信息化、动态化管理。

（五）坚持实出依法理财，着力建设法治型财政

以法律制度为基础，以运作规范为要求，不断完善财政运行、约束和监控机制，促进依法理财长效机制。遵循收入预期性原则，坚持财税联系会议制度，强化分片包干，市级和县（市、区）联动，加大综合治税力度，严格政府非税收入征管，依法征税，应收尽收，努力提高税收收入比重，确保公共预算收入完成。全面落实《预算法》，严禁预算追加，硬化预算约束。严格落实中央“八项规定”和《党政机关厉行节约反对浪费条例》，严控“三公”经费等一般性支出，降低行政运行成本。加强重大民生工程、重点项目建设、重大财政政策落实情况和“三公”经费的监督检查，提高财政监管水平。坚持服务群众和服务发展并重，自觉接受人大、政协、审计和社会各方面的监督，依法定期报告预算安排和预算执行情况，主动接受人大常委会专题询问，积极整改审计意见建议，促进政府公共权力的阳光运行。

30 多年的艰辛发展，是财税改革和发展同步推进的历程，吴忠市的财税从小到大、从弱到强、从无序到有序等的变迁，鉴证了吴忠经济、社会全面发展，人民生活不断改善的美好时光。当前，要不断研判形势，准确把握历史脉搏，精准推动财税改革发展。特别是在经济发展新常态下，要正确认识吴忠市财政收入由高速增长转为中低速增长和财政支出刚性增长的现实，高标准严格执行规范管理、公开透明的预算机制，沉着应对财政宏观调控面临的复杂形势，主动适应经济发展新常态，深化财税体制改革，努力建设“五型财政”，为“五个吴忠”建设提供强力支撑和财力保障。

固原市财税改革与发展史研究

2015年10月26~29日，党的十八届五中全会在北京召开，审议通过了《中共中央关于制定国民经济和社会发展第十三个五年规划的建议》。从1978年党的十一届三中全会到2015年党的十八届五中全会，30多年间，改革开放的思想一脉相承，创新发展的道路越走越宽，神州大地焕发出前所未有的勃勃生机，长城内外展现出万紫千红的美丽图景，经济社会各项事业快速发展，人民群众的生活日新月异。改革与发展在30多年间从艰难的发轫，到阔步前进，从摸着石头过河，到全面准确科学地规划，从当初人民群众的思想解放，到现在的大众创新、万众创业，无不渗透和浸润着改革与创新的因子，实现中华民族伟大复兴的中国梦，更需要不断地改革与创新的深入和引领。

财政，即国家为实现其职能，在参与社会产品分配和再分配中所形成的分配关系，为国之命脉。从先秦的“冢宰制国用，量入以为先”（《礼记·王制》），到战国的“财聚则民散，财散则民聚”（《礼记·大学》），再到盛世唐朝的“户口滋多，则赋税自广，故理财以爱民为先”（唐·刘晏），再到宋时王安石所言：“因天下之力以生天下之财，取天下之财以供天下之费。”对于国家财政而言，治国理财的任何一个微小的改革与创新，都与整个社会的发展与繁荣、社会的生产与进步、民族的强盛与稳定息息相关。固原市的财政工作，在改革开放的30多年间，积极实施国家的财政改革创新政策，努力寻求契合本地实际的财政发展之路，一路探索，步步深入，成果丰硕，通过减税、让利、放权等一系列改革创新之策，实现了财政体制、服务导向、财政职能的转变，财政收支规模快速增长，地方经济全面平稳发展，社会各项事业蓬勃发展，调控和保障能力显著增强，逐步建立了与本地区实际相适应的财政管理体制框架。

一、改革发展历程

固原市是国家重点贫困地区、革命老区和民族地区，财政自给能力薄弱，财源建设是伴随着固原经济的发展逐步壮大起来的。纵观固原市财税改革发展历程，大体可分三个阶段。

（一）放权让利阶段（1979~1993 年）

党的十一届三中全会后，我国经济体制改革从分配领域入手，以财税改革为突破口，在中央与地方之间的财政分配关系上，实行“分灶吃饭”，从上到下重点有序推进。

1979 年，宁夏实行“核定基数，超收全部留用”的基本分权型财政管理体制，出现短收确有困难时另行协商处理，同时对固原市实行少数民族地区特殊政策，增拨“少数民族补助费”专项资金。

1980 年，国务院颁发《关于实行“划分收支、分级包干”的财税体制的暂行规定》后，固原实行“划分收支、分级包干、一定五年不变”的分权型财税管理体制，即划县属国营企业收入、农业税、牧业税、盐税、工商所得税为县级财政固定收入，工商税为区县级财政调剂收入，划行政费、事业费、抚恤费、社会救济费、支援人民公社费和其他支出为县级财政固定支出，确定以 1979 年实际收支数为包干基数，每年递增 10%，超收和结余全部留县。企业挖潜改造资金、“五小企业”技术改造补助费和流动资金不列入包干基数，由自治区统筹安排。当年，自治区核定隆德县收入基数为 139.2 万元，支出基数为 699.9 万元，定额补助基数为 560.7 万元。随后，国家在 1981 年、1983 年又分别增加了支援不发达地区发展资金、“三西”农业建设专项补助资金，对固原经济建设和社会各项事业发展起到了积极的推动作用。

1985 年，根据党的十一届三中全会精神，固原地区实行“利改税”，财政管理体制改为“划分税种、核定收支、分级包干、一定五年不变”。划分企业所得税、个人所得税、调节税、产品税、营业税、增值税、资源税、工商所得税、农业税、车船使用牌照税、城市房地产税、屠宰税、集市交易税、契税、城市建筑税、税款滞纳金及其他收入为县级财政收入。支出中特大自然灾害救助费、抗旱防汛费、小型农田补助费、教育费、支援不发达地区发展资金、“三西”农业建设专项补助资金由自治区专项下达，其他支出为县财政包干支出，支大于收的部分由自治区财政给予定额补助，每年递增 10%。1987 年，由于中央及自治区财政困难，自治区将定额补助年递增 10%缩减为 5%。1989 年取消年递增比例。同年，中央财政向地方财政借款，通过调减地方基数的办法收归中央财政，直到 1993 年底停止。随后，试行分税制，当年在隆德县开始试点。

从 1987 年开始，根据“一级政府、一级财政”的要求，固原地区 124 个乡镇建立了财政所。通过开展文明财政所、先进财政所评比活动，各乡镇财政所的基础工作不断加强。尤其是分税制推行以后，调动了乡镇组织收入的积极性，为缓解地方财政供需矛盾、平衡预算、发展农村经济做出了应有的贡献。经过 10 多年的不懈努力，乡镇财政所从无到有，从弱到强，逐步向机构正规化、业务标准化、财政实体化、理财全面化发展。

这一时期，固原的财税改革先后经历了分级包干、分税包干两个阶段，但从总体上看，都是以“放权让利”为目的的体制调整。在改革过程中，中央和自治区对固原给予了特殊的民族地区照顾政策，增强了地方政府当家理财和地方财税部门组织收入、节约开支的积极性。

（二）重点改革阶段（1994~2002 年）

党的十四大提出建立社会主义市场经济体制的改革目标，明确了经济体制改革方向。财税改革作为宏观经济体制改革的中心环节，适应市场经济建设的要求，开始了新一轮的改革。

1994 年始，财税体制改革充当改革的先锋，开始推进分税制财政体制改革。当年，固原地区按照《宁夏回族自治区人民政府关于实行分税制财政管理体制若干规定的通知》要求，实行分税制，县级与乡镇“分灶吃饭”。同时，固原地区开始全面改革流转税，以实行规范化的增值税为核心，相应设置消费税、营业税，建立新的流转税课税体系。对辖区企业实行统一的企业所得税，取消原来分别设置的国营企业所得税、国营企业调节税、集体企业所得税和私营企业所得税。统一个人所得税，取消原个人收入调节税和城乡个体工商户所得税。改革之后的税制，税种设置由原来的 37 个减少为 23 个，初步实现了税制的简化、规范和高效统一。1995 年，国家对财力薄弱的固原实施过渡期转移支付，资金向民族贫困地区倾斜。通过合理划分财权税权、统一税法、公平税负、简化税制，实行复式预算制度，突破了过去高度集中、统收统支的供给性管理模式，跨越了过渡性的分级包干，进入了规范化发展轨道。

1996 年，随着财税管理体制改革的深入，自治区对市县分税制进行调整，将生产与销售紧密相关的税种与市县财政结合，自治区本级财政保持一定调控能力而将零散税收放在市县，与自治区经济发展与管理紧密相关的税种实行合理共享。同时，对税收返还、体制补助等进行相应调整，取消了一批结算事项。调整后，增值税的 25%、营业税（不含金融保险业）、市县企业所得税（包括上缴利润）、个人所得税、城市维护建设税、车船税、屠宰税、农牧业税、农林特产税、耕地占用税、契税、遗产税、印花税、国有土地有偿出让收入为市县财政固定收入。自治区本级与市县共享收入包括房产税、土地使用税、固定资产投资方向调节税、资源税，但分享比例不同，房产税、土地使用税，自治区分享30%，固定资产投资方向调节税、资源税区级分享50%。鉴于固原地区财政实际状况，固原行署管辖的所有县企业增值税的25%划为地区财政收入。同年，为加强财政资金的管理，固原地区按照“还权于财政、还权于政府”的总体要求，实行综合预算，把预算外资金纳入预算管理，对有预算外收入的事业单位采取“零基预算”，确立了“保稳定、保改革、保重点”的预算支出思路，财政资金的管理和约束机制得到加强。

在财税改革成果逐步释放的同时，以规范政府收支行为及其机制为主旨的税费改革拉开了序幕。2000年起，财政资金转移支付在固原开始实施。2001年，彭阳县被自治区列为农村税费改革试点县。2002年，过渡期转移支付统一为一般性转移支付。当年，固原市农村税费改革整体推开。农村税费改革进一步规范了农村分配制度，从根本上减轻了农民负担，理顺了国家、集体和农民之间的分配关系。改革前，全市乡统筹、村提留及农业各税总额为3810.39万元，农民人均负担22.4元。改革后，全市农业税及附加为1872.01万元，人均负担11.89元，全市减负50.9%。以西吉县为例，通过农村税费改革工作的开展，农民负担总额由原来的841.9万元下降为433.1万元，减幅为48.63%（农业税由原来的451.1万元减为371万元），人均负担由原来的19.7元减为10.2元，减少9.5元，减幅为48.1%，切实减轻了农民负担。农村税费改革在一定程度上促进了固原经

加大对财税干部的培训

济结构优化和经济增长方式的根本性转变。固原开始走以农副产品和当地优势资源精深加工为主的工业化发展路子，大力培植地方财源。西吉县利用预算外资金，以短期有偿使用的形式，解决县五金公司等工商企业资金短缺问题，支持企业有计划地调购、储备物资和商品，保证了工农业生产所需物资、商品的及时供应。

2002 年，经国务院批准，固原地区正式撤地设市。首先，为明确市本级与原州区事权和财权的划分，规范市与原州区的财政分配关系，建立和完善固原市分税制财政管理体制，建立“市直管市辖区、市辖区直管乡镇”的分税制财政管理体制，坚持“事权与财权相统一”的原则，根据市、区两级事权划分，职能由市级承担的，其相应的收入和支出由市级财政管理和负责；职能由原州区承担的，其相应的收入和支出由原州区财政管理和负责。坚持保存量、调增量的原则，理顺市与原州区的收入分配关系。打破按企业隶属关系划分收入的做法，按固定税种和共享比例税种确定市与原州区的财政收入。其次，固原发展扶贫试验区是自治区人民政府 1993 年 4 月批准成立的省级试验区，1997 年批准为计划单列区。对试验区财政各项收入也实行市本级与试验区分税制财政管理体制，按固定税种和共享比例税种确定市本级与试验区的财政收入。试验区财政收入范围，是指在试验区范围内从事生产经营的各类企业及行政事业单位按照市本级与试验区财政分享比例依法缴纳入库的各项税收收入、行政事业性收费、罚没收入、专项收入及政府性基金收入等各种收入。凡生产、经营场所不在试验区范围内的企业缴纳的各项收入不得作为试验区收入缴库。

2002 年，固原的财税在改革中发展壮大，全市 GDP 收入为 31.2 亿元，农民年人均纯收入达到 1168 元，地方财政收入 1.2 亿元，是 1995 年 3410 万元的 3.5 倍。农业、科技、教育、扶贫救灾和社会保障等方面的支出比重加大。1996~2002 年，全市筹措各类建设项目资金 28.12 亿元，用于农村、水牧的投资 9.48 亿元，工业及农产品加工 0.14 亿元，交通、供电 13.06 亿元，农副集贸市场建设 0.21 亿元，邮政通讯 0.19 亿元，社会事业 1.16 亿元，城市设施建设 3.88 亿元。财政资金的投入对国民经济增长和社会各项事业进步的拉动、支撑作用明显增强。

（三）跨越发展阶段（2003~2013 年）

2003 年，自治区党委、政府首次召开了固原工作会议，开启了固原发展历程的新时期，固原财税改革发展也进入了新的阶段。

2003 年，全市乡镇机构改革，撤销乡财政所，固原市各县（区）财政管理改革步入统筹发展阶段，先后制定了乡财县管、会计委派管理、国库集中支付和国库管理等制度，强化财政资金的管理和使用。2005 年开始，实行对县乡“三奖一补”财政奖补转移支付制度，还新增了一些专项转移支付项目，如对农村税费改革、天然林保护工程、社会保障制度建设专项补助等，初步建立了比较规范的专项转移支付体系。

随着自治区党委、政府全力推进城市化进程战略的启动，特别是固原撤地设市以来，城市建设进入攻坚阶段。固原市委、政府按照“优先发展新区，保护改造老城，拉开城市框架，扩大城市规模，强化城市管理”的总体思路，开启了城市建设的帷幕，但建设资金的严重短缺成为制约城市建设及社会经济发展的瓶颈。为此，固原市财政创新工作思路，发挥部门优势，主动为市委、政府分忧解愁，化解政府、部门无法直接向金融部门融资贷款的难题，建议成立了固原市国有资产经营管理公司，作为政府融资贷款的主体。2003 年 9 月，公司经固原市人民政府批准成立。公司职责是受市人民政府委托，为城市基础设施建设筹集、管理、使用资金，管理划入公司的国有资产，依法进行投资和融资。

2003~2005 年，固原市执行中央的积极财政政策，综合运用预算、税收、转移支付等财税手段，增加基础设施建设投入，特别是发展草畜、马铃薯、劳务、旅游四大支柱产业，统筹安排资金，引导扩大消费，拉动经济快速增长。2006年，全市实现地区生产总值51.9亿元，比2002年增长55.4%，年均增长11.6%；地方财政收入2.1亿元，比2002年增长92.8%，年均增长17.8%；第三产业税收收入达到1.42亿元，占全市税收总收入的65.6%，全市财税收入大幅增加。2009年建设完成固原体育馆、宁夏师范学院新校区等项目，城市框架大幅拉开，城镇化率由2006年的23.13%提高到28.95%。其间，固原市行政区划也有所变化。2003年12月31日，国务院批准将固原市的海原县划归中卫市管辖。2004年2月10日，海原县整建制划入新成立的中卫市管辖。2008年，将固原市原州区黑城镇划归海原县管辖。

为解决固原市中小企业融资难问题，进一步增强企业发展后劲，由固原市人民政府授权固原市财政局履行出资人职责，隶属市财政局管理，于2010年12月注册成立了固原市中小企业信用担保有限责任公司，2011年12月正式挂牌营业，主要职责是为全市中小企业、涉农企业和农业投资项目等提供融资性贷款担保，现有员工15人。通过对企业贷款担保费率由2.5%降至2%，对“三农”贷款担保费率由2.5%降至1.5%，不断扩大担保业务，合作银行、服务范围覆盖全市各县。截至2015年6月底，固原市中小企业信用担保公司担保贷款余额已达3.42亿元，当年新增1.3亿元。

固原市中小企业信用担保有限责任公司开业挂牌仪式

2011年，国民经济发展“十二五”规划开始实施，固原市继续深化部门预算，积极推进“财、税、库、银”横向联网，简化资金支付流程，预算单位资金拨付全部实现了网上运行，一般预算支出集中支付率达到90%以上。在税收上则坚持“抓大不放小”和“属地管理、重点监控、责任到人”的管理方式，完善财税协作机制，规范代征、代扣程序，加强税源动态监控，加大税收稽查力度，堵塞税收征缴漏洞，确保税收应收尽收。当年，固原市一般预算收入突破12亿元，地方财政收入突破7亿元，税收收入突破6亿元，市本级税收收入的比重占78.7%。2012~2013年，在党的十八大精神指引下，固原市财税改革开始向全面深化阶段转进。固原市初步建立部门预算绩效评价和预算信息公开制度，开展“项目管理年”活动，推行财政支出绩效管理。深化政府采购制度改革，完善政府采购招投标专家评审制度，扩大政府采购范围。加强国有资产管理，规范公务用车管理，严格控制“三公”经费。同时，建立金融支持地方经济发展长效激励机制，引导各银行业金融机构加大对重点项目建设、中小微企业、“三农”的信贷支持力度，全市银行业金融机构为重点建设项目贷款15.6亿元。

这一时期，自治区党委、政府连续召开了四次固原工作会议，专题研究固原发展的战略重点，加大政策倾斜和资金投入力度，使固原市财税步入历史上发展最好最快的时期。这十年，固原市地区生产总值增长2.5倍，地方公共财政预算收入增长11.3倍，固定资产投资增长16.2倍，城乡居民收入分别增长2.7倍和3.6倍。特别是2010年以来，经济发展步入稳中求快的良性轨道，工业化、城镇化、农业现代化建设步伐明显加快，经济实力和综合实力进一步提升。彭阳县地方财政收入突破1.65亿元，成为全市第一个、宁南九县区第二个收入过亿元的县区。

（四）全面深化改革阶段（2014年至今）

2014年6月30日，中共中央政治局审议通过《深化财税体制改革总体方案》，方案的出台，昭示着我国财税体制改革进程正朝着更深层次方向发展。

2014 年，固原市财政以自治区“财政改革创新年”活动为契机，财税两家配合，及时分析解决税收征管中存在的问题，深化“收支两条线”管理，加强国有资产及财务票据管理，完善财务管理制度和非税收入监管，确保各项非税收入和政府性基金及时征缴入库。年内全市税收收入完成 4.5 亿元，同比增长 14%，非税收入完成 1.8 亿元，同比增长 24%。同时，财政部门开展预算绩效评价试点，清理盘活存量资金，提高预算执行均衡性；深化国库管理制度改革，将市直所有单位纳入国库集中支付管理，国库集中支付率达到 90%以上，公务卡管理制度改革初步取得成效。牵头清理行政事业性收费，根据《中共固原市委、固原市人民政府关于深化行政审批制度改革的实施意见》，对市本级369 项行政事业性收费项目予以清理和调整，决定免收 183 项，转为经营性收费 15 项，减半征收 1 项，清理后保留收费项目 39 项，清理取消收费每年大约 2000 万元。探索建立政府向社会购买公共服务机制，对 2014 年农村劳动力转移培训、就业创业培训服务机构和民生大厦的保安服务进行了政府采购。财政向社会公共事业投资支出加大。统筹安排 2.7 亿元，用于义务教育保障和营养改善计划、支持职业教育发展、固原二中和特教中心改扩建、重大科技成果转化和技术创新、现代农业产业技术体系建设、数字图书馆、文化馆等公共文化设施建设和向社会公众免费开放以及申报丝绸之路世界文化遗产等支出。

安排各类就业创业资金 2377 万元，支持全民就业创业、劳务输出、小额担保贷款贴息等支出。统筹安排 7.1 亿元，加快市医院迁建等公共医疗卫生服务体系建设，保障计划生育、妇幼保健、疾病预防控制、食品药品安全监管、社区卫生服务等公共卫生事业支出。

党的十八届五中全会和自治区党委十一届七次全会、2016 年自治区扶贫工作会及自治区“两会”的胜利召开，吹响了进一步全面深化改革的号角，固原市紧紧抓住有利时机，按照新《中华人民共和国预算法》和《国务院关于深化预算管理制度改革的决定》，健全完善包括一般公共预算、政府性基金预算、国有资本经营预算和社会保险基金预算在内的全口径政府预算体系，建立政府性基金预算和国有资本经营预算中应统筹资金列入一般公共预算的机制；健全完善预算标准体系，推进项目支出定额标准体系建设；改进年度预算控制方式，建立跨年度预算平衡机制，将一般公共预算超收收入用于消化债务或补充预算稳定调节基金；健全完善预算绩效管理机制，扩大绩效目标管理考核面；健全完善财政大监督体系，强化财政监督，提高财政资金使用效益。同时，加强税收征管，做到依法征收、应收尽收，不收过头税。全面推进"营改增"试点，进一步完善增值税、消费税制度，实施煤炭资源税从价计征改革。落实对小微企业的税收优惠政策。清理规范税收优惠政策，清理整顿越权减免税收或通过财政列支方式变相减免税行为。继续清理规范行政事业性收费和政府性基金，减轻企业和个人负担。加强国有资本收益管理，建立

固原市旧妇幼保健院

财政支持后新建的固原市妇幼保健院

健全国有资源、国有资产有偿使用制度和收益共享机制。加强非税收入分类预算管理，完善非税收入征缴制度和监督体系。

这一阶段，固原市财政深入贯彻落实依法行政，进一步深化财税体制改革，完善预算管理制度，推进预算公开透明，优化财政支出结构，着力改善民生，推动了全市经济快速发展。

二、主要成就

改革开放以来，固原市财税工作在改革与创新中探索爬坡前行，不断走向成熟，真正实现了从“保工资，保运转，保重点”到“保增长、保民生、保稳定”，再到“稳增长、调结构、保重点、抓创新、促发展、惠民生、构和谐、强管控、防风险”大转变，取得了辉煌成就。

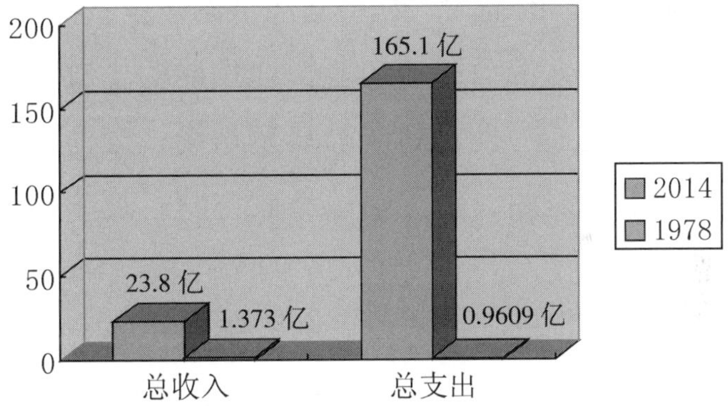

固原市 2014 年与 1978 年财政收支对比

2014 年，全市公共财政预算总收入完成 23.8 亿元，较 1978 年的 1373 万元增长了 172 倍；财政支出规模不断扩大，2014 年全市公共财政预算支出完成 165.1 亿元，较 1978 年的 9609 万元增长了 171 倍。2013~2014 年一般公共预算收入和预算支出连续两年保持全区增幅第一，财政实力的逐步增强，有力地支持了各项事业的发展，为固原市各级政权建设和各部门正常运转作出了应有的贡献。

(一) 顺势而为，培植财源

改革开放 30 多年来，在不同的时期、不同的政策形势下，固原市财税工作不断调整理财聚财思路，把财源培植作为财政工作长期的战略任务谋划规划。一是调优第一产业，支持加快构建以草畜产业、马铃薯产业为主导的农业产业化体系，推动农业结构由以种植业为主的传统农业向以种植业、畜牧业、农副产品加工业“三结合”转变，走农副产品精深加工的路子，大幅度提高农副产品附加值，延伸产业链，加快农业产业化进程，扶持农业步入自我积累、自我发展的良性轨道。二是调强第二产业，通过建立支持企业发展专项基金、运用财政贴息、信用担保等引导方式，发挥财政资金的杠杆作用，支持企业进行技术改造，增强企业发展后劲。突出重点，集中财力，支持改造提升马铃薯加工等传统产业，扶持一批具有地方特色和比较优势的草业、中药材、清真牛羊肉深加工骨干企业和龙头企业，着力培植几个辐射和带动作用强的税源大户。三是调活第三产业，通过制定政策措施，招商引资，大力发展非公有制经济。围绕大六盘生态经济圈建设，做好发展旅游业的文章，把旅游开发作为带动第三产业快速发展的主攻方向。结合县域特色经济优势，筹建了一批农副产品集贸市场，激活商贸流通。通过支持经济发展，培植财源，拓宽财政增收空间，逐步提高财政收入占地区生产总值、税收收入占财政收入“两个比重”，扩充可用财力，努力构建可支配型财政，增强地方财政的宏观调控能力。2014 年，第一产业增加值 46.45 亿元，增长 5.6%；第二产业增加值 55.65 亿元，增长 16.8%；第三产业增加值98.02 亿元，增长 6.8%，经济结构调整为 23.2:27.8:49。全市城镇化率达到 40.16%。

（二）争取资金，夯实基础

30 多年来，中央和自治区财政给予固原市扶贫资金大力支持。尤其是 1983~2015 年，国务院三次延长“三西”农业建设专项补助资金，资金总量从每年 2 亿元增加到 3 亿元。扶贫开发专项资金由 2011 年 71017 万元增长到 2014 年 97932 万元，年均增长 11.3%。这些资金的支持，使扶贫从单纯救济式向开发式转变，重点用于支持固原基础设施建设、农业产业发展等方面。

特别是2011年自治区党委、政府启动宁南区域中心城市和大县城建设以来成效显著。截至2014年底，固原市等级公路通车里程累计达7657公里，形成了四纵三横、方便快捷的公路网络；农电入户率达到100%，广播电视覆盖率达到98%以上，通信覆盖率达到92%以上，累计投入退耕还林资金49108万元，主要用于巩固退耕还林成果支出。固原市建成区面积44.1平方公里，人均拥有城市道路面积26.65平方米，人均公园绿地面积7.99平方米，建成区绿化覆盖率24.9%，供水总量945.5万立方米，集中供热面积870万平方米，液化石油供给总量1191.5吨。建成人民广场、西南新区景观、古雁岭生态广场、西吉县县城城区、泾源县卧龙山森林公园、市城市规划建设展示馆、彭阳县博物馆等公共建筑。截至2014年，宁南区域中心城市建设累计投资超过35亿元。2015年，按照固原市委三届六次全会和市“两会”的决策部署，宁南区域中心城市暨大县城建设工作总体目标：计划实施城市建设重点项目82个，总投资62.2亿元，当年计划完成投资29.3亿元。

（三）深化改革，开源节流

30多年来，固原市坚持改革不动摇，深入推进财税体制、财政运行机制和管理制度等公共财政体系建设，着力构建有利于科学发展的财税体制机制。

深化部门预算管理改革，全面实行绩效考评。2003年，部门预算编制改革试行，2005年，部门预算编制单位达到61个。不断加大非税收入征管力度，确保各项非税收入及时征缴入库；不断加大媒体公开预算信息及各项财政资金使用情况，部门预算公开达到市本级预算单位的90%以上。建立规范合理的政府债务管理及风险预警机制，市本级预算安排偿债准备金2亿元。

加强国有资产管理，确保国有资产保值增值。对市本级行政事业单位资产管理信息登记完善；加强政府采购管理和监督，积极探索建立政府向社会购买公共服务机制。

加大“三公”经费管控，节约行政成本。严格贯彻落实中央关于《党政机关厉行节约反对浪费条例》和“三公”经费有关规定，从严从紧安排预算，严格执行预算，进一步完善会议费、差旅费、公务活动费、培训费等管理办法，全面提高公务支出管理的制度化、标准化、程序化。

建立财政大监督模式，规范财政资金管理使用。将内部监督检查与专项资金检查、会计监督检查、日常监督相结合，加大对财税政策落实、重点投资、民生项目及国有资产的监督检查。2014 年，检查专项资金总额为 16.2 亿元，发现各类违法违纪问题涉及金额 7821 万元，处理处罚上缴财政专户资金 33 万元。

发展壮大担保业务，支持中小企业发展。固原市中小企业信用担保公司充分发挥国有担保公司的职能作用，主动让利与民，将担保费率由 2.5%降至企业 2%、“三农”1.5%；进一步加强与银行合作，不断扩大担保业务，合作银行由原来的 1 家，扩大到 5 家。

积极探索金融扶贫新模式，不断加大金融对扶贫工作的支持力度。制订了固原市金融支持扶贫开发示范村建设试点方案，积极建立“财政+金融+扶贫+产业”的联动机制，探索“政策组合+资金整合+金融创新”的扶贫新模式，以财政资金为引导，筹措资金 1400 万元，建立扶贫担保基金和肉牛养殖贷款担保基金。通过担保，撬动银行支农再贷款，扩大扶贫资金总量，向全市 315 个贫困村和肉牛养殖大户发放低息信用贷款，支持扶贫开发，形成“政府+银行+农村信用联社+担保公司+农村互助资金社+保险公司”的“六位一体”的扶贫组织架构，发挥政策叠加效应，整合支农惠农资金，形成扶贫合力，实施普惠金融服务。

（四）优化支出结构，着力改善民生

改革开放以来，固原财税工作始终坚持发展依靠人民、发展为了人民、发展的成果让人民共享的宗旨，不断调整和优化支出结构，将财力更多地倾斜民生领域。在中央和自治区的大力支持下，财政部门多渠道筹措资金，自 2002 年撤地设市以来，用于科技、教育、卫生等事业的资金达 69.7 亿元。特别是“十一五”时期，在财力大幅增长的同时，筹措资金，建立民生工程投入机制，各级财政用于民生支出资金占到公共财政支出的 80%左右，有力促进了民生事业的发展。

助力教科文事业。2014 年，争取科技项目 167 项，落实项目资金 5190 万元。宁夏固原国家农业科技园区挂牌成立，投入各类资金 6.2 亿元，园区建成面积 15.85 万亩。“十一五”末，完成了“三免一补”、困难学生资助、营养早餐等普惠政策落实和固原一中迁建、二中和一小校舍安全改造及职业教育实训基地建设、妇幼保健院搬迁等工程；建立从学前到高等教育全覆盖的资助体系。2014 年，市民族职业技术学院顺利通过国家首批中职改革发展示范学校建设验收。实施文化惠民工程，不断新建乡镇文化站，向社会公众免费开放以及申报丝绸之路世界文化遗产等。

支持计划生育和公共卫生事业发展。深入推进医药卫生体制改革，全面推行“先住院、后付费”诊疗服务模式，新建、改扩建乡镇卫生院、社区卫生服务站。2014 年，实施“少生快富”3184 例。

固原市支持新农合惠民

确保社会保障体系建设。率先在全区开展城乡居民大病医疗保险试点，受益面达到 90% 以上。建立并不断完善城镇最低生活保障制度、农村最低生活保障制度、新型农村合作医疗制度，建立健全了农村义务教育经费保障机制。实施全民创业小额担保贷款基金及财政贴息、劳动力职业技能鉴定、创业培训、劳务输出和大学生就业等工作，全面落实了“家电下乡”、涉农补贴提标、汽车以旧换新和成品油价格补贴等各项惠民政策。

支持保障性安居工程建设。新建公租房 3458 套，改造城市棚户区 1.26 万户、农村危房危窑 3.5 万户。

三、经验启示

固原市财税工作自改革开放以来，从 1980 年的“划分收支，分级包干”到 1994 年的分税制，从 2000 年的部门预算改革到 2014 年新的《预算法》实施。正是通过不断改革创新，推动了财税事业的发展，保证了地方经济建设和社会事业的发展，促进了民族地区的团结稳定。在这一艰难改革和发展的过程中，我们从中总结出了几条基本经验，也得到一些在贫困地区搞财政建设的启示。

（一）始终坚持围绕党委、政府的战略部署开展工作是财税工作的根本

固原市在扶贫攻坚、四大支柱产业、推进工业化城镇化、做大做强旅游业、劳务输出、县域特色经济产业等市委、政府的重大战略决策确定后，财税工作紧跟步伐，调整优化支出结构，结合综合预算，将公共财政预算资金、政府性基金和预算外专户资金统筹安排使用，推动预算内、外财力向“大收入、大支出”方向转变，增强了财政预算的调控能力，有力地推动了固原市战略性产业和项目发展。

（二）始终坚持为民理财是财税工作的出发点和落脚点

保障民生、改善民生，让人民群众切实体会到党的政策带来的实惠，压缩一般性财政支出，集中财力保障民生和重点项目建设。同时，

科学、合理调度国库资金，加强财政资金管理，整合、盘活各类闲置和沉淀资金，切实满足重点支出和民生项目的资金需求，进一步提高财政资金使用效益，让公共财政的阳光普照民生。

（三）始终坚持解放思想、大胆探索创新是推动财税改革的源动力

随着固原市经济发展，财政支出规模不断扩大，仍与社会发展需求差距很大，收支矛盾仍然突出，这对加强财政管理也不断提出新要求，在改革规范收支行为中，固原市始终坚持结合本地实际，解放思想，大胆探索管好、用好财政资金。通过推行“收支两条线”管理，国库支付制度、非税收入管理、国有资产管理、会计制度管理、政府采购制度、预算绩效评价和管理、建立财政大监督模式、拓展国资公司融资平台、创新金融担保扶贫机制等新举措，推进财政治理体系和治理能力现代化。

（四）始终坚持改革、发展、稳定相互促进、相辅相成

固原市是一个落后、贫困的民族地区，曾经因贫困而造成的各类矛盾冲突和发展难题对社会稳定带来一定的压力，使财政的保障能力倍感吃力，甚至是无能为力，正是因为不断的改革，改善财政收入紧缺的局面，真正发挥现代财政制度在宏观调控、公共服务、公平竞争、共同富裕以及行政法治、权力制衡等方面的基础作用，以财税体制改革的突破，牵引带动其他各项改革取得突破，促进了全市团结稳定的大好局面。

（五）始终坚持中央和自治区的支持是财税工作自力更生的铺路之石

没有中央和自治区政策、资金的强有力支持，不可能有固原市繁荣发展的大好局面，30 多年来，固原市财税改革有序推进、先易后难、以点带面，积极配合上级财政进一步完善一般性转移支付增长机制，重点争取中央和自治区对革命老区、民族地区、贫困地区的转移支付资金；主动调节支出结构，将扶贫资金转化为“扶智”发展。截至 2014 年，固原市第二产业、工业增加值、全社会固定资产投资、地方公共财

政预算收入、招商引资到位资金、社会消费品零售总额和农村居民人均可支配收入 7 项指标增幅居全区第一，经济社会发展呈现三大亮点：产业发展彰显特色，项目建设大会战，民生改善提标扩面。

四、对策建议

经过 30 多年的发展，固原市财税发展取得巨大成就，但也还存在一些问题，一是财源结构不优，收入增长乏力。宏观经济运行质量不高，全市财政收入增长此前主要依靠税收收入，转变为依靠非税收入之后，体现收入质量的“两税”双双掉收，导致财源建设投入减少，经济增长点匮乏。二是收支矛盾依然突出，财政平衡关系脆弱。目前可用财力严重不足，支出绝对额增长过快，使财政负担加剧，甚至影响财政资金的正常运转。三是债务压力过大。2014 年底，全市地方政府性债务余额为 70.8 亿元，当年新增 30.1 亿元，尽管当年偿还消化了 18.9 亿元，但偿还率仅仅只有 10.4%。四是收入结构和进度不平衡。分税制后，作为地方税收主要税种的营业税、个人所得税、企业所得税等大部分属于分散性和隐蔽性较强的税种，数额小、分布广，征收难度大，收入进度极不均衡，突击入库现象十分突出，影响了资金的正常调度和财政运行。

根据党的十八届五中全会和自治区党委十一届七次全会及 2016 年“两会”精神，结合国家和自治区第十三个五年计划的宏伟目标，从固原市实际出发，财税改革必须一如既往地走改革创新之路，必须应对新的目标任务要求，找准固原市在财税工作中存在的切实困难和问题，对症下药，制定切实可行、行之有效的政策和措施，不断提高财政管理服务水平，促进经济社会的全面发展，人民生活水平的逐步改善，维护地区的长治久安。

（一）改进预算管理制度，强化预算约束

调整对贫困地区的转移支付结构，压缩专项转移支付，提高均衡性

转移支付的比重，以缓解地方财政紧张的状况。加大贫困地区、革命老区、民族地区一般性转移支付比例，解决地区之间发展不平衡问题，实现不发达地区与全国同步进入小康社会的奋斗目标。

（二）深化税收制度改革，完善资源税税种

建立水资源有偿使用补偿机制，让拥有生态环境优势，但工业不发达地区从下游获得补偿，支持该地区更好地着力保护生态环境和水资源，减少因发展经济造成生态环境恶化和水资源污染，呈现全国一盘棋的良性发展趋势。

（三）调整中央和地方政府间财政关系，建立事权和支出责任相适应的制度

将属于地方政府承担责任的事项逐步进行规范，配以相应的财政政策和税收政策，给予贫困地区财政每年一定比例的切块资金用于支持政府发展公共服务和做好民族团结等工作，达到全国各个地方人民同等享受改革开放红利的预期目的。

（四）扩大贫困地区金融网络建设

引导和鼓励国内外金融机构在固原设立经营机构，扩大国有控股性商业银行在固原市辖区分支机构的授权授信，扩大扶贫贴息贷款扶持范围；扩大贷款规模，凡在固原的各金融机构的银行存款，在确保资金安全的情况下，原则上投放支持固原的发展。

（五）建立六盘山革命老区发展和创新担保贷款基金

鼓励中东部拥有先进技术且符合环保要求的企业向六盘山区等不发达地区转移，对符合条件的进驻企业发放担保贷款，贷款由国家予以贴息。

（六）建立贫困地区偿债基金

对贫困地区公益性和承担社会公共服务造成的债务进行逐年化解。

（七）加强财税部门自身管理和服务水平，提高工作效率

一是抓好新《预算法》的贯彻落实，按照制定的财政收入的目标，

坚持旬调度、月分析，科学判断收入增减趋势，及早研究应对措施，通过加大监控力度、提高征管效率、严格税费减免和挖掘征收潜力等措施加强税收收入征管，确保财政收入稳定增长。

二是综合运用财政信贷杠杆，打造多方融资平台，帮助企业拓宽融资渠道。积极筹措资金支持园区扩大规模，增强承载能力。努力向上争取资金，推动基础设施市场化进程。

中卫市财税改革与发展史研究

1978年，党的十一届三中全会做出了改革开放的历史性决策，中卫市把握改革发展的有利时机，认真贯彻落实党和国家的财税政策，适时调整理财思路，不断解放思想，转变观念，求真务实，依法理财，增收节支，培植财源，财税管理逐步走向规范化、科学化轨道，财税改革发展取得的巨大成就，为促进和谐富裕新中卫建设做出了突出贡献。

一、改革发展历程

中卫市财税改革按照国家和自治区的总体安排部署，主要经历了三个历史阶段。

（一）改革开放前期中卫地区的财税体制改革（1979~1993年）

1. 中卫县财税体制改革

1979年，宁夏财税开始进行全面改革。中卫县根据国家、自治区关于财政、财务体制改革的统一政策和具体部署，紧紧围绕搞活经济这一中心任务，先后实行了企业基金、利润留成和盈亏包干等办法。通过第一步、第二步利改税和税制改革，形成了一个以流转税和所得税为主体税、多种税种有机结合，多环节、多层次征收的复合税制新体系，同时建立了以征、管、查三分离为主要内容的监控机制。当时，中卫县级地方财政已经形成和管理的固定财源有各类国营、集体企业盈利收入，各类国家法定税收入和附税费收入、预算外收入及上级各项补助等10余项40多个预算科目，支出达20余项60多个科目。

财政体制上，1978年，实行定收定支、增收分成、差额补助的管理体制；1980年，实行“划分收支、分级包干、一定五年”的新体制，也叫“分灶吃饭”；1985年，创建乡镇财政管理新体制，实行定收定支、收支挂钩、总额包干、差额补助和多收多支、少收少支、自求平衡的县、乡镇两级管理体制；1987年，实行“经费包干、超支不补、结余留用”的体制，预算指标实行按月分解、逐月划拨。

收入体系上，逐步形成适应改革开放需要的收入体系，一是利润收成方面，相继开辟有各类企业生产盈利及与之相关的多项财源稳定体系，农业税收收入所占县财政总收入的比重逐年下降，由1978年的3.77%到1985年的2.59%、1993年的3.72%；工商税和地方企业等收入有所增加，1978年，县财政收入中工商各税占总收入的17.97%，1993年为44.59%。二是上级补助方面，县财政得到了国家、自治区的大力扶持，但随着地方财政经济好转，上级补助占财政总收入的比重也逐年下降，1978年为69.76%，1993年为42.83%。三是预算外收入方面，包括工商税附加、农业税附加、城市公用事业附加、县办工业利润留成、没有纳入国家预算的地方企业利润收入、企业折旧基金及财政统筹的公务租金和其他收入，也在逐年增加。（见下图）。

中卫县部分年份财政收入情况

单位：千元

项目／年份	收入总计	预算内收入							预算外收入
		合计	工商税收	农业税收	企业收入	其他收入	上级补助	上年结余	
1978	20556	20187	3694	775	677	13	14339	689	369
1980	21669	20807	3573	814	1174	75	12404	2767	862
1983	25092	24762	3499	834	519	44	15713	4153	330
1985	34440	34296	7625	891	–863	89	22517	4037	144

续表

项目/年份	收入总计	预算内收入							预算外收入
		合计	工商税收	农业税收	企业收入	其他收入	上级补助	上年结余	
1987	40302	39880	9430	1225	-1116	190	26391	3760	422
1990	43112	41714	14352	1491	784	225	23556	1306	1399
1993	64087	62942	28576	2382	2037	1547	27453	947	1145

注：预算内“其他收入”项属财政其他收入科目加表列以外收入项目所得。

随着改革不断深化，中卫县计划经济时期的“税利并存，以利为主”的财政收入模式，逐渐转变为以税收为主体的模式，税收的国库功能和经济调节功能受到了重视，税收收入占财政收入的比重逐年提高，成为聚集财政收入的主要手段和调节经济的重要杠杆。1979 年，取消对合作商店的加成征税办法。1980 年 10 月，取消原来对个体经济重于集体经济、合作商店重于其他企业的纳税规定，改为按手工业生产合作社的税率征收所得税。1982 年 1 月，在大河机床厂、农牧机械厂和县农机修造厂试行增值税。1983 年，全县实现第一步利改税，1984 年实行国营企业第二步利改税，1985 年开征城市维护建设税，1986 年开征城乡个体工商业户所得税，1987 年开征个人收入调节税。是年，中卫县税务局工商税收首次突破千万元大关，达 1061.62 万元。1988 年，开征煤炭资源税、私营企业所得税、私营企业投资者个人收入调解税。1989 年，开征筵席税、城镇土地使用税和国家预算调解基金。1992 年 6 月，对中外合资企业、合作生产经营企业征收工商统一税。至 1993 年底，全县开征的新增税种或调整合并税种计有产品税、增值税、城市维护建设税、个人收入调节税、印花税、筵席税、奖金税、营业税、盐税、国营企业所得税、国营企业工资调节税、集体企业所得税、私营企业所得税、城乡个体工商业户所得税、固定资产投资方向调节税、房产税、城镇土地使用税、车船使用牌照税、屠宰税、牲畜交易税、资源税，以及交通能源基金、预算调节基金和教育费附加等，全县国家税收比 1978 年增长 8.54 倍。是年，全县工商税收收入突破 3000 万元大关，达 3830 万元。国债工具重新启用，1981 年起，国家发行国库券，每年自 9 月底前认购入库记期，满 5 年后抽签总付本息，分 10 年还清。1988 年起发行的国库券，期限为 3 年、5 年两种，期满后一次还本付息，中卫县成立县国债中介服务机构，允许国库券买卖流通。至 1993 年，全县认购 13 次，一般由机关团体、职工和城乡居民购买，数额不限。

中卫县发行认购国库券情况

单位：万元

年　份	发行任务	实际认购	其　中		
			单位认购	职工认购	居民认购
1981	20.0	30.00		20.00	
1982	55.3	59.58	12.35	26.70	20.53
1983	56.9	59.58			
1984	56.9	63.40	14.00	28.70	14.20
1985	95.6	105.97	14.00	53.38	38.58
1986	94.0	109.53			
1987	96.5	111.50	16.00	48.80	32.20
1988	141.8	154.28	39.70	114.58	
1989	103.5	111.18		111.18	
1990	103.5	117.00		117.00	
1991	133.0	139.00		139.00	
1992	120.0	274.00		274.00	
1993	220.0	580.00	32.00	85.00	463.00
备　考	1998 年后职工认购中含居民认购数				

这一时期，税务部门不断完善征管制度，加强征收管理。1981 年，按照国家税务总局《关于清查偷、漏、欠税的通知》要求，全县 344 户工商企业全部进行自查，税务部门抽查 19 户重点企业，共补罚各类偷漏欠税款 15 万元。从当年起，中卫县有关部门配合，每年进行一次财务、税收、物价大检查，仅 1986 年对全县 1678 户工商纳税户检查后，查补偷漏税款 40.94 万元，清理欠税 13.2 万元。1987 年，配合县工商行政管理部门对全县工商企业普查登记发证。1993 年，全县工商纳税户 3089 户，其中全民企业 145 户，集体企业 521 户，私营企业 25 户，个体工商户 2398 户。另外，对福利企业、乡镇企业及国营工商企业实行税收减免政策，扶持其自我完善和不断增强发展后劲，仅 1992 年全县共减免 1241 万元，其中乡镇企业 522 万元，轻工企业 208 万元，国有工业 211 万元，商业 90 万元。同时，本着“欲取之，先予之”原则，大力开展税务促产增收，培植税源，保证财政收入稳步增长。通过税务促产，共滚动增加工业总产值 4356 万元，销售收入 4013 万元，利润 581 万元，税金 512 万元，固定资产 1386 万元。

支出结构上，财税支出方向发生了巨大转变，支出结构不断优化与调整，有力地支持了社会经济发展。一是财税依旧保持对基本建设的全面介入，以维护宏观经济的稳定和增长。注重提高财政资金的使用效率，探索改进基本建设投资方式及扩大基本建设投资资金的来源。从 1982 年起，对部分县属企业的挖潜改造项目，其投资由无偿使用改为有偿使用，实行县财政委托建设银行贷款。二是与金融机构合作，以贴息、免税等方式支持地方经济发展。1979 年后，金融机构增加外贸贷款，年发放数百万元，支持机械、石膏、地毯、羊绒、发菜、西瓜籽等名优土特产的生产收购和出口创汇。贷款实行区别对待、择优扶持和以销定购、以销定贷，对全县国营、集体工商企业分类排队，择优扶持。1980~1985 年，发放余额一般稳定在 2600 万元，其中对煤炭、矿产、交通、纺织、造纸、印刷等工业发放中期设备贷款，重点支持挖潜、更新和改造；对商业发放临时贷款，支持及时进货，稳定和繁荣市场。1989年以后，中国银行发放外汇贴息贷款，并逐步增加对大河机床厂，县铁合金厂、蔬菜脱水厂、工业硅厂、电石厂、地毯厂、新型建材厂等出口创汇企业和羊绒、发菜、枸杞等外贸商品的外汇贷款支持。三是开始重视公共产品、公共服务的提供。财政在支出职能逐步淡化了经济建设型财政特征，开始重视公共产品、公共服务的提供。在坚持保重点、保改革和保吃饭的基础上，社会保障支出主要体现在工业、邮电、农林牧水及部门的基础建设投资，逐步增加城市公用设施、文教科卫、道路交通和农贸市场建设开支，1981~1985 年，累计支出 10888.6 万元，其中经济建设 4529.2 万元，占 41.6%；文教科卫 3504.7 万元，占 32.19%；行政经费支出 1227.7 万元，占 11.28%；抚恤和社会福利支出 342.5 万元，占 3.15%；其他支出 1284.5 万元，占 11.8%。1986~1990 年，财政累计支出 21476.9 万元，比上一个 5 年增加近 1 倍，年均支出 4295.38 万元。

监督管理上，1982 年，以县财政局为主，全县抽调 33 人组成 5 个检查组，对 29 个行政事业单位进行财务大检查。1984 年，开始实施《会计法》，对全县 233 个会计核算单位进行财务税收大检查，共查补偷漏税款 66.2 万元，查出违纪资金 66.8 万元，采取边检查边处理入库的方式，效果明显。1985~1992 年，财政监督除实行重点、专项和定单位部门全面审计外，并辅以一年一度的财务、税收、物价大检查，先后对全县 200 多个单位进行专项或多项财务监督审计。1993 年，对全县 74 个行政企事业单位进行审计，被审资金达 20827.8 万元。

2. 中宁县财税体制改革

改革开放初期，中宁县为适应经济体制转轨需要，对财税体制进行了重大调整，先后实行“划分收支，分级包干”“定额补助，收入全留”“收入定额上缴，增长全留”“自收自支”“收入上缴，递增包

中宁财政支持枸杞种植业发展

干，增长全留”以及“上划部分三税后递增包干”等多种形式。当时，全县划分固定收入税种16种，核定支出项目10项，对不宜包干的支出，由自治区专项拨款。1978~1993年，全县财政收入从374万元增加到2215万元，支出主要用于企业挖潜改造、补充企业流动资金、支援农业支出、抚恤、社会救济和行政管理费。其中，用于教育、卫生事业费的支出比重最大，新建市场、商场、县医院、图书馆、教学大楼等51个国家建设项目，拓宽南街、东西大街和主要街道及下水道、包兰公路改线工程，使城镇面貌有了初步改观。其间，1986年和1987年县财税连续两年赤字，1990年企业效益滑坡，1991年亏损企业继续增加，税源呈萎缩之势，而这两年财政供养人员增加近两千人，再加之1992年国家出台增加干部、职工、教师工资、奖励工资、粮价补贴政策，财政收支矛盾十分突出。在随后开展的增收节支活动中，财政部门与公安、检察、法院、税务等部门联合，全面清欠农业、工商各税。对历年欠税企业，冻结其银行账户催缴，账户有钱者直接划转。对农业各税尾欠，上门动员欠户自觉清缴，对拒缴的“钉子户”依法清收。每年从10月起，停拨乡镇机关经费，督促其清收税款，年终完成任务拨清经费，完不成任务扣减经费。财政部门削减有经济收入单位的定额经费拨款，压缩社会集团购买力控制指标至20%。从1993年开始，大量压缩各种会议，控制会议规模，推行会议及接待“四菜一汤”工作便餐制度，以上举措促使财政赤字势头得以遏制。

3. 海原县财税体制改革

改革开放初期，海原县财税工作紧紧围绕经济建设这一中心，认真落实企业“利改税”和自治区对山区市县免征 8 年农业税政策。这一时期，虽然财政收入有所减少，但对增强企业活力、农民休养生息、发展农业生产起到了积极的促进作用。得益于国家及自治区对贫困地区的巨大支持和特殊关怀，海原县级财力绝大部分依靠上级补助，财政资金最主要的用途就是保证职工工资的发放和政权机关日常必要的开支。1988 年，随着国家财政体制的变化，自治区将原体制对海原补助每年递增 10%的补助降为 5%，海原县财政不得不打赤字预算。1979 年，海原县地方财政收入 195.8 万元，支出 1676.9 万元。1989 年，地方财政收入 86.1 万元，支出 3428 万元。1993 年，地方财政收入 465.2 万元，比上年增加 40 万元，增长 9.4%；地方财政支出 4287.4 万元，比上年增加 387.3 万元，增长 9.93%。

（二）构建、发展和完善市场经济体制下的财税体制改革阶段（1994~2003 年）

1994 年以后，随着分税制财政体制的建立，理顺了中央与地方、国家与企业、地方与市县的分配关系，财政体制实现了根本性变化，公共财政框架基本建立，并开始正常运转。

1. 中卫县财税体制改革

1994 年以后，随着财税体制改革的深化和分税体制的初步建立，中卫县通过转变财政职能、狠抓财源建设等举措，使财政收支管理、预算外资金管理取得了明显成效，在建立规范、科学的财政管理体制方面迈出了坚实的步伐。与此同时，通过加强管理、合理安排资金，使财政以资金分配为切入点，更广泛地参与、支持全县经济建设和科技、教育、卫生、城市基础设施等事业发展，稳妥地处理“吃饭”与建设的关系，有效地发挥了财政在全县经济建设中的职能作用。

财政资金支持改造的中卫高庙公园

税务部门按照“统一税法、公平税负、简化税制、合理分权、理顺分配关系、规范分配方式、保障财政收入，建立符合社会主义市场经济要求的税制体制”要求，进行大规模、全方位的税制改革，坚持依法治税、从严治税，正确执行税收政策，强化税收管理，大力清理欠税，较好地完成了税收计划任务。1997年，税务部门按照“稳定巩固老税源，密切关注大税源，积极开发新税源，主动抓好小税源”的组织收入思路，县国税局共组织工商税收入库3160万元，比上年增长7%；县地税局共组织入库各类税收3418.7万元，比上年增收656.2万元，增长23%。

2000年，全县地方财政收入完成8566万元，财政总支出完成17114万元，重点支持沙坡头旅游工程、火车站广场、东园高效设施农业产业化、黄河险段及农田水利设施等重点项目建设。2000年，县国税局共组织税收入库5515万元，县地税局共组织入库各类收入4959万元。2003年，全县地方财政收入完成13323万元，总支出完成26005万元。2003年起实施工业强县战略，形成以造纸、精细化工、农副产品加工、高耗能电石工业为主导产业的4个特色新兴工业区；加快中等城市建设步伐，新建、续建城市建设项目66个，完成投资82000万元；一手抓畜牧养殖业，一手抓蔬菜瓜果业，不断调整优化农业结构，有效提升了农业和农村经济综合素质与整体效益；发展以旅游业为龙头的第三产业，努力克服“非典”影响，全年旅游人数达到61.2万人次，旅游直接收入2080万元，间接收入11800万元；以“再塑文化县新形象”为契机，着力加大教育、科技、文化、卫生等方面的投入，社会事业全面推进。

2. 中宁县财税体制改革

1994年，中宁县按照国务院、自治区统一部署，开始实行以“分税制”为主要内容的新的财税体制。通过合理划分财权事权、统一税法、公平税负、简化税制，实行复式预算制度，突破了过去高度集中、统收统支的供给性管理模式，跨越了过渡性的分级包干制，进入了规范化发展轨道，同时分设了中央与地方两套税务机构。1995年12月，调整和完善“分税制”体制，将原划分属于自治区的国有土地使用收入划为县级收入，将由县上划原属于自治区的增值税的25%部分全部划为县级收入，将固定资产投资方向调节税和资源税调整为区、县共享税，五五分成，将土地使用税由原区、县七三分成，调整为三七分成。为适应“分税制”体制需要，按照“一级政府，一级财政，一级金库，相互对应”要求，进行乡设金库试点。分别在新堡、鸣沙、石空3个财政所设置同级金库，缴退库业务委托农业银行中宁支行的鸣沙、新堡、石空营业所办理。在运行期间，由于乡镇操作不严谨、不规范，冲击县级财力，1996~1998年先后撤销以上3个试点。2000年开始，中央按照“存量不动，增量调整”，逐步提高上级财政宏观调控能力，建立合理的财政分配机制的原则，改革所得税收入全留县级的体制，中央、自治区、县级分享。将1999年所得税收入作为基数，留于县级，超出部分中央、自治区、县级分成，2000年四二四分成，2001年开始六二二分成。同时，继续实行对县级的体制补助。并陆续建立中小学教师工资转移支付、民族地区转移支付、农村税费改革转移支付、工资性补助、艰苦边远地区津贴补助、农村义务教育补助等制度。2001年，中宁县按照中央的统一部署实施了所得税改革，进一步完善和巩固了“分税制”改革。此后，中宁县建设大规模展开，税源增加，财税部门强化财务检查、税务稽查，以查促收，在电视台定期公布各企业税收缴纳情况，利用舆论监督纳税；采取定任务和给政策的双重激励措施，调动乡镇征收工商税的积极性，工商税收入迅速攀升；根据枸杞面积、收益与实际税收存在的差距，加大农林特产税收任务；财政部门组织专门小组清缴借贷财政周转资金，抓增收为重点的财政工作策略，促使全县进入了历史上财政收入增长最快、最稳定的时期。特别是及时兑现了2001年、2003年全县公务员、教师的两次工资调整政策，消化了1999年以前遗留的730万元财政赤字，归还了自治区650万元财政周转金；增加了经济建设资金的投入，保证了宁安南街建设、平安街打通、城市路灯改造、南河子公园建设等城建重点工程投资，城乡面貌发生了巨大变化。2002年底，全县工农业总产值达到18.62亿元，比1997年增长136.95%，县城建成区面积由5平方公里扩展到8平方公里，城镇人口由7.5万人发展到11.2万人。与此同时，全县基层组织建设经费、农村“三老人员”生活补贴等重点支出项目得到了足额保障，县政府加大对大战场、喊叫水、徐套等山区乡镇的统筹发展力度，全县“四免除、四补贴”的强农惠农制度、农村低保制度以及城镇最低生活保障制度等相继建立。

财政资金支持建设的中宁县第一高级中学

3. 海原县财税体制改革

1994年，海原县实行分税制，当时由于受主体税种上划、农业税因持续旱灾短收等因素影响，县本级财政收入一直处于低迷状态。为了摆脱困境，走上良性循环道路，海原县在大力开展“双增双节”工作的同时，采取多层次、多渠道实事求是地向自治区反映县财政实际困难，努力争取资金支持，并得到了自治区党委、政府以及财政厅的大力支持。从2001年起，自治区财政通过转移支付、困难补助、保发工资等方式对海原给予倾斜照顾，县财政状况有所缓解。2002年以来，海原县抢抓国家实施西部大开发战略、国家重视少数民族地区发展，以及积极财政政策等历史机遇，狠抓收入征管和资金争取，不断优化支出结构，稳步推进财政管理改革，财政工作实现了全面发展，为促进全县经济社会发展提供了必要的财政服务和财力保障。

（三）撤县设市以后的中卫财税体制改革（2004年至今）

自2004年设市以来，中卫市国民经济和社会发展进入了一个快速发展的阶段，财税部门以中国特色社会主义理论和构建社会主义和谐社会重大战略思想为统领，着力推进新型工业化、现代农业高效化、城市管理精品化、文化旅游特色化进程。千方百计壮大财政实力，增收节支，优化结构，保障市委、政府确定的中心工作和重点项目。构建公共财政支出框架，推进基本公共服务均等化，加大财政在社会主义新农村建设、教育、公共卫生、社会保障、生态和环境等公共事业方面的投入。深化各项改革，财税工作发生较大变化：预算编制实现了规范化，资金缴拨实现了集中收付，税收征管创新推进，收支管理实现了网络化和信息化，财政资金使用更加规范、安全和有效。2004年，全市地方财政一般预算收入为2.32亿元，2007年为3.86亿元，比2004年净增15348万元，年均递增18.45%；2011年，地方公共财政预算收入为12.4亿元，比2007年净增8.54亿元，年均递增47.6%；2014年，地方公共财政预算收入19.46亿元，比2011年净增7.06亿元，年均递增16.3%（其中：市本级财政一般预算收入2004年为1.18亿元，2007年为2.35

亿元，比2004年净增1.17亿元，年均递增25.8%；2014年为9.27亿元，比2007年净增6.92亿元，年均增长25.7%）。2014年，全市地方财政收入33.49亿元，主体税种中，营业税7.32亿元，下降0.8%；增值税2.25亿元，增长41.9%；企业所得税1.05亿元，增长21.5%；个人所得税0.23亿元，增长2.5%。全市财政支出124.63亿元，下降1.9%；公共财政预算支出106.18亿元，下降4%。其中，一般公共服务支出4.12亿元，下降15%；教育支出17.58亿元，增长15%；社会保障和就业支出11.99亿元，增长13.5%；城乡社区事务支出12.98亿元，下降37.2%；医疗卫生支出8.35亿元，增长5.9%。

这一时期，税制改革与税收工作发展也进入新时期。2008年以前，内资企业按照《中华人民共和国企业所得税暂行条例》缴纳企业所得税，2008年企业所得税立法，内、外资企业之间不再有税率的区别，企业所得税告别“双轨”时代。2009年1月1日起，增值税转型，缓解了中卫市企业的压力，为其减轻了纳税负担，有力地提高了企业竞争力和抗风险能力。2013年8月，全国开始实行营业税改征增值税，征收率为3%，至2014年底全市“营改增”纳税人共有939户，新增抵扣项目税金6878万元，共享受各类税收优惠3079万元。2004~2014年，全市税收收入规模由1.93亿元上升到13.66亿元，共为各类企业办理政策性减免税18亿元，为支持地方经济发展做出了突出贡献。

二、主要成就

（一）收支规模逐步壮大

改革开放30多年来，中卫市财税始终坚持量力而行、收支平衡的原则，努力完成国家的财政收入任务和地方行政事业、经济建设和文化教育建设所需资金的供给保障任务。随着经济实力的增强、财政体制的改革及行政区划的调整，地方财政收支规模不断壮大。1980~2003年，中卫县累计完成地方财政收入 8.43 亿元，是 1979 年的 142 倍；累计支出19.9 亿元，为 1979 年的 117 倍。中卫市成立后，2004~2014 年，全市累计完成一般公共预算收入 96 亿元，支出完成 580 亿元，其中市本级收入累计完成 49 亿元，是 1979 年原中卫县的 825 倍；支出累计完成 230 亿元，为 1979 年原中卫县的 1352 倍，为经济社会实现又快又好发展提供了强有力的财力支撑。

（二）经济实力明显增强

1993 年，中卫县地区生产总值达 56026 万元，全社会固定资产投资 2.5 亿元，城镇职工居民人均收入 3056.9 元，农民人均纯收入 806.7 元。2003 年，中卫、中宁和海原三县地区生产总值 43.4 亿元，全社会固定资产投资 42.3 亿元，地方财政收入 2.5 亿元，城镇居民人均可支配收入 5943 元，农民人均纯收入 2156 元。（其中：中卫县生产总值 21.46 亿元，全社会固定资产投资 16.8 亿元，地方财政收入 1.33 亿元，城镇居民人均可支配收入 6161 元，农民人均纯收入 2940 元）2014 年，中卫市实现地区生产总值 296.9 亿元，固定资产投资 334 亿元，地方公共财政预算收入 19.5 亿元，城镇居民人均可支配收入 19931 元，农村常住居民人均可支配收入 7403 元。

中卫市行政新区

（三）公共财政特征日益凸显

中卫市成立以来，财政支出结构不断调整、优化，重点保障教育、社保、卫生、城市基础设施建设等社会公共支出需求，使公共财政最大限度地惠及人民群众，共建共享和谐社会。2004~2014 年，累计教育支出完成 32.41 亿元，年均递增 23.9%；科技支出完成 1.76 亿元，年均递增 52.6%；社会保障和就业支出完成 18.89 亿元，年均递增 25.6%；医疗卫生支出完成 15.33 亿元，年均递增 33.3%；城市基础设施建设支出完成 37.76 亿元，年均递增 21.4%；环境支出完成 6.55 亿元，年均递增 9.03%；公共安全支出完成 11.65 亿元，年均递增 31.3%；农林水支出 43 亿元，年均递增 25.6%；交通运输支出 6.17 亿元，年均递增 12.3%。特别是 2014 年，中宁县安排社会事业发展支出达到 22 亿元，占到地方财政收入的 70%。

（四）支持“三农”成效突出

认真贯彻落实中央和自治区关于“三农”工作的一系列方针政策，按照新形势下农业和农村经济发展变化的要求，进一步完善政策措施，

公共财政最大限度地惠及人民群众——宁夏人民医院宁南医院

财政资金支持优势特色产业硒砂瓜发展

强化农业基础地位，加快传统农业向现代农业的发展步伐，逐年加大财政支农资金投入，全力支持现代农业、节水农业、农林科技推广、扶贫开发、生态移民和水利基础设施建设等，促进了中卫市农业和农村各项经济发展。采取政策引导、财政补贴等方式，不断加大对无公害蔬菜基地、西甜瓜基地、养殖园区、枸杞产业、草畜产业以及农产品流通领域的资金投入。着力化解镇（乡）债务10683万元，化解农村义务教育阶段债务6940万元。大力支持优势特色产业发展，确保硒砂瓜、优质饲草种植面积分别稳定在50万亩和3万亩以上，枸杞种植面积达5.3万亩，设施蔬菜面积稳定在10万亩左右。结合农村公益事业“一事一议”财政奖补项目，加大农村道路、农田水利建设投入，改善了农村基础设施条件，促进了农业和农村经济的持续发展。中卫市成立以来，全市用于农林水及扶贫支出完成43亿元，有力促进了农业增效、农民增收、农村繁荣稳定。深入推进农村税费改革，全力落实各项财政支农、惠农政策，2009~2014年，通过“一卡通”累计发放粮食、化肥、燃油、农机、退耕还林等各类政策性补贴资金67276万元，161.1万人次农民受益。2011~2015年，财政支农投入达到24.42亿元。其中：农业投入8.05亿元，林业投入4.13亿元，水利投入6.48亿元，扶贫、生态移民投入5.76亿元。

（五）财政管理日益规范

30多年来，中卫市不断进行体制创新，使财政工作科学化、规范化，管理水平有了很大提高。财政收入和财力稳定增长机制初步形成；部门预算编制改革不断深化，市本级全面实行部门综合预算；国库管理制度逐步深入，市本级以国库单一账户体系为基础、国库集中收付为重要形式的国库管理制度改革位居全区前列；政府采购稳步进行，加强《政府采购法》宣传，规范采购程序，采购规模进一步扩大，资金节约率达到12.13%；市政府已出台非税收入管理办法，进一步加强了以“收缴分离”为核心的非税收入管理；偿贷基金管理办法、市本级党政机关差旅费管理办法、财政资金拨款（支付）工作流程、现代农业生产发展资金管理办法等财政管理制度经市政府批准实施等等。

中卫市财政局开展政府采购开放日活动

（六）文明创建引领发展

近年来，中卫市财税部门陆续开展了“和谐富裕新中卫”大讨论、营造风清气正发展环境、党的群众路线教育实践、“学党章、守纪律、讲规矩”等系列专题活动，充分发挥领导干部示范带头作用，财税部门班子成员领导水平明显提高，服务大局能力、驾驭工作能力、改革创新能力

中卫市财政局召开领导干部述职述廉考核评议大会

和廉洁从政意识进一步增强。以“便民办税春风行动”“财政大讲堂”培训、党员评星定格等为载体，加大教育培训力度，着力转变工作作风，广大干部职工依法行政、治税、理财意识进一步树立，服务能力和工作效率大幅提升。着力培育并践行社会主义核心价值观，深化精神文明创建，市财政局、市地税局、沙坡头区国税局被命名为全国文明单位，中宁县地税局获全国税务系统文明单位称号，市国税局、中宁县国税局、海原县财政局被命名为自治区级文明单位，中宁县财政局被命名为市级文明单位，全市财税系统实现了文明创建满堂红。

三、经验启示

改革开放以来，中卫市财税部门围绕不断深化财税体制机制改革、努力提高公共财政服务能力、主动为地方经济和社会发展保驾护航的时代任务和实际需求，团结奋斗，真抓实干，开拓进取，敢为人先，在明确发展思路、增强综合实力、保障中心任务、改善民生民利以及自身改革发展等方面，取得了令人瞩目的成就，同时，也取得了极为宝贵的经验和启示。

（一）准确定位是财税改革发展的前提基础

中卫市成立以前，三县（中卫县、中宁县、海原县）财税部门严格按照财权与事权相统一的原则，坚持实施不同阶段的不同财税政策，牢牢把握工作的主动权，增强不同历史时期财税工作的主动性、创造性和有效性，为农民增收、农业生产、企业决策等提供有力支撑。中卫市成立后，市级财政克服诸多困难，科学研判面临的形势与任务，准确定位财政的职能和作用，提出了振兴中卫市财政的总思路、总目标，并从核心精髓、根本宗旨、强大动力、共同理想四个层面，把振兴中卫市财政落实到科学理财、民生至上、创新引领、大美文化四大财政工作体系的建设上，使正确的目标成为推进财政发展的奋斗方向。牢固树立“公共预算、国有资本、金融支撑”三位一体的大财政发展理念，跳出小天井，迎面大天地，深入推进国有资源、国有资产的资本化运作，深入推进财政职能内涵和外延的持续拓展，深入推进财政体制机制的变革更新，使创新的思路成为推进财政发展的行动指南。紧紧围绕“旅游优先发展、外煤进宁、城市化带动、扶贫攻坚”四大战略，不遗余力地落实市委、政府中心工作和各项重点任务，克服了重重困难，采取了一切可能的措施，赢得了硬碰硬、实打实的成绩，使有效地执行成为推进财政发展的根本抓手。

（二）增强财力是财税改革发展的根本目的

密切协调国税、地税和非税收入执收部门抓好财政收入征管，清欠补漏，应收尽收，市级公共财政预算收入从 2004 年的 1.2 亿元增加到 2014 年的 9.3 亿元，年均增长 25.6%。加快财政支出进度，优化结构，保重点、保民生、保发展，公共财政预算支出从 4 亿元增加到 40.1 亿元，年均增长 29.2%。把争取项目与政策支持作为重中之重来抓，先后争取到旅游产业发展、城市自来水质改造、小农水重点县等倾斜性项目和生态功能区转移支付、国有未利用荒地新增费返还补助等倾斜性政策，累计争取上级财力性转移支付 75.67 亿元、专项资金 95.02 亿元、地方政府债券 15.18 亿元，为中卫市各项事业发展凝聚了强大资金合力。创新政府投融资体制，组建中卫市建设投资有限公司、中卫市国有资本运营有限公司，盘活国有资本存量，建立偿贷基金制度，落实政府融资贷款 63.78 亿元，获批企业债券 7 亿元，成为重点项目建设资金的主渠道。

（三）确保完成中心工作是财税改革发展的重中之重

促进旅游优先发展，积极参与南北景区重组、旅游产业集团组建、与港中旅等战略投资者合作等重大决策，安排 10 亿余元投入大河之舞、腾格里湖、秀水岛、生态园、南北长滩、景区提质扩容等基础设施项

中卫市召开"财政改革创新年"活动动员会

目，支持旅游包机、宣传营销、市场开拓等工作。加快工业园区建设和工业经济转型升级，采取税费、土地、电价、贴息、担保等一系列措施扶持工业经济快速发展，积极参与新疆广汇、重庆紫光、宽带资本、银阳光伏等重点企业招商引资工作，累计支出8亿元全面改善工业园区基础设施。加大城市建设管护投入，筹集3.99亿元资金支持"五馆一中心""五大工程""六创"活动、"四改一建一保"、小城镇和幸福村庄建设，中卫城乡面貌得到质的提升，成为全区学习的样板。夯实农业基础，加大财政投入，支持设施蔬菜、经果林、硒砂瓜等优势特色产业发展，推进生态移民和扶贫开发进程，提升农业综合开发水平，以全区独有的模式组建了乐农小额贷款公司，成为宁夏地方金融行业的一大品牌。

（四）改善民生民计民利是财税改革发展的根本任务

中卫市把公共预算支出70%以上用于改善民生，确保每年度民生实事得到妥善办理。完成了11个乡镇民生服务中心规范化建设任务，强化服务保障功能。推进义务教育均衡发展，全面完成校安工程，实施农村中小学体育运动场和供暖设施改造项目，支持学前教育发展，建立校车安全运行机制。支持创业小额贷款工作，及时发放城乡低保、涉农补贴、重度残疾人津贴和孤儿养育津贴，改造提升敬老院、福利院服务条件。统筹城乡居民养老保险和医疗保险，解决"老工伤"历史遗留问题，将"五险一金"覆盖所有行政事业单位干部职工。深化医疗卫生体制改革，支持公立医院和基层医疗机构能力提升，开展公立医院经费补助绩效考核奖励试点工作，启动利用外债购置进口医疗设备工作。增加村干部、社区工作者、协勤民警、园林保洁工人等群体的收入，实施第三步、第四步地方津补贴提标，落实民族团结和谐奖等政策。持续增加对公共文化、计划生育、安全生产和公共安全的投入，构建和谐中卫。

（五）开拓创新是财税改革发展的引擎动力

通过建立市、区两级财政体制，支持沙坡头区财政发挥职能作用，实现了财政管理体制的重大突破。牵头组建公共资源交易中心，挂牌成立市国资委、市金融办，实现了农发办归口管理。深化预算管理制度改革，在自治区率先编制政府性债务预算，试编民生项目预算，启动预算绩效管理试点工作。扩大国库集中支付改革覆盖面，清理财政专户和单位银行账户，实行手机工资单服务，在自治区率先实施公务卡强制结算。圆满完成“小金库”专项治理，开展财政管理风险点排查整治工作，在自治区市、县财政部门中率先构建“六统一”大监督模式。推进政府采购监管阳光透明，在自治区率先开展“政府采购开放日”

中卫市举办本级预算单位公务卡强制结算培训班

中卫市召开国有企业“小金库”专项治理工作汇报会

活动。加强会计人员管理，在自治区率先推出“计分卡”管理办法。从严控制“三公”经费增长，开展公务用车清理工作，严格控制公务用车购置，加强行政事业单位资产管理工作。完成大平台建设任务，建成宁夏财政容灾备份中心。

四、对策建议

改革开放以来，中卫市经济发展虽然保持了较快的增长速度，但也存在运行质量不高，没有形成互为促进、互为补充、稳定有力的梯级财源，财政增收空间小。同时，“吃饭”与“建设”的矛盾加剧，可用财力增长缓慢，收支矛盾没能够得到有效缓解。特别是建市以来，财政资金在支持地方经济社会发展、提高公共服务能力、保障和改善民生、转变经济发展方式等方面仍存在一些突出问题。

一是财政收入总量偏小，税收贡献度有待提高。中卫市地方经济基础薄弱，加之财政体制中“省直管县”的垂直管理，市、县的行政体制和财政体制不配套、不统一、不同步；撤县设市后，县级财力结构支撑市级财政框架运转，财政主要保工资、保运转，发展资金缺口大，对城市道路、市政建设、环境整治、园林绿化、供水供暖及教育等基础设施建设的投入严重不足；一些企业在政策免税、财政贴息的扶持中，所取得的经济效益并没有及时回馈社会，税收的贡献度不高。

二是政府性债务负担较重，潜在风险不容忽视。由于市本级财源总量小，资金有限，部分基础建设资金只能通过举债完成；加之历史原因，全市基础设施建设、民生工程、农林水利工程等项目自有资金来源不足，市级配套保障性住房资金缺口大，在城市基础设施建设、教育、卫生等公益事业发展方面债务负担过重，财政风险不容忽视。

三是实现基本公共服务均等化目标任重而道远。中卫市撤县设市较晚，由于城乡、区域、人群间差异较大，在教育、就业服务、社会保险、社会服务、医疗卫生、人口计生、住房保障、公共文化体育等领域的基本公共服务水平和质量差异明显，市级财力不能满足构建公共财政框架要求，推进基本公共服务均等化将是一项长期艰巨的任务，难以一蹴而就。

四是财政管理水平距科学化、精细化的要求还有差距。预算、执行、监督各环节尚不能很好地相互衔接、相互制衡，干部队伍建设、加强财政资金管理、提高党风廉政和反腐败工作水平、建立健全法制的财政预算管理体制机制等方面仍然处于薄弱环节，需要财政部门认真研究，加以解决。

2015 年是全面深化改革的关键之年，也是全面推进依法治市的开局之年，10 月召开的党的十八届五中全会和 12 月召开的自治区党委十一届七次全会，提出了以“五大发展理念”推动经济社会全面发展。2016 年 1 月召开的自治区“两会”为“四个宁夏”建设及全面建成小康社会新胜利描绘了新蓝图，中卫市财税工作紧紧围绕自治区党委、政府的要求，全面加强财政理财能力和服务发展能力建设，努力强化财政调控、保障和监管职能，坚持以保障和改善民生为根本目的，深入推进重要领域和关键环节的财政改革，加快构建现代财政体制机制，大力推进实施财政科学化精细化管理，进一步拓展和充分发挥财政职能作用，为加快推进“四主一化”“四个中卫”建设做出新的贡献。

（一）培育壮大“四主一化”产业，加强财源建设

确保地方财政收入的增长与经济增长基本同步，逐步提高地方财政收入占 GDP 的比重和税收收入占地方财政收入的比重。把财源建设与产业结构调整有机结合，重点支持重大产业项目，加快推进旅游、信息、现代物流、现代农业四大主导产业和新型工业化进程，增强经济发展后劲。

一是支持旅游特色化发展。继续大力支持沙坡头旅游新镇为核心的

旅游基础设施建设，完善服务体系。充分发挥市场在资源配置中的主体作用，运用市场化手段，调动沙坡头景区公司、腾格里湿地公司、沙坡头水镇等旅游市场主体投资项目建设的积极性、创业创新的主动性，做大做强旅游项目，把旅游业发展成中卫市支柱产业。

二是支持信息产业化发展。认真落实积极财政政策，通过建立产业发展引导基金、成立担保公司、设立“助保贷”等方式，形成信息化产业发展资金支撑体系，为企业发展提供良好的财政环境。着力支持以亚马逊 AWS 为代表云计算企业发展，促进信息化产业向高技术、高增值环节延伸，加快支出产业的形成。

三是支持现代物流产业化发展。支持以中卫物流园、新火车站商圈为重点的物流、商贸项目建设，以信息化的方式完善城区商贸服务功能和质量，进一步健全农村、社区便民商贸网络，大力发展电子商务、物流配送等新兴商业业态。大力发展民营金融、信用担保等金融服务业。支持旅游地产、养老地产等房地产业发展。加快信息传媒产业，充分利用已有文化、体育和旅游设施，大力发展文化、体育与旅游产业全方位发展。

四是支持现代农业产业化发展。认真贯彻中央和区、市关于加强“三农”工作的方针政策，稳定、完善和强化各项支农政策，进一步调动和保护农民的生产积极性。按照工业化思维加快农业产业化发展，推进农业和农村经济结构战略性调整。积极探索支农模式，不断完善政策措施，努力实现粮食稳定增产、农民持续增收，促进农村经济社会持续协调发展。大力实施高效节水农业，通过水权转换方式，积极解决工业发展和生态建设用水。着力提升优势特色产业，设施蔬菜面积达到 35 万亩，硒砂瓜面积稳定在 94 万亩，优良商品蛋鸡饲养量达到 800 万只，生猪饲养量达到 132 万头，牛饲养量达到 36 万头，奶牛存栏 8 万头，肉羊饲养量达到 220 万只，枸杞种植面积发展到 50 万亩，水产养殖面积达到8.2万亩。加快培育流通企业，使农产品流通合作组织、专业协会达到300个，使农民入社率达到40%以上，土地集约经营率达到60%以上。加大黄河疏浚防洪治理工程，提高黄河安全行洪和水资源利用水平。治理黄河险工段11处，对全市65条山洪沟、11条小流域进行综合治理。加快建设沙坡头灌区续建配套及节水改造工程。完成灌区续建配套与节水改造工程13项，实施小型农田水利工程20处，发展高效节水农业灌溉面积20万亩。新建扩建农村饮水安全工程11处，有效解决农村人口饮水安全问题。规划新增林地面积92.92万亩，封山育林（含封滩育草）25万亩，实施经济林提升改造32.80万亩。加强森林病虫害的预报预测和防治工作，使森林病虫害监测覆盖率达到90%，防治率达到95%，种苗产地检疫率达到90%，成灾率控制在15%。为确保生态移民"搬得出、稳得住、逐步能致富"目标，全力抓好全市38个生态移民点社会管理和后续产业发展。

五是支持加快工业化进程。认真落实国家、自治区有关支持中小企业发展的各项财政资金政策，紧扣市重点产业发展战略，集中财力支持做大做强具有战略意义和带动作用的重点产业，支持企业科技创新和技术进步，支持创立名优精品，支持企业节能减排，开创绿色发展、和谐发展、可持续发展，大力支持发展特色优势产业，支持招商引资和产业转型升级。为企业发展提供良好的财政环境，支持重大工业项目建设和骨干龙头企业发展，着力新能源、精细化工等产业高端化、品牌化发展，促进产业产品升级换代。

（二）落实强农惠农政策，推进城乡一体化发展

全面建成小康社会，重点在农村、难点在农业、焦点在农民。要进一步整合各类涉农资金，支持农业发展，加大财政支农力度，加快新农村建设步伐，努力缩小城乡发展差距，促进城乡统筹发展取得新进展。

一是加快城镇化建设。进一步加大对农村水、电、气、热、道路等

基础设施建设投入，加强农村教育、卫生、科技、文化、体育等公共服务设施建设，加强农村垃圾处理、环境整治及生态建设，改善农村发展环境，提高农民生活水平，推进社会基本公共服务均等化。

二是加大“三农”投入。建立和完善城乡一体的体制机制，推进农村各项社会事业发展，改善农村面貌。加大对现代农业投入，建立健全各项农业补贴制度。坚持各项农民直补政策，加快推进农村改革，提高农民财产性收入。进一步健全农村金融服务体系，充分发挥以农村投资为核心、农业担保和农业基金为支撑的农业投融资平台作用。加大支农资金管理，强化财政资金的引导和放大作用。

三是加强支农资金科学化精细化管理。明确相关部门及部门内部在涉农资金管理方面的职责，各司其职，加强内控，提高效率。完善现行支农资金的相关管理制度和办法；完善项目评审优选机制，规范专项资金评审、论证、审核等管理机制；规范项目资金管理流程。

四是努力促进农民增收。要充分发挥农业的优势特色，支持农业产业化龙头企业做大做强，带动农民增收。要认真落实好各项财政惠民惠农补贴政策，调动农民发展生产积极性，直接增加农民收入；支持做好农村劳动力转移就业培训工作，努力拓宽农民增收渠道；加大扶贫开发攻坚力度，努力增加扶贫开发地区贫困群众收入，加快脱贫致富步伐。

（三）增强公共财政保障能力，推动民生事业快速发展

按照“以人为本、民生优先”的原则，根据社会事业发展规律和公共服务的特点，进一步明确和划分基本与非基本公共服务的范围，积极完善有效的财政保障方式，着力构建覆盖范围不断扩大、保障水平逐步提高的财政民生投入新机制，切实增加公共服务投入，加快推进以保障和改善民生为重点的社会建设。

一是推动教育事业改革发展，促进教育公平。保障学前教育加快发展，统筹优化城乡区域学前教育资源分布结构，提升各级财政对学前教

育的保障能力，满足适龄幼儿的入园需求；研究学前教育经费保障模式，探索建立政府、社会举办者、家庭共担的经费投入机制；完善幼儿园收费管理办法。促进义务教育均衡发展，实现义务教育全部纳入财政保障范围的目标；支持推进中小学校舍安全工程等重点项目；大力推进城乡教育一体化发展，重点探索建立城乡学校教育资源共享、教师合理流动的机制，促进学校管理体制和教育评价机制的改革，初步形成优质均衡发展的基础教育体系，提升义务教育整体发展水平。推动职业教育加速发展，深化职业教育改革，鼓励职业教育创新办学模式，培养适应经济社会发展需要的技能型、应用型人才，提升职业教育办学质量；完善职业教育家庭经济困难学生资助政策，支持面向社会弱势群体广泛开展公益性职业培训。支持高校创新发展，大力支持宁夏大学中卫校区建设，支持人才培养模式创新，提升高等教育服务经济社会发展的水平。

二是深化医药卫生体制改革，促进医疗卫生事业发展。坚持保基本、强基层、建机制，充分发挥政府职能和市场机制作用，推进“医疗、医保、医药”三医联动，全面完成医改规划目标。落实政府投入责任，逐步提高政府投入占卫生总费用的比例；建立健全与经济发展水平和居民收入状况相适应的可持续筹资机制，逐步提高城乡居民医疗保险资金政府补助；落实城乡居民大病保险制度，健全重特大疾病保障机制；建立疾病应急救助制度，切实发挥托底救急作用；以促进基本公共卫生服务均等化为重点，合理提高基本公共卫生服务经费标准，完善专业公共卫生机构经费保障机制，积极推进全民健康建设；继续支持村卫生室、乡镇卫生院、社区卫生服务机构建设；稳步推进公立医院改革，对公立医院补偿由服务收费、药品加成收入和政府补助三个渠道改为服务收费和政府补助两个渠道，通过合理调整医疗服务价格、加大政府投入、改革医保支付方式、降低医院运行成本等建立科学合理的补偿机制，切实化解市级公立医院债务；支持卫生信息化建设、卫生人才队伍建设。

三是支持和促进完善覆盖城乡多层次的就业和社会保障体系。落实更加积极的就业政策，把创业和就业结合起来，以创业创新带动就业，催生经济社会发展新动力，为促进民生改善、经济结构调整和社会和谐稳定提供新动力。加大促进创业就业资金投入，建立健全促进创业就业的政府财政投入保障机制。充分发挥财政资金的引导作用，鼓励中小企业稳定就业、扩大就业，重点支持大众创业、万众创新，城乡劳动力技能培训，特困家庭就业，人力资源开发与人才培养和引进。按照“广覆盖、保基本、多层次、可持续”的方针，继续完善基本养老保险制度；积极探索多元投入的社保筹资机制和基金保值增值机制，拓展社保基金筹措渠道，不断增强社保基金的可持续发展能力，稳步提高社会保障水平。进一步加大财政投入力度，完善城乡最低生活保障制度，健全社会救助体系和低保标准动态调整机制，合理提高救助和低保标准水平，有效保障困难群众基本生活；进一步健全对福利机构的财政投入政策，鼓励社会兴办福利事业，不断提高老年人、孤残儿童、残疾人、优抚等特殊群体的生活质量与水平。

四是加快保障性住房建设，完善保障性住房体系。完善财政资金投入机制。建立健全公租住房（含廉租住房）投入机制，提高资金使用效益。创新资金投入方式，引导和带动社会民间资金投入，推进保障性安居工程建设和运营。推进多层次保障性住房建设。合理确定保障性住房建设规模和住房供应结构，及时落实公租住房（含廉租住房）保障资金；完成棚户区改造任务，加大对农村危房改造建设力度，改善城乡居民的住房条件。

（四）加快现代财政体制建设，着力提升财政管理水平

一是健全政府预算体系，实行全口径预算管理。强化公共财政预算、政府性基金预算、国有资本经营预算、社会保险基金预算体系的统

筹和衔接。健全公共财政预算，提高财政收入质量，增加公共服务领域投入，着力保障和改善民生。强化政府性基金预算管理，提高基金预算的规范性和透明度。建立健全国有资本经营预算，完善国有资本投入机制。规范社会保险基金预算，扩大社会保险基金预算编报范围。

建立科学的预算支出定额标准体系。完善定员定额标准体系，推进基本支出管理的规范化；进一步完善公用经费定额管理体系，对定额标准进行动态调整。探索项目支出预算标准化体系建设，制定项目定额标准，规范项目支出行为；制定和完善行业定额，并纳入定额标准体系。建立和完善绩效评价体系。不断优化和完善"事先评审、事中监督、事后评价"的管理模式，逐步建立和形成预算编制有目标、预算执行有监控、预算完成有评价、评价结果有反馈、反馈结果有运用的预算绩效管理模式和绩效评价长效机制；加强资产监管，开展行政事业单位国有资产产权登记，完善资产动态信息化管理平台；加强事业单位经营收入的监管，确保各项收入纳入部门预算管理。

二是完善预算执行体系，提高预算约束力。完善预算支出责任制，加快建立和形成财政资金申请、审核、拨付、执行各环节紧密衔接、相互制衡的财政预算执行管理体系，着力增强预算执行的及时性、均衡性和针对性。

三是构建财政管理全过程监督体系。加大治本力度，着力构建"内外结合、上下联动、多层次、网络化"的财政监督体系，加快建立和形成覆盖所有财政性资金和财政运行全过程的财政监督机制，实现事前审核、事中监控和事后检查的有机结合。

健全财政大监督格局。进一步推进收入监督、支出监督、会计监督、内部监督工作，建立健全覆盖政府性资金和财政运行的全过程监督机制，完善预算编制、执行、监督相互协调、相互制衡的财政运行机制，强化财政监督作用；理顺财政监督和其他监督部门的关系，理顺财政监督与财政业务管理机构的关系，理顺财政监督与被监督检查单位的关系。完善财政部门内控机制。不断深化财政内部监督工作，加大内部监督力度，提高内部监督的覆盖面，重点对业务科室制定政策的科学性、执行政策的规范性、内部管理的完善性等进行监督；建立和完善内部监督与管理制度，坚持以制度管人管事，形成稳定长效的内控机制。加大政府采购监管力度。规范政府采购各环节及采购人行为，提高政府采购透明度，加强对政府采购代理行业监管，创新工作机制，切实提高政府采购工作效率。

四是加快完善财政信息公开体系。根据中央和自治区的有关规定，切实加快财政信息公开的法制化、规范化进程，进一步提高财政运行的公开性和透明度，切实保障重大财政政策、支出事项、改革决策的科学、民主、透明。扩大财政信息公开范围，细化财政信息公开内容，优化财政信息公开方式，完善财政信息公开责任机制。

五是加大政府购买公共服务制度的实施力度。结合加快政府职能转变，进一步加大对社会组织的政府购买公共服务力度，鼓励和引导社会组织承接政府转移出来的社会管理和公共服务事务，逐步使政府购买服务成为政府提供公共服务的重要方式，充分发挥社会组织在协调社会关系、规范社会行为、解决社会问题、化解社会矛盾、维护社会秩序等方面的重要作用。

六是构建完善的风险防范机制。着力增强财政政策、财政制度和财政监管的前瞻性、针对性，切实防范各种潜在的财政经济风险，不断提高财政经济运行的规范性、安全性和有效性。实行政府性债务统计报告制度，建立完善政府性债务风险评估和预警体系，逐步将全市地方政府性债务收支纳入预算管理，加快建立和形成管理规范、风险可控、成本合理、运行高效的地方政府举债融资机制；进一步完善政府性债务管理监控机制，不断增强风险防范能力。

七是加强财务会计人员队伍建设。严格规范预算单位的财务会计机构设置和人员配置，确保预算单位财务会计人员的资质水平；加大地方会计领军人才培养力度，推进会计人才高地建设；着力完善财务会计培训体系建设，并把财务会计制度培训与财政政策、预算管理制度、资产管理制度、绩效评价方法等方面的业务培训有机结合起来，进一步加大对财务会计人员的培训培养力度，有效提高财务会计人员的业务能力和综合管理水平。

八是加强财政干部队伍自身建设。围绕财税体制改革，不断加大对财政干部的教育培训力度，拓宽视野、深化认识，适应改革、提升能力。积极培育和践行社会主义核心价值观，创新载体、丰富内容，进一步巩固全国文明单位创建成果。经常性开展廉洁从政警示教育，切实筑牢反腐思想防线，努力打造一支“能干事、干成事、不出事”的新时期财政队伍。

“山明水净夜来霜，数树深红出浅黄”。历史是一面镜子，中卫市财税昨日的劲歌奋斗，今天的创新进取，终以其累累硕果沉淀其间。当前，和谐富裕新中卫二次创业征程的号角已吹响，紧锣密鼓的全市“十三五”规划又为财税工作实现新作为、创造新业绩搭建了有利平台，提出了更高要求。今后一个时期，在中卫市委、政府的正确领导和自治区财政厅大力支持下，抢抓机遇，聚力发展，以更加优良的作风、优质的服务、优异的成绩，续写中卫财税美好明天。

文 献 篇

关于国营企业利改税试行办法

（财政部拟订 1983 年 4 月 24 日国务院批转）

为了有利于促进国营企业建立与健全经济责任制，进一步把经济搞活，正确处理国家、企业和职工三者利益，保证国家财政收入的稳定增长，特制定本办法。

一、凡有盈利的国营大中型企业（包括金融保险组织），均根据实现的利润，按百分之五十五的税率交纳所得税。企业交纳所得税后的利润，一部分上交国家，一部分按照国家核定的留利水平留给企业。上交国家的部分，可根据企业不同情况，分别采取下列办法处理：

（一）递增包干上交的办法。

（二）固定比例上交的办法。

（三）交纳调节税的办法。即：按企业应上交国家的利润部分占实现利润的比例，确定调节税税率。在执行中，基数利润部分，按调节税率交纳；比上年增长利润部分，减征百分之六十的调节税。

（四）定额包干上交的办法。只限于矿山企业实行，其他企业不实行这个办法。

对税后利润略低于或略高于国家核定留利水平的企业，交纳所得税以后，可以不再上缴利润，国家也不再减征所得税。但对达不到国家核定的留利，差额极大的，可在一定期限内适当减征所得税。

上述各种办法的计算基数和递增包干上交比例、固定上交比例、调节税税率，以及定额包干上交数额，采取逐级核定的办法，一定三年不变。

财政部门先对企业主管部门（局或公司），就上述前三种办法中商定一种办法，按其所属盈利企业计算核定。然后由企业主管部门在核定数内，根据所属企业的不同情况，选定不同的办法，商得财政部门同意后，分别落实到每个企业。

上述各种上交办法的计算数据，原则上应以一九八二年的决算为准，但在计算企业留利时，对原来留利水平过于不合理和重复提取的，应作合理调整。

二、凡有盈利的国营小型企业，应当根据实现的利润，按八级超额累进税率交纳所得税。交税以后，由企业自负盈亏，国家不再拨款。但对税后利润较多的企业，国家可以收取一定的承包费，或者按固定数额上交一部分利润。

国营小型企业的标准是：按照一九八二年底的数据，工业企业（包括商办工业），固定资产原值不超过一百五十万元、年利润不超过二十万的；商业零售企业，以自然门店为单位，职工人数不超过二、三十人、年利润不超过三万元或五万元的。省、市、自治区人民政府可根据本地区的实际情况，在上述标准范围内，作适当调整。个别城市放宽标准的，要商财政部确定。

三、营业性的宾馆、饭店、招待所和饮食服务公司，都交纳百分之十五的所得税，国家不再拨款。企业税后有盈有亏的，由商业主管部门调剂处理。对京、津、沪三市的饮食服务公司，商业部可从企业税后留利中适当集中一部分资金，用于补助边远、困难地区。

四、县以上供销社，以县公司或县供销社为单位，按八级超额累进税率交纳所得税，国家不再拨款；除国家规定的个别商品外，国家也不再负担价格补贴。

县以上供销社税后利润较多的，在抵顶原由财政拨款的仓库建设资金、简易建筑费、行政事业费和原在企业留利、费用中开支的补充流动资金、扶持生产资金、企业基金、职工奖金之后，剩余部分核定一个基数，上缴财政。税后利润不足原来合理留利水平（包括原来财政拨款数额）的，经过批准，在一定期限内减征所得税。

五、军工企业、邮电企业、粮食企业、外贸企业、农牧企业和劳改企业，仍按原定办法执行，在条件成熟后，再实行利改税办法。少数企业经国务院或财政部、国家经委批准实行首钢利润递增包干办法的，在包干期满之前，也暂不实行利改税办法。

六、国营企业归还各种专项贷款时，经财政部门审查同意后，可用交纳所得税之前该贷款项目新增的利润归还。

今后企业向银行申请专项贷款时，必须有百分之十至百分之三十的自有资金用于贷款项目。

七、对亏损企业的亏损补贴，按以下办法处理：

（一）凡属国家政策允许的亏损，继续实行定额补贴或计划补贴等办法，超亏不补，减亏分成，一定三年不变。

（二）凡属经营管理不善造成的亏损，由企业主管部门责成企业限期进行整顿。在规定期限内，经财政部门审批后，适当给予亏损补贴；超过期限的，一律不再弥补。

八、实行利改税以后，遇有价格调整、税率变动，影响企业利润时，除变化较大，并经国务院专案批准，允许调整递增包干上交基数和递增比例，或固定上交比例，或调节税税率，或定额包干上交数以外，一律不作调整。

九、国营企业所得税的管理工作，由税务机关办理；国营企业的财务会计工作，由财政部门办理。

十、国营企业应当根据财税部门核定的时间，按期预交所得税和上交利润。逾期不交的，财税部门应当根据滞纳的数额，按日加收千分之一的滞纳金，由企业从留利中支付。对于屡催不交的企业，财税部门应当通知银行，将其滞纳税款和利润连同滞纳金一并在企业存款中扣交。

十一、国营企业在纳税问题上与税务机关有分歧意见时，应当按照税务机关的意见先交纳税款，然后才能向上一级税务机关申请复议。如果对复议作出的决定不服，地方企业可向省一级财政部门申诉，作出裁决；中央企业可向财政部申诉，做出裁决。

十二、国营企业不得偷漏所得税和应当上交的利润。发现有弄虚作假行为的，应当处以相当于侵占国家收入一倍以下的罚款，由企业从留利中支付。对企业领导人员和直接责任者，还要追究行政责任。情节严重、触犯刑律的，由财税部门移送司法机关，追究刑事责任。

十三、企业税后留用的利润应当合理分配使用。要建立新产品试制基金、生产发展基金、后备基金、职工福利基金和职工奖励基金。前三项基金的比例不得低于留利总额的百分六十，后两项基金的比例不得高于百分之四十，由省、市、自治区，人民政府根据实际情况做出规定。

十四、实行利改税以后，企业主管部门仍可从所属企业留利中集中一部分资金，用于重点技术改造、增设商业网点和建造简易建筑等开支。集中的比例或数额，由企业主管部门确定，报财政部门备案。

十五、企业交纳的所得税，按企业的隶属关系，分别上交中央财政和地方财政。中央对省、市、自治区的财政包干基数和分成比例，一律不做调整。

县办工业企业要区别大小，分别按本办法实行利改税，因此而影响县财政原来应得的那一部分好处，由省、市、自治区通过其他方式解决。

十六、民族自治地区实行利改税，原则上按本办法执行。但在某些具体做法上，可由自治区或省人民政府因地制宜，作出必要的灵活规定。原来国家对民贸企业的照顾仍予保留。

十七、各地区在实行本办法以前，对一些企业已实行自定的包干办法、留成办法和承包制的，应分别不同情况处理：

（一）各级商业批发站、大中型商办工业和大中型零售商店，不能搞利润包干或利润承包制。已经搞了的，改按本办法核实换算后执行。

（二）小型零售商店已经按利润承包的，要改为税后承包；少数马上改过来确有困难的，经省、市、自治区人民政府审查批准，可以推迟到一九八四年改过来。

（三）各地已实行首钢包干办法的企业，过去未报经国务院或财政部、国家经委审批的，要重新报批。已经搞了其他包干办法的，要改按本办法核实换算后执行。正在酝酿搞首钢包干办法和其他包干办法的，都应改按本办法执行。

（四）本办法下达前已实行利改税的企业，应改按本办法核实换算后执行。个别马上改过来有困难的，经省、市、自治区人民政府审查批准，可以推迟到一九八四年改过来。

对上述经批准推迟到一九八四年实行利改税办法的少数企业，将来核定留利水平时，仍应按一九八二年的数据计算。

十八、实施本办法的具体规定，由财政部制定。

十九、本办法自一九八三年一月一日起实行，征税工作从一九八三年六月一日开始办理。过去颁布的有关规定与本办法有抵触的，一律以本办法为准。

中共中央关于经济体制改革的决定

（1984 年 10 月 20 日中国共产党
第十二届中央委员会第三次全体会议通过）

改革是当前我国形势发展的迫切需要

我国经济体制的改革，已经经过了几年的酝酿和实践。十一届三中全会在决定把全党工作重点转到经济建设上来的同时就着重指出，为了实现社会主义现代化，必须对经济体制进行改革。那次全会以后，全党在拨乱反正和调整国民经济方面进行了大量工作，改革主要在农村进行。在完成指导思想上的拨乱反正、实现历史性伟大转折的基础上，党的十二大明确提出了有系统地进行经济体制改革的任务，并且指出这是坚持社会主义道路、实现社会主义现代化的重要保证。近两年来特别是今年以来，党中央、国务院又作出了一系列重要决策和指示，推动了各项改革的广泛深入发展。

我国经济体制改革首先在农村取得了巨大成就。长期使我们焦虑的农业生产所以能够在短时期内蓬勃发展起来，显示了我国社会主义农业的强大活力，根本原因就在于大胆冲破“左”的思想束缚，改变不适应我国农业生产力发展的体制，全面推行了联产承包责任制，发挥了八亿农民的巨大的社会主义积极性。目前农村的改革还在继续发展，农村经济开始向专业化、商品化、现代化转变，这种形势迫切要求疏通城乡流通渠道，为日益增多的农产品开拓市场，同时满足农民对工业品、科学技术和文化教育的不断增长的需求。农村改革的成功经验，农村经济发展对城市的要求，为以城市为重点的整个经济体制的改革提供了极为有利的条件。

这几年以城市为重点的整个经济体制改革也已经进行了许多试验和探索，采取了一些重大措施，取得了显著成效和重要经验，使经济生活开始出现了多年未有的活跃局面。但是城市改革还只是初步的，城市经济体制中严重妨碍生产力发展的种种弊端还没有从根本上消除。目前，城市企业经济效益还很低，城市经济的巨大潜力还远远没有挖掘出来，生产、建设和流通领域中的种种损失和浪费还很严重，加快改革是城市经济进一步发展的内在要求。城市是我国经济、政治、科学技术、文化教育的中心，是现代工业和工人阶级集中的地方，在社会主义现代化建设中起着主导作用。只有坚决地系统地进行改革，城市经济才能兴旺繁荣，才能适应对内搞活、对外开放的需要，真正起到应有的主导作用，推动整个国民经济更好更快地发展。

还应该看到，正在世界范围兴起的新技术革命，对我国经济的发展是一种新的机遇和挑战。这就要求我们的经济体制，具有吸收当代最新科技成就，推动科技进步，创造新的生产力的更加强大的能力。因此，改革的需要更为迫切。

当前我国安定团结的政治局面日益巩固，经济调整工作取得了重大成绩，国民经济持续增长，第六个五年计划的主要指标提前完成，国家财政状况逐步好转，全党同志和全国各族人民对社会主义现代化建设的信心大为增强，加快经济体制改革的愿望更加强烈。特别是中央和省、自治区、直辖市一级全面整党的健康发展，已经和正在端正各条战线现代化建设的业务指导思想，明确改革的方向。现在，全面改革经济体制的条件已经具备，我们有必要也有可能比较系统地提出和阐明改革中的一系列重大问题，以利于统一和提高全党同志特别是领导干部的认识，使改革更加卓有成效地进行，使社会主义优越性进一步得到发挥。中央希望并且相信，如同十一届三中全会在实行拨乱反正，提出改革任务，推动农村改革方面起了伟大的历史作用那样，十二届三中全会在制订全面改革蓝图，加快改革步伐，推动以城市为重点的整个经济体制的改革方面，也必将起到伟大的历史作用。

改革是为了建立充满生机的社会主义经济体制

中华人民共和国的诞生，社会主义制度的建立，结束了半封建半殖民地旧中国一百多年人民灾难深重的历史，消灭了剥削制度，我国各族人民真正成了国家的主人。在中国共产党领导下，全国人民艰苦奋斗，建立了独立的比较完整的工业体系和国民经济体系，取得了旧中国根本不可能取得的巨大成就，为我们建设富强、民主、文明的现代化的社会主义国家奠定了必不可少的物质基础。我国各族人民从长期的历史经验中深切体会到，只有社会主义才能救中国。

马克思主义的创始人曾经预言，社会主义在消灭剥削制度的基础上，必然能够创造出更高的劳动生产率，使生产力以更高的速度向前发展。我国建国三十五年来所发生的深刻变化，已经初步显示出社会主义制度的优越性。但是必须指出，这种优越性还没有得到应有的发挥。其所以如此，除了历史的、政治的、思想的原因之外，就经济方面来说，一个重要的原因，就是在经济体制上形成了一种同社会生产力发展要求不相适应的僵化的模式。这种模式的主要弊端是：政企职责不分，条块分割，国家对企业统得过多过死，忽视商品生产、价值规律和市场的作用，分配中平均主义严重。这就造成了企业缺乏应有的自主权，企业吃国家“大锅饭”、职工吃企业“大锅饭”的局面，严重压抑了企业和广大职工群众的积极性、主动性、创造性，使本来应该生机盎然的社会主义经济在很大程度上失去了活力。

建国初期和第一个五年计划期间，我国面临着实现全国财政经济统一，对资本主义工商业进行社会主义改造和开展有计划的大规模经济建设的繁重任务，逐步建立起全国集中统一的经济体制。那个时候，在许多方面还没有统得很死，而且在社会主义改造的方法和步骤上坚持了从中国实际出发，有很大的创造。但是，随着社会主义改造的基本完成和我国经济发展的规模越来越大，原来为限制和改造资本主义工商业所采取的一些措施已不再适应新的形势，经济体制方面某些统得过多过死的弊端逐渐显露出来。一九五六年，在党的第八次全国代表大会上和大会前后，党中央特别是中央主持经济工作的同志已经觉察到这个问题，并提出了某些改进措施。但是，由于我们党对于如何进行社会主义建设毕竟经验不足，由于长期以来在对社会主义的理解上形成了若干不适合实际情况的固定观念，特别是由于一九五七年以后党在指导思想上的"左"倾错误的影响，把搞活企业和发展社会主义商品经济的种种正确措施当成"资本主义"，结果就使经济体制上过度集中统一的问题不仅长期得不到解决，而且发展得越来越突出。

其间多次实行权力下放，但都只限于调整中央和地方、条条和块块的管理权限，没有触及赋予企业自主权这个要害问题，也就不能跳出原有的框框。

为了从根本上改变束缚生产力发展的经济体制，必须认真总结我国的历史经验，认真研究我国经济的实际状况和发展要求，同时必须吸收和借鉴当今世界各国，包括资本主义发达国家的一切反映现代社会化生产规律的先进经营管理方法。中央认为，按照党历来要求的把马克思主义基本原理同中国实际相结合的原则，按照正确对待外国经验的原则，进一步解放思想，走自己的路，建立起具有中国特色的、充满生机和活力的社会主义经济体制，促进社会生产力的发展，这就是我们这次改革的基本任务。

社会主义社会的基本矛盾仍然是生产关系和生产力、上层建筑和经济基础之间的矛盾。我们改革经济体制，是在坚持社会主义制度的前提下，改革生产关系和上层建筑中不适应生产力发展的一系列相互联系的环节和方面。这种改革，是在党和政府的领导下有计划、有步骤、有秩序地进行的，是社会主义制度的自我完善和发展。改革的进行，只应该促进而绝不能损害社会的安定、生产的发展、人民生活的改善和国家财力的增强。社会主义的根本任务就是发展社会生产力，就是要使社会财富越来越多地涌现出来，不断地满足人民日益增长的物质和文化需要。社会主义要消灭贫穷，不能把贫穷当作社会主义。必须下定决心，以最大的毅力，集中力量进行经济建设，实现工业、农业、国防和科学技术的现代化，这是历史的必然和人民的愿望。全党同志在进行改革的过程中，应该紧紧把握住马克思主义的这个基本观点，把是否有利于发展社会生产力作为检验一切改革得失成败的最主要标准。

增强企业活力是经济体制改革的中心环节

城市企业是工业生产、建设和商品流通的主要的直接承担者，是社会生产力发展和经济技术进步的主导力量。现在，我国城市企业，包括工业、建筑业、交通业、商业和服务业的企业，已有一百多万个，职工共达八千多万人。仅城市工业企业提供的税收和利润，就占全国财政收入的百分之八十以上。这些情况表明，城市企业生产和经营的积极性、主动性、创造性能否充分发挥，八千多万职工的积极性、主动性、创造性能否充分发挥，就是说城市企业是否具有强大的活力，对于我国经济的全局和国家财政经济状况的根本好转，对于党的十二大提出的到本世纪末工农业年总产值翻两番的奋斗目标的实现，是一个关键问题。具有中国特色的社会主义，首先应该是企业有充分活力的社会主义。而现行经济体制的种种弊端，恰恰集中表现为企业缺乏应有的活力。所以，增强企业的活力，特别是增强全民所有制的大、中型企业的活力，是以城市为重点的整个经济体制改革的中心环节。

围绕这个中心环节，主要应该解决好两个方面的关系问题，即确立国家和全民所有制企业之间的正确关系，扩大企业自主权；确立职工和企业之间的正确关系，保证劳动者在企业中的主人翁地位。

过去国家对企业管得太多太死的一个重要原因，就是把全民所有同国家机构直接经营企业混为一谈。根据马克思主义的理论和社会主义的实践，所有权同经营权是可以适当分开的。为了使各个企业的经济活动符合国民经济发展的总体要求，社会主义的国家机构必须通过计划和经济的、行政的、法律的手段对企业进行必要的管理、检查、指导和调节，通过税收等形式从企业集中，必须由国家统一使用的纯收入。委派、任免或批准聘选企业的主要领导人员，并且可以决定企业的创建和关、停、并、转、迁。但是，由于社会需求十分复杂而且经常处于变动之中，企业条件千差万别，企业之间的经济联系错综繁复，任何国家机构都不可能完全了解和迅速适应这些情况。如果全民所有制的各种企业都由国家机构直接经营和管理，那就不可避免地会产生严重的主观主义和官僚主义，压抑企业的生机和活力。因此，在服从国家计划和管理的前提下，企业有权选择灵活多样的经营方式，有权安排自己的产供销活动，有权拥有和支配自留资金，有权依照规定自行任免、聘用和选举本企业的工作人员，有权自行决定用工办法和工资奖励方式，有权在国家允许的范围内确定本企业产品的价格，等等。总之，要使企业真正成为相对独立的经济实体，成为自主经营、自负盈亏的社会主义商品生产者和经营者，具有自我改造和自我发展的能力，成为具有一定权利的义务的法人。这样做，既在全体上保证整个国民经济的统一性，又在局部上保证各个企业生产经营的多样性、灵活性和进取性，不但不会削弱而且只会有利于巩固和完善社会主义的全民所有制。

企业活力的源泉，在于脑力劳动者和体力劳动者的积极性、智慧和创造力。当劳动者的主人翁地位在企业的各项制度中得到切实的保障，他们的劳动又与自身的物质利益紧密联系的时候，劳动者的积极性、智慧和创造力就能充分地发挥出来。我国农村改革的经验生动有力地证明了这一点。城市经济体制改革中，必须正确解决职工和企业的关系，真正做到职工当家做主，做到每一个劳动者在各自的岗位上，以主人翁的姿态进行工作，人人关注企业的经营，人人重视企业的效益，人人的工作成果同他的社会荣誉和物质利益密切相连。现代企业必须有集中统一的领导和生产指挥，必须有高度严格的劳动纪律。因为我们的现代企业是社会主义的，在实行这种集中领导和严格纪律的时候，又必须坚决保证广大职工和他们选出的代表参加企业民主管理的权利。在社会主义条件下，企业领导者的权威同劳动者的主人翁地位是统一的，同劳动者的主动性创造性是统一的。这种统一，是劳动者的积极性能够正确地有效地发挥的必要前提。

确立国家和企业、企业和职工这两方面的正确关系，是以城市为重点的整个经济体制改革的本质内容和基本要求。要实现这个基本要求，势必牵动整个经济体制的各个方面，需要进行计划体制、价格体系、国家机构管理经济的职能和劳动工资制度等方面的配套改革。中央认为，这些改革，应该根据国民经济各个环节的内在联系和主客观条件的成熟程度，分别轻重缓急和难易，有先有后，逐步进行，争取用五年左右的时间基本实现。达到这个目标的步骤，另行部署。

建立自觉运用价值规律的计划体制

社会主义社会在生产资料公有制的基础上实行计划经济，可以避免资本主义社会生产的无政府状态和周期性危机，使生产符合不断满足人民日益增长的物质文化生活需要的目的，这是社会主义经济优越于资本主义经济的根本标志之一。建国以来，我们实行计划经济，集中大量财力、物力、人力，进行大规模的社会主义经济建设，取得了巨大成就。同时，历史的经验也告诉我们，社会主义的计划体制，应该是统一性同灵活性相结合的体制。尤其是考虑到我国幅员广大、人口众多，考虑到交通不便、信息不灵、经济文化发展很不平衡的状况在短期内还难以完全改变，考虑到我国目前商品经济还很不发达，必须大力发展商品生产和商品交换的实际情况，建立这样的计划体制的需要就更加迫切。如果脱离现实的国情，企图把种种社会经济活动统统纳入计划，并且单纯依靠行政命令加以实施，忽视经济杠杆和市场调节的重要作用，那就不可避免地会造成在计划的指导思想上主观和客观相分离，计划同实际严重脱节。列宁在十月革命后，曾经在制订电气化计划的时候产生这样的思想："现在对我们来说，完整的、无所不包的、真正的计划='官僚主义的空想'。""不要追求这种空想"。今天我国同当时俄国经济十分困难的情况已大不相同，但是我们的实践经验证明列宁的这个思想不仅适用于当时条件下的俄国，而且具有长久的意义。必须实事求是地认识到，在很长的历史时期内，我们的国民经济计划就总体来说只能是粗线条的和有弹性的，只能是通过计划的综合平衡和经济手段的调节，做到大的方面管住管好、小的方面放开放活，保证重大比例关系比较适当，国民经济大体按比例地协调发展。

改革计划体制，首先要突破把计划经济同商品经济对立起来的传统观念，明确认识社会主义计划经济必须自觉依据和运用价值规律，是在公有制基础上的有计划的商品经济。商品经济的充分发展，是社会经济发展的不可逾越的阶段，是实现我国经济现代化的必要条件。只有充分发展商品经济，才能把经济真正搞活，促使各个企业提高效率，灵活经营，灵敏地适应复杂多变的社会需求，而这是单纯依靠行政手段和指令性计划所不能做到的。同时还应该看到，即使是社会主义的商品经济，它的广泛发展也会产生某种盲目性，必须有计划的指导、调节和行政的管理，这在社会主义条件下是能够做到的。因此，实行计划经济同运用价值规律、发展商品经济，不是互相排斥的，而是统一的，把它们对立起来是错误的。在商品经济和价值规律问题上，社会主义经济同资本主义经济的区别不在于商品经济是否存在和价值规律是否发挥作用，而在于所有制不同，在于剥削阶级是否存在，在于劳动人民是否当家做主，在于为什么样的生产目的服务，在于能否在全社会的规模上自觉地运用价值规律，还在于商品关系的范围不同。在我国社会主义条件下，劳动力不是商品，土地、矿山、银行、铁路等等一切国有的企业和资源也都不是商品。

根据历史的经验和十一届三中全会以来的实践，应该对我国计划体制的基本点进一步作出如下的概括：第一，就总体说，我国实行的是计划经济，即有计划的商品经济，而不是那种完全由市场调节的市场经济；第二，完全由市场调节的生产和交换，主要是部分农副产品、日用小商品和服务修理行业的劳务活动，它们在国民经济中起辅助的但不可缺少的作用；第三，实行计划经济不等于指令性计划为主，指令性计划和指导性计划都是计划经济的具体形式；第四，指导性计划主要依靠运用经济杠杆的作用来实现，指令性计划则是必须执行的，但也必须运用价值规律。按照以上要点改革的计划体制，就要有步骤地适当缩小指令性计划的范围，适当扩大指导性计划的范围。对关系国计民生的重要产品中需要由国家调拨分配的部分，对关系全局的重大经济活动，实行指令性计划；对其他大量产品和经济活动，根据不同情况，分别实行指导性计划或完全由市场调节。计划工作的重点要转到中期和长期计划上来，适当简化年度计划，并相应改革计划方法，充分重视经济信息和预测，提高计划的科学性。

建立合理的价格体系

我国现行的价格体系，由于过去长期忽视价值规律的作用和其他历史原因，存在着相当紊乱的现象，不少商品的价格既不反映价值，也不反映供求关系。不改革这种不合理的价格体系，就不能正确评价企业的生产经营效果，不能保障城乡物资的顺畅交流，不能促进技术进步和生产结构、消费结构的合理化，就必然造成社会劳动的巨大浪费，也会严重妨碍按劳分配原则的贯彻执行。随着企业自主权的进一步扩大，价格对企业生产经营活动的调节作用越来越显著，建立合理的价格体系更为急迫。各项经济体制的改革，包括计划体制和工资制度的改革，它们的成效都在很大程度上取决于价格体系的改革。价格是最有效的调节手段，合理的价格是保证国民经济活而不乱的重要条件，价格体系的改革是整个经济体制改革成败的关键。

当前我国价格体系不合理的主要表现是：同类商品的质量差价没有拉开；不同商品之间的比价不合理，特别是某些矿产品和原材料价格偏低；主要农副产品的购销价格倒挂，销价低于国家购价。必须从现在起采取措施，逐步改变这种状况。

价格体系的不合理，同价格管理体制的不合理有密切的关系。在调整价格的同时，必须改革过分集中的价格管理体制，逐步缩小国家统一定价的范围，适当扩大有一定幅度的浮动价格和自由价格的范围，使价格能够比较灵敏地反映社会劳动生产率和市场供求关系的变化，比较好地符合国民经济发展的需要。

改革价格体系关系国民经济的全局，涉及千家万户，一定要采取十分慎重的态度，根据生产的发展和国家财力负担的可能，在保证人民实际收入逐步增加的前提下，制定周密的切实可行的方案，有计划有步骤地进行。改革的原则是：第一，按照等价交换的要求和供求关系的变化，调整不合理的比价，该降的降，该升的升；第二，在提高部分矿产品和原材料价格的时候，加工企业必须大力降低消耗，使由于矿产品和原材料价格上涨而造成的成本增高基本上在企业内部抵消，少部分由国家减免税收来解决，避免因此提高工业消费品的市场销售价格；第三，在解决农副产品购销价格倒挂和调整消费品价格的时候，必须采取切实的措施，确保广大城乡居民的实际收入不因价格的调整而降低。同时，随着生产的发展和经济效益的提高，职工工资还要逐步提高。必须向群众广泛宣传，我们在生产发展和物资日益丰富的条件下，主动改革价格体系，解决各种比价不合理的问题，决不会引起物价的普遍轮番上涨。这种改革，是进一步发展生产的迫切需要，是符合广大消费者的根本利益的。一切企业都应该通过大力改善经营管理来提高经济效益，而决不应该把增加企业收入的希望托在涨价上。决不允许任何单位和任何人趁改革之机任意涨价，人为地制造涨价风，扰乱社会主义市场，损害国家和消费者的利益。

在改革价格体系的同时，还要进一步完善税收制度，改革财政体制和金融体制。越是搞活经济，越要重视宏观调节，越要善于在及时掌握经济动态的基础上综合运用价格、税收、信贷等经济杠杆，以利于调节社会供应总量和需求总量、积累和消费等重大比例关系，调节财力、物力和人力的流向，调节产业结构和生产力的布局，调节市场供求，调节对外经济往来，等等。我们过去习惯于用行政手段推动经济运行，而长期忽视运用经济杠杆进行调节。学会掌握经济杠杆，并且把领导经济工作的重点放到这一方面来，应该成为各级经济部门特别是综合经济部门的重要任务。

实行政企职责分开

正确发挥政府机构管理经济的职能 在无产阶级和全体人民掌握了

国家政权以后，领导和组织经济建设就成为国家机构的一项基本职能。建国三十多年来，总的来说，我们的国家机构履行了这方面的职责，起了重大的作用。但是，国家机构特别是政府部门究竟怎样才能更好地领导和组织经济建设，以适应国民经济和社会发展的要求，还是一个需要认真加以解决的问题。过去由于长期政企职责不分，企业实际上成了行政机构的附属物，中央和地方政府包揽了许多本来不应由它们管的事，而许多必须由它们管的事又未能管好。加上条块分割，互相扯皮，使企业工作更加困难。这种状况不改变，就不可能发挥基层和企业的积极性，不可能有效地促进企业之间的合作、联合和竞争，不可能发展社会主义的统一市场，而且势必严重削弱政府机构管理经济的应有作用。因此，按照政企职责分开、简政放权的原则进行改革，是搞活企业和整个国民经济的迫切需要。

根据多年来的实践经验，政府机构管理经济的主要职能应该是：制订经济和社会发展的战略、计划、方针和政策；制订资源开发、技术改造和智力开发的方案；协调地区、部门、企业之间的发展计划和经济关系；部署重点工程特别是能源、交通和原材料工业的建设；汇集和传布经济信息，掌握和运用经济调节手段；制定并监督执行经济法规；按规定的范围任免干部；管理对外经济技术交流和合作，等等。这些职能，需要各级政府付出极大努力来履行，而过去有些没有做好，有的还没有做。但就政府和企业的关系来说，今后各级政府部门原则上不再直接经营管理企业。至于少数由国家赋予直接经营管理企业责任的政府经济部门，也必须按照简政放权的精神，正确处理同所属企业的关系，以增强企业和基层自主经营的活力，避免由于高度集中可能带来的弊端。全国性和地区性的公司，是在国民经济发展的需要和企业互有需要的基础上建立的联合经济组织，它们必须是企业而不是行政机构，不能因袭过去的一套办法，而必须学会现代科学管理方法。

实行政企职责分开以后，要充分发挥城市的中心作用，逐步形成以城市特别是大、中城市为依托的，不同规模的，开放式、网络型的经济区。在进行这种改革的时候，有必要提起各城市的领导同志们注意，城市政府也必须实行政企职责分开，简政放权，不要重复过去那种主要依靠行政手段管理企业的老做法，以免造成新的条块分割。城市政府应该集中力量做好城市的规划、建设和管理，加强各种公用设施的建设，进行环境的综合整治，指导和促进企业的专业化协作、改组联合、技术改造和经营管理现代化，指导和促进物资和商品的合理流通，搞好文教、卫生、社会福利事业和各项服务事业，促进精神文明的建设和创造良好的社会风气，搞好社会治安。同时，城市政府还应该根据国民经济发展的总体要求和当地的条件，做好中长期的经济和社会发展规划。

社会主义企业之间的关系，首先是互相协作、互相支援的关系，但这种关系并不排斥竞争。长期以来，人们往往把竞争看成是资本主义特有的现象，其实，只要有商品生产，就必然有竞争，只不过在不同的社会制度下竞争的目的、性质、范围和手段不同。社会主义企业之间的竞争，同资本主义条件下的弱肉强食根本不同，它是在公有制基础上，在国家计划和法令的管理下，在为社会主义现代化建设服务的前提下，让企业在市场上直接接受广大消费者的评判和检验，优胜劣汰。这样做，有利于打破阻碍生产发展的封锁和垄断，及时暴露企业的缺点，促使企业改进生产技术和经营管理，推动整个国民经济和社会主义事业的发展。竞争中可能出现某些消极现象和违法行为，各级有关领导机关对此必须保持清醒头脑，加强教育和管理，认真注意解决好这方面的问题。

经济体制的改革和国民经济的发展，使越来越多的经济关系和经济活动准则需要用法律形式固定下来。国家立法机关要加快经济立法，法院要加强经济案件的审判工作，检察院要加强对经济犯罪行为的检察工作，司法部门要积极为经济建设提供法律服务。

实行政企职责分开、简政放权，是社会主义上层建筑的一次深刻改造。体制改了，组织机构和思想作风也要改。要坚定不移地按照为人民服务和精简、统一、效能的原则，改造机关作风，提高工作人员的素质。要改变那种长期形成的领导机关不是为基层和企业服务，而是让基层和企业围着领导机关转的局面，扫除机构重叠、人浮于事、职责不明、互相扯皮的官僚主义积弊，使各级领导机关把自己的全部工作切实转移到为发展生产服务，为基层和企业服务，为国家的繁荣强盛和人民的富裕幸福服务的轨道上来。

建立多种形式的经济责任制 认真贯彻按劳分配原则

这几年城市改革的试验充分表明，农村实行承包责任制的基本经验同样适用于城市。为了增强城市企业的活力，提高广大职工的责任心和充分发挥他们的主动性、积极性、创造性，必须在企业内部明确对每个岗位、每个职工的工作要求，建立以承包为主的多种形式的经济责任制。这种责任制的基本原则是：责、权、利相结合，国家、集体、个人利益相统一，职工劳动所得同劳动成果相联系。在把农村经验运用到城市中来的时候，必须考虑城市企业的特点，不应该也不可能照搬农村的具体做法。由于行业性质、企业规模和生产条件各不相同，城市企业实行责任制也不可能有划一的模式。这就要求我们的同志，特别是企业的领导同志，坚持一切从实际出发，在实践中逐步创造出适合自己情况的具体形式，使承包责任制在城市生根、开花、结果。

现代企业分工细密，生产具有高度的连续性，技术要求严格，协作关系复杂，必须建立统一的、强有力的、高效率的生产指挥和经营管理系统。只有实行厂长（经理）负责制，才能适应这种要求。企业中党的组织要积极支持厂长行使统一指挥生产经营活动的职权，保证和监督党和国家各项方针政策的贯彻执行，加强企业党的思想建设和组织建设，加强对企业工会、共青团组织的领导，做好职工思想政治工作。在实行厂长负责制的同时，必须健全职工代表大会制度和各项民主管理制度，充分发挥工会组织和职工代表在审议企业重大决策、监督行政领导和维护职工合法权益等方面的权力和作用，体现工人阶级的主人地位。这是社会主义企业的性质所决定的，绝对不容许有任何的忽视和削弱。

随着利改税的普遍推行和企业多种形式经济责任制的普遍建立，按劳分配的社会主义原则将得到进一步的贯彻落实。这方面已经采取的一个重大步骤，就是企业职工资金由企业根据经营状况自行决定，国家只对企业适当征收超限额奖金税。今后还将采取必要的措施，使企业职工的工资和奖金同企业经济效益的提高更好地挂起钩来。在企业内部，要扩大工资差距，拉开档次，充分体现奖勤罚懒、奖优罚劣；充分体现多劳多得，少劳少得；充分体现脑力劳动和体力劳动、复杂劳动和简单劳动、熟练劳动和非熟练劳动、繁重劳动和非繁重劳动之间的差别。当前尤其要改变脑力劳动报酬偏低的状况。国家机关、事业单位也要改革工资制度，改革的原则是使职工工资同本人肩负的责任和劳绩密切联系起来。在企业、国家机关和事业单位改革工资制度的同时，还要加快劳动制度的改革。

长期以来在消费资料的分配问题上存在一种误解，似乎社会主义就是要平均，如果一部分社会成员的劳动收入比较多，出现了较大的差别，就认为是两极分化，背离社会主义。这种平均主义思想，同马克思主义关于社会主义的科学观点是完全不相容的。历史的教训告诉我们：平均主义思想是贯彻执行按劳分配原则的一个严重障碍，平均主义的泛滥必然破坏社会生产力。当然，社会主义社会要保证社会成员物质、文化生活水平的逐步提高，达到共同富裕的目标。但是，共同富裕决不等于也不可能是完全平均，决不等于也不可能是所有社会成员在同一时间以同等速度富裕起来。如果把共同富裕理解为完全平均和同步富裕，不但做不到，而且势必导致共同贫穷。只有允许和鼓励一部分地区、一部分企业和一部分人依靠勤奋劳动先富起来，才能对大多数人产生强烈的吸引和鼓舞作用，并带动越来越多的人一浪接一浪地走向富裕。

与此同时，我们必须对老弱病残、鳏寡孤独等实行社会救济，对还没有富裕起来的人积极扶持，对经济还很落后的一部分革命老根据地、少数民族地区、边远地区和其他贫困地区实行特殊的优惠政策，并给以必要的物质技术支援。由于一部分人先富起来产生的差别，是全体社会成员在共同富裕道路上有先有后、有快有慢的差别，而绝不是那种极少数人变成剥削者，大多数人陷于贫穷的两极分化。鼓励一部分人先富起来的政策，是符合社会主义发展规律的，是整个社会走向富裕的必由之路。

艰苦奋斗、勤俭建国是我们在长期革命和建设中形成的优良传统，任何时候都不能丢掉这个传统。在新时期坚持这个传统，主要是发扬不怕任何困难，为祖国为人民顽强奋斗的献身精神，在各项生产和建设事业中十分注意节约，反对挥霍国家资财的行为，力求避免造成浪费的决策错误，而不应该把坚持这个传统错误地理解为可以忽视人民消费的应有增长。按照马克思主义的基本原理，生产是整个经济活动的起点和居于支配地位的要素，它决定消费，而消费的增长又是产生新的社会需求，开拓广阔的市场，促进生产更大发展的强大推动力，在这个意义上，消费又决定生产。我们一定要在生产发展、经济效益提高、国家财政收入稳定增长和正确处理积累消费关系的前提下，使我国职工的工资收入逐步有较大的提高，使人民的消费逐步有较大的增长。不顾生产发展的可能提出过高的消费要求，是不对的；在生产发展允许的限度内不去适当增加消费而一味限制消费，也是不对的。

积极发展多种经济形式
进一步扩大对外的和国内的经济技术交流

我们要迅速发展各项生产建设事业，较快实现国家繁荣富强和人民富裕幸福，必须调动一切积极因素，在国家政策和计划的指导下，实行国家、集体、个人一起上的方针，坚持发展多种经济形式和多种经营方式；在独立自主、自力更生、平等互利、互守信用的基础上，积极发展对外经济合作和技术交流。

全民所有制经济是我国社会主义经济的主导力量，对于保证社会主义方向和整个经济的稳定发展起着决定性的作用，但是全民所有制经济的巩固和发展决不应以限制和排斥其他经济形式和经营方式的发展为条件。集体经济是社会主义经济的重要组成部分，许多领域的生产建设事业都可以放手依靠集体来兴办。我国现在的个体经济是和社会主义公有制相联系的，不同于和资本主义私有制相联系的个体经济，它对于发展社会生产、方便人民生活、扩大劳动就业具有不可代替的作用，是社会主义经济必要的有益的补充，是从属于社会主义经济的。当前要注意为城市和乡镇集体经济和个体经济的发展扫除障碍，创造条件，并给予法律保护。特别是在以劳务为主和适宜分散经营的经济活动中，个体经济应该大力发展。同时，要在自愿互利的基础上广泛发展全民、集体、个体经济相互之间灵活多样的合作经营和经济联合，有些小型全民所有制企业还可以租给或包给集体或劳动者个人经营。坚持多种经济形式和经营方式的共同发展，是我们长期的方针，是社会主义前进的需要，绝不是退回到建国初期那种社会主义公有制尚未在城乡占绝对优势的新民主主义经济，决不会动摇而只会有利于巩固和发展我国的社会主义经济制度。

马克思、恩格斯早在《共产党宣言》中就指出，由于资本主义的发展开拓了世界市场，过去那种地方的和民族的自给自足的闭关自守状态已经被各民族的各方面的互相往来所代替，一切国家的生产和消费都已成为世界性的了。在当代，生产力和科学技术的发展更加迅速，尽管国际关系错综复杂，矛盾重重，但从总的方面来说，国际性的经济技术联系仍然很密切，闭关自守是不可能实现现代化的。十一届三中全会以来，我们把对外开放作为长期的基本国策，作为加快社会主义现代化建设的战略措施，在实践中已经取得显著成效。今后必须继续放宽政策，按照既要调动各方面的积极性、又要实行统一对外的原则，改革外贸体制，积极扩大对外经济技术交流和合作的规模，努力办好经济特区，进一步开放沿海港口城市。利用外资，吸引外商来我国举办合资经营企业、合作经营企业和独资企业，也是对我国社会主义经济必要的有益的补充。我们一定要充分利用国内和国外两种资源，开拓国内和国外两个市场，学会组织国内建设和发展对外经济关系两套本领。

对外要开放，国内各地区之间更要互相开放。经济比较发达地区和比较不发达的地区，沿海、内地和边疆，城市和农村，以及各行业各企业之间，都要打破封锁，打开门户，按照扬长避短、形式多样、互利互惠、共同发展的原则，大力促进横向经济联系，促进资金、设备、技术和人才的合理交流，发展各种经济技术合作，联合举办各种经济事业，促进经济结构和地区布局的合理化，加速我国现代化建设的进程。

启用一代新人
造就一支社会主义经济管理干部的宏大队伍

经济体制的改革和国民经济的发展，迫切需要大批既有现代化的经济、技术知识，又有革新精神，勇于创造，能够开创新局面的经营管理人才，特别是企业管理干部。现在的问题是，我们的经济管理干部队伍的状况同这个要求很不适应。这支队伍中的大批老同志，在长期的艰苦奋斗中，为我国社会主义经济建设作出了重大贡献。他们表现出来的优良作风、组织才能和恪守党内生活准则的坚定性，教育和影响着广大中青年干部。但是，他们大都已到老年，不能要求他们再担负繁重的领导工作。当前的迫切任务是，大胆起用和积极培养成千上万中青年经济管理干部。

应该看到，在经济建设的实践中，特别是在整党中，在经济体制改革中，已经和正在成长大批优秀人才。各级党委一定要细心深入地去发现和考察他们，务必不要为那些过时的老观念老框框所束缚，务必不要搞烦琐哲学、求全责备，务必不要受派性和种种闲言碎语的干扰。只要我们这样做了，大批优秀干部就会出现在我们面前。当然，中青年干部有缺乏领导经验的问题，但这种经验可以而且必然能够在实际锻炼中逐步取得，决不能以缺乏经验为理由压抑年轻干部。对经验应该采取分析态度。我们的同志在过去革命和建设中积累起来的正反两方面的丰富经验是十分宝贵的，但是在新时期的崭新任务面前，不论老中青干部，总的来说都缺乏现代化建设所需要的新知识新经验，都要重新认识自己，都要重新学习。那种抱残守缺，老是停留在过了时的经验上的态度，是不对的。

中央要求，在1985年底以前完成企业领导班子，特别是骨干企业领导班子的调整任务，并且订出规划，采取切实措施，在不太长的时间内，造就出大批能够卓有成效地组织和指挥企业生产和经营的厂长（经理），能够有力地加强企业的技术管理、推动技术进步的总工程师，能够切实加强企业经营、提高经济效益的总经济师，能够严格维护财经纪律、精打细算、开辟财源的总会计师，能够坚持正确的政治方向、团结企业广大职工的党委书记，形成一支包括这些人才在内的，门类齐全、成龙配套的社会主义经济管理干部和技术干部的宏大队伍。

中央已经多次指出，进行社会主义现代化建设必须尊重知识，尊重人才，同一切轻视科学技术、轻视智力开发、轻视知识分子的思想和行为作斗争，坚决纠正许多地方仍然存在的歧视知识分子的状况，采取有力措施提高知识分子的社会地位，改善他们的工作条件和生活待遇。我们的一切改革，都必须有利于促进科学技术的进步，有利于调动各地区、各部门、各单位和个人进行智力开发的积极性，有利于鼓励广大青少年、广大工人、农民和知识分子加速提高文化技术水平。对有重大发明创造和特殊贡献的，要给以重奖。

科学技术和教育对国民经济的发展有极其重要的作用。随着经济体制的改革，科技体制和教育体制的改革越来越成为迫切需要解决的战略性任务。中央将专门讨论这方面的问题，并作出相应的决定。

加强党的领导，保证改革的顺利进行

我国经济体制的改革，将在相当广阔的领域内和相当深刻的程度上展开。这个改革，关系国家的前途，关系亿万工人、农民、知识分子的切身利益，全党同志要站在改革这个时代潮流的前列。改革是极其复杂的、群众性的探索和创新的事业。以城市为重点的整个经济体制改革总的说来还处在积累经验的过程，广大干部不是都很熟悉，这就要求党和政府的各级领导机关保持清醒头脑，进行精心指导。要解放思想，实事求是，一切从实际出发，把党的方针政策同各地区、各部门、各单位的实际密切结合起来，创造性地贯彻执行。各少数民族地区的经济体制改革如何进行，尤其应该充分考虑本地区的特点。改革中的一切做法都要接受实践的检验，并在实践中总结出新的经验。失误总是难以完全避免的，但是要尽一切努力去避免那些可以避免的失误。当发生失误的时候，必须力求及时发现，坚决纠正，吸取教训，继续前进。改革的步骤要积极而稳妥，看准了的坚决改，看准一条改一条，看不准的先试点，不企图毕其功于一役。全国性重大改革的实施，由国务院统一部署。要鼓励各地区、各部门和各单位进行改革的探索和试验，但一切涉及全局或广大范围的改革要经国务院批准才能进行。

明年将有更多地方和大批企业的党组织进入整党。改革工作要与整党密切结合起来，以整党促进经济，以经济检验整党。在进行改革的同时，必须加强对整党的领导，切实保证整党不走过场。越是搞活经济、搞活企业，就越要注意抵制资本主义思想的侵蚀，越要注意克服那种利用职权谋取私利的腐败现象，克服一切严重损害国家和消费者利益的行为，就越要加强党风党纪的建设，维护和健全党内健康的、正确的政治生活。在新的时期，党的思想工作和组织工作必须坚定地贯彻执行，为实现党的总任务、总目标服务，密切结合经济建设和经济体制改革的实际来进行的指导方针。对于锐意改革的干部和群众，要采取积极支持的态度。对于在改革中出现的偏差和错误，除了严重违法乱纪者必须依法处理外，都要采取疏导的方针，批评教育帮助的方针，而不要戴政治帽子。改革问题上的不同主张和不同理论观点，可以展开讨论。不要在干部和群众中分什么“改革派”“保守派”，要相信思想一时跟不上形势的同志会在改革的实践中提高认识。农村经济体制改革经过五年时间，许多原来抱怀疑态度的同志都在事实的教育下转变过来。中央在指导农村经济体制改革中坚持耐心教育的方针，保证了改革的顺利进行。这是在重大政策问题上解决党内思想认识问题的极为宝贵的经验，今后一定要坚持这样做。要结合改革的实际，对广大党员和群众进行关于改革的理论和政策的生动教育，使他们充分认识具有中国特色的社会主义应该充满活力，既区别于过去那种僵化的模式，又与资本主义根本不同，加深对社会主义的科学理解，自觉投身于改革的伟大实践。

经济体制的改革，不仅会引起人们经济生活的重大变化，而且会引起人们生活方式和精神状态的重大变化。社会主义物质文明和精神文明的建设要一起抓，这是我们党坚定不移的方针。在创立充满生机和活力的社会主义经济体制的同时，要努力在全社会形成适应现代生产力发展和社会进步要求的，文明的、健康的、科学的生活方式，摒弃那些落后的、愚昧的、腐朽的东西；要努力在全社会振奋起积极的、向上的、进取的精神，克服那些安于现状、思想懒惰、惧怕变革、墨守成规的习惯势力。这样的生活方式和精神状态，是社会主义精神文明建设的重要内容，是推进经济体制改革和物质文明建设的巨大力量。毛泽东同志说过：人类总是不断发展的，自然界也总是不断发展的，永远不会停止在一个水平上。人类总得不断地总结经验，有所发现，有所发明，有所创造，有所前进。停止的论点，悲观的论点，无所作为和骄傲自满的论点，都是错误的。其所以是错误，因为这些论点不符合人类社会发展的历史事实，也不符合自然界发展的历史事实。毛泽东同志的这段话，生动地表达了马克思主义的世界观和历史观的一个根本观点。中国共产党人以不断推动社会发展和进步为自己的历史使命。在反动统治下，我们党领导广大人民群众进行革命，为推翻旧制度而奋斗；在人民当家做主的社会主义制度下，我们党领导广大人民群众自觉地进行改革，为建设高度文明、高度民主的社会主义现代化强国而奋斗。

当前改革的形势很好。广大群众在改革的实践中有伟大的创造。依靠群众的智慧和力量，坚持四项基本原则，我们的改革一定能够取得成功，党的十二大确定的总任务和总目标一定能够胜利实现。

国务院关于实行分税制财政管理体制的决定

各省、自治区、直辖市人民政府，国务院各部委、各直属机构：

根据党的十四届三中全会的决定，为了进一步理顺中央与地方的财政分配关系，更好地发挥国家财政的职能作用，增强中央的宏观调控能力，促进社会主义市场经济体制的建立和国民经济持续、快速、健康的发展。国务院决定，从 1994 年 1 月 1 日起改革现行地方财政包干体制，对各省、自治区、直辖市以及计划单列市实行分税制财政管理体制。

一、分税制改革是发展社会主义市场经济的客观要求

改革财政管理体制是经济体制改革的重要内容。现行财政包干体制，在过去的经济发展中起过积极的作用，但随着市场在资源配置中的作用不断扩大，其弊端日益明显，主要表现在：税收调节功能弱化，影响统一市场的形成和产业结构优化；国家财力偏于分散，制约财政收入合理增长，特别是中央财政收入比重不断下降，弱化了中央政府的宏观调控能力；财政分配体制类型过多，不够规范。从总体上看，现行财政体制已经不适应社会主义市场经济发展的要求，必须尽快改革。根据建立社会主义市场经济体制的基本要求，并借鉴国外的成功做法，要理顺中央与地方的分配关系，必须进行分税制改革。分税制改革的原则和主要内容是：按照中央与地方政府的事权划分，合理确定各级财政的支出范围；根据事权与财权相结合原则，将税种统一划分为中央税、地方税

和中央地方共享税，并建立中央税收和地方税收体系，分设中央与地方两套税务机构分别征管；科学核定地方收支数额，逐步实行比较规范的中央财政对地方的税收返还和转移支付制度；建立和健全分级预算制度，硬化各级预算约束。

二、分税制财政体制改革的指导思想

（一）正确处理中央与地方的分配关系，调动两个积极性，促进国家财政收入合理增长

既要考虑地方利益，调动地方发展经济、增收节支的积极性，又要逐步提高中央财政收入的比重，适当增加中央财力，增强中央政府的宏观调控能力。为此，中央要从今后财政收入的增量中适当多得一些，以保证中央财政收入的稳定增长。

（二）合理调节地区之间财力分配

既要有利于经济发达地区继续保持较快的发展势头，又要通过中央财政对地方的税收返还和转移支付，扶持经济不发达地区的发展和老工业基地的改造。同时，促使地方加强对财政支出的约束。

（三）坚持统一政策与分级管理相结合的原则

划分税种不仅要考虑中央与地方的收入分配，还必须考虑税收对经济发展和社会分配的调节作用。中央税、共享税以及地方税的立法权都要集中在中央，以保证中央政令统一，维护全国统一市场和企业平等竞争。税收实行分级征管，中央税和共享税由中央税务机构负责征收，共享税中地方分享的部分，由中央税务机构直接划入地方金库，地方税由地方税务机构负责征收。

（四）坚持整体设计与逐步推进相结合的原则

分税制改革既要借鉴国外经验，又要从我国的实际出发。在明确改革目标的基础上，办法力求规范化，但必须抓住重点，分步实施，逐步

完善。当前，要针对收入流失比较严重的状况，通过划分税种和分别征管堵塞漏洞，保证财政收入的合理增长；要先把主要税种划分好，其他收入的划分逐步规范；作为过渡办法，现行的补助、上解和有些结算事项继续按原体制运转；中央财政收入占全部财政收入的比例要逐步提高，对地方利益格局的调整也宜逐步进行。总之，通过渐进式改革先把分税制的基本框架建立起来，在实施中逐步完善。

三、分税制财政管理体制的具体内容

（一）中央与地方事权和支出的划分

根据现在中央政府与地方政府事权的划分，中央财政主要承担国家安全、外交和中央国家机关运转所需经费，调整国民经济结构、协调地区发展、实施宏观调控所必需的支出以及由中央直接管理的事业发展支出。具体包括：国防费，武警经费、外交和援外支出，中央级行政管理费，中央统管的基本建设投资，中央直属企业的技术改造和新产品试制费，地质勘探费，由中央财政安排的支农支出，由中央负担的国内外债务的还本付息支出，以及中央本级负担的公检法支出和文化、教育、卫生、科学等各项事业费支出。

地方财政主要承担本地区政权机关运转所需支出以及本地区经济、事业发展所需支出。具体包括：地方行政管理费，公检法支出，部分武警经费，民兵事业费，地方统筹的基本建设投资，地方企业的技术改造和新产品试制经费，支农支出，城市维护和建设经费，地方文化、教育、卫生等各项事业费，价格补贴支出以及其他支出。

（二）中央与地方收入的划分

根据事权与财权相结合的原则，按税种划分中央与地方的收入。将维护国家权益、实施宏观调控所必需的税种划为中央税；将同经济发展直接相关的主要税种划为中央与地方共享税；将适合地方征管的税种划为地方税，并充实地方税税种，增加地方税收入。具体划分如下：

中央固定收入包括：关税，海关代征消费税和增值税，消费税，中央企业所得税，地方银行和外资银行及非银行金融企业所得税，铁道部门、各银行总行、各保险总公司等集中交纳的收入（包括营业税、所得税、利润和城市维护建设税），中央企业上缴利润等。外贸企业出口退税，除 1993 年地方已经负担的 20%部分列入地方上交中央基数外，以后发生的出口退税全部由中央财政负担。

地方固定收入包括：营业税（不含铁道部门、各银行总行、各保险总公司集中交纳的营业税），地方企业所得税（不含上述地方银行和外资银行及非银行金融企业所得税），地方企业上缴利润，个人所得税，城镇土地使用税，固定资产投资方向调节税，城市维护建设税（不含铁道部门、各银行总行、各保险总公司集中交纳的部分），房产税，车船使用税，印花税，屠宰税，农牧业税，对农业特产收入征收的农业税（简称农业特产税），耕地占用税，契税，遗产和赠予税，土地增值税，国有土地有偿使用收入等。

中央与地方共享收入包括：增值税、资源税、证券交易税。增值税中央分享 75%，地方分享 25%。资源税按不同的资源品种划分，大部分资源税作为地方收入，海洋石油资源税作为中央收入。证券交易税，中央与地方各分享 50%。

（三）中央财政对地方税收返还数额的确定

为了保持现有地方既得利益格局，逐步达到改革的目标，中央财政对地方税收返还数额以 1993 年为基期年核定。按照 1993 年地方实际收入以及税制改革和中央与地方收入划分情况，核定 1993 年中央从地方净上划的收入数额（即消费税+75%的增值税−中央下划收入）。

1993 年中央净上划收入，全额返还地方，保证现有地方既得财力，并以此作为以后中央对地方税收返还基数。1994 年以后，税收返还额在 1993 年基数上逐年递增，递增率按全国增值税和消费税的平均增长率的1:0.3 系数确定，即上述两税全国平均每增长 1%，中央财政对地方的税收返还增长 0.3%。如若 1994 年以后中央净上划收入达不到 1993 年基数，则相应扣减税收返还数额。

（四）原体制中央补助、地方上解以及有关结算事项的处理

为顺利推行分税制改革，1994 年实行分税制以后，原体制的分配格局暂时不变，过渡一段时间再逐步规范化。原体制中央对地方的补助继续按规定补助。原体制地方上解仍按不同体制类型执行：实行递增上解的地区，按原规定继续递增上解；实行定额上解的地区，按原确定的上解额，继续定额上解；实行总额分成的地区和原分税制试点地区，暂按递增上解办法，即按 1993 年实际上解数，并核定一个递增率，每年递增上解。

原来中央拨给地方的各项专款，该下拨的继续下拨。地方 1993 年承担的 20%部分出口退税以及其他年度结算的上解和补助项目相抵后，确定一个数额，作为一般上解或一般补助处理，以后年度按此定额结算。

四、配套改革和其他政策措施

（一）改革国有企业利润分配制度

根据建立现代企业制度的基本要求，结合税制改革和实施《企业财务通则》《企业会计准则》，合理调整和规范国家与企业的利润分配关系。从 1994 年 1 月 1 日起，国有企业统一按国家规定的 33%税率交纳所得税，取消各种包税的做法。考虑到部分企业利润上交水平较低的现状，作为过渡办法，增设 27%和 18%两档照顾税率。企业固定资产贷款的利息列入成本，本金一律用企业留用资金归还。取消对国有企业征收的能源交通重点建设基金和预算调节基金。逐步建立国有资产投资收益按股分红、按资分利或税后利润上交的分配制度。作为过渡措施，近期

可根据具体情况，对 1993 年以前注册的多数国有全资老企业实行税后利润不上交的办法，同时，微利企业交纳的所得税也不退库。

（二）同步进行税收管理体制改革

建立以增值税为主体的流转税体系，统一企业所得税制。从 1994 年 1 月 1 日起，在现有税务机构基础上，分设中央税务机构和地方税务机构。在机构分设过程中，要稳定现有税务队伍，保持税收工作的连续性，保证及时足额收税。

（三）改进预算编制办法，硬化预算约束

实行分税制之后，中央财政对地方的税收返还列中央预算支出，地方相应列收入；地方财政对中央的上解列地方预算支出，中央相应列收入。中央与地方财政之间都不得互相挤占收入。改变目前中央代编地方预算的做法，每年由国务院提前向地方提出编制预算的要求。地方编制预算后，报财政部汇总成国家预算。

（四）建立适应分税制需要的国库体系和税收返还制度

根据分税制财政体制的要求，原则上一级政府一级财政，同时，相应要有一级金库。在执行国家统一政策的前提下，中央金库与地方金库分别向中央财政和地方财政负责。实行分税制以后，地方财政支出有一部分要靠中央财政税收返还来安排。为此，要建立中央财政对地方税收返还和转移支付制度，并且逐步规范化，以保证地方财政支出的资金需要。

（五）建立并规范国债市场

为了保证财税改革方案的顺利出台，1994 年国债发行规模要适当增加。为此，中央银行要开展国债市场业务，允许国有商业银行进入国债市场，允许银行和非银行金融机构以国债向中央银行贴现融资。国债发行经常化，国债利率市场化，国债二级市场由有关部门协调管理。

（六）妥善处理原由省级政府批准的减免税政策问题

考虑到有的省、自治区、直辖市政府已经对一些项目和企业作了减免税的决定，为了使这些企业有一个过渡，在制止和取缔越权减免税的同时，对于1993年6月30日前，经省级政府批准实施的未到期地方减免税项目或减免税企业，重新报财政部和国家税务总局审查、确认后，从1994年起，对这些没有到期的减免税项目和企业实行先征税后退还的办法。这部分税收中属中央收入部分，由中央财政统一返还给省、自治区、直辖市政府，连同地方收入部分，由省、自治区、直辖市政府按政策规定统筹返还给企业，用于发展生产。这项政策执行到1995年。

（七）各地区要进行分税制配套改革

各省、自治区、直辖市以及计划单列市人民政府要根据本决定制定对所属市、县的财政管理体制。凡属中央的收入，不得以任何方式纳入地方收入范围。在分税制财政体制改革的过程中，各地区要注意调查研究，及时总结经验，解决出现的问题，为进一步改进和完善分税制财政管理体制创造条件。

一九九三年十二月十五日

中共中央关于完善社会主义市场经济体制若干问题的决定

（2003年10月14日中国共产党
第十六届中央委员会第三次全体会议通过）

为贯彻落实党的十六大提出的建成完善的社会主义市场经济体制和更具活力、更加开放的经济体系的战略部署，深化经济体制改革，促进经济社会全面发展，十六届中央委员会第三次全体会议讨论了，关于完善社会主义市场经济体制的若干重大问题，并作出如下决定。

一、我国经济体制改革面临的形势和任务

（一）深化经济体制改革的重要性和紧迫性

十一届三中全会开始改革开放、十四大确定社会主义市场经济体制改革目标以及十四届三中全会作出相关决定以来，我国经济体制改革在理论和实践上取得重大进展。社会主义市场经济体制初步建立，公有制为主体、多种所有制经济共同发展的基本经济制度已经确立，全方位、宽领域、多层次的对外开放格局基本形成。改革的不断深化，极大地促进了社会生产力、综合国力和人民生活水平的提高，使我国经受住了国际经济金融动荡和国内严重自然灾害、重大疫情等严峻考验。同时也存在经济结构不合理、分配关系尚未理顺、农民收入增长缓慢、就业矛盾突出、资源环境压力加大、经济整体竞争力不强等问题，其重要原因是

我国处于社会主义初级阶段，经济体制还不完善，生产力发展仍面临诸多体制性障碍。为适应经济全球化和科技进步加快的国际环境，适应全面建设小康社会的新形势，必须加快推进改革，进一步解放和发展生产力，为经济发展和社会全面进步注入强大动力。

（二）完善社会主义市场经济体制的目标和任务

按照统筹城乡发展、统筹区域发展、统筹经济社会发展、统筹人与自然和谐发展、统筹国内发展和对外开放的要求，更大程度地发挥市场在资源配置中的基础性作用，增强企业活力和竞争力，健全国家宏观调控，完善政府社会管理和公共服务职能，为全面建设小康社会提供强有力的体制保障。主要任务是：完善公有制为主体、多种所有制经济共同发展的基本经济制度；建立有利于逐步改变城乡二元经济结构的体制；形成促进区域经济协调发展的机制；建设统一开放竞争有序的现代市场体系；完善宏观调控体系、行政管理体制和经济法律制度；健全就业、收入分配和社会保障制度；建立促进经济社会可持续发展的机制。

（三）深化经济体制改革的指导思想和原则

以邓小平理论和“三个代表”重要思想为指导，贯彻党的基本路线、基本纲领、基本经验，全面落实十六大精神，解放思想、实事求是、与时俱进。坚持社会主义市场经济的改革方向，注重制度建设和体制创新。坚持尊重群众的首创精神，充分发挥中央和地方两个积极性。坚持正确处理改革发展稳定的关系，有重点、有步骤地推进改革。坚持统筹兼顾，协调好改革进程中的各种利益关系。坚持以人为本，树立全面、协调、可持续的发展观，促进经济社会和人的全面发展。

二、进一步巩固和发展公有制经济，鼓励、支持和引导非公有制经济发展

（四）推行公有制的多种有效实现形式

坚持公有制的主体地位，发挥国有经济的主导作用。积极推行公有制的多种有效实现形式，加快调整国有经济布局和结构。要适应经济市场化不断发展的趋势，进一步增强公有制经济的活力，大力发展国有资本、集体资本和非公有资本等参股的混合所有制经济，实现投资主体多元化，使股份制成为公有制的主要实现形式。需要由国有资本控股的企业，应区别不同情况实行绝对控股或相对控股。完善国有资本有进有退、合理流动的机制，进一步推动国有资本更多地投向关系国家安全和国民经济命脉的重要行业和关键领域，增强国有经济的控制力。其他行业和领域的国有企业，通过资产重组和结构调整，在市场公平竞争中优胜劣汰。发展具有国际竞争力的大公司大企业集团。继续放开搞活国有中小企业。以明晰产权为重点深化集体企业改革，发展多种形式的集体经济。

（五）大力发展和积极引导非公有制经济

个体、私营等非公有制经济是促进我国社会生产力发展的重要力量。清理和修订限制非公有制经济发展的法律法规和政策，消除体制性障碍。放宽市场准入，允许非公有资本进入法律法规未禁入的基础设施、公用事业及其他行业和领域。非公有制企业在投融资、税收、土地使用和对外贸易等方面，与其他企业享受同等待遇。支持非公有制中小企业的发展，鼓励有条件的企业做强做大。非公有制企业要依法经营，照章纳税，保障职工合法权益。改进对非公有制企业的服务和监管。

（六）建立健全现代产权制度

产权是所有制的核心和主要内容，包括物权、债权、股权和知识产

权等各类财产权。建立归属清晰、权责明确、保护严格、流转顺畅的现代产权制度，有利于维护公有财产权，巩固公有制经济的主体地位；有利于保护私有财产权，促进非公有制经济发展；有利于各类资本的流动和重组，推动混合所有制经济发展；有利于增强企业和公众创业创新的动力，形成良好的信用基础和市场秩序。这是完善基本经济制度的内在要求，是构建现代企业制度的重要基础。要依法保护各类产权，健全产权交易规则和监管制度，推动产权有序流转，保障所有市场主体的平等法律地位和发展权利。

三、完善国有资产管理体制，深化国有企业改革

（七）建立健全国有资产管理和监督体制

坚持政府公共管理职能和国有资产出资人职能分开。国有资产管理机构对授权监管的国有资本依法履行出资人职责，维护所有者权益，维护企业作为市场主体依法享有的各项权利，督促企业实现国有资本保值增值，防止国有资产流失。建立国有资本经营预算制度和企业经营业绩考核体系。积极探索国有资产监管和经营的有效形式，完善授权经营制度。建立健全国有金融资产、非经营性资产和自然资源资产等的监管制度。

（八）完善公司法人治理结构

按照现代企业制度要求，规范公司股东会、董事会、监事会和经营管理者的权责，完善企业领导人员的聘任制度。股东会决定董事会和监事会成员，董事会选择经营管理者，经营管理者行使用人权，并形成权力机构、决策机构、监督机构和经营管理者之间的制衡机制。企业党组织要发挥政治核心作用，并适应公司法人治理结构的要求，改进发挥作用的方式，支持股东会、董事会、监事会和经营管理者依法行使职权，参与企业重大问题的决策。要坚持党管干部原则，并同市场化选聘企业

经营管理者的机制相结合。中央和地方党委要加强和改进对国有重要骨干企业领导班子的管理。要全心全意依靠职工群众，探索现代企业制度下职工民主管理的有效途径，维护职工合法权益。继续推进企业转换经营机制，深化劳动用工、人事和收入分配制度改革，分流安置富余人员，分离企业办社会职能，创造企业改革发展的良好环境。

（九）加快推进和完善垄断行业改革

对垄断行业要放宽市场准入，引入竞争机制。有条件的企业要积极推行投资主体多元化。继续推进和完善电信、电力、民航等行业的改革重组。加快推进铁道、邮政和城市公用事业等改革，实行政企分开、政资分开、政事分开。对自然垄断业务要进行有效监管。

四、深化农村改革，完善农村经济体制

（十）完善农村土地制度

土地家庭承包经营是农村基本经营制度的核心，要长期稳定并不断完善以家庭承包经营为基础、统分结合的双层经营体制，依法保障农民对土地承包经营的各项权利。农户在承包期内可依法、自愿、有偿流转土地承包经营权，完善流转办法，逐步发展适度规模经营。实行最严格的耕地保护制度，保证国家粮食安全。按照保障农民权益、控制征地规模的原则，改革征地制度，完善征地程序。严格界定公益性和经营性建设用地，征地时必须符合土地利用总体规划和用途管制，及时给予农民合理补偿。

（十一）健全农业社会化服务、农产品市场和对农业的支持保护体系

农村集体经济组织要推进制度创新，增强服务功能。支持农民按照自愿、民主的原则，发展多种形式的农村专业合作组织。鼓励工商企业投资发展农产品加工和营销，积极推进农业产业化经营，形成科研、生产、加工、销售一体化的产业链。深化农业科技推广体制和供销社改

革，形成社会力量广泛参与的农业社会化服务体系。完善农产品市场体系，放开粮食收购市场，把通过流通环节的间接补贴改为对农民的直接补贴，切实保护种粮农民的利益。加大国家对农业的支持保护，增加各级财政对农业和农村的投入。加强粮食综合生产能力建设。完善扶贫开发机制。国家新增教育、卫生、文化等公共事业支出主要用于农村。探索建立政策性农业保险制度。

（十二）深化农村税费改革

农村税费改革是减轻农民负担和深化农村改革的重大举措。完善农村税费改革试点的各项政策，取消农业特产税，加快推进县乡机构和农村义务教育体制等综合配套改革。在完成试点工作的基础上，逐步降低农业税率，切实减轻农民负担。

（十三）改善农村富余劳动力转移就业的环境

农村富余劳动力在城乡之间双向流动就业，是增加农民收入和推进城镇化的重要途径。建立健全农村劳动力的培训机制，推进乡镇企业改革和调整，大力发展县域经济，积极拓展农村就业空间，取消对农民进城就业的限制性规定，为农民创造更多就业机会。逐步统一城乡劳动力市场，加强引导和管理，形成城乡劳动者平等就业的制度。深化户籍制度改革，完善流动人口管理，引导农村富余劳动力平稳有序转移。加快城镇化进程，在城市有稳定职业和住所的农业人口，可按当地规定在就业地或居住地登记户籍，并依法享有当地居民应有的权利，承担应尽的义务。

五、完善市场体系，规范市场秩序

（十四）加快建设全国统一市场

强化市场的统一性，是建设现代市场体系的重要任务。大力推进市场对内对外开放，加快要素价格市场化，发展电子商务、连锁经营、物流配送等现代流通方式，促进商品和各种要素在全国范围自由流动和充分竞争。废止妨碍公平竞争、设置行政壁垒、排斥外地产品和服务的各种分割市场的规定，打破行业垄断和地区封锁。积极发展独立公正、规范运作的专业化市场中介服务机构，按市场化原则规范和发展各类行业协会、商会等自律性组织。完善行政执法、行业自律、舆论监督、群众参与相结合的市场监管体系，健全产品质量监管机制，严厉打击制假售假、商业欺诈等违法行为，维护和健全市场秩序。

（十五）大力发展资本和其他要素市场

积极推进资本市场的改革开放和稳定发展，扩大直接融资。建立多层次资本市场体系，完善资本市场结构，丰富资本市场产品。规范和发展主板市场，推进风险投资和创业板市场建设。积极拓展债券市场，完善和规范发行程序，扩大公司债券发行规模。大力发展机构投资者，拓宽合规资金入市渠道。建立统一互联的证券市场，完善交易、登记和结算体系。加快发展土地、技术、劳动力等要素市场。规范发展产权交易。积极发展财产、人身保险和再保险市场。稳步发展期货市场。

（十六）建立健全社会信用体系

形成以道德为支撑、产权为基础、法律为保障的社会信用制度，是建设现代市场体系的必要条件，也是规范市场经济秩序的治本之策。增强全社会的信用意识，政府、企事业单位和个人都要把诚实守信作为基本行为准则。按照完善法规、特许经营、商业运作、专业服务的方向，加快建设企业和个人信用服务体系。建立信用监督和失信惩戒制度。逐步开放信用服务市场。

六、继续改善宏观调控，加快转变政府职能

（十七）完善国家宏观调控体系

进一步健全国家计划和财政政策、货币政策等相互配合的宏观调控

体系。国家计划明确的宏观调控目标和总体要求，是制定财政政策和货币政策的主要依据。财政政策要在促进经济增长、优化结构和调节收入方面发挥重要功能，完善财政政策的有效实施方式。货币政策要在保持币值稳定和总量平衡方面发挥重要作用，健全货币政策的传导机制。重视人口老龄化趋势等因素对社会供求的影响。完善统计体制，健全经济运行监测体系，加强各宏观经济调控部门的功能互补和信息共享，提高宏观调控水平。

（十八）转变政府经济管理职能

深化行政审批制度改革，切实把政府经济管理职能转到主要为市场主体服务和创造良好发展环境上来。加强国民经济和社会发展中长期规划的研究和制定，提出发展的重大战略、基本任务和产业政策，促进国民经济和社会全面发展，实现经济增长与人口资源环境相协调。加强对区域发展的协调和指导，积极推进西部大开发，有效发挥中部地区综合优势，支持中西部地区加快改革发展，振兴东北地区等老工业基地，鼓励东部有条件地区率先基本实现现代化。完善政府重大经济社会问题的科学化、民主化、规范化决策程序，充分利用社会智力资源和现代信息技术，增强透明度和公众参与度。

（十九）深化投资体制改革

进一步确立企业的投资主体地位，实行谁投资、谁决策、谁收益、谁承担风险。国家只审批关系经济安全、影响环境资源、涉及整体布局的重大项目和政府投资项目及限制类项目，其他项目由审批制改为备案制，由投资主体自行决策，依法办理用地、资源、环保、安全等许可手续。对必须审批的项目，要合理划分中央和地方权限，扩大大型企业集团投资决策权，完善咨询论证制度，减少环节，提高效率。健全政府投资决策和项目法人约束机制。国家主要通过规划和政策指导、信息发布以及规范市场准入，引导社会投资方向，抑制无序竞争和盲目重复建设。

七、完善财税体制，深化金融改革

（二十）分步实施税收制度改革

按照简税制、宽税基、低税率、严征管的原则，稳步推进税收改革。改革出口退税制度。统一各类企业税收制度。增值税由生产型改为消费型，将设备投资纳入增值税抵扣范围。完善消费税，适当扩大税基。改进个人所得税，实行综合和分类相结合的个人所得税制。实施城镇建设税费改革，条件具备时对不动产开征统一规范的物业税，相应取消有关收费。在统一税政前提下，赋予地方适当的税政管理权。创造条件逐步实现城乡税制统一。

（二十一）推进财政管理体制改革

健全公共财政体制，明确各级政府的财政支出责任。进一步完善转移支付制度，加大对中西部地区和民族地区的财政支持。深化部门预算、国库集中收付、政府采购和收支两条线管理改革。清理和规范行政事业性收费，凡能纳入预算的都要纳入预算管理。改革预算编制制度，完善预算编制、执行的制衡机制，加强审计监督。建立预算绩效评价体系。实行全口径预算管理和对或有负债的有效监控。加强各级人民代表大会对本级政府预算的审查和监督。

（二十二）深化金融企业改革

商业银行和证券公司、保险公司、信托投资公司等要成为资本充足、内控严密、运营安全、服务和效益良好的现代金融企业。选择有条件的国有商业银行实行股份制改造，加快处置不良资产，充实资本金，创造条件上市。深化政策性银行改革。完善金融资产管理公司运行机制。鼓励社会资金参与中小金融机构的重组改造。在加强监管和保持资本金充足的前提下，稳步发展各种所有制金融企业。完善农村金融服务体系，国家给予适当政策支持。通过试点取得经验，逐步把农村信用社改造成为农村社区服务的地方性金融企业。

（二十三）健全金融调控机制

稳步推进利率市场化，建立健全由市场供求决定的利率形成机制，中央银行通过运用货币政策工具引导市场利率。完善人民币汇率形成机制，保持人民币汇率在合理、均衡水平上的基本稳定。在有效防范风险前提下，有选择、分步骤放宽对跨境资本交易活动的限制，逐步实现资本项目可兑换。建立和完善统一、高效、安全的支付清算系统。改进中央银行的金融调控，建立健全货币市场、资本市场、保险市场有机结合、协调发展的机制，维护金融运行和金融市场的整体稳定，防范系统性风险。

（二十四）完善金融监管体制

依法维护金融市场公开、公平、有序竞争，有效防范和化解金融风险，保护存款人、投资者和被保险人的合法权益。健全金融风险监控、预警和处置机制，依法严格实行市场退出制度。强化金融监管手段，防范和打击金融犯罪。增强监管信息透明度并接受社会监督。处理好监管和支持金融创新的关系，鼓励金融企业探索金融经营的有效方式。建立健全银行、证券、保险监管机构之间以及同中央银行、财政部门的协调机制，提高金融监管水平。

八、深化涉外经济体制改革，全面提高对外开放水平

（二十五）完善对外开放的制度保障

按照市场经济和世贸组织规则的要求，加快内外贸一体化进程。形成稳定、透明的涉外经济管理体制，创造公平和可预见的法制环境，确保各类企业在对外经济贸易活动中的自主权和平等地位。依法管理涉外经济活动，强化服务和监管职能，进一步提高贸易和投资的自由、便利程度。建立健全外贸运行监控体系和国际收支预警机制，维护国家经济

安全。

（二十六）更好地发挥外资的作用

抓住新一轮全球生产要素优化重组和产业转移的重大机遇，扩大利用外资规模，提高利用外资水平。结合国内产业结构调整升级，更多地引进先进技术、管理经验和高素质人才，注重引进技术的消化吸收和创新提高。继续发展加工贸易，着力吸引跨国公司把更高技术水平、更大增值含量的加工制造环节和研发机构转移到我国，引导加工贸易转型升级。进一步改善投资环境，拓宽投资领域，吸引外资加快向有条件的地区和符合国家产业政策的领域扩展，力争再形成若干外资密集、内外结合、带动力强的经济增长带。

（二十七）增强参与国际合作和竞争的能力

鼓励国内企业充分利用扩大开放的有利时机，增强开拓市场、技术创新和培育自主品牌的能力。提高出口商品质量、档次和附加值，扩大高新技术产品出口，发展服务贸易，全面提高出口竞争力。继续实施“走出去”战略，完善对外投资服务体系，赋予企业更大的境外经营管理自主权，健全对境外投资企业的监管机制，促进我国跨国公司的发展。积极参与和推动区域经济合作。

九、推进就业和分配体制改革，完善社会保障体系

（二十八）深化劳动就业体制改革

把扩大就业放在经济社会发展更加突出的位置，实施积极的就业政策，努力改善创业和就业环境。坚持劳动者自主择业、市场调节就业和政府促进就业的方针。鼓励企业创造更多的就业岗位。改革发展和结构调整都要与扩大就业紧密结合。从扩大就业再就业的要求出发，在产业类型上，注重发展劳动密集型产业；在企业规模上，注重扶持中小企业；在经济类型上，注重发展非公有制经济；在就业方式上，注重采用

灵活多样的形式。完善就业服务体系，加强职业教育和技能培训，帮助特殊困难群体就业。规范企业用工行为，保障劳动者合法权益。

（二十九）推进收入分配制度改革

完善按劳分配为主体、多种分配方式并存的分配制度，坚持效率优先、兼顾公平，各种生产要素按贡献参与分配。整顿和规范分配秩序，加大收入分配调节力度，重视解决部分社会成员收入差距过分扩大问题。以共同富裕为目标，扩大中等收入者比重，提高低收入者收入水平，调节过高收入，取缔非法收入。加强对垄断行业收入分配的监管。健全个人收入监测办法，强化个人所得税征管。完善和规范国家公务员工资制度，推进事业单位分配制度改革。规范职务消费，加快福利待遇货币化。

（三十）加快建设与经济发展水平相适应的社会保障体系

完善企业职工基本养老保险制度，坚持社会统筹与个人账户相结合，逐步做实个人账户。将城镇从业人员纳入基本养老保险。建立健全省级养老保险调剂基金，在完善市级统筹基础上，逐步实行省级统筹，条件具备时实行基本养老金的基础部分全国统筹。健全失业保险制度，实现国有企业下岗职工基本生活保障向失业保险并轨。继续完善城镇职工基本医疗保险制度、医疗卫生和药品生产流通体制的同步改革，扩大基本医疗保险覆盖面，健全社会医疗救助和多层次的医疗保障体系。继续推行职工工伤和生育保险。积极探索机关和事业单位社会保障制度改革。完善城市居民最低生活保障制度，合理确定保障标准和方式。采取多种方式包括依法划转部分国有资产充实社会保障基金。强化社会保险基金征缴，扩大征缴覆盖面，规范基金监管，确保基金安全。鼓励有条件的企业建立补充保险，积极发展商业养老、医疗保险。农村养老保障以家庭为主，同社区保障、国家救济相结合。有条件的地方探索建立农村最低生活保障制度。

十、深化科技教育文化卫生体制改革，提高国家创新能力和国民整体素质

（三十一）营造实施人才强国战略的体制环境

创新人才工作机制，培养、吸引和用好各类人才。以党政人才、企业经营管理人才和专业技术人才为主体，建设规模宏大、结构合理、素质较高的人才队伍。多层次、多渠道、大规模地开展人才培训，重点培养一批高层次和高技能人才。加强西部和民族地区人才开发，建立促进优秀人才到西部、基层和艰苦地方工作的机制。尊重知识，鼓励创新，实行公平竞争，完善激励制度，形成优秀人才脱颖而出和人尽其才的良好环境。建立和完善人才市场体系，进一步促进人才流动。积极引进现代化建设急需的各类人才。

（三十二）深化科技体制改革

改革科技管理体制，加快国家创新体系建设，促进全社会科技资源高效配置和综合集成，提高科技创新能力，实现科技和经济社会发展紧密结合。确立企业技术创新和科技投入的主体地位，为各类企业创新活动提供平等竞争条件。必须由国家支持的从事基础研究、战略高技术、重要公益研究领域创新活动的研究机构，要按照职责明确、评价科学、开放有序、管理规范的原则建立现代科研院所制度。面向市场的应用技术研究开发机构，要坚持向企业化转制，加快建立现代企业制度。积极推动高等教育和科技创新紧密结合。建立军民结合、寓军于民的创新机制，实现国防科技和民用科技相互促进和协调发展。建设哲学社会科学理论创新体系，促进社会科学和自然科学协调发展。

（三十三）深化教育体制改革

构建现代国民教育体系和终身教育体系，建设学习型社会，全面推进素质教育，增强国民的就业能力、创新能力、创业能力，努力把人口

压力转变为人力资源优势。推进教育创新，优化教育结构，改革培养模式，提高教育质量，形成同经济社会发展要求相适应的教育体制。巩固和完善以县级政府管理为主的农村义务教育管理体制。实施全员聘用和教师资格准入制度。完善和规范以政府投入为主、多渠道筹措经费的教育投入体制，形成公办学校和民办学校共同发展的格局。完善国家和社会资助家庭经济困难学生的制度。

（三十四）深化文化体制改革

按照社会主义精神文明建设的特点和规律，适应社会主义市场经济发展的要求，逐步建立党委领导、政府管理、行业自律、企事业单位依法运营的文化管理体制。转变文化行政管理部门的职能，促进文化事业和文化产业协调发展。坚持把社会效益放在首位，努力实现社会效益和经济效益的统一。公益性文化事业单位要深化劳动人事、收入分配和社会保障制度改革，加大国家投入，增强活力，改善服务。经营性文化产业单位要创新体制，转换机制，面向市场，壮大实力。健全文化市场体系，建立富有活力的文化产品生产经营体制。完善文化产业政策，鼓励多渠道资金投入，促进各类文化产业共同发展，形成一批大型文化企业集团，增强文化产业的整体实力和国际竞争力。依法规范文化市场秩序。深化体育改革，构建群众体育服务体系，健全竞技体育体制，促进体育产业健康发展，增强全民体质。

（三十五）深化公共卫生体制改革

强化政府公共卫生管理职能，建立与社会主义市场经济体制相适应的卫生医疗体系。加强公共卫生设施建设，充分利用、整合现有资源，建立健全疾病信息网络体系、疾病预防控制体系和医疗救治体系，提高公共卫生服务水平和突发性公共卫生事件应急能力。加快城镇医疗卫生体制改革。改善乡村卫生医疗条件，积极建立新型农村合作医疗制度，实行对贫困农民的医疗救助。发挥中西医结合的优势。搞好环境卫生建设，树立全民卫生意识。健全卫生监管体系，保证群众的食品、药品和医疗安全。

十一、深化行政管理体制改革，完善经济法律制度

（三十六）继续改革行政管理体制

加快形成行为规范、运转协调、公正透明、廉洁高效的行政管理体制。进一步调整各级政府机构设置，理顺职能分工，实现政府职责、机构和编制的法定化。完善国家公务员制度。推进依法行政，严格按照法定权限和程序行使权力、履行职责。发展电子政务，提高服务和管理水平。建立健全各种预警和应急机制，提高政府应对突发事件和风险的能力。完善安全生产监管体系。深化地方行政管理体制改革，大力精简机构和人员。继续推进事业单位改革。完善基层群众性自治组织，发挥城乡社区自我管理、自我服务的功能。

（三十七）合理划分中央和地方经济社会事务的管理责权

按照中央统一领导、充分发挥地方主动性积极性的原则，明确中央和地方对经济调节、市场监管、社会管理、公共服务方面的管理责权。属于全国性和跨省（自治区、直辖市）的事务，由中央管理，以保证国家法制统一、政令统一和市场统一。属于面向本行政区域的地方性事务，由地方管理，以提高工作效率、降低管理成本、增强行政活力。属于中央和地方共同管理的事务，要区别不同情况，明确各自的管理范围，分清主次责任。根据经济社会事务管理责权的划分，逐步理顺中央和地方在财税、金融、投资和社会保障等领域的分工和职责。

（三十八）全面推进经济法制建设

按照依法治国的基本方略，着眼于确立制度、规范权责、保障权益，加强经济立法。完善市场主体和中介组织法律制度，使各类市场主体真正具有完全的行为能力和责任能力。完善产权法律制度，规范和理

顺产权关系，保护各类产权权益。完善市场交易法律制度，保障合同自由和交易安全，维护公平竞争。完善预算、税收、金融和投资等法律法规，规范经济调节和市场监管。完善劳动、就业和社会保障等方面的法律法规，切实保护劳动者和公民的合法权益。完善社会领域和可持续发展等方面的法律法规，促进经济发展和社会全面进步。

（三十九）加强执法和监督

加强对法律法规的解释工作，加大执法力度，提高行政执法、司法审判和检察的能力和水平，确保法律法规的有效实施，维护法制的统一和尊严。按照权力与责任挂钩、权力与利益脱钩的要求，建立权责明确、行为规范、监督有效、保障有力的执法体制，防止和纠正地方保护主义和部门本位主义。改革行政执法体制，相对集中行政处罚权，推进综合执法试点。推进司法体制改革，维护司法公正。实行执法责任制和执法过错追究制，做到严格执法、公正执法、文明执法。

十二、加强和改善党的领导，为完善社会主义市场经济体制而奋斗

（四十）党的领导是顺利推进改革的根本保证

建成完善的社会主义市场经济体制，是我们党在新世纪新阶段作出的具有重大现实意义和深远历史意义的决策，是对全党新的重大考验。全党同志要充分认识肩负的历史责任，不断学习新知识、研究新情况、解决新问题，继续探索社会主义制度和市场经济有机结合的途径和方式。要自觉适应社会主义市场经济发展的新形势，改革和完善党的领导方式和执政方式，坚持谋全局、把方向、管大事，进一步提高科学判断形势的能力、驾驭市场经济的能力、应对复杂局面的能力、依法执政的能力和总揽全局的能力。要坚持党管人才原则，培养和造就大批适应现代化建设需要的各类人才，加强各级领导班子和基层党组织建设，为改

革和发展提供强有力的组织保证。要着眼于我国基本国情，坚持一切从实际出发，因地制宜，把改革的力度、发展的速度和社会可承受的程度统一起来，及时化解各种矛盾，确保社会稳定和工作有序进行。要统筹推进各项改革，努力实现宏观经济改革和微观经济改革相协调，经济领域改革和社会领域改革相协调，城市改革和农村改革相协调，经济体制改革和政治体制改革相协调。

（四十一）加强和改进党风廉政建设

加强党风廉政建设、反对和防止腐败，是建立和完善社会主义市场经济体制的重要保证，必须贯穿于改革开放和现代化建设的全过程。要进一步抓好党和国家机关工作人员特别是领导干部的廉洁自律，坚决查处各种违纪违法案件，切实纠正损害群众利益的不正之风。要坚持标本兼治、综合治理，注重思想道德教育，加强廉政法制建设，完善监督制约机制，建立健全与社会主义市场经济体制相适应的教育、制度、监督并重的惩治和预防腐败体系。坚持立党为公、执政为民，务必继续保持谦虚谨慎、不骄不躁的作风，务必继续保持艰苦奋斗的作风，坚决抵制各种不良风气的侵蚀，为完善社会主义市场经济体制营造良好的社会氛围。

（四十二）坚持社会主义物质文明、政治文明和精神文明协调发展

中国特色社会主义是社会主义市场经济、社会主义民主政治和社会主义先进文化协调发展的伟大事业。要积极稳妥地推进政治体制改革，扩大社会主义民主，健全社会主义法制，巩固和壮大爱国统一战线，加强思想政治工作，为发展社会主义市场经济提供强有力的政治保证。要大力加强社会主义文化建设，着力建立与社会主义市场经济相适应、与社会主义法律规范相协调、与中华民族传统美德相承接的社会主义思想道德体系，弘扬和培育民族精神，不断提高全民族的思想道德素质和科学文化素质，为改革和发展提供强大的精神动力和智力支持。

全党同志和全国各族人民，在马克思列宁主义、毛泽东思想、邓小平理论和“三个代表”重要思想指引下，全面贯彻十六大精神，紧密团结在以胡锦涛同志为总书记的党中央周围，开拓进取，扎实工作，为建成完善的社会主义市场经济体制、实现全面建设小康社会的宏伟目标而努力奋斗！

中华人民共和国预算法

（1994年3月22日第八届全国人民代表大会第二次会议通过　1994年3月22日中华人民共和国主席令第二十一号公布　自1995年1月1日起施行 根据2014年8月31日第十二届全国人民代表大会常务委员会第十次会议《全国人民代表大会常务委员会关于修改〈中华人民共和国预算法〉的决定》修正 自2015年1月1日起施行）

第一章　总　则

第一条　为了规范政府收支行为，强化预算约束，加强对预算的管理和监督，建立健全全面规范、公开透明的预算制度，保障经济社会的健康发展，根据宪法，制定本法。

第二条　预算、决算的编制、审查、批准、监督，以及预算的执行和调整，依照本法规定执行。

第三条　国家实行一级政府一级预算，设立中央，省、自治区、直辖市，设区的市、自治州，县、自治县、不设区的市、市辖区，乡、民族乡、镇五级预算。

全国预算由中央预算和地方预算组成。地方预算由各省、自治区、直辖市总预算组成。

地方各级总预算由本级预算和汇总的下一级总预算组成；下一级只

有本级预算的，下一级总预算即指下一级的本级预算。没有下一级预算的，总预算即指本级预算。

第四条 预算由预算收入和预算支出组成。

政府的全部收入和支出都应当纳入预算。

第五条 预算包括一般公共预算、政府性基金预算、国有资本经营预算、社会保险基金预算。

一般公共预算、政府性基金预算、国有资本经营预算、社会保险基金预算应当保持完整、独立。政府性基金预算、国有资本经营预算、社会保险基金预算应当与一般公共预算相衔接。

第六条 一般公共预算是对以税收为主体的财政收入，安排用于保障和改善民生、推动经济社会发展、维护国家安全、维持国家机构正常运转等方面的收支预算。

中央一般公共预算包括中央各部门 (含直属单位，下同) 的预算和中央对地方的税收返还、转移支付预算。

中央一般公共预算收入包括中央本级收入和地方向中央的上解收入。中央一般公共预算支出包括中央本级支出、中央对地方的税收返还和转移支付。

第七条 地方各级一般公共预算包括本级各部门 (含直属单位，下同) 的预算和税收返还、转移支付预算。

地方各级一般公共预算收入包括地方本级收入、上级政府对本级政府的税收返还和转移支付、下级政府的上解收入。地方各级一般公共预算支出包括地方本级支出、对上级政府的上解支出、对下级政府的税收返还和转移支付。

第八条 各部门预算由本部门及其所属各单位预算组成。

第九条 政府性基金预算是对依照法律、行政法规的规定在一定期限内向特定对象征收、收取或者以其他方式筹集的资金，专项用于特定公共事业发展的收支预算。

政府性基金预算应当根据基金项目收入情况和实际支出需要，按基金项目编制，做到以收定支。

第十条 国有资本经营预算是对国有资本收益作出支出安排的收支预算。

国有资本经营预算应当按照收支平衡的原则编制，不列赤字，并安排资金调入一般公共预算。

第十一条 社会保险基金预算是对社会保险缴款、一般公共预算安排和其他方式筹集的资金，专项用于社会保险的收支预算。

社会保险基金预算应当按照统筹层次和社会保险项目分别编制，做到收支平衡。

第十二条 各级预算应当遵循统筹兼顾、勤俭节约、量力而行、讲求绩效和收支平衡的原则。

各级政府应当建立跨年度预算平衡机制。

第十三条 经人民代表大会批准的预算，非经法定程序，不得调整。各级政府、各部门、各单位的支出必须以经批准的预算为依据，未列入预算的不得支出。

第十四条 经本级人民代表大会或者本级人民代表大会常务委员会批准的预算、预算调整、决算、预算执行情况的报告及报表，应当在批准后二十日内由本级政府财政部门向社会公开，并对本级政府财政转移支付安排、执行的情况以及举借债务的情况等重要事项作出说明。

经本级政府财政部门批复的部门预算、决算及报表，应当在批复后二十日内由各部门向社会公开，并对部门预算、决算中机关运行经费的安排、使用情况等重要事项作出说明。

各级政府、各部门、各单位应当将政府采购的情况及时向社会公开。

本条前三款规定的公开事项，涉及国家秘密的除外。

第十五条 国家实行中央和地方分税制。

第十六条 国家实行财政转移支付制度。财政转移支付应当规范、公平、公开，以推进地区间基本公共服务均等化为主要目标。

财政转移支付包括中央对地方的转移支付和地方上级政府对下级政府的转移支付，以为均衡地区间基本财力、由下级政府统筹安排使用的一般性转移支付为主体。

按照法律、行政法规和国务院的规定可以设立专项转移支付，用于办理特定事项。建立健全专项转移支付定期评估和退出机制。市场竞争机制能够有效调节的事项不得设立专项转移支付。

上级政府在安排专项转移支付时，不得要求下级政府承担配套资金。但是，按照国务院的规定应当由上下级政府共同承担的事项除外。

第十七条 各级预算的编制、执行应当建立健全相互制约、相互协调的机制。

第十八条 预算年度自公历1月1日起，至12月31日止。

第十九条 预算收入和预算支出以人民币元为计算单位。

第二章 预算管理职权

第二十条 全国人民代表大会审查中央和地方预算草案及中央和地方预算执行情况的报告；批准中央预算和中央预算执行情况的报告；改变或者撤销全国人民代表大会常务委员会关于预算、决算的不适当的决议。

全国人民代表大会常务委员会监督中央和地方预算的执行；审查和批准中央预算的调整方案；审查和批准中央决算；撤销国务院制定的同宪法、法律相抵触的关于预算、决算的行政法规、决定和命令；撤销省、自治区、直辖市人民代表大会及其常务委员会制定的同宪法、法律和行政法规相抵触的关于预算、决算的地方性法规和决议。

第二十一条 县级以上地方各级人民代表大会审查本级总预算草案及本级总预算执行情况的报告；批准本级预算和本级预算执行情况的报告；改变或者撤销本级人民代表大会常务委员会关于预算、决算的不适当的决议；撤销本级政府关于预算、决算的不适当的决定和命令。

县级以上地方各级人民代表大会常务委员会监督本级总预算的执行；审查和批准本级预算的调整方案；审查和批准本级决算；撤销本级政府和下一级人民代表大会及其常务委员会关于预算、决算的不适当的决定、命令和决议。

乡、民族乡、镇的人民代表大会审查和批准本级预算和本级预算执行情况的报告；监督本级预算的执行；审查和批准本级预算的调整方案；审查和批准本级决算；撤销本级政府关于预算、决算的不适当的决定和命令。

第二十二条 全国人民代表大会财政经济委员会对中央预算草案初步方案及上一年预算执行情况、中央预算调整初步方案和中央决算草案进行初步审查，提出初步审查意见。

省、自治区、直辖市人民代表大会有关专门委员会对本级预算草案初步方案及上一年预算执行情况、本级预算调整初步方案和本级决算草案进行初步审查，提出初步审查意见。

设区的市、自治州人民代表大会有关专门委员会对本级预算草案初步方案及上一年预算执行情况、本级预算调整初步方案和本级决算草案进行初步审查，提出初步审查意见，未设立专门委员会的，由本级人民代表大会常务委员会有关工作机构研究提出意见。

县、自治县、不设区的市、市辖区人民代表大会常务委员会对本级预算草案初步方案及上一年预算执行情况进行初步审查，提出初步审查意见。县、自治县、不设区的市、市辖区人民代表大会常务委员会有关工作机构对本级预算调整初步方案和本级决算草案研究提出意见。

设区的市、自治州以上各级人民代表大会有关专门委员会进行初步审查、常务委员会有关工作机构研究提出意见时，应当邀请本级人民代表大会代表参加。

对依照本条第一款至第四款规定提出的意见，本级政府财政部门应当将处理情况及时反馈。

依照本条第一款至第四款规定提出的意见以及本级政府财政部门反馈的处理情况报告，应当印发本级人民代表大会代表。

全国人民代表大会常务委员会和省、自治区、直辖市、设区的市、自治州人民代表大会常务委员会有关工作机构，依照本级人民代表大会常务委员会的决定，协助本级人民代表大会财政经济委员会或者有关专门委员会承担审查预算草案、预算调整方案、决算草案和监督预算执行等方面的具体工作。

第二十三条 国务院编制中央预算、决算草案；向全国人民代表大会作关于中央和地方预算草案的报告；将省、自治区、直辖市政府报送备案的预算汇总后报全国人民代表大会常务委员会备案；组织中央和地方预算的执行；决定中央预算预备费的动用；编制中央预算调整方案；监督中央各部门和地方政府的预算执行；改变或者撤销中央各部门和地方政府关于预算、决算的不适当的决定、命令；向全国人民代表大会、全国人民代表大会常务委员会报告中央和地方预算的执行情况。

第二十四条 县级以上地方各级政府编制本级预算、决算草案；向本级人民代表大会作关于本级总预算草案的报告；将下一级政府报送备案的预算汇总后报本级人民代表大会常务委员会备案；组织本级总预算的执行；决定本级预算预备费的动用；编制本级预算的调整方案；监督本级各部门和下级政府的预算执行；改变或者撤销本级各部门和下级政府关于预算、决算的不适当的决定、命令；向本级人民代表大会、本级人民代表大会常务委员会报告本级总预算的执行情况。

乡、民族乡、镇政府编制本级预算、决算草案；向本级人民代表大会作关于本级预算草案的报告；组织本级预算的执行；决定本级预算预备费的动用；编制本级预算的调整方案；向本级人民代表大会报告本级预算的执行情况。

经省、自治区、直辖市政府批准，乡、民族乡、镇本级预算草案、预算调整方案、决算草案，可以由上一级政府代编，并依照本法第二十一条的规定报乡、民族乡、镇的人民代表大会审查和批准。

第二十五条 国务院财政部门具体编制中央预算、决算草案；具体组织中央和地方预算的执行；提出中央预算预备费动用方案；具体编制中央预算的调整方案；定期向国务院报告中央和地方预算的执行情况。

地方各级政府财政部门具体编制本级预算、决算草案；具体组织本级总预算的执行；提出本级预算预备费动用方案；具体编制本级预算的调整方案；定期向本级政府和上一级政府财政部门报告本级总预算的执行情况。

第二十六条 各部门编制本部门预算、决算草案；组织和监督本部门预算的执行；定期向本级政府财政部门报告预算的执行情况。

各单位编制本单位预算、决算草案；按照国家规定上缴预算收入，安排预算支出，并接受国家有关部门的监督。

第三章 预算收支范围

第二十七条 一般公共预算收入包括各项税收收入、行政事业性收费收入、国有资源（资产）有偿使用收入、转移性收入和其他收入。

一般公共预算支出按照其功能分类，包括一般公共服务支出，外交、公共安全、国防支出，农业、环境保护支出，教育、科技、文化、卫生、体育支出，社会保障及就业支出和其他支出。

一般公共预算支出按照其经济性质分类，包括工资福利支出、商品和服务支出、资本性支出和其他支出。

第二十八条 政府性基金预算、国有资本经营预算和社会保险基金预算的收支范围，按照法律、行政法规和国务院的规定执行。

第二十九条 中央预算与地方预算有关收入和支出项目的划分、地方向中央上解收入、中央对地方税收返还或者转移支付的具体办法，由国务院规定，报全国人民代表大会常务委员会备案。

第三十条 上级政府不得在预算之外调用下级政府预算的资金。下级政府不得挤占或者截留属于上级政府预算的资金。

第四章 预算编制

第三十一条 国务院应当及时下达关于编制下一年预算草案的通知。编制预算草案的具体事项由国务院财政部门部署。

各级政府、各部门、各单位应当按照国务院规定的时间编制预算草案。

第三十二条 各级预算应当根据年度经济社会发展目标、国家宏观调控总体要求和跨年度预算平衡的需要，参考上一年预算执行情况、有关支出绩效评价结果和本年度收支预测，按照规定程序征求各方面意见后，进行编制。

各级政府依据法定权限作出决定或者制定行政措施，凡涉及增加或者减少财政收入或者支出的，应当在预算批准前提出并在预算草案中作出相应安排。

各部门、各单位应当按照国务院财政部门制定的政府收支分类科目、预算支出标准和要求，以及绩效目标管理等预算编制规定，根据其依法履行职能和事业发展的需要以及存量资产情况，编制本部门、本单位预算草案。

前款所称政府收支分类科目，收入分为类、款、项、目；支出按其功能分类分为类、款、项，按其经济性质分类分为类、款。

第三十三条 省、自治区、直辖市政府应当按照国务院规定的时间，将本级总预算草案报国务院审核汇总。

第三十四条 中央一般公共预算中必需的部分资金，可以通过举借国内和国外债务等方式筹措，举借债务应当控制适当的规模，保持合理的结构。

对中央一般公共预算中举借的债务实行余额管理，余额的规模不得超过全国人民代表大会批准的限额。

国务院财政部门具体负责对中央政府债务的统一管理。

第三十五条 地方各级预算按照量入为出、收支平衡的原则编制，除本法另有规定外，不列赤字。

经国务院批准的省、自治区、直辖市的预算中必需的建设投资的部分资金，可以在国务院确定的限额内，通过发行地方政府债券举借债务的方式筹措。举借债务的规模，由国务院报全国人民代表大会或者全国人民代表大会常务委员会批准。省、自治区、直辖市依照国务院下达的限额举借的债务，列入本级预算调整方案，报本级人民代表大会常务委员会批准。举借的债务应当有偿还计划和稳定的偿还资金来源，只能用于公益性资本支出，不得用于经常性支出。

除前款规定外，地方政府及其所属部门不得以任何方式举借债务。

除法律另有规定外，地方政府及其所属部门不得为任何单位和个人的债务以任何方式提供担保。

国务院建立地方政府债务风险评估和预警机制、应急处置机制以及责任追究制度。国务院财政部门对地方政府债务实施监督。

第三十六条 各级预算收入的编制，应当与经济社会发展水平相适应，与财政政策相衔接。

各级政府、各部门、各单位应当依照本法规定，将所有政府收入全部列入预算，不得隐瞒、少列。

第三十七条 各级预算支出应当依照本法规定，按其功能和经济性质分类编制。

各级预算支出的编制，应当贯彻勤俭节约的原则，严格控制各部门、各单位的机关运行经费和楼堂馆所等基本建设支出。

各级一般公共预算支出的编制，应当统筹兼顾，在保证基本公共服务合理需要的前提下，优先安排国家确定的重点支出。

第三十八条 一般性转移支付应当按照国务院规定的基本标准和计算方法编制。专项转移支付应当分地区、分项目编制。

县级以上各级政府应当将对下级政府的转移支付预计数提前下达下级政府。

地方各级政府应当将上级政府提前下达的转移支付预计数编入本级预算。

第三十九条 中央预算和有关地方预算中应当安排必要的资金，用于扶助革命老区、民族地区、边疆地区、贫困地区发展经济社会建设事业。

第四十条 各级一般公共预算应当按照本级一般公共预算支出额的百分之一至百分之三设置预备费，用于当年预算执行中的自然灾害等突发事件处理增加的支出及其他难以预见的开支。

第四十一条 各级一般公共预算按照国务院的规定可以设置预算周转金，用于本级政府调剂预算年度内季节性收支差额。

各级一般公共预算按照国务院的规定可以设置预算稳定调节基金，用于弥补以后年度预算资金的不足。

第四十二条 各级政府上一年预算的结转资金，应当在下一年用于结转项目的支出；连续两年未用完的结转资金，应当作为结余资金管理。各部门、各单位上一年预算的结转、结余资金按照国务院财政部门的规定办理。

第四十三条 中央预算由全国人民代表大会审查和批准。

地方各级预算由本级人民代表大会审查和批准。

第四十四条 国务院财政部门应当在每年全国人民代表大会会议举行的四十五日前，将中央预算草案的初步方案提交全国人民代表大会财政经济委员会进行初步审查。

省、自治区、直辖市政府财政部门应当在本级人民代表大会会议举行的三十日前，将本级预算草案的初步方案提交本级人民代表大会有关专门委员会进行初步审查。

设区的市、自治州政府财政部门应当在本级人民代表大会会议举行的三十日前，将本级预算草案的初步方案提交本级人民代表大会有关专门委员会进行初步审查，或者送交本级人民代表大会常务委员会有关工作机构征求意见。

县、自治县、不设区的市、市辖区政府应当在本级人民代表大会会议举行的三十日前，将本级预算草案的初步方案提交本级人民代表大会常务委员会进行初步审查。

第四十五条 县、自治县、不设区的市、市辖区、乡、民族乡、镇的人民代表大会举行会议审查预算草案前，应当采用多种形式，组织本级人民代表大会代表，听取选民和社会各界的意见。

第四十六条 报送各级人民代表大会审查和批准的预算草案应当细化。本级一般公共预算支出，按其功能分类应当编列到项；按其经济性质分类，基本支出应当编列到款。本级政府性基金预算、国有资本经营预算、社会保险基金预算支出，按其功能分类应当编列到项。

第五章 预算审查和批准

第四十七条 国务院在全国人民代表大会举行会议时，向大会作关于中央和地方预算草案以及中央和地方预算执行情况的报告。

地方各级政府在本级人民代表大会举行会议时，向大会作关于总预算草案和总预算执行情况的报告。

第四十八条 全国人民代表大会和地方各级人民代表大会对预算草案及其报告、预算执行情况的报告重点审查下列内容：

（一）上一年预算执行情况是否符合本级人民代表大会预算决议的要求；

（二）预算安排是否符合本法的规定；

（三）预算安排是否贯彻国民经济和社会发展的方针政策，收支政策是否切实可行；

（四）重点支出和重大投资项目的预算安排是否适当；

（五）预算的编制是否完整，是否符合本法第四十六条的规定；

（六）对下级政府的转移性支出预算是否规范、适当；

（七）预算安排举借的债务是否合法、合理，是否有偿还计划和稳定的偿还资金来源；

（八）与预算有关重要事项的说明是否清晰。

第四十九条 全国人民代表大会财政经济委员会向全国人民代表大会主席团提出关于中央和地方预算草案及中央和地方预算执行情况的审查结果报告。

省、自治区、直辖市、设区的市、自治州人民代表大会有关专门委员会，县、自治县、不设区的市、市辖区人民代表大会常务委员会，向本级人民代表大会主席团提出关于总预算草案及上一年总预算执行情况的审查结果报告。

审查结果报告应当包括下列内容：

（一）对上一年预算执行和落实本级人民代表大会预算决议的情况作出评价；

（二）对本年度预算草案是否符合本法的规定，是否可行作出评价；

（三）对本级人民代表大会批准预算草案和预算报告提出建议；

（四）对执行年度预算、改进预算管理、提高预算绩效、加强预算监督等提出意见和建议。

第五十条 乡、民族乡、镇政府应当及时将经本级人民代表大会批准的本级预算报上一级政府备案。县级以上地方各级政府应当及时将经本级人民代表大会批准的本级预算及下一级政府报送备案的预算汇总，报上一级政府备案。

县级以上地方各级政府将下一级政府依照前款规定报送备案的预算汇总后，报本级人民代表大会常务委员会备案。国务院将省、自治区、直辖市政府依照前款规定报送备案的预算汇总后，报全国人民代表大会常务委员会备案。

第五十一条 国务院和县级以上地方各级政府对下一级政府依照本法第四十条规定报送备案的预算，认为有同法律、行政法规相抵触或者有其他不适当之处，需要撤销批准预算的决议的，应当提请本级人民代表大会常务委员会审议决定。

第五十二条 各级预算经本级人民代表大会批准后，本级政府财政部门应当在二十日内向本级各部门批复预算。各部门应当在接到本级政府财政部门批复的本部门预算后十五日内向所属各单位批复预算。

中央对地方的一般性转移支付应当在全国人民代表大会批准预算后三十日内正式下达。中央对地方的专项转移支付应当在全国人民代表大会批准预算后九十日内正式下达。

省、自治区、直辖市政府接到中央一般性转移支付和专项转移支付后，应当在三十日内正式下达到本行政区域县级以上各级政府。

县级以上地方各级预算安排对下级政府的一般性转移支付和专项转移支付，应当分别在本级人民代表大会批准预算后的三十日和六十日内正式下达。

对自然灾害等突发事件处理的转移支付，应当及时下达预算；对据实结算等特殊项目的转移支付，可以分期下达预算，或者先预付后结算。

县级以上各级政府财政部门应当将批复本级各部门的预算和批复下级政府的转移支付预算，抄送本级人民代表大会财政经济委员会、有关专门委员会和常务委员会有关工作机构。

第六章　预算执行

第五十三条　各级预算由本级政府组织执行，具体工作由本级政府财政部门负责。

各部门、各单位是本部门、本单位的预算执行主体，负责本部门、本单位的预算执行，并对执行结果负责。

第五十四条　预算年度开始后，各级预算草案在本级人民代表大会批准前，可以安排下列支出：

（一）上一年度结转的支出；

（二）参照上一年同期的预算支出数额安排必须支付的本年度部门基本支出、项目支出，以及对下级政府的转移性支出；

（三）法律规定必须履行支付义务的支出，以及用于自然灾害等突发事件处理的支出。

根据前款规定安排支出的情况，应当在预算草案的报告中作出说明。

预算经本级人民代表大会批准后，按照批准的预算执行。

第五十五条　预算收入征收部门和单位，必须依照法律、行政法规的规定，及时、足额征收应征的预算收入。不得违反法律、行政法规规定，多征、提前征收或者减征、免征、缓征应征的预算收入，不得截留、占用或者挪用预算收入。

各级政府不得向预算收入征收部门和单位下达收入指标。

第五十六条　政府的全部收入应当上缴国家金库（以下简称国库），

任何部门、单位和个人不得截留、占用、挪用或者拖欠。

对于法律有明确规定或者经国务院批准的特定专用资金，可以依照国务院的规定设立财政专户。

第五十七条 各级政府财政部门必须依照法律、行政法规和国务院财政部门的规定，及时、足额地拨付预算支出资金，加强对预算支出的管理和监督。

各级政府、各部门、各单位的支出必须按照预算执行，不得虚假列支。

各级政府、各部门、各单位应当对预算支出情况开展绩效评价。

第五十八条 各级预算的收入和支出实行收付实现制。

特定事项按照国务院的规定实行权责发生制的有关情况，应当向本级人民代表大会常务委员会报告。

第五十九条 县级以上各级预算必须设立国库；具备条件的乡、民族乡、镇也应当设立国库。

中央国库业务由中国人民银行办理，地方国库业务依照国务院的有关规定办理。

各级国库应当按照国家有关规定，及时准确地办理预算收入的收纳、划分、留解、退付和预算支出的拨付。

各级国库库款的支配权属于本级政府财政部门。除法律、行政法规另有规定外，未经本级政府财政部门同意，任何部门、单位和个人都无权冻结、动用国库库款或者以其他方式支配已入国库的库款。

各级政府应当加强对本级国库的管理和监督，按照国务院的规定完善国库现金管理，合理调节国库资金余额。

各级政府应当加强对本级国库的管理和监督。

第六十条 已经缴入国库的资金，依照法律、行政法规的规定或者国务院的决定需要退付的，各级政府财政部门或者其授权的机构应当及时办理退付。按照规定应当由财政支出安排的事项，不得用退库处理。

第六十一条 国家实行国库集中收缴和集中支付制度，对政府全部收入和支出实行国库集中收付管理。

第六十二条 各级政府应当加强对预算执行的领导，支持政府财政、税务、海关等预算收入的征收部门依法组织预算收入，支持政府财政部门严格管理预算支出。

财政、税务、海关等部门在预算执行中，应当加强对预算执行的分析；发现问题时应当及时建议本级政府采取措施予以解决。

第六十三条 各部门、各单位应当加强对预算收入和支出的管理，不得截留或者动用应当上缴的预算收入，不得擅自改变预算支出的用途。

第六十四条 各级预算预备费的动用方案，由本级政府财政部门提出，报本级政府决定。

第六十五条 各级预算周转金由本级政府财政部门管理，不得挪作他用。

第六十六条 各级一般公共预算年度执行中有超收收入的，只能用于冲减赤字或者补充预算稳定调节基金。

各级一般公共预算的结余资金，应当补充预算稳定调节基金。

省、自治区、直辖市一般公共预算年度执行中出现短收，通过调入预算稳定调节基金、减少支出等方式仍不能实现收支平衡的，省、自治区、直辖市政府报本级人民代表大会或者其常务委员会批准，可以增列赤字，报国务院财政部门备案，并应当在下一年度预算中予以弥补。

第七章　预算调整

第六十七条 经全国人民代表大会批准的中央预算和经地方各级人民代表大会批准的地方各级预算，在执行中出现下列情况之一的，应当进行预算调整：

（一）需要增加或者减少预算总支出的；

（二）需要调入预算稳定调节基金的；

（三）需要调减预算安排的重点支出数额的；

（四）需要增加举借债务数额的。

第六十八条 在预算执行中，各级政府一般不制定新的增加财政收入或者支出的政策和措施，也不制定减少财政收入的政策和措施；必须作出并需要进行预算调整的，应当在预算调整方案中作出安排。

第六十九条 在预算执行中，各级政府对于必须进行的预算调整，应当编制预算调整方案。预算调整方案应当说明预算调整的理由、项目和数额。

在预算执行中，由于发生自然灾害等突发事件，必须及时增加预算支出的，应当先动支预备费；预备费不足支出的，各级政府可以先安排支出，属于预算调整的，列入预算调整方案。

国务院财政部门应当在全国人民代表大会常务委员会举行会议审查和批准预算调整方案的三十日前，将预算调整初步方案送交全国人民代表大会财政经济委员会进行初步审查。

省、自治区、直辖市政府财政部门应当在本级人民代表大会常务委员会举行会议审查和批准预算调整方案的三十日前，将预算调整初步方案送交本级人民代表大会有关专门委员会进行初步审查。

设区的市、自治州政府财政部门应当在本级人民代表大会常务委员会举行会议审查和批准预算调整方案的三十日前，将预算调整初步方案送交本级人民代表大会有关专门委员会进行初步审查，或者送交本级人民代表大会常务委员会有关工作机构征求意见。

县、自治县、不设区的市、市辖区政府财政部门应当在本级人民代表大会常务委员会举行会议审查和批准预算调整方案的三十日前，将预算调整初步方案送交本级人民代表大会常务委员会有关工作机构征求意见。

中央预算的调整方案应当提请全国人民代表大会常务委员会审查和批准。县级以上地方各级预算的调整方案应当提请本级人民代表大会常务委员会审查和批准；乡、民族乡、镇预算的调整方案应当提请本级人民代表大会审查和批准。未经批准，不得调整预算。

第七十条 经批准的预算调整方案，各级政府应当严格执行。未经本法第六十九条规定的程序，各级政府不得作出预算调整的决定。

对违反前款规定作出的决定，本级人民代表大会、本级人民代表大会常务委员会或者上级政府应当责令其改变或者撤销。

第七十一条 在预算执行中，地方各级政府因上级政府增加不需要本级政府提供配套资金的专项转移支付而引起的预算支出变化，不属于预算调整。

接受增加专项转移支付的县级以上地方各级政府应当向本级人民代表大会常务委员会报告有关情况；接受增加专项转移支付的乡、民族乡、镇政府应当向本级人民代表大会报告有关情况。

第七十二条 各部门、各单位的预算支出应当按照预算科目执行。严格控制不同预算科目、预算级次或者项目间的预算资金的调剂，确需调剂使用的，按照国务院财政部门的规定办理。

第七十三条 地方各级预算的调整方案经批准后，由本级政府报上一级政府备案。

第八章 决 算

第七十四条 决算草案由各级政府、各部门、各单位，在每一预算年度终了后按照国务院规定的时间编制。

编制决算草案的具体事项，由国务院财政部门部署。

第七十五条 编制决算草案，必须符合法律、行政法规，做到收支真实、数额准确、内容完整、报送及时。

决算草案应当与预算相对应，按预算数、调整预算数、决算数分别列出。一般公共预算支出应当按其功能分类编列到项，按其经济性质分类编列到款。

第七十六条 各部门对所属各单位的决算草案，应当审核并汇总编制本部门的决算草案，在规定的期限内报本级政府财政部门审核。

各级政府财政部门对本级各部门决算草案审核后发现有不符合法律、行政法规规定的，有权予以纠正。

第七十七条 国务院财政部门编制中央决算草案，经国务院审计部门审计后，报国务院审定，由国务院提请全国人民代表大会常务委员会审查和批准。

县级以上地方各级政府财政部门编制本级决算草案，经本级政府审计部门审计后，报本级政府审定，由本级政府提请本级人民代表大会常务委员会审查和批准。

乡、民族乡、镇政府编制本级决算草案，提请本级人民代表大会审查和批准。

第七十八条 国务院财政部门应当在全国人民代表大会常务委员会举行会议审查和批准中央决算草案的三十日前，将上一年度中央决算草案提交全国人民代表大会财政经济委员会进行初步审查。

省、自治区、直辖市政府财政部门应当在本级人民代表大会常务委员会举行会议审查和批准本级决算草案的三十日前，将上一年度本级决算草案提交本级人民代表大会有关专门委员会进行初步审查。

设区的市、自治州政府财政部门应当在本级人民代表大会常务委员会举行会议审查和批准本级决算草案的三十日前，将上一年度本级决算草案提交本级人民代表大会有关专门委员会进行初步审查，或者送交本级人民代表大会常务委员会有关工作机构征求意见。

县、自治县、不设区的市、市辖区政府财政部门应当在本级人民代表大会常务委员会举行会议审查和批准本级决算草案的三十日前，将上一年度本级决算草案送交本级人民代表大会常务委员会有关工作机构征求意见。

全国人民代表大会财政经济委员会和省、自治区、直辖市、设区的市、自治州人民代表大会有关专门委员会，向本级人民代表大会常务委员会提出关于本级决算草案的审查结果报告。

第七十九条 县级以上各级人民代表大会常务委员会和乡、民族乡、镇人民代表大会对本级决算草案，重点审查下列内容：

（一）预算收入情况；

（二）支出政策实施情况和重点支出、重大投资项目资金的使用及绩效情况；

（三）结转资金的使用情况；

（四）资金结余情况；

（五）本级预算调整及执行情况；

（六）财政转移支付安排执行情况；

（七）经批准举借债务的规模、结构、使用、偿还等情况；

（八）本级预算周转金规模和使用情况；

（九）本级预备费使用情况；

（十）超收收入安排情况，预算稳定调节基金的规模和使用情况；

（十一）本级人民代表大会批准的预算决议落实情况；

（十二）其他与决算有关的重要情况。

县级以上各级人民代表大会常务委员会应当结合本级政府提出的上一年度预算执行和其他财政收支的审计工作报告，对本级决算草案进行审查。

第八十条 各级决算经批准后，财政部门应当在二十日内向本级各部门批复决算。各部门应当在接到本级政府财政部门批复的本部门决算后十五日内向所属单位批复决算。

第八十一条 地方各级政府应当将经批准的决算及下一级政府上报备案的决算汇总，报上一级政府备案。

县级以上各级政府应当将下一级政府报送备案的决算汇总后，报本级人民代表大会常务委员会备案。

第八十二条 国务院和县级以上地方各级政府对下一级政府依照本法第六十四条规定报送备案的决算，认为有同法律、行政法规相抵触或者有其他不适当之处，需要撤销批准该项决算的决议的，应当提请本级人民代表大会常务委员会审议决定；经审议决定撤销的，该下级人民代表大会常务委员会应当责成本级政府依照本法规定重新编制决算草案，提请本级人民代表大会常务委员会审查和批准。

第九章 监 督

第八十三条 全国人民代表大会及其常务委员会对中央和地方预算、决算进行监督。

县级以上地方各级人民代表大会及其常务委员会对本级和下级预算、决算进行监督。

乡、民族乡、镇人民代表大会对本级预算、决算进行监督。

第八十四条 各级人民代表大会和县级以上各级人民代表大会常务委员会有权就预算、决算中的重大事项或者特定问题组织调查，有关的政府、部门、单位和个人应当如实反映情况和提供必要的材料。

第八十五条 各级人民代表大会和县级以上各级人民代表大会常务委员会举行会议时，人民代表大会代表或者常务委员会组成人员，依照法律规定程序就预算、决算中的有关问题提出询问或者质询，受询问或者受质询的有关的政府或者财政部门必须及时给予答复。

第八十六条 国务院和县级以上地方各级政府应当在每年六月至九

月期间向本级人民代表大会常务委员会报告预算执行情况。

第八十七条 各级政府监督下级政府的预算执行；下级政府应当定期向上一级政府报告预算执行情况。

第八十八条 各级政府财政部门负责监督检查本级各部门及其所属各单位预算的编制、执行，并向本级政府和上一级政府财政部门报告预算执行情况。

第八十九条 县级以上政府审计部门依法对预算执行、决算实行审计监督。

对预算执行和其他财政收支的审计工作报告应当向社会公开。

第九十条 政府各部门负责监督检查所属各单位的预算执行，及时向本级政府财政部门反映本部门预算执行情况，依法纠正违反预算的行为。

第九十一条 公民、法人或者其他组织发现有违反本法的行为，可以依法向有关国家机关进行检举、控告。

接受检举、控告的国家机关应当依法进行处理，并为检举人、控告人保密。任何单位或者个人不得压制和打击报复检举人、控告人。

第十章 法律责任

第九十二条 各级政府及有关部门有下列行为之一的，责令改正，对负有直接责任的主管人员和其他直接责任人员追究行政责任：

（一）未依照本法规定，编制、报送预算草案、预算调整方案、决算草案和部门预算、决算以及批复预算、决算的；

（二）违反本法规定，进行预算调整的；

（三）未依照本法规定对有关预算事项进行公开和说明的；

（四）违反规定设立政府性基金项目和其他财政收入项目的；

（五）违反法律法规规定使用预算预备费、预算周转金、预算稳定调节基金、超收收入的；

（六）违反本法规定开设财政专户的。

第九十三条 各级政府及有关部门、单位有下列行为之一的，责令改正，对负有直接责任的主管人员和其他直接责任人员依法给予降级、撤职、开除的处分：

（一）未将所有政府收入和支出列入预算或者虚列收入和支出的；

（二）违反法律、行政法规的规定，多征、提前征收或者减征、免征、缓征应征预算收入的；

（三）截留、占用、挪用或者拖欠应当上缴国库的预算收入的；

（四）违反本法规定，改变预算支出用途的；

（五）擅自改变上级政府专项转移支付资金用途的；

（六）违反本法规定拨付预算支出资金，办理预算收入收纳、划分、留解、退付，或者违反本法规定冻结、动用国库库款或者以其他方式支配已入国库库款的。

第九十四条 各级政府、各部门、各单位违反本法规定举借债务或者为他人债务提供担保，或者挪用重点支出资金，或者在预算之外及超预算标准建设楼堂馆所的，责令改正，对负有直接责任的主管人员和其他直接责任人员给予撤职、开除的处分。

第九十五条 各级政府有关部门、单位及其工作人员有下列行为之一的，责令改正，追回骗取、使用的资金，有违法所得的没收违法所得，对单位给予警告或者通报批评；对负有直接责任的主管人员和其他直接责任人员依法给予处分：

（一）违反法律法规的规定，改变预算收入上缴方式的；

（二）以虚报、冒领等手段骗取预算资金的；

（三）违反规定扩大开支范围、提高开支标准的；

（四）其他违反财政管理规定的行为。

第九十六条 本法第九十二条、第九十三条、第九十四条、第九十五条所列违法行为，其他法律对其处理、处罚另有规定的，依照其规定。违反本法规定，构成犯罪的，依法追究刑事责任。

第十一章 附 则

第九十七条 各级政府财政部门应当按年度编制以权责发生制为基础的政府综合财务报告，报告政府整体财务状况、运行情况和财政中长期可持续性，报本级人民代表大会常务委员会备案。

第九十八条 国务院根据本法制定实施条例。

第九十九条 民族自治地方的预算管理，依照民族区域自治法的有关规定执行；民族区域自治法没有规定的，依照本法和国务院的有关规定执行。

第一百条 省、自治区、直辖市人民代表大会或者其常务委员会根据本法，可以制定有关预算审查监督的决定或者地方性法规。

第一百零一条 本法自 1995 年 1 月 1 日施行。1991 年 10 月 21 日国务院发布的《国家预算管理条例》同时废止。

宁夏回族自治区人民政府
关于调整分税制财政管理体制的通知

宁政发〔1995〕111号

各行署，各市、县（区）人民政府，自治区政府各部门、各直属机构：

为了理顺自治区与市县的财政分配关系，更好地调动两个积极性，自治区人民政府决定对宁政发〔1993〕128号文《关于实行分税制财政管理体制若干规定的通知》的有关内容做如下调整：

1. 为调动市县发展经济的积极性，增强市县财力，自治区决定将原属自治区本级固定收入增值税25%部分，全部划归市县级收入（除第二条所列企业外）。

2. 为增强自治区调控能力，自治区决定将宁夏炼油厂、西北轴承厂、宁夏化工厂、银川中策（长城）橡胶有限公司、青铜峡铝厂（含一期、二期）和青鑫铝业有限责任公司、常柴银川有限责任公司、区电力局、大武口电厂、大坝电厂等企业增值税25%部分全留归自治区。

3. 考虑到银南、固原两个地区的财政状况，对银南、固原两行署所在市县范围内的地直企业增值税的25%部分，划为两地财政收入。

4. 将原属自治区级固定收入的固定资产投资方向调节税和资源税调整为共享税，共享比例为5:5，即自治区和市县各分享50%。

5. 将原共享税中的房产税和土地使用税的共享比例由 7:3 调整为 3:7，即自治区分享 30%，市县分享 70%。

6. 将原共享收入国有土地使用权有偿出让收入划为市县级固定收入。

7. 为保持自治区和市县 1995 年的既得利益，对因上述收入的调整而影响自治区与市县财力部分，均以 1995 年的收入为基数，调整各市县税收返还基数。

8. 以上规定从 1996 年 1 月 1 日起执行。有关预算管理问题，由区财政会同区人民银行、区国税局、区地税局办理。

一九九五年十二月二十一日

宁夏回族自治区党委、人民政府关于进行农村税费改革试点工作的通知

宁党发〔2000〕31号

各地、市、县（区）党委、行署和人民政府，自治区党委各部委，自治区各厅局，各人民团体，各大专院校：

为了贯彻党的十五大和十五届三中全会精神，探索建立规范的农村税费制度，从根本上减轻农民负担，根据《中共中央、国务院关于进行农村税费改革试点工作的通知》（中发〔2000〕7号）精神，自治区党委、政府决定进行农村税费改革试点。现将有关事项通知如下：

一、充分认识农村税费改革试点工作的重大意义

农业、农村和农民问题是关系我国改革开放和社会主义现代化建设全局的重大问题。我们党历来十分重视正确处理国家、集体和农民的关系，注意保障农民利益，在农村实行休养生息的政策。特别是改革开放以来，通过实行以家庭承包经营为基础、统分结合的双层经营体制，调整农产品价格和购销政策，改善农村分配关系，采取了一系列减轻农民负担的政策措施，调动了农民的生产积极性，保持和发展了农村好的形势。

但是，现行的农村税费制度和征收办法还不尽合理，农民负担重、收取税费不规范的问题依然存在。有些地方和部门不顾国家和自治区的

有关规定，随意向农民伸手，面向农民的各种收费、集资、罚款和摊派项目多、数额大；有些地方虚报农民收入，超标准提取村提留和乡统筹费，强迫农民以资代劳；有些地方违反国家规定，按田亩或人头平摊征收农业特产税和屠宰税；有些部门要求基层进行的各种名目的达标升级活动屡禁不止，所需资金最后摊派到农民身上。这些问题，严重侵害了农民的物质利益和民主权利，挫伤了农民的生产积极性，伤害了农民对党和政府的感情，影响了农村社会稳定。对这些问题，必须通过深化改革，从根本上加以解决。

当前，我区农业和农村经济进入了一个新的发展阶段，农产品供给总量平衡，出现了地区性、结构性和阶段性的相对过剩，农产品卖难，价格走低，对农民收入影响很大。由于整个国民经济正处于结构调整时期，乡镇企业的发展速度放慢，效益下降，农村劳动力外出务工难度增大，农民从二、三产业得到收入也受到影响。在这种情况下，增加农民收入，关键是要适应农业发展新阶段的要求，对农业和农村经济结构进行战略性调整。因此，为了保护农村生产力，实现农村经济持续发展和社会稳定，必须注意对农民多给予、少索取，整个国民收入分配要在较长的时间内向农民倾斜，并且要突出抓好减轻农民负担工作，让农民得到更多的实惠。只有减轻农民负担，才有利于农民增收，使农民有能力进一步增加投入、发展生产、才能真正提高农村购买力，扩大农村需求，促进国民经济持续快速健康发展。

推进农村税费改革，事关农民切实利益，是规范农村分配制度，遏制向农民乱收费、乱集资、乱罚款和各种摊派，从根本上解决农民负担问题的一项重大措施。积极稳妥地搞好这项改革，用规范的分配方式控制农民负担，体现农民应尽的义务，既可以把基层干部从收粮收款中解脱出来，改善党群、干群关系，维护农村社会稳定，又有利于贯彻依法治国的基本方略，促进政府转变职能，精简机构。各级党委、政府务必从政治和全局的高度充分认识进行农村税费改革的重大意义。

农村税费改革是一项十分复杂的工作，涉及各方面利益，是农村分配关系的一项重大调整。因此，必须周密部署，统筹安排。试点县要针对改革中的难点和重大问题，结合本地实际，制定深化和完善农村税费改革的各项配套措施，有组织、有步骤的推进农村税费改革试点工作，通过试点积累经验，完善政策，为全面实施改革创造条件。

二、我区农村税费改革试点工作的指导思想和基本原则

我区农村税费改革试点工作的指导思想是：以党的十五大和十五届三中全会精神为指针，认真贯彻落实《中共中央、国务院关于进行农村税费改革试点工作的通知》精神，根据社会主义市场经济发展和推进农村民主法制建设的要求，规范农村税费改革，从根本上治理对农民的各种乱收费，切实减轻农民负担，进一步巩固农村基层政权，促进农村经济健康发展和农村社会的长期稳定。

按照上述指导思想，农村税费改革应遵循以下基本原则：

（一）从轻确定农民负担水平，并保持长期稳定

坚决取消对农民的各种乱收费，保护农民的合法权益。根据农民收入水平承受能力，从轻确定负担水平，给农民以更多的实惠。新的农民负担水平一经确定，要保持长期稳定。

（二）妥善处理改革力度与各方面承受能力的关系

在保证农民负担有明显减轻的前提下，注意兼顾其他方面的承受能力，使地方政府特别是乡镇政府和基层组织能够正常运转。

（三）实行科学规范的分配制度和简便易行的征收方式

采取以农业税收为主的方式，把农民负担纳入规范化、法制化的管理轨道。实行符合农民意愿，能够为农民所接受的税收征收办法，便于基层操作和群众监督。

（四）统筹安排，抓好改革试点的配套工作

农村税费改革试点工作要与精简乡镇机构、完善县乡财政体制和健全农民负担监督机制结合进行。试点地区要转变政府职能，精简机构、压缩人员，量入为出，调整支出结构，减少政府开支。

三、农村税费改革试点的主要内容

农村税费改革试点的主要内容是：取消乡统筹费、农村教育集资等专门面向农民征收的行政事业性收费和政府性基金、集资；取消屠宰税；取消统一规定的劳动积累工和义务工；调整农业税和农业特产税政策；改革村提留征收使用办法。

（一）取消乡统筹费和农村教育集资等专门面向农民征收的行政事业性收费和政府性基金

取消乡统筹费后，原乡统筹费开支的乡村两级九年制义务教育、计划生育、优抚和民兵训练支出，由各级政府通过财政预算安排。乡级道路建设由县（市、区）、乡镇政府负责安排。村级道路建设资金不再固定向农民收取，由村民大会民主协商解决。农村医疗卫生事业逐步实行有偿服务.各级政府适当补助。取消教育集资。中小学危房改造资金由自治区、地（市）、县（市、区）财政预算安排。所有专门面向农民收取的行政事业性收费、政府性基金和涉及农民的集资项目一律取消。

（二）取消屠宰税

（三）取消统一规定的劳动积累工和义务工

以后村内农田水利基本建设、村级道路修建、植树造林等集体生产公益事业所需劳务，实行一事一议，由村民大会民主讨论决定。村内用工实行上限控制，除遇到特大防洪、抢险、抗旱等紧急任务，经县级以上人民政府批准可临时动用农村劳动力，任何地方和部门均不得无偿动用农村劳动力。试点县逐步取消统一规定的劳动积累工和义务工的具体步骤由当地党委、政府根据实际情况确定。

（四）调整农业税政策

农业税按农作物的常年产量和规定的税率征收，常年产量按不同的土地等级，以 1998 年前 5 年农作物的平均产量确定，并保持长期稳定。调整农业税税率，将原农业税附加并入新的农业税。新的农业税实行地区差别比例税率，最高不超过 7%。试点县的具体适用税率和农业税征收总额，由各试点县政府按照比现行农民税费负担明显减轻的原则，核定后报自治区人民政府确定。计税土地以农民第二轮承包的土地为基础，以调查核实的土地为依据。其他单位和个人从事农业生产的计税土地为实际用于农业生产的土地。计税土地发生增减变化，农业税应当及时进行调整。现行农业税减免政策基本维持不变。

牧业税的负担按照略低于新的农业税负担的原则，实行定额税率。试点县要改进和完善现行牧业税征收办法，做到据实征收。

（五）调整农业特产税政策

按照农业税和农业特产税不重复交叉征收的原则，对在非农业税计税土地上生产的农业特产品，继续征收农业特产税；对在农业税计税土地上生产的农业特产品，只征收农业税。对在生产、收购两个环节征收的农业特产税合并在生产环节征收。农业特产税税率按略高于农业税税率的原则进行适当调整，具体办法由试点县提出意见，报自治区人民政府批准后执行。

（六）改革村提留征收使用办法

村干部报酬、五保户供养、办公经费，除原由集体经营收入开支的继续保留外，凡由农民上缴村提留开支的，采用新的农业税附加方式统一收取。农业税附加比例最高不超过农业税正税的 20%，具体的附加比例由试点县政府核定后，报自治区人民政府确定。用农业税附加方式收取的村提留属于集体资金，专款专用、专户储存，实行乡管村用，由乡镇经营管理部门监督管理。村内兴办其他集体生产公益事业所需资金，不再固定向农民收取村提留，实行一事一议，由村民大会民主讨论决定，实行村务公开、村民监督和上级审计。对村内一事一议的集体生产公益事业筹资，实行上限控制。

原由乡村集体经营收入负担村提留和乡统筹费的，农村税费改革后可以采取适当方式继续实行以工补农。对不承包土地并从事工商业活动的农村居民，可以按照权利义务对等的原则，经过村民大会民主讨论确定，在原乡统筹费和新的农业税附加的负担水平内向其收取一定数额的资金用于村内集体公益事业。

农业税及其附加征收实物还是征收代金，按现行规定执行。折征代金的要严格按照国家规定的粮食定购价计征，不得随意提高或加码。农业税及其附加统一由财政部门的农业税征收机关负责征收。征收实物的由粮食部门在收购粮食、结算价款时代扣代缴。

四、农村税费改革试点的配套措施

（一）规范农村收费管理

试点县要对现行涉及农民负担的各种收费项目进行全面清理整顿。今后，各级政府和部门都无权设立涉及农民负担的行政事业性收费和政府基金、集资项目。坚决取消涉及农民的各种摊派和达标升级活动，对农村经营服务性收费进行整顿，建立规范的管理制度。对村内兴办的集体生产公益事业筹资筹劳，要以乡镇为单位制定专门的管理办法。

（二）精简乡镇机构和压缩人员

农村税费改革后，乡镇政府因收入减少影响的开支，主要通过转变政府职能、精简机构和压缩财政供养人员，调整支出结构等途径解决。要按照政企分开和精简效能的原则，合理设置乡镇机构，严格核定人员编制。适当合并现有乡村学校，对教师队伍进行必要的整顿和压缩。试点县的组织、人事、编制部门，要对其乡镇及乡镇以下所有行政事业单位的编制进行重新核定。试点县要积极创造条件，探索精简分流人员的有效途径。要积极动员乡镇干部和科技人员.承包乡镇企业，领办、创办各类试验示范基地和经营服务实体。要充分利用当地资源优势，开拓农村市场，建立流通服务组织，开展有偿服务，实现多渠道安置分流人员。

（三）改革和完善县、乡财政管理体制

根据分税制财政体制的要求，明确划分县、乡政府事权和财权。新增的农业税收入原则上留给乡镇财政，自治区财政要加大对财政困难县乡财政转移支付力度，保障基层政府履行职能所需支出。

（四）建立健全农民负担监督机制

取消专门面向农民的各种行政事业性收费、政府性基金和涉及农民的集资项目。对涉及农民的收费，要公布收费项目和收费标准，接受农民和社会的监督。取消各种不利于控制和减轻农民负担的干部考核制度和考核指标。加强对违反规定加重农民负担行为的社会舆论监督，严肃查处各种违法违纪行为。

（五）抓紧制定改革的配套文件

有关部门和试点县要制定相应的配套文件，保证农村税费改革试点工作的顺利进行。在试点期间，要抓紧做好有关法规制度的制定修改工作。

五、农村税费改革试点工作的安排

根据我区山川自然环境和经济条件特点，自治区党委、政府决定在中卫县、彭阳县以县为单位，进行农村税费改革试点。全区农村税费改革工作在试点的基础上，摸清情况，积累经验，逐步推开。

我区农村税费改革工作分三步进行：第一步今年年底之前，在试点县组织调查摸底测算，研究制订税费改革试点方案；第二步，从 2001

年1月1日起，税费改革方案在试点县开始运行，同时，在非试点县进行调研，在试点和调研的基础上，修订完善税费改革方案；第三步，从2002年1月1日起，全区各市县（区）全面推行税费改革。

六、加强对农村税费改革试点工作的领导

搞好农村税费改革意义重大。各级党委、政府要统一思想，充分认识农村税费改革的重要性、紧迫性和复杂性，充分估计试点过程中的工作难度，切实加强对试点工作的领导。自治区党委、政府已成立了宁夏回族自治区农村税费改革工作领导小组，并由有关职能部门抽调专人组成专门工作班子，办公室设在自治区财政厅，具体办理日常工作。试点县也要成立领导小组，抽调得力人员，组成专门工作班子。党、政一把手要亲自抓，主管县长要具体抓。要在深入调查研究、广泛听取基层和农民意见的基础上，按照本通知精神制定切实可行的具体改革试点方案，将各项政策措施落到实处。

自治区各部门要带头贯彻落实自治区党委、政府关于农村税费改革的精神，积极支持和配合搞好试点工作。要适应改革要求，及时调整工作思路、工作方法和有关政策，坚持一切从实际出发、量力而行的方针，可办可不办的事情不办，能缓办的事情缓办，决不能用牺牲农民利益的办法求得事业发展。

暂未实行农村税费改革的地方，要继续严格执行国家现行有关税费政策和中央关于减轻农民负担的各项规定，进一步稳定并降低农民的现有负担水平。自治区农村税费改革工作领导小组，要认真审核试点县的改革试点方案，加强对试点县农村税费改革工作的指导，并做好组织试点工作。

试点县党委、政府和有关部门要认真做好农村税费改革的宣传和干部培训工作。要采取多种形式向社会特别是广大农民进行深入宣传，做

到家喻户晓，使农民能够依法保护自己的合法权益。要对从事农村税费改革工作的干部进行业务培训，准确地掌握中央和自治区的政策，严格依法办事，确保农村税费改革试点工作顺利进行。

一九九五年十二月二十一日

宁夏回族自治区人民政府办公厅关于转发《宁夏回族自治区财政国库管理制度改革试行方案》的通知

宁政办发〔2001〕192号

为适应财政预算管理制度改革的需要，根据财政部、中国人民银行《关于印发〈财政国库管理制度改革试点方案〉的通知》（财库〔2001〕24号）精神，逐步建立以国库单一账户体系为基础、资金缴拨以国库集中收付为主要形式的财政国库管理制度，加强我区财政资金的管理与监督，提高资金使用效益，制订本方案。

一、改革现行财政国库管理制度的必要性

我国现行的财政性资金缴库和拨付方式，是通过征收机关和预算单位设立多重账户分散进行的。这种在传统体制下形成的运作方式，越来越不适应社会主义市场经济体制下公共财政的发展要求。主要弊端是：重复和分散设置账户，导致财政资金活动透明度不高，不利于对其实施有效管理和全面监督，财政收支信息反馈迟缓，难以及时为预算编制、执行分析和宏观经济调控提供准确依据，财政资金入库时间延滞，收入退库不规范，大量资金经常滞留在预算单位，降低了使用效率；财政资金使用缺乏事前监督，截留、挤占、挪用等问题时有发生，甚至出现腐

败现象。因此，必须对现行财政国库管理制度进行改革，逐步建立和完善以国库单一账户体系为基础、资金缴拨以国库集中收付为主要形式的财政国库管理制度。

二、财政国库管理制度改革的指导思想和原则

财政国库管理制度改革的指导思想是：按照社会主义市场经济体制下公共财政的发展要求，建立和完善以国库单一账户体系为基础、资金缴拨以国库集中收付为主要形式的财政国库管理制度，进一步加强财政监督，提高资金使用效益，更好地发挥财政在宏观调控中的作用。

根据上述指导思想，财政国库管理制度改革遵循以下原则：

（一）坚持“三不变”原则

预算管理体制不变，即年度预算仍然由各单位编报；单位的理财机制不变，即资金的使用权仍归各单位；单位的会计主体法律责任不变。

（二）坚持规范操作原则

合理确定财政部门、征收单位、预算单位、中国人民银行国库和代理银行的管理职责，所有财政性收支都按规范的程序在国库单一账户体系内运作。

（三）坚持管理监督原则

增强财政收支活动透明度，使收入缴库和支出拨付的整个过程都处于有效的监督管理之下。

（四）坚持方便用款原则

减少资金申请和拨付环节，使预算单位用款及时，便利。

（五）坚持分步实施原则

改革方案要体现系统性和前瞻性，使改革目标逐步得到实现。

三、国库管理制度改革的主要内容

按照财政国库管理制度的基本发展要求，建立国库单一账户体系，所有财政性资金均纳入国库单一账户体系管理，收入直接缴入国库或财政专户，支出通过国库单一账户体系直接支付到商品和劳务供应者或用款单位。

（一）国库单一账户体系的设置

国库单一账户体系的构成和各账户的功能。

1. 财政部门在中国人民银行开设国库单一账户，按收入和支出设置分类账，收入账按预算科目进行明细核算，支出账按资金使用性质设立分账册。国库单一账户为国库存款账户，用于记录、核算和反映纳入预算管理的财政收入和支出活动，并用于与财政部门在商业银行开设的零余额账户进行清算，实现支付。

2. 财政部门按资金用途在商业银行开设零余额账户，用于财政直接支付和与国库单一账户支出清算；在商业银行为预算单位开设零余额账户，用于财政授权支付和清算。

3. 财政部门在商业银行开设预算外资金财政专户，按收入和支出设置分类账，用于记录、核算和反映预算外资金的收入和支出活动，并用于预算外资金日常收支清算。

4. 财政部门在商业银行为预算单位开设小额现金账户，用于记录、核算和反映预算单位的零星支出活动，并用于与国库单一账户清算。

5. 经国务院和自治区人民政府批准或授权财政部门开设的专户（以下简称特设专户），用于记录、核算和反映预算单位的有关特殊专项支出活动，并用于与国库单一账户清算。

建立国库单一账户体系后，相应取消各类收入过渡性账户，预算单位的财政性资金将逐步纳入国库单一账户进行管理。

上述账户和专户要与财政部门及其支付执行机构、中国人民银行国库和预算单位的会计核算保持一致，相互核对有关账务记录。

（二）规范收入收缴程序

1. 收入类型。按政府收入分类标准，对财政收入实行分类。

2. 收缴方式。财政性收入的收缴分为直接缴库和集中汇缴。

（1）直接缴库是由缴款单位或缴款人按有关法律法规的规定，直接将应缴收入缴入国库单一账户或预算外资金财政专户。

（2）集中汇缴是由征收机关（有关法定单位）按有关法律法规规定，将所收的应缴收入汇总缴入国库单一账户或预算外资金财政专户。

3. 收缴程序。

（1）直接缴库程序。直接缴库的税收收入，由纳税人或税务代理人提出纳税申报，经征收机关审核无误后，由纳税人通过开户银行将税款缴入国库单一账户。直接缴库的其他收入，比照上述程序缴入国库单一账户或预算外资金财政专户。

（2）集中汇缴程序。小额零散税收和法律另有规定的应缴收入，由征收机关于收缴收入的当日汇总缴入国库单一账户。非税收入中的现金缴款，比照本程序缴入国库单一账户或预算外资金财政专户。

规范收入退库管理。涉及从国库中退库的，必须依照法律、行政法规有关国库管理的规定执行。

（三）规范支出拨付程序

1. 支出类型。财政支出总体上分为购买性支出和转移性支出。根据支付管理需要，具体分为：工资支出，即预算单位的工资性支出；购买支出，即预算单位除工资支出、零星支出之外购买服务、货物、工程项目等支出，零星支出，即预算单位购买支出中的日常小额部分，除《政府采购品目分类表》所列品目以外的支出，或列入《政府采购品目分类表》所列品目，但未达到规定数额的支出，转移支出，即拨付给预算单位或下级财政部门，未指明具体用途的支出，包括拨付企业补贴和未指明具体用途的资金、自治区对各市县的一般性转移支付等。

2. 支付方式。按照不同的支付主体，对不同类型的支出，分别实行财政直接支付和财政授权支付。

（1）财政直接支付。由财政部门开具支付令，通过国库单一账户体系，直接将财政资金支付到收款人 (即商品和劳务供应者，下同) 或用款单位 (包括：下级财政部门和预算单位，下同)。实行财政直接支付的支出包括：

①工资支出、购买支出以及自治区对市县的专项转移支付，拨付企业大型工程项目或大型设备采购的资金等，直接支付到收款人。

②转移支出 (自治区对各市县专项转移支出除外)，包括自治区对各市县的一般性转移支付中的税收返还、原体制补助、过渡期转移支付、结算补助支出、对企业的补贴和未指明购买内容的某些专项支出等，支付到用款单位。

（2）财政授权支付。预算单位根据财政授权，自行开具支付令，通过国库单一账户体系将资金支付到收款人账户。实行财政授权支付的支出包括未实行财政直接支付的购买支出和零星支出。

3. 支付程序。

（1）财政直接支付程序。预算单位按照批复的部门预算和资金使用计划，向财政国库支付执行机构提出支付申请，财政国库支付执行机构根据批复的部门预算和资金使用计划及相关要求对支付申请审核无误后，向代理银行发出支付令，并通知中国人民银行国库部门，通过代理银行进入银行清算系统实时清算，财政资金从国库单一账户划拨到收款人的银行账户。

财政直接支付主要通过转账方式进行，也可以采取“国库支票”支付。财政国库支付执行机构根据预算单位的要求签发支票，并将签发给收款人的支票交给预算单位，由预算单位转给收款人。收款人持支票到其开户银行入账，收款人开户银行再与财政国库管理机构确定的代理银行进行清算，每日营业终了前由国库单一账户与代理银行进行清算。

工资性支付涉及的各预算单位人员编制、工资标准、开支数额等，分别由编制部门、人事部门和财政部门核定。

支付对象为预算单位和下级财政部门的支出，由财政部门按照预算执行进度将资金从国库单一账户直接拨付到预算单位或下级财政部门账户。

（2）财政授权支付程序。预算单位按照批复的部门预算和资金使用计划，向财政国库支付执行机构提出授权支付的月度用款限额，财政国库支付执行机构将批准后的限额通知代理银行和预算单位，并通知中国人民银行国库部门。预算单位在月度用款限额内，根据所发生的业务，自行开具支付令，通过财政国库支付执行机构转由代理银行向收款人付款，并与国库单一账户清算。

上述财政直接支付和财政授权支付流程，以电子化的银行支付系统和财政信息管理系统为基础。在这些系统尚未建立或完善前，财政国库支付执行机构或预算单位的支付令通过人工操作转到代理银行，代理银行通过现行银行清算系统向收款人账户付款，并在每天轧账前，与国库单一账户进行清算。

预算外资金的支付，比照上述程序实施。

四、改革配套措施

建立现代国库管理制度是财政预算管理的一项重大改革，不仅需要改变传统观念和传统管理方式，各部门统一认识，相互配合，而且需要许多配套改革措施积极配合。

（一）建立财政国库支付执行机构。财政国库支付执行机构的工作是现有财政国库支付工作的延伸，具有一定的行政职能。建立国库单一账户体系和实行新的财政资金拨付方式后，财政部门面对的支付业务将大量增加，须在财政国库管理部门设立专门支付执行机构，具体从事拨款审核、资金支付、会计核算、监督检查等项业务。

（二）建立财政支付管理信息系统，解决财政支付的信息记录和反馈以及与人行国库和代理银行的信息联结。

（三）进一步推进预算编制改革，细化预算编制，全面推进部门预算制度。

（四）依据修订后的《预算法》《金库条例》及《财政总预算会计制度》等相关法律法规，制定我区的实施办法和实施细则，为实行财政国库集中收付制度提供法律、制度上的保障。

（五）建立健全财政内部监督制约机制，以保证预算资金的安全。

（六）按照市场经济的原则，通过招标选择一至两家实力雄厚、服务机构健全、信誉优良、运行安全的商业银行作为财政国库支付业务的代理银行。

五、职责与权限

为了保证国库单一账户制度的稳步推行，解决在资金使用申请过程中涉及的多级次预算单位管理职责和审核效率问题，明确相关单位的职责权限，预算单位、财政部门及代理银行要各司其责，加强监督管理，健全约束机制，以保证预算的顺利执行。

（一）各预算单位要认真编报本单位的年度部门预算，逐步使所有财政性资金的支付，建立在明晰的部门预算基础上。对财政部门安排的本单位年度部门预算要严格控制，要做到有计划用款，不得超预算支出。

（二）财政部门要严格按照部门预算要求，按时间进度和用款计划适时拨付资金。对预算单位超预算、超进度拨款和不按预算安排审批的经费支出项目，有权拒绝拨付资金。

（三）财政国库支付执行机构要配合财政国库管理部门，建立国库单一账户体系，为预算单位设立支出总账及分类账管理系统，向代理银行开具支付令并适时清算，进行相关会计核算，及时反映支付情况，为预算执行分析提供信息。机构内部要建立监督制约机制，保证财政资金安全。

（四）人民银行要负责与执行国库业务的代理银行进行资金清算，监督代理银行代理财政资金支付业务，建立相应对账制度，保证各方账目记录相符。

（五）代理银行严格按照财政国库支付执行机构下达的支付令，将资金及时、准确地划转到收款人账户上，不得违规支付资金。

六、实施步骤和时间

建立以国库单一账户体系为基础、资金缴拨以国库集中收付为主要形式的财政国库管理制度改革，政策性强，涉及面广，情况复杂，必须采取积极稳妥的态度，按照总体规划、分步实施的原则，单项推进。2001 年首先将工资统一发放、政府采购资金等数额较大的支出项目纳入直接支付范围。同时，规范收入收缴程序，其他项目的集中支付，坚持积极稳妥、循序渐进的原则，逐步实现全区新的财政国库管理制度的全面推行。

各地、市、县（区）可按照此方案确定的指导思想和原则，结合本地的实际情况，积极稳妥地推进财政国库管理制度改革。

二〇〇一年六月

宁夏回族自治区关于加强财政工作的决定

宁党发〔2009〕34号

财政是党和政府全面履行职能的重要物质基础，是调控经济社会发展的重要手段。为完善公共财政制度，加快实现我区基本公共服务均等化，切实增强财政保障功能，促进经济社会又好又快发展，现作如下决定：

一、充分认识新时期加强财政工作的重要性

当前和今后一个时期是全区跨越发展的关键阶段，也是全面建设和谐宁夏的重要时期。充分发挥财政职能作用，对于全面落实科学发展观，统筹城乡发展，着力推进以改善民生为重点的社会建设，推动我区经济结构调整和发展方式转变，具有重要意义。当前，对保增长、扩内需、调结构、促改革、重民生具有更直接、更有力、更有效的作用。各地、各部门要充分认识新时期加强财政工作的重要性，强化科学发展意识，加强和改善财政宏观调控，认真做好财税调控和收支管理各项工作，充分调动加快发展的内在动力和活力，自觉服务于经济社会发展大局。

二、落实积极的财政政策，促进经济平稳较快发展

紧紧抓住中央扩大内需、实施积极的财政政策的重大机遇，发挥好财政政策和公共投资对经济社会发展的引导和推动作用，着力支持关

键环节和重点领域改革，促进经济发展方式转变和结构调整，夯实财源基础。

（一）扩大政府性投资规模

积极筹措资金，加快我区保障性安居工程、农业、教育、卫生等公共基础设施建设。加快重点工业基地、重点交通项目、生态项目和沿黄城市带建设，增强经济发展后劲。切实抓好中央新增投资、专项资金、财力性转移支付、地方政府债券的争取和落实工作，提升财政综合实力。健全机制，注重引导，调动银行信贷资金、政府信用贷款和民间资本投向政府鼓励的项目和符合国家产业政策的领域，拓宽建设发展资金渠道。

（二）大力推进新型工业化

进一步完善财税扶持政策，加快新型工业化进程。坚持远近结合，既立足当前保增长，又着眼长远调结构。集中资金支持宁东能源化工基地建设和“五优一新”产业集群发展，不断提高重点工业企业技术装备水平和市场竞争能力。到2012年，各级政府工业技改投入年均增长要保持在15%以上。加大财政科技投入，完善有利于提高自主创新能力的财税政策，推动科技成果产业化。切实做好节能减排工作，稳步建立健全资源有偿使用制度和生态环境补偿机制，限制高耗能、高排放行业发展。

（三）大力支持“三农”

持续增加财政支农投入，稳步提高“三农”支出占财政支出的比重。继续完善支农、惠农、强农政策，探索建立财政支持引导、社会主动参与的多元化农业投入新机制，推进财政支农资金与信贷、农业保险等资金的有效组合，建立健全有利于实现城乡统筹发展的财政支农政策体系。支持“三个农业示范区”和农村基础设施建设，稳定粮食生产，推进农业特色优势产业发展，促进农民持续增收。

（四）积极促进内需增长

落实国家出台的各项结构性减税政策，增强企业扩大投资的能力。逐步清理和取消不适宜、不合规的行政事业性收费项目，减轻企业和群众的负担。实施积极的就业政策，增加农民现金收入，提高城镇低收入群体收入水平，实行家电下乡补贴，开展农民养老保险试点工作，稳定和增强居民的消费预期。

三、优化财政支出结构，建立保障和改善民生的长效机制

各级政府要优化财政支出结构，推动市县财政由“保工资、保运转”向“保工资、保运转、保民生”转变，促进基本公共服务均等化，稳步推进民生保障体系建设。

（一）加大民生投入

各级党委、政府要在促进经济平稳较快增长、努力增加财政收入的基础上，不断加大对民生领域的投入，重点加大教育、就业和社会保障、医疗卫生、科技文化体育、就业和社会保障、医疗卫生、科技文化体育、保障性安居工程、生态环境等方面的投入，解决好困难群众生产生活中的突出困难，建立健全民生保障的长效机制。到2012年，每年新增财力的三分之二以上要用于解决民生问题，努力实现“学有所教、劳有所得、病有所医、老有所养、住有所居”的目标。加强社保基金管理，建立健全社保基金监督体系，及时开展专项治理，加大稽核审计力度，提高资金使用的安全性、有效性、规范性。

（二）严格预算管理

各地、各部门要严格执行《预算法》，科学严谨、合理规范地编制地方预算，确保财政收入和法定支出的合理增长，确保工资发放、社会保障、政权运转等必需支出，不得在预算编制中留下“硬缺口”。加强项目支出预算的管理，专项资金必须按规定用途使用，不得截留、挤

占、挪用，不得编制虚假项目套取资金。强化预算约束作用，擅自超编人员不得纳入工资统发范围，擅自增设的机构不得纳人预算保障范围。预算内资金审批，坚持分管财政领导一支笔审批的原则，不多头审批，财政部门严格按制度办事。狠抓财政支出进度，做到早安排、早下达、早实施、早完成，不误农时、不误执行、不误工期、不误决策，不断提高财政支出的效益和均衡性。

（三）创新财政投入机制

根据社会事业发展规律和公共服务的不同特点，积极探索有效的财政保障方式，推进贴息担保、以奖代补、注入国家资本金等行之有效的财政理财机制创新，探索购买社会服务等市场运作方式，切实解决专项资金设置过多、重复交叉、使用分散等问题，集中财力办大事。进一步加大整合政府财政资源力度，统筹运用好预算内外资金、政府性基金，特别是要加强行政事业单位资产的管理。推进财政扶贫资金投入管理方式改革，总结“贫困村村级发展互助资金”试点经验，扩大试点范围，进一步缓解贫困农户农业生产发展资金短缺的问题。

（四）严格控制一般性支出增长

坚持勤俭办一切事业，坚决反对大手大脚花钱和铺张浪费行为，严禁滥发奖金、津贴补贴。制定完善一般性开支标准，严格控制行政成本增长幅度，特别是公务用车、会议经费、公务接待、因公出国、网络建设等经费的增长。除党委、政府决定举办的大型庆典活动外，其他部门组织的活动财政不安排经费。严格控制党政机关楼堂馆所建设，严禁超面积、超标准建设和装修行政事业单位办公用房。认真贯彻落实《中共中央办公厅、国务院办公厅关于深入开展“小金库”治理工作的意见》，坚决查处和纠正各种形式的“小金库”，建立和完善防治“小金库”的长效机制。

四、依法加强税收征管，确保财政收入稳定增长

财政收入是地方经济实力的综合反映。各地要切实抓好财政收入组织工作，坚持依法征收，确保财政收入持续稳定增长。到2011年，全区财政总收入保持在年均增长15%以上。

（一）依法加强税收征管

各级党委、政府要严格执行国家统一规定的各项税收优惠政策，不得擅自更改、调整、变通国家税法和税收政策。要按照“依法征税、应收尽收，坚决不收过头税，坚决防止和制止越权减免税”的组织收入原则，严格税收入库级次，做好税收征收管理工作，做到依法应收尽收。支持税务部门做好社保基金的征收工作。同时，不折不扣地落实各项减免税政策，做到该收的要收、该减的要减、该免的要免。

（二）规范非税收入管理

健全非税收入管理制度，提高非税收入管理水平和效率。完善非税收入收缴管理改革，全面实施非税收入国库集中收缴。拓展政府非税收入管理领域，逐步建立国有资产（资本）收益、特许经营权等非税收入管理办法，加强非税收入的统筹调控力度。

（三）创新财政增收奖励机制

改进、完善税收增长奖励办法和税收贡献地转移支付办法，做到公平与效率相衔接，激励与补助相结合，充分调动市县发展经济、狠抓增收的积极性。对进入西部“百强”县的县（市）给予一次性奖励。充分发挥财政杠杆作用，广泛推行“以奖代补”机制，带动各方面更多资金的投入，促进经济社会快速发展。

（四）加强财政收入的组织协调

各级党委、政府要高度重视财政收入的组织征收，严格收入预算约束，强化组织收入工作责任制和目标考核制度。各级财政、税务、银行

等部门要树立协同理财治税的理念，建立组织财政收入联动机制，加强协调，明晰职责，强化责任，及时协调解决在财政收入征管中遇到的困难和问题，确保收入平稳快速增长。在当前金融危机日渐严重的情况下，各地要密切关注国家调控政策、经济发展变化对本地财政收入的影响，及时制定行之有效的增收措施，防止财政收入出现大起大落。

五、深化财政改革，建立健全有利于科学发展的财税制度

（一）完善分税制财政体制

在保持分税制财政体制基本稳定的前提下，围绕推进基本公共服务均等化和主体功能区建设，完善自治区和市县财力与事权相匹配的体制，进一步规范政府间财政关系，适当统一自治区以下主要事权和支出责任划分。逐步建立市县基本财力保障机制，按照“适度提标、适度扩面、远近结合、突出导向”的原则，将市县财政保障提升到“保民生”的层次，不断提高市县政府提供公共服务的能力。转变和充实乡镇财政职能，发挥就地管理和服务的优势。

（二）加大财政转移支付力度

拓展一般性转移支付的内涵和外延，提高一般性转移支付的规模和比例，不断加大对市县财力性转移支付资金的投入力度。严格控制新增专项转移支付，清理整合已有专项转移支付项目。完善转移支付分配办法，科学合理设置转移支付因素和权重。完善市县财力差异控制机制，改革自治区以下财力分配。

（三）推进财政预算支出改革

加大部门预算，国库集中收付，政府采购、收支两条线等财政改革推进力度，将部门预算改革延伸到基层单位，确保到2011年县级以上单位都实行比较规范的部门预算；健全现代国库管理制度，将所有预算单位实有资金账户逐步纳入单一账户体系管理；深化国库集中收付和政

府采购管理制度改革;积极推进国库现金管理;建立完善财政支出绩效考评机制，全面推行农村“三财”管理，加快推进财政信息化建设步伐。

（四）加强行政事业单位资产管理

制定行政单位设备配备标准，规范资产处置审批程序，加强国有资产收入管理，开展行政事业单位资产普查，制定非经营性资产转化为经营性资产的办法，大力推进行政事业单位资产的资源整合，积极探索行政事业资产共享共用新机制。

（五）加强地方政府债务管理

规范审批程序，严格控制借贷规模，落实还贷责任。完善政府债务监控和风险预警机制，防范并及时化解债务风险，严禁举债搞“形象工程”。巩固化解乡镇债务和义务教育“普九”债务成果，严控县以上债务、高校债务、医院债务，加强审批管理，严格执行责任追究制度。建立政府债务风险预警和监测机制，各市县都要建立健全偿债准备金制度，化解各种显性和隐性债务，防范财政风险。

（六）加强财政监督

建立健全覆盖所有政府性资金和财政运行全过程的监督机制，强化事前和事中监督，促进监督与管理的有机融合。要强化财政监督，加强财政政策、项目资金和关系人民群众切身利益资金的监督检查，对违纪问题严肃查处。

六、提高行政能力，切实加强对财政工作的领导

财政工作事关经济和社会发展全局，涉及范围广、原则性强、触动利益多，各级党委、政府要从提高执政能力、促进和谐宁夏建设的高度，切实加强对财政工作的领导，推动党和政府各项重大政策的贯彻落实。

（一）提高驾驭财政工作的能力

各级党委、政府要正确处理经济发展与财政收支的关系，积极探索

和掌握财政工作规律，切实提高依法理财、科学理财的能力，集中财力解决人民群众最关心、最直接、最现实的利益问题。面对前进中遇到的困难和问题，要始终保持清醒的头脑，坚定信心，充分估计，积极应对，牢牢把握工作的主动权。

（二）支持财政部门依法理财

各级党委、政府要积极支持财政改革，经常听取财政部门的汇报，及时协调解决财政工作中的突出问题和矛盾。要协调有关部门认真履行各自职责，积极支持和配合财政部门的工作，依法维护财税工作秩序。各部门 (单位) 要自觉树立过紧日子的思想，对财政改革中触及利益调整，要从全局的角度去体谅和支持。

（三）加强财政部门自身建设

各级党委、政府要注重加强财政部门领导班子和干部队伍建设，努力建设一支政治坚定、业务精通、勤政廉政、激情谋事的高素质干部队伍，进一步提高执行力。要以效能建设为中心，着力提高财政分配活动的公开性、规范性和透明度，加强财政干部队伍的党风廉政建设，干干净净干事，干干净净理财，打造“阳光财政”。

各地、各部门要认真贯彻本决定，抓紧制定有关配套政策措施，加强监督检查，协调解决好执行过程中出现的问题，重大问题要及时向自治区党委、政府报告。

二〇〇九年五月二十三日

宁夏回族自治区民生计划实施办法

宁政办发〔2013〕150号

第一章　总　则

第一条　为进一步加强民生计划的制订、实施、管理和监督考核工作，确保民生计划顺利实施，切实保障和改善民生，根据有关规定，结合我区实际，制定本办法。

第二条　本办法所称民生计划，是指自治区人民政府每年确定的10项民生计划，为民办理的30件实事。

第三条　民生计划的制订和实施应当坚持“群众盼望、普遍受益、政府主办、财力可行、当年办结”的原则，注重实效、惠及百姓。

第四条　民生计划由自治区主席总负责，常务副主席综合协调，各分管副主席直接负责，牵头部门主抓，相关部门配合，各市、县（区）具体实施。

自治区人民政府办公厅负责民生计划的征集、制订、实施和日常工作，并会同发展改革委、财政厅等有关部门建立民生计划部门联席会议，负责解决民生计划实施过程中的重大问题。

第二章　民生计划的制订

第五条　民生计划重点围绕解决扶贫开发、扶弱助困、创业就业、城乡安居、社会保障、教育惠民、卫生健康、文化促进、支农惠农、安全保障等方面的问题研究制定。

第六条 自治区人民政府办公厅在每年第四季度通过报纸、电视、网络等媒体，向人大代表、政协委员和社会各界公开征集下一年度民生计划备选实事，征集期限为1个月。

第七条 民生计划备选实事征集结束后，自治区人民政府办公厅会同发展改革委、财政厅等部门对征集到的民生计划备选实事进行初步筛选、分类、汇总，形成民生计划草案征求意见稿，广泛征求各方面的意见和建议后，修改完善形成民生计划草案，提交自治区人民政府常务会议审定。

在提交自治区人民政府常务会议审定前，自治区发展改革委、财政厅应当对民生计划草案中涉及的项目和资金逐项进行审查，确保民生计划有项目、资金支撑。

第八条 民生计划草案经自治区人民政府常务会议审定后，提请自治区人民代表大会审议。

第九条 民生计划草案经自治区人民代表大会审议通过后，自治区人民政府办公厅及时向社会公布，主动接受社会和人民群众监督。

第三章 民生计划的实施

第十条 自治区人民政府应当根据自治区人民代表大会审议通过的民生计划草案，及时下达民生计划建设任务，明确目标、工作时限、责任部门和工作要求。

相关责任部门在一个月内完成相应的实施方案，全力推进本年度民生计划实施。

第十一条 自治区发展改革委等相关部门应当及时审批民生计划工程类实事，简化审核批复手续和流程，确保项目早实施、群众早受益。

第十二条 民生计划责任部门应当按季度向自治区人民政府报送民

生计划实施进展情况，并确保报送数据真实、准确。

第十三条 自治区人民政府常务会议每年上半年、下半年分别听取民生计划的实施情况，研究解决有关问题。对进度缓慢或尚未实施的民生计划实事，各分管副主席应当及时召开专题会议认真研究，督促指导责任部门提出具体改进措施，加快推进速度，确保民生计划年底前如期完成。

第十四条 建立民生计划建后管养长效机制，按照谁受益谁负担的原则，各受益地市、县（区）应当加强后续管理，确保民生计划持久发挥功效。

第四章　资金管理

第十五条 自治区人民政府各有关部门应当积极争取中央政策支持，加大中央资金争取力度，全力推进民生计划落实。

第十六条 自治区财政厅每年在编制下年度财政预算时，应当充分保证民生计划所需资金，原则上自治区新增财力的70%以上用于民生和社会事业，保障民生计划的顺利实施。设区的市财政部门应当留足必要的配套资金。

第十七条 整合自治区各部门相关民生资金，捆绑使用，进一步提高各类资金的使用效益，使有限的资金发挥最大效益。

第十八条 自治区鼓励通过以奖代补、贴息、配套、担保等形式，引导企业、社会组织、个人资金投入民生计划，形成政府主导、多方筹资的稳定的多元化筹资机制。

第五章 监督考核

第十九条 推行民生计划公开制度，在自治区人民政府门户网站开设《民生计划》专栏，主动接受社会舆论监督。定期邀请自治区人大代表、政协委员视察民生计划实施情况，确保民生计划取得实效。

第二十条 自治区人民政府督查室应当加大民生计划督查力度，通过随机抽查、暗访、综合督察和专项督察等形式，强化对民生计划实施进度、质量、效果的督促检查。每年对民生计划的专项督察不少于2次，及时通报督察结果，必要时，可通过新闻媒体向全社会公布。

第二十一条 自治区监察厅、财政厅、审计厅应当加强对项目资金使用效益情况的评估，促进提高财政资金的使用效益，加强民生计划的跟踪问效和效能监察，确保各项政策和资金落实到位。

第二十二条 民生计划实施情况纳入各部门效能目标管理考核内容，由自治区人民政府效能建设工作领导小组目标责任制考核办公室统一组织考核。

第二十三条 自治区人民政府办公厅每年通过报纸、电视、网络等媒体，加强对民生计划政策的宣传，引导广大群众和社会各界广泛参与、支持民生计划实施，营造良好实施氛围。

第二十四条 民生计划实施情况由自治区人民政府办公厅统一发布。

第六章 附 则

第二十五条 本办法自2014年1月1日起施行。

二〇一三年十一月十一日

中共宁夏回族自治区委员会
关于深化改革推动经济社会发展
若干问题的决定

（2013年12月25日自治区党委十一届三次全体会议通过）

中国共产党宁夏回族自治区第十一届委员会第三次全体会议，认真学习贯彻党的十八大和十八届二中、三中全会精神，按照《中共中央关于全面深化改革若干重大问题的决定》总体部署，结合我区实际，就深化改革推动经济社会发展若干问题，做出如下决定。

一、深化改革的总体要求

党的十八届三中全会是在我国进入全面建成小康社会攻坚阶段、改革开放新的重要关头召开的一次具有里程碑意义的会议。全区各级党组织和广大党员干部必须把思想和行动统一到党的十八届三中全会精神上来，深刻把握全会提出的一系列新思想、新论断、新部署和新要求，切实增强全面深化改革的自觉性和坚定性，努力把各项改革引向深入，把宁夏的现代化事业不断推向前进。

（一）指导思想

高举中国特色社会主义伟大旗帜，以马克思列宁主义、毛泽东思想、邓小平理论、“三个代表”重要思想、科学发展观为指导，坚持社会主义市场经济改革方向，把发展作为解决我区所有问题的关键，以改革创新为动力，把促进社会公平正义、增进人民福祉作为出发点和落脚点，进一步解放思想、解放和发展社会生产力、解放和增强社会活力，坚决破除各方面体制机制弊端，全面深化经济体制、政治体制、文化体制、社会体制、生态文明体制和党的建设制度改革，深入实施沿黄经济区发展战略和百万贫困人口扶贫攻坚战略，全面建设开放宁夏、富裕宁夏、和谐宁夏、美丽宁夏，为实现与全国同步进入全面小康社会目标而奋斗。

（二）基本要求

深化改革的重点是经济体制改革，核心是处理好政府和市场的关系，使市场在资源配置中起决定性作用和更好发挥政府作用。路径是处理好改革发展稳定的关系，用发展和稳定中面临的突出矛盾和问题倒逼改革，用改革的办法破除影响发展稳定的体制机制弊端。方法是处理好全面和重点的关系，整体推进和重点突破相促进，找准突破口和着力点，有什么问题就解决什么问题，什么问题突出就着重解决什么问题。步骤是处理好当前和长远的关系，2014 年全面启动本决定提出的各项改革措施和有关试点工作，完成部分具体改革任务，2017 年基本完成本决定提出的具体改革任务，为 2020 年完成中央《决定》提出的改革任务奠定坚实基础。

二、发挥市场决定性作用，加快推进宁夏产业转型升级

着眼于加快我区产业转型升级，充分发挥市场机制在资源配置中的决定性作用和更好地发挥政府作用，坚持“两个毫不动摇”，激发各种所有制经济活力和创造力，努力做优做强工业、做特做精农业、做活做大服务业。

（三）完善推动产业转型升级机制

把新型工业化作为产业转型升级的主攻方向，推动煤、电、化等资源型产业向延伸产业链、增加附加值的高端化方向发展，推进煤制油、煤制烯烃、宁东至浙江特高压直流输电等重大项目建设，大力发展新能源、新材料、先进装备制造、节能环保等战略性新兴产业，改造提升化工、冶金、建材、清真食品、特色农产品加工等传统产业，发展壮大一批拥有核心竞争力的骨干企业，加快形成若干支撑未来发展的特色优势产业或产业集群。把发展现代农业作为产业转型升级的战略基础，在品种品质品牌上下功夫，着力打造枸杞、酿酒葡萄、清真牛羊肉等在全国有影响的特色优势产业，鼓励一县一业产业发展模式，推进全国节水农业示范区建设。把提升现代服务业作为产业转型升级的重要支撑，努力提高服务业的比重、水平和就业容纳能力。加快完善现代市场流通体系，创新商贸发展模式，发展壮大专业交易市场，高标准建设国际大宗商品交易所，加快培育发展商贸物流、外包服务、商务会展等新兴业态。改革市场监管体系，建立健全社会征信体系。制订《自治区产业转型升级和结构调整实施方案》，围绕国家级现代煤化工基地、国家级生态纺织示范基地、中国（宁夏）清真食品和穆斯林用品产业基地、西部信息技术产业基地、贺兰山东麓国际葡萄酒产业基地、银川现代服务业发展示范区、石嘴山资源枯竭型城市转型示范区等一批产业升级重大任务，加强发展战略、规划、政策、标准等制定和实施，建立“一项任务、一个方案、一个班子”责任机制。开辟产业转型升级“绿色通道”，优先保障土地、电力、资金、技术等生产要素配置，整合使用各类政府扶持资金，探索实行将政府投资转为资本金制度，发挥政府资金在产业升级中的引导作用。

（四）深化国有企业改革

全面清理各种经营性国有资产，全面推行政企分开、政资分开，实现经营性国有资产集中统一监管。以管资本为主加强国有资产监管，健全国有资本经营预算制度，优化国有资本收益支出结构，合理确定国有资本收益收缴比例，到2020年提高至30%。积极发展混合所有制经济，开展自治区参股中央企业、自治区属国有独资企业混合所有制改革试点，探索混合所有制经济实行企业员工持股改革。鼓励和支持具备条件的企业上市和发债，提高国有资本证券化率。整合规范国有资本投资公司设置，发挥投融资功能和效益。深化国有企业内部改革，建立现代企业制度，规范董事会建设，创新企业经营者选拔机制，提高市场化选聘比例，规范国有企业管理人员薪酬水平、职务待遇、职务消费、业务消费。进一步深化以建立现代企业制度为核心的宁夏农垦体制综合改革，充分发挥农垦企业集团在宁夏现代农业发展中的引领和示范作用。

（五）大力鼓励、支持和引导非公有制经济发展

坚决清理废除对非公有制经济各种形式的不合理规定，消除各种隐性壁垒，推进市场准入标准和优惠扶持政策公开透明，对各类投资主体同等对待。鼓励非公有资本进入法律法规未明确禁止准入的行业和领域；鼓励非公有制企业参与国有企业改制重组；鼓励非公有资本参股国有投资项目、控股混合所有制企业，鼓励非公有制企业进入供水、供气、污水处理、城市公交等特许经营领域，支持非公有制企业的产品和服务进入政府采购目录。出台为小微企业减轻税费负担和快捷注册的政策，加快建设一批中小微企业孵化基地，引导规模较大非公有制企业加强制度创新、管理创新，建立完善现代企业制度。非公有制企业全额投资或控股的建设项目，由其自主决定是否招投标。加大对非公有制经济组织人才的培养和培训。完善向非公有制企业下派党建指导员机制。

（六）积极推进金融创新发展

进一步深化与中央金融机构的战略合作，积极引进各类银行、证券公司、保险公司和股权投资机构到我区设立机构、开办业务。加快地方

金融机构改革发展，支持宁夏地方银行通过发起或参股设立基金管理公司、金融租赁公司、消费金融公司等，允许具备条件的民间资本依法发起设立中小型银行等金融机构。整合地方国有金融资产，切实增强引导经济发展的能力。拓宽直接融资渠道，加快推进符合条件的企业发行企业（公司）债、短期融资券、中期票据等债务融资工具，支持符合条件的企业在主板、中小板和创业板市场上市；鼓励中小企业在“新三板”市场挂牌交易，推动中小企业私募债发行试点，积极发展互联网金融。创新农业投融资机制和农业保险机制，积极探索农村产权抵押融资，扩大农业保险覆盖面，建立融资性担保机构风险补偿机制，鼓励各类金融机构面向贫困地区农村提供金融服务。强化地方金融管理机构职能，做好协调和服务，保障金融市场安全高效运行。

（七）深入推进资源要素配置机制改革

建立和完善集约节约用地制度，建立单位国内生产总值和固定资产投资规模增长消耗新增建设用地考核机制，加强土地批后监管，防止变相占地。扩大国有土地有偿使用范围，减少非公益性用地划拨。扎实推进节水型社会建设，认真落实最严格的水资源管理“三条红线”制度，建立节水激励机制。完善水资源使用权配置机制，探索把水权核算到县的办法，逐步推进农业用水终端计量水价机制，改革水权转换制度，开展水市场交易试点。积极推进工业、农业和居民用水价格改革，建立科学合理的成本水价机制。鼓励民间资本投入水利，通过出让、租赁、入股等形式试行小型水利工程产权改革。进一步完善煤炭资源有偿使用制度，建立以现代煤化工为导向的煤炭资源就地转化机制。对于新增的煤炭资源，主要以市场竞争的方式进行配置；对已配置的煤炭资源，凡未按期开工建设、未履行深加工承诺的，依法收回所配置的煤炭资源，进行市场化再配置。研究制定油气资源有偿开发管理办法。推进电力市场改革，对节能降耗达标的重点园区、重点企业，鼓励配建自备电厂，开展电力直接交易试点，实施重点产业项目直供电。争取国家给予自主制定或调整输配电价、上网电价和销售电价政策。进一步推进市场在价格形成中的决定性作用，加快修订《宁夏回族自治区定价目录》，完善成本监管和价格听证制度，公开政府定价规则和定价程序，提高政府定价透明度。

三、健全城乡发展一体化体制机制，加快推进新型城镇化

着眼于城乡发展一体化，坚持“以人为本、优化布局、生态文明、传承文化”的基本原则，大力推进新型城镇化，不断提高我区城镇化发展质量和水平。

（八）制定并实施宁夏空间发展战略规划

按照“把宁夏作为一个城市规划建设”的思路，编制完成宁夏空间发展战略规划，以主体功能区定位，合理确定产业布局、城乡布局、基础设施布局和生态布局。自治区经济社会发展规划、土地利用总体规划、城乡建设规划、资源环境保护规划等要与空间发展战略规划积极衔接，增强可操作性。建立空间发展规划的实施推进机制，加强自治区城乡规划管理委员会协调职能，实行城镇发展规划联席审查制度。增强规划的刚性约束，在城市规划建设中，防止“摊大饼”和盲目扩张，防止没有产业支撑造成新的城镇贫困群体，防止用城市建设的模式建设新农村，防止过度占用耕地，防止过度举债搞建设。

（九）推进农村产权制度改革

推进农村产权制度改革，三年内完成农村集体土地所有权、土地承包经营权、宅基地使用权、集体建设用地使用权和房屋所有权的确权、登记、颁证工作。建立健全县、乡、村三级土地流转服务体系，不断完善土地流转市场，允许农民以土地承包经营权入股发展农业产业化经营，建立农民自愿退出土地承包经营权、宅基地使用权和房屋所有权的

补偿机制。开展在县级成立土地承包经营权流转公司试点，探索村集体没有补偿能力时，农民土地承包使用权自愿有偿转让的途径和方式。农民退出承包地，可视情况安置生态移民或县内移民。自治区内自发移民在迁入地农村居住并承包经营农村土地的人员，可在迁入地入户。对于自行流转取得的集体或国有承包地、开垦的国有山荒地核实并履行必要的程序后予以认可。构建城乡统一的建设用地市场，对完善城乡平等的要素交换关系进行探索。鼓励支持有条件地区结合产业特点建立集体经济合作组织，推进农村集体资产股份改革试点。开展农村产权流转进入五市公共资源交易中心试点工作，通过流转、招标、拍卖等方式盘活农村集体财产，发展壮大农村集体经济。

（十）完善城镇化健康发展体制机制

划定城市土地开发建设红线，适当控制城市住宅建设高度，加强城市精细化管理，实现城市健康可持续发展。允许地方政府通过发债等方式拓宽城市建设融资渠道，允许社会资本通过特许经营等方式参与城市基础设施投资和运营，推进智慧城市建设，建立与人口规模、产业发展相适应的、适度超前的城镇基础设施体系。积极推进沿黄城市带同城化发展，继续推进固原区域中心城市和宁南大县城建设，加快中心镇扩容提质，推动产业和城镇融合发展，实现城镇化和新农村建设协调推进。深化户籍制度等配套改革，全面放开小城市和城镇落户限制，具有我区农业户口并具有合法稳定住所的人员，均可在当地申请登记城镇户口，有序放宽银川市市区入户限制。对进城农民与城市居民在就业创业、权益保障、子女教育、社会保障等方面实行统一政策。

四、构建内陆开放经济新格局，培育经济合作竞争新优势

着眼于扩大对内对外开放，抢抓国家扩大内陆沿边开放新机遇，按照自由贸易区方向探索先行先试改革，加快内陆开放型经济试验区建

设，积极建设国家丝绸之路经济带，使我区成为丝绸之路经济带上的战略支点。

（十一）推动中阿务实合作

探索建立与丝绸之路经济带沿线省区及欧亚国家交流合作机制，努力打造丝绸之路经济带经贸合作新平台、文化交流新载体、能源合作新基地、国际交通新网络。完善中阿博览会办会机制，设立博览会秘书处，建立国内外合作项目对接和服务保障机制，推动中阿博览会经贸交流常态化。深入挖掘产业、资源、市场等方面的互补优势，推动阿拉伯国家及穆斯林地区等外商投资我区能源化工、清真食品、农业、商贸、旅游等产业。支持区内企业联合国内大型企业到阿拉伯国家及穆斯林地区进行油气、矿产等资源开发和工程承包合作。加快服务业开放，推动形成中阿国际贸易结算中心。加快资本市场对外开放，鼓励阿拉伯国家及其他国家金融机构来宁设立法人机构、分支机构或代表处，参股宁夏地方金融机构、设立产业基金等，支持宁夏地方银行“走出去”。以提高内陆开放型经济水平为目标，建立城市对外开放度指标体系和考核体系，引导全区扩大开放。

（十二）推动贸易投资便利化

以建设开放型特色园区为突破口，扩大园区管理权限，创新服务方式，建立跨园区协作机制，推动试验区体制机制创新。加强与沿海发达地区合作，探索共同建设、开发、运作银川综合保税区的新模式，推动银川综合保税区创新发展，创新加工贸易方式，发挥银川综合保税区辐射带动功能，促进综合保税区向自由贸易区转型升级。建立贸易投资便利化工作机制，提高通关效率，优化检验检疫监管模式。放宽外资准入，制订宁夏外商投资负面清单，保持外资政策稳定、透明、可预期。推进法治化国际化营商环境建设，在经营许可、产权登记、跨境交易、金融服务、人才服务、法律服务等方面加快与国际规则对接。

（十三）加快构筑内陆开放通道

以开发利用航权为着力点，加强航空口岸建设，加快建设银川河东国际机场三期扩建工程，开辟更多国际航线并实现常态化运行，争取国际中转旅客72小时过境免签证等政策。发展支线航空，支持中卫、固原支线机场拓展国内主要城市航线。建设银川至西安快速铁路、包兰线银川至兰州段扩能改造工程、甘武铁路增建二线工程、宝中铁路和太中银铁路复线。加快高速公路网建设，完善区内公路网。加快陆路口岸建设，推进陆路口岸跨区域合作，积极推动电子口岸建设。进一步深化区域合作，创新承接产业转移机制，建立“外煤进宁”能源合作机制。

五、深化行政管理体制改革，努力营造“两优”投资发展环境

着眼于建设法治政府和服务型政府，以深化行政审批制度改革为突破口，切实转变政府职能，减少行政权力对微观经济活动的过多干预，全力打造投资发展洼地、企业发展福地、干事创业基地，努力建设在西部最优、比东部更优的投资发展环境。

（十四）深化政府机构改革

按照精简统一效能的原则，进一步优化机构设置，理顺权责关系，加强政府公共服务、市场监管、社会管理、城乡规划、国土资源、安全生产、环境保护等职责，着力解决错位、越位、缺位问题。建立并逐步完善政府购买公共服务机制，积极培育公共服务承接主体，向公众提供更高质量和效率的公共服务产品。严格控制机构编制，本届政府财政供养人员只减不增，各级各类编制员额不得突破。继续深化盐池、同心两县自治区直管县改革试点，稳步推进自治区直管县体制改革。进一步完善宁东管理体制，行使地级市及部分省级经济管理权和行政管理权。设立海兴开发区，行使县级及部分市级经济社会管理权，加快海原新区的

建设和发展。按照政事分开、政企分开、管办分开的原则，积极推进事业单位分类改革，建立事业单位法人治理结构，逐步实现事业单位去行政化，稳步推进有条件的经营类事业单位转企改制。

（十五）深化行政审批制度改革

进一步减少行政审批事项和审批环节，建立负面清单制度，凡负面清单以外的经济活动一律取消审批，凡直接面向基层的经济社会事项一律下放审批权限，凡自治区级权限内的企业核准项目一律实行备案制。规范行政许可设定审查程序，建立目录管理制度、听证会制度，今后一律不准用规范性文件设定行政审批事项。切实整合和减少行政审批前置评价、评估事项，环境和安全评价及能耗评估按项目进行，气象、地震、矿产评估由县（区）级政府或工业园区按区域组织，其它评估事项一律改事前评估为事中事后监管。改革行政审批运行机制，以政务服务大厅为平台，推行“一门受理、多证联办”审批服务模式，切实简化审批流程。改革工商注册制度，改先证后照为先照后证，改注册资本实缴登记制为认缴登记制。充分引入市场竞争机制，开放我区中介服务市场，规范中介服务行为，审批部门一律不得影响或干预中介服务机构的委托。进一步减少行政事业性收费项目，逐步降低收费标准，严格实行审批与收费分离。建立健全政府部门职责履行评估检查和民意调查机制，切实加强对政府履行职能的监督。

（十六）深化财政管理体制改革

实施全面规范、公开透明的预算制度，推行全过程预算绩效管理，优化财政支出结构，盘活财政存量资金，财政资金重点向公共服务、产业升级、环境保护、改善民生倾斜。加强财政专项资金管理，清理、整合、规范交叉重复、方向类同专项，逐步减少竞争性领域专项，实行专项资金与项目绩效评价挂钩的竞争性分配机制、资金管理监督制约机制、公平公正的项目确定机制、信息公开机制、责任追究机制和专项资金退出机制，提高专项资金使用效益。完善一般性转移支付增长机制，建立事权与支出责任相匹配的市县公共财政管理体制，规范非税收入管理。加强政府债务管理，对区市县三级地方政府性债务实行总量控制，纳入预算统一管理，建立完善债务预警监测体系；禁止乡镇政府举债，提高对全区政府债务规模的管控能力。清理党政部门所属的经营性资产，统一监管、规范运行，实行审计问效和“收支两条线”制度。完善资源费改革，构建科学合理的矿产资源费征收制度体系。

（十七）深化科技管理体制改革

坚持有所为有所不为，健全技术创新市场导向机制，建立健全对公益性、基础性、社会性科技创新活动的稳定支持机制；完善企业科技创新后补助机制，推动企业成为创新目标提出、资源配置和组织实施过程的主体。推进产学研协同创新，整合跨区域、跨行业科研资源，加快建立健全技术转移转化推进机制，促进科研活动与产业、民生紧密结合。加强知识产权运用和保护，促进科技成果资本化和产业化。深化宁夏农林科学院等科研院所体制改革，提升科技服务产业发展能力。

（十八）推进法治政府建设

制定实施法治政府建设指标体系，加强政府立法工作，依法保护各类经济企业的合法权益，提高制度建设质量。完善规范性文件、重大决策合法性审查机制，制定实施重大行政决策规则，健全规范性文件备案审查制度。深化行政执法体制改革，完善行政执法程序，规范执法自由裁量权，加强对行政执法的监督。全面落实行政执法责任制，推进综合执法，减少执法层级，保障和加强食品药品安全、安全生产、劳动保障监察等重点领域基层执法力量。进一步完善行政执法与刑事司法衔接机制。

六、深化文化体制改革，深入实施文化强区战略

着眼于推动文化大发展大繁荣，加强党对意识形态工作的领导，用社会主义核心价值体系引领社会思潮、凝聚社会共识，创新文化体制机制，推进文化强区建设。

（十九）深化社会主义核心价值体系建设

深入开展中国梦和中国特色社会主义宣传教育，倡导和培养社会主义核心价值观。塑造和培育宁夏精神，积聚改革发展稳定正能量。改革创新公民道德建设制度，大力推进公民道德建设工程，健全群众性精神文明创建活动的体制机制，全面提高公民道德素质。改革创新社会征信体系制度，完善信用监测、评价和惩戒机制，推进诚信社会建设。

（二十）推进文化管理体制改革

进一步理顺文化管理部门与所属企事业单位、中介组织之间的关系，推动政府部门由办文化向管文化转变。建立党委和政府监管国有文化资产的管理机构，实行管人管事管资产管导向相统一。健全坚持正确舆论导向的体制机制，合理划分媒体党委、编委会和企业经营班子责任分工，形成媒体党委领导下编委会负责新闻宣传报道、总经理负责企业经营发展的管理格局。积极推动报（台）网融合，构建终端全媒体主流舆论覆盖体系。加强对网络的监管，形成既分工明确又配合密切的监管体系，健全网络违法犯罪防范和打击工作联动机制，健全网络突发事件处置机制。

（二十一）完善文化事业和文化产业发展体制

大力实施文化惠民工程，加大公共文化投入力度，加强基层公共文化基础设施建设，鼓励社会力量、社会资本积极参与公共文化服务，加快构建覆盖城乡的公共文化服务体系。大力发展文化产业，改造提升传统文化产业，加快发展文化创意、数字出版、移动多媒体、动漫游戏等

新兴文化产业。深化宁夏日报报业集团、黄河出版传媒集团、宁夏电影集团、文艺院团和文化企业等宣传文化单位改革，鼓励有条件的文化企业引入民间资本发展，配套解决转制企业改革遗留问题，推动已改制文化企业建立完善现代企业制度。理顺广播电视管理体制，推进宁夏广播电视台制播分离等改革。加大培育和扶持民营文化企业力度，推动各类文化企业走市场化发展之路。完善文化经济政策，扩大政府文化资助和文化采购，加强版权保护。推动文化和旅游融合发展，整合文化旅游资源，创新重点旅游景区管理机制，引进国内外大型旅游企业集团投资旅游业，不断开发旅游精品，完善旅游配套服务，提升营销能力，打造西部独具特色旅游目的地。

七、推进社会事业和社会治理改革创新，让改革发展成果更多更全面惠及各族群众

着眼于促进基本公共服务均等化和社会公平正义，推进社会事业和社会治理改革创新，全面改善民生，提高全社会法治化水平，让各族群众过上更幸福美好的生活。

（二十二）创新扶贫开发工作机制

建立扶贫开发责任、权力、资金、任务“四到县”机制，强化县级扶贫主体地位。建立精准扶贫工作机制，实行贫困人口动态管理，贫困村定期脱贫。加大专项资金、行业扶贫资金、社会扶贫资金、信贷资金和农民自筹资金等涉农资金整合力度，积极探索金融机构参与扶贫开发等有效做法，加强对扶贫资金监管力度，确保扶贫资金发挥最大效益。继续做好生态移民工作，确保搬得出、稳得住、管得好、逐步能致富。创新扶贫开发模式，通过打造闽宁镇等扶贫开发样板、在贫困地区建设慈善产业园等途径，引导帮助贫困地区走造血型发展的路子。

（二十三）深化教育领域综合改革

实施优质教育资源扩面工程，加快教育信息化建设，统筹城乡义务教育资源均衡配置。标本兼治减轻学生课业负担，推进综合素质教育。推进职业教育办学体制改革，建立中国（宁夏）现代职业技能公共实训中心，加强特色专业建设，建立职业教育与企业紧密合作的办学模式，打通中职升高职、高职升本科渠道，将中等职业教育和职业培训纳入基本公共服务范围，鼓励兴办民办职业教育，加快建设现代职业教育体系，打造西部职业教育高地。加大高等教育自治区级统筹，引进国内外优质教育资源，优化资源配置，创新高校人才培养和特色优势学科建设机制，建立产、学、研、用协同创新机制，推动高等教育内涵式发展。推进学前教育、特殊教育、继续教育改革发展。健全家庭困难学生资助体系，制定鼓励教师到边远贫困地区学校任教的政策。

（二十四）深化医疗卫生体制改革

加强农村医疗卫生服务体系建设，建立乡村医生准入和退出机制，稳定并优化乡村医生队伍。加快公立医院改革，开展法人治理结构试点。合理配置医疗资源，探索建立分级诊疗模式，充分利用信息化手段，促进优质资源向基层延伸。鼓励发展民营医疗机构，允许民办医疗机构纳入医保定点范围。发展回族医药，满足群众多元化的就医需求。取消以药补医，理顺医药价格。落实中央人口计划生育政策调整措施，强化重点地区、重点人群的计划生育服务管理，提高人口素质。大力实施全民健身计划，健全群众体育服务体系，提高全民健康素质。

（二十五）推进城乡社会保障制度改革

加快推进社会保险“五险合一”征缴和自治区级统筹进度。完善基本养老保险制度，打通职工与城乡居民社会养老保险制度转移接续渠道，探索建立与经济社会发展相适应的社会保险缴费基数、费率浮动机制和待遇正常调整机制。完善基本医疗保险制度，逐步建立城乡居民普惠性健康体检制度，完善门诊大病统筹制度，全面推开城乡居民大病保险工作，完善全区就医转院和跨区域就医结算医疗保险管理服务体系，统筹城乡医疗救助制度。积极探索社会保障制度与商业保险相结合的新路子，发展企业年金、职业年金、商业保险，发展商业补充医疗保险、失能收入损失保险等，构建多层次社会保障体系。完善社会救助体系，健全完善低保标准、临时物价补贴与物价指数相协调的联动机制。加快建立社会养老服务体系和发展老年服务产业，政府要着力保障特殊困难群体养老的基本需求，鼓励社会力量和市场主体兴办养老机构。探索农村留守儿童、妇女、老年人关爱服务制度，加大社会救助力度，健全残疾人权益保障、困境儿童分类保障制度。加快完善保障性住房建设制度，鼓励金融机构、企业投资、社会资本进入保障性安居工程建设领域，推进公租房与廉租房并轨运行。加快棚户区、“城中村”和城乡接合部改造，用三年时间完成全区农村危窑危房改造。

（十二六）健全促进就业创业和工资调节机制

落实国家促进公平就业政策，健全政府促进就业责任制度，促进以高校毕业生为重点的青年就业和农村转移劳动力、城镇困难人员、退役军人就业。整合职业培训资源，改革培训方式。进一步完善财税金融配套政策，整合创业就业基金，支持大学生等实现更高层次创业，形成政府激励创业、社会支持创业、劳动者勇于创业的新机制。健全劳动关系协调机制，加强劳动保障监察和争议调解仲裁，构建和谐劳动关系。完善最低工资和工资支付保障制度，完善企业工资集体协商制度，实现居民收入增长和经济发展同步、劳动报酬增长和劳动生产率提高同步。

（二十七）创新社会治理体制

深入开展平安创建活动，推行网格化管理、社会化服务，建立健全乡（镇、街道）人民调解组织、综治维稳组织，理顺政府与居民自治组织责权关系，完善人民调解、行政调解、司法调解联动工作体系，创新有效预防和化解社会矛盾纠纷体制。完善重大决策社会稳定风险评估机制，建立畅通有序的诉求表达、心理干预、矛盾调处、权益保障机制。推进行政复议委员会和相对集中行政复议审理权改革，加强行政复议工作规范化建设，健全行政复议案件审理机制。改革信访工作制度，实行网上受理信访制度，健全及时就地解决群众合理诉求机制，建立涉法涉诉信访依法终结制度，将涉法涉诉信访纳入法制化轨道解决。加强流动人口和特殊人群服务管理。支持和发展各种志愿服务，重点培育和优先发展行业协会商会类、科技类、公益慈善类、城乡社区服务类社会组织，成立时直接依法申请登记，推动社会组织与行政机关脱钩。加快推进食品药品监管机构改革，建立最严格的覆盖全过程的监管制度，保障食品药品安全。完善安全生产管理体制，建立全区隐患排查治理体系和安全预防控制体系，遏制重特大事故。健全防灾减灾救灾体系，完善各级自然灾害救助应急预案，提高救灾应急处置能力。加强社会治安综合治理，建立立体化社会治安防控体系，依法严密防范和惩治各类违法犯罪活动。

落实中央深化司法体制和工作机制改革部署，实行自治区以下法院、检察院人财物统一管理，健全法官、检察官、人民警察统一招录、有序交流、逐级遴选制度，健全法官、检察官、人民警察职业保障制度。完善司法人员分类管理制度，深化审判公开、检务公开、警务公开和减刑假释审理程序公开，完善冤假错案防止、纠正、责任追究制度。加强基层社区矫正和安置帮教工作，健全法律援助制度。深化法律“六进”活动，健全普法教育机制，增强普法工作的针对性和实效性，提高各级干部运用法治思维和法治方式能力，提高全社会法治化水平。

依法管理宗教事务，创新宗教工作机制，大力探索宗教工作寓管理于服务的新途径，维护宗教格局稳定。制定宗教活动场所教务主持人发放补贴办法，指导宗教活动场所完善民主管理，进一步完善自治区领导联系宗教工作相关制度。

八、完善生态文明建设体制机制，加快建设美丽宁夏

着眼于建设祖国西部生态安全屏障，强化“优美环境是最大优势”的理念，成立全区生态文明推进委员会，实施生态优先发展战略，为各族群众创造良好生产生活环境，为子孙后代留下青山绿水蓝天。

（二十八）改革完善生态环境保护体制机制

加快实施主体功能区战略和环境功能区划，划定并严守生态保护红线，构建科学合理的生产空间、生活空间和生态空间。实施差别化的区域开发管理政策，对我区生态脆弱的国家扶贫开发工作重点县取消地区生产总值考核。完善生态补偿机制，扩大生态效益补偿范围、提高补偿标准，稳定和扩大退耕还林、退牧还草范围，进一步完善对六盘山等重点生态功能区的财政转移支付力度，开展林权抵押，争取国家将我区列入森林保险试点。加快国有林场改革。严格林地占用审批，坚持占补平衡，占少补多。对移民迁出区土地转为国有，实行封禁，加快生态移民迁出区生态修复。开展基本草原划定工作，完善草原承包经营权。开展水生态文明试点市、县（区）创建，建立健全城乡水生态保护与治理协作机制，加强城乡水系建设、水土流失治理与荒漠化防治、盐碱地治理，加强沿黄湿地保护与修复，加强城乡居民饮用水水源地保护，实现水生态体系完整、水生态环境优美。完善矿山开采、塌陷区等生态治理恢复制度。引入行业最高标准，积极推动环境污染第三方治理。

（二十九）建立完善促进节能减排和资源节约机制

制订并实施《自治区环境保护行动计划》，强化各级政府和企业的环境保护和节能减排责任，完善有利于环境保护的监督体制、执法机制和责任追究制度。建立节能减排激励机制，实行企业节能减排指标完成情况与享受阶梯水价、差别电价、绿色电力调度、绿色信贷等优惠政策

挂钩制度。制定项目准入清单，建立空间准入、总量准入和项目准入“三位一体”环境准入机制，完善专家评审和公众参与评审相结合环境影响评价机制。健全污染物排放总量控制和排污许可制度、污染防治联防联控机制、节能减排违法举报制度，建立生态环境责任追究制，开展环境污染责任保险，对造成生态环境损害者严格实行赔偿制度，对构成犯罪的依法追究刑事责任。加强宁东能源化工基地环境保护，深入推进国家级循环经济示范区建设，2014 年底宁东基地突出环境问题得到有效解决。进一步完善促进节能环保产业发展的政策，深入推进节能产品惠民工程，鼓励浅层地温能、太阳能的使用，建立绿色节能产品优先列入政府采购制度。

（三十）加强城乡人居环境建设

深入实施城市净化、绿化、美化工程，建立健全城市环境空气质量监测和考核制度，建设宜居城市。进一步优化村庄布局，推动公共基础设施向农村倾斜，加快美丽乡村建设，继续推进主干道路大整治、大绿化工程并向农村延伸，建立农业面源污染减排和治理机制，健全农村生活污水和垃圾处理机制，提高农村生活垃圾收集率、清运率和处理率。按照“谁投资、谁受益”的原则，运用市场机制，吸引社会资金参与城乡环境建设。

九、加强和改善党的领导，确保中央和自治区党委改革发展决策部署落到实处

各级党组织要切实履行对深化改革推动经济社会发展的领导责任，充分发挥党委总揽全局、协调各方的领导核心作用，创造性地贯彻落实中央精神，转变作风，攻坚克难，真抓实干，引导全区广大党员和各族群众积极投身改革事业，坚定不移实现中央和自治区党委改革发展决策部署。

（三十一）推动权力运行制约和监督体系建设

认真落实党风廉政建设责任制，党委负主体责任，纪委负监督责任，纪检监察机关要转职能、转方式、转作风，突出执纪监督主业。按照把权力关进制度笼子里的要求，加强反腐倡廉制度建设，完善地方党委和自治区厅局党组（党委）重大事项集体决策制度和工作规则。全面推行权力公开透明运行，依法依章编制职权目录，实行各级政府及其工作部门权力清单制度，完善党务、政务和各领域办事公开制度。坚持部门一把手不直接分管财务、干部人事、行政审批、公共资源交易、工程项目建设等制度，推行新提任领导干部有关事项公开制度试点。开展提升反腐倡廉制度执行力活动，解决制度空设、空转、执行不力的问题。推进反腐败体制机制创新，认真落实各级纪委书记、副书记的提名和考察以上级纪委会同组织部门为主的要求，各级纪检监察机关查办案件以上级纪委领导为主，实现派驻纪检机构全覆盖。进一步加强和改进巡视工作，扩大巡视范围，做到对市、县、部门、企事业单位全覆盖。认真贯彻执行中央“八项规定”和《党政机关厉行节约反对浪费条例》，制定并严格执行公车配备使用管理、办公用房、公务接待、因公出国（境）等方面的配套制度，健全严格的财务预算、核准和审批制度，推进“三公”经费管理公开和财务预决算公开，制定违反中央“八项规定”、自治区“九条要求”和《党政机关厉行节约反对浪费条例》责任追究办法。健全民主监督、法律监督、舆论监督机制，在市县两级逐步推广电视问政、微博问政。落实作风状况评价机制，推进作风建设制度化、规范化、常态化。

（三十二）强化全面深化改革的组织保证和人才支撑

创新基层党建工作，加强基层服务型党组织建设。坚持党管干部原则，深化干部人事制度改革，完善干部教育培训、实践锻炼制度，完善干部工作公开、竞争性选拔工作制度，改革和完善干部考核评价制度，更加注重产业转型升级、经济发展质量和改善民生、社会建设等方面的考核。加大优秀年轻干部、女干部、少数民族干部培养选拔。坚决纠正唯票取人、唯分取人、唯 GDP 取人等现象，用好各年龄段干部，真正把信念坚定、为民服务、勤政务实、敢于担当、清正廉洁的好干部选拔出来。打破干部部门化，拓宽选人视野和渠道，加强干部跨条块、跨领域交流。破除“官本位”观念，完善从严管理干部队伍制度体系，推进干部能上能下、能进能出。深化公务员分类改革，完善基层公务员录用制度。完善人才培养机制，实施更加开放、更有竞争力的人才引进政策，围绕重点学科、重要产业和重大项目发展需要，依托高等院校、科研机构、创新型科技企业等易于聚集人才的平台，建设若干个人才“洼地”。健全人才向基层流动、向艰苦地区和岗位流动、在一线创业的激励机制，完善党政机关、企事业单位、社会各方面人才交流任职、顺畅流动的制度体系，对重点领域急需紧缺人才推行直接引进、公开选拔、聘任挂职等办法，畅通进入党政人才队伍渠道。加快发展人力资源服务业，健全人才市场体系，引进和培育人才中介机构，充分发挥市场在人才资源配置中的决定性作用。完善人才创业创新扶持政策，建立领导干部联系服务人才制度，设立高科技人才创新创业基金，建立“创业服务绿色通道”，抓好人力资源发展促进中心建设，加快建设银川 IBI 育成中心等创新创业平台。

（三十三）加强对改革的组织领导和统筹协调

自治区党委成立全面深化改革领导小组，负责全区改革总体设计、统筹协调、整体推进、督促落实。强化人大监督职能，健全人大讨论、决定重大事项制度。进一步提高立法质量，加强重点领域立法，支持自治区人大常委会对我区现行有效的地方性法规进行梳理，需要修改或废止进行修改或废止，为深化改革提供法制保障。推进协商民主广泛多层制度化发展，把政治协商纳入重大决策程序，建立党委、政府和政协组织实施协商年度工作计划制度。发挥统一战线在协商民主中的重要作用，认真听取民主党派、工商联和无党派人士的意见。积极发展基层民主，建立制度化的民意反映渠道，健全居民、村民监督机制，做实村民代表会议制度。充分发挥人民群众积极性、主动性、创造性，发挥工会、共青团、妇联等人民团体作用，齐心协力推进改革。全面贯彻党的民族政策，坚持两个共同主题，创新民族团结进步宣传教育和创建活动途径，努力争创民族团结模范自治区。鼓励地方、基层和群众大胆探索，加强重大改革试点工作，及时总结经验，宽容改革失误。加强宣传和舆论引导，为全面深化改革营造良好社会环境。

对本《决定》确定的改革任务，要按年度逐项分工，制定具体办法，建立自治区领导牵头负责机制，落实部门工作责任制、考核评价机制和问责追究机制，实行项目化管理。

全区各级党组织和广大党员干部，一定要紧密团结在以习近平同志为总书记的党中央周围，高举中国特色社会主义伟大旗帜，全面贯彻党的十八大和十八届三中全会精神，解放思想、锐意改革，开拓进取、攻坚克难，全面建设开放宁夏、富裕宁夏、和谐宁夏、美丽宁夏，为实现与全国同步进入全面小康社会目标而奋斗！

宁夏回族自治区城乡最低生活保障资金管理办法（试行）

宁财（社）发〔2014〕161号

第一章　总　则

第一条　为进一步加强城乡最低生活保障（以下简称城乡低保）资金管理，提高资金使用效益，确保城乡困难群众基本生活，根据财政部、民政部《城乡最低生活保障资金管理办法》和宁夏回族自治区《城市居民最低生活保障实施办法》及《农村居民最低生活保障办法》，制定本办法。

第二条　本办法所称城乡低保资金是指按照国家和自治区有关规定用于保障城乡低保对象基本生活的专项资金,包括城乡低保金和城乡低保对象价格补贴、节日补贴等临时或一次性的生活补助资金。

第三条　城乡居民最低生活保障制度实行地方各级人民政府分级负责制。县级以上财政部门按规定落实居民最低生活保障资金并负责资金的管理和监督检查工作；民政部门具体负责本行政区域城乡居民最低生活保障管理工作。

第四条　城乡低保资金管理应遵循以下原则：

（一）预算管理科学精细

合理编制城乡低保资金预算，提高低保资金预算的科学性、完整性；加强预算执行管理，注重绩效考评，完善资金分配办法,提高预算支出的均衡性和有效性。

（二）保障标准动态调整

根据物价变动情况和经济社会发展变化适时调整城乡低保标准，切实保障低保对象基本生活。

（三）管理信息公开透明

加强低保资金管理的信息公开工作，依法公开相关政策、数据等信息，严格执行低保对象审批和资金发放的公示制度，确保补助资金用于符合条件的困难群体，实现低保对象的“应保尽保、应退尽退”。

（四）资金管理规范安全

规范城乡低保资金管理程序，健全监督机制，确保城乡低保资金专项管理、分账核算、专款专用。完善资金支付和发放管理，简化环节，提高效率，确保城乡低保资金及时足额地发放到低保对象手中。

第二章　资金筹集

第五条　城乡低保资金来源：

（一）　中央财政补助资金；

（二）　自治区各级财政预算安排资金；

（三）社会捐赠资金；

（四）其他渠道筹集的资金。

第六条　各级民政部门应按照预算编制要求，根据低保对象人数、低保标准、补助水平和滚存结余等有关数据，于每年8月底前提出下一年度城乡低保资金预算计划，报同级财政部门。同级财政部门审核后，列入预算草案报本级人民代表大会批准。自治区财政应按规定提前下达城乡低保补助资金预算指标，以提高下级财政部门预算编制的完整性。

各级民政、财政部门应规范城乡低保基础管理工作，加强基础数据的搜集和整理，确保相关数据的准确性和真实性，为城乡低保资金预算的编制提供可靠依据。

第七条 在年度预算执行过程中，如需调整城乡低保资金预算，应由各级民政部门根据实际情况向同级财政部门提出申请，经财政部门审核并按规定程序报批后实施。

第八条 城乡低保资金年终如有结余，可结转下一年度继续使用。城市低保资金和农村低保资金年终滚存结余一般均不得超过其当年支出总额的10%。

第九条 各级财政部门应当将城乡低保工作经费纳入财政预算，不得从城乡低保资金中列支，综合考虑城乡低保工作量等因素予以合理安排。自治区财政按照本级低保资金总额1%的比例安排工作经费，市、县（区）财政预算的最低生活保障工作经费，按不少于上年度本级最低生活保障资金支出的1%安排。

第三章 资金分配

第十条 收到中央财政补助资金文件后25个工作日内由自治区财政厅商民政厅分配下达各市、县（区）城乡低保资金。各市、县（区）财政部门应在收到指标文件后的5个工作日内商民政部门分配下达。

第十一条 城乡低保资金应当按照公开、公平、公正的原则，主要依据城乡低保对象数量、地方财政困难程度、城乡低保资金安排情况等因素，科学合理分配。

自治区财政对县（市、区）补助比例为：银川市兴庆区、金凤区、西夏区，石嘴山市大武口区、惠农区50%；永宁县、贺兰县、灵武市、平罗县、吴忠市利通区、青铜峡市、中卫市沙坡头区、中宁县80%；同心县、盐池县、红寺堡区、固原市原州区、西吉县、隆德县、泾源县、彭阳县、海原县90%。

第十二条 强化“以奖代补”机制，加强最低生活保障资金管理。自治区财政厅、民政厅每年定期对各市、县（区）城乡低保制度实施和资金使用进行绩效考核评价。根据全区最低生活保障工作绩效考评结果，对管理工作突出、足额安排最低生活保障预算资金并落实到位的县（市、区），自治区财政每年预算安排低保资金总额10%的奖励资金，通过“以奖代补”的形式给予补助。

第十三条 奖励资金计算方法：奖励资金=县（市、区）城乡低保绩效考核得分÷全区所有县（市、区）城乡低保绩效考核得分总和×“以奖代补”资金总额。

第十四条 “以奖代补”资金根据科学、公平、合理的原则，按照以下标准对各县（市、区）进行绩效评分，满分为100分。

（一）制度建设

严格执行自治区有关规定，及时制定本级相关办法或实施细则的，奖励5分。

（二）资金保障

财政足额安排低保资金预算并执行到位的，奖励10分。

（三）预算执行

城乡低保资金按时发放，预算执行进度高于全区平均水平的，奖励10分。

（四）能力建设

高度重视低保工作，切实加强基层低保的能力建设，工作经费按规定落实的，奖励7分；乡镇（街道）低保工作人员按照规定到位的，奖励3分；召集辖区低保工作人员开展业务培训的，奖励2分。

（五）动态管理

当年城乡低保动态率高于5%的，奖励5分；与纪检、审计等部门每年联合开展全面核查工作的，奖励5分。

（六）分类施保

严格按照分类施保原则对不同低保对象分类分档救助的，奖励5分。

（七）档案管理

低保对象基础档案内容完整，管理规范的，奖励5分。

（八）资金发放

低保资金通过银行、信用社等金融机构直接发放，并且资金按月发放的，奖励5分。

（九）信息化建设

使用《全国最低生活保障信息系统》，管理规范，数据更新及时准确的，奖励10分。

（十）工作创新

当年在编制、机构、经费、办法等方面有创新举措，被上级认可、推广或受到省级以上表彰奖励的，奖励5分。

（十一）自我监管

为确保低保工作管理规范，与纪检、审计等部门及时对低保资金管理使用进行监管审计，对乡镇（街道）工作进行监督检查，对低保经办人员和村(居)民委员会干部近亲属享受低保情况进行监管的，奖励5分。

（十二）统计上报

向自治区财政厅、民政厅上报各类报表、资料及时准确的，奖励10分。

（十三）绩效考核

在年度社会救助工作绩效考核中被评为优秀等次的，奖励5分；被评为良好等次的，奖励3分。

（十四）处罚

低保工作人员发生重大违纪违规问题的，扣20分；因低保工作存在突出问题被省级以上新闻媒体曝光的，扣20分；因低保资金管理使用不当被审计、监察部门查处通报的，扣30分；因低保工作管理不规范出现群体性事件不能有效处理的，扣30分。

第四章　资金发放

第十五条　城乡低保资金实行社会化发放，通过银行、信用社等代理金融机构，直接发放到户。

县级财政、民政部门应当以低保家庭为单位为其在代理金融机构开设专门账户，代理金融机构不得以任何形式向城乡低保对象收取账户管理费用；实行涉农资金“一卡（折）通”的地方，应当将农村低保资金纳入“一卡（折）通”，统一发放。

第十六条　县级民政部门应当及时将低保对象花名册及当期发放的低保资金数额清单报同级财政部门；财政部门应当按照财政国库管理制度有关规定及时审核并拨付资金到指定银行；指定银行收到财政拨付的低保资金后，按照民政和财政部门提供审定后的低保人数及补助数额在5个工作日内将低保资金转入低保个人账户。

第十七条　城乡低保金应当按月发放，于每月10日前发放到户。城乡低保对象价格补贴、节日补贴等临时或一次性的生活补助资金，应当按照有关要求及时足额发放到户。

第十八条　年度终了，各级民政部门应按照规定认真做好城乡低保资金的清理和对账工作，并按要求向同级财政部门报送城乡低保资金年度执行情况及相关说明。

第五章　监督检查

第十九条　各级财政、民政部门和经办人员应严格按规定使用城乡低保资金，不得擅自扩大支出范围，不得以任何形式挤占、截留、滞留和挪用，不得向低保对象收取任何管理费用。对违规使用低保资金的，按有关规定严肃处理。

第二十条 各级财政、民政部门应加强低保资金的管理，定期或不定期地进行检查，确保低保资金安全有效运行。

第二十一条 各级财政、民政部门应自觉接受审计、监察等部门和社会的监督。

第六章 附 则

第二十二条 本办法自 2013 年 12 月 1 日起执行。自治区财政厅、民政厅关于印发《宁夏回族自治区城市居民最低生活保障资金管理暂行办法》的通知［宁财（社）发〔2004〕569 号］同时废止。

第二十三条 本办法由自治区财政厅、民政厅负责解释。

二〇一四年二月十一日

后　记

为深入贯彻落实党的十八大，十八届三中、四中、五中全会精神，深入贯彻落实习近平总书记系列重要讲话，特别是关于党史和党史工作的重要论述精神，深入贯彻落实全国党史研究室主任会议特别是栗战书同志、曲青山同志的重要讲话精神，深入贯彻落实自治区党委书记李建华关于党史工作的重要指示精神和自治区党委常委傅兴国在2015年、2016年全区党史研究室主任会议上的重要讲话精神，以及自治区党委十一届四次至八次全会精神，按照中央党史研究室《关于开展〈改革开放实录〉课题研究编写工作的通知》，和自治区党委党史研究室《2015年度宁夏改革开放史系列专题研究与编写工作实施意见》的要求，结合深入贯彻落实栗战书代表党中央对党史工作提出的“一突出、两跟进”的战略要求，进一步构建“一中一重”的工作格局，自觉坚持以研究为主业，着力以党的历史研究、资政研究和创新理论研究“三大研究”为抓手，我们在2014年宁夏改革开放史四大专题研究与专著编写工作取得成功和初步经验的基础上，经自治区党委分管领导同意，2015年初，又选取了全区范围内改革发展方面5个比较重要的专题，继续扎实开展宁夏改革开放史系列专题研究和专著的编写工作。

一年来，我们采取横向联合、纵向联动的方式，积极联合自治区有关部门、五市委党史研究室，开展宁夏改革开放30多年来财税改革与发展史的研究与编写工作。经过10个月的努力，围绕宁夏财税改革与发展史，通过深入研究和编写，全面系统地梳理了宁夏改革开放30多年来在财税改革与发展方面的重要历程与脉络，对相关重大事件和重大成就进行了系统研究与总结，并立足当前、展望未来、放眼国内外，提出了进一步推动全区财税改革与发展的对策和思路，努力以历史经验、鲜活经验与对策建议，更好地服务于新时期协调推进“四个全面”战略布局、着力践行“五大发展理念”和奋力建设“四个宁夏”的伟大实践，着力书写宁夏财税改革与发展方面的辉煌历史，为全区各级党委和政府决策提供重要参考，从而进一步发挥党史工作资政育人的重要作用。

《宁夏财税改革与发展史研究》一书，由自治区党委党史研究室、自治区财政厅、自治区国税局、自治区地税局、宁夏中共党史学会共同编写完成。自治区党委党史研究室负责具体组织实施，自治区财政厅、国税局、地税局和全区各市委党史研究室，参与了相关内容的研究、撰写和审稿工作。在本书的编写过程中，自治区财政厅、自治区国税局、自治区地税局等部门的领导和有关同志给予了大力支持与帮助，对编写工作及时给予具体指导，并对书稿进行了全面认真的审改。自治区党委党史研究室主任宋建钢任本书主编，负责本书的总体策划、纲目设计和组织协调，对书稿内容选定和编写工作及时给予具体的指导，并多次对本书进行认真审改和反复统稿，确保本书按时保质完成。副主编办公室主任郭小涛，对本书的文稿做了大量的修改工作。马芹、兰晓宏承担了本书的具体编务工作。

本书综述篇由郭小涛撰写，专题篇由王军、罗正奇、马芹、王涛、胥守乾、孙志忠、缑小平撰写，地方篇由朱大年、蒋晓忠、胡建东、陈宗、冯中海、何建平撰写，文献篇由罗正奇、马芹、兰晓宏征集整理。

自治区党委分管领导十分重视本书的编写出版工作，对本书的编写出版及时提出了具体的指导意见。自治区党委办公厅、自治区政府办公厅、自治区档案局、宁夏人民出版社，对本书的编写出版工作也给予了大力支持。我们谨向所有关心、支持本书研究、编写、出版工作的单位与同志表示衷心的感谢。

在本书编写过程中，我们参考和引用了近些年来全国、全区财税改革与发展方面的一些最新研究成果，主动吸收了相关厅局在推进财税改革与发展方面的一些重要研究成果。在此，我们对有关方面和人员表示诚挚地谢意。由于研究能力和专业水平所限，书中难免有疏漏和不足之处，敬请有关专家和读者提出宝贵的意见与建议。

宁夏回族自治区党委党史研究室

2016年9月